방송산업과 재원정책

강명현

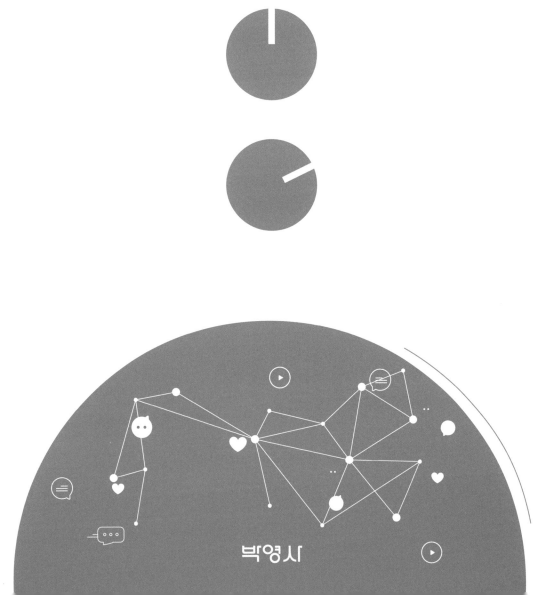

박영사

이 저서는 2019년 정부(교육부)의 재원으로 한국연구재단의 지원을 받아 수행된 연구임
(NRF-2018S1A6A4A01031056).

2022년 한국방송학회 봄철 정기학술대회의 대주제는 "혼돈과 새로운 질서(Chaos and New Order)"였다. 역동적으로 변화하는 최근 방송시장의 현 주소를 압축적으로 잘 표현했다고 생각한다. 그렇다. 현재 우리나라 방송시장은 혼돈 그 자체라 할 수 있다. 방송과 통신 간의 경계가 무너지고 방송 프로그램이 다양한 융합 플랫폼을 통해 전송되고 있다. 어디 이뿐인가? 1인 미디어의 활성화로 개인들이 제작한 콘텐츠가 방송 프로그램과 큰 차이 없이 경쟁하며 소비되고 있다. 기존의 방송 개념으로 정의할 수 없는 콘텐츠와 유통방식, 그리고 시청행태가 혼재되어 어떻게 혼돈을 정리하고 새로운 질서를 정립해야 하는 문제가 큰 화두가 되었다.

변화를 주도하고 있는 동인은 뭐니 뭐니 해도 동영상 스트리밍 전송 서비스인 OTT의 등장일 것이다. 미국에서는 이미 OTT 시청 점유율이 26%로 지상파 방송의 25%를 추월했다고 한다. 우리나라에서도 넷플릭스와 유튜브 등 글로벌 OTT 사업자가 국내 방송시장에 진출하여 기존 방송 사업자를 위협하고 있다. 유튜브는 2008년 국내 방송시장에 진입하여 광고 기반 OTT(AVOD) 시장에서 압도적인 점유율을 유지하고 있고 넷플릭스도 2016년 국내 시장에 진입한 이후 가입자 기반 OTT(SVOD) 시장에서 가장 높은 점유율을 차지하고 있다. 최근에는 디즈니 플러스와 애플TV 플러스도 국내 시장에 진출하였다. 웨이브나 티빙과 같은 토종 OTT도 글로벌 사업자들과 치열한 승부를 벌이고 있다. 기존 방송 사업자들은 어떠한가? OTT 사업자들의 시장 진입으로 기존 방송 사업자들 역시 위협받고 있다. 방송광고 잠식은 물론이고 미국처럼 코드 커팅 현상이 가시화되지 않았지만 유료방송 가입자의 이동 현상도 포착되고 있다. 바야흐로 OTT가 주도하는 방송 생태계가 새롭게 구축되고 있는 셈이다.

OTT 서비스가 국내 방송산업에 미치는 영향은 다차원적이다. 콘텐츠 제작 분야에서는 지상파 중심의 공급구조에서 OTT 글로벌 기업이 견인하는 제작환경으로 변화하고 있다. 이는 플랫폼 간 경쟁이 심화됨에 따라 글로벌 사업자의 오리지널 콘텐츠에 대한 수요가 증가하고 구작 라이브러리의 가치가 높아졌기 때문이다. 이로 인해 콘텐츠 제작비가 증가하고 있는데 <미스터 션샤인>이나 <오징어 게임>과 같은 드라마는 편당 10억이 넘은 제작비가 투입되었다. 과거 지상파가 독점하던 A급 시나리오는 전통 미디어가 아니라 글로벌 사업자에게 먼저 제공되고 있으며 글로벌 OTT가 선호하는 콘텐츠 기획 및 제작 관행으로 변화하고 있다. 벌써부터 높은 투자 리스트를 감당할 수 있는 소수 글로벌 사업자 중심의 제작 독과점 시장이 형성될 것이라는 전망이 나오고 있다. 편성 측면에서도 50분 16부작이라는 드라마 편성 공식이 깨진 지 오래됐다. <오징어 게임>의 경우, 매회 방영 시간이 32~63분으로 다양해졌으며 16부작이 아닌 9부작으로 편성되었다. Apple TV＋의 오리지널 시리즈 드라마인 <파친코>는 8부작으로 제작되었다. 시청행태도 변화하고 있다. 실시간 시청보다는 몰아보기나 같이 보기와 같은 탈시간대 시청행태가 새로운 대세로 자리잡았다.

어디 이뿐인가? 방송 생태계의 변화는 방송산업의 재원 구조에도 영향을 미치고 있다. 과거 방송시장의 주 재원이라 할 수 있는 광고에의 의존도가 낮아지고 직접 지불수단인 구독 경제가 활성화되고 있다. 넷플릭스나 웨이브, 티빙과 같은 OTT 사업자들은 월 1만원 내외의 구독료를 받고 있는데 넷플릭스는 최근 한국 서비스 구독료를 스탠다드 요금제는 월 1만 2,000원에서 1만 3,500원으로 1,500원 인상했고, 프리미엄은 월 1만 4,500원에서 1만 7,000원으로 2,500원 올렸다. 웨이브 역시 베이직, 스탠다드, 프리미엄 상품을 월 9,300원, 1만 2,900원, 1만 6,500원으로 인상하였다. 구독 경제가 활성화됨에 따라 시청자들의 방송 콘텐츠 소비방식에 대한 인식도 변화하고 있다. 가령, 최근의 미디어 이용자들은 자신이 원하는 서비스를 골라 구독하는 환경에 익숙해지면서 의무적으로 돈을 내야 하는 공공 미디어의 수신료 방식에는 거부감을 나타내고 있다. 특히 젊은 세대들은 시청하지도 않고 돈값을 하지 못하는 공공 미디어에 왜 수신료를 의무적으로 내야 하는지 불만을 토로하고 있다. 바야흐로 수신료를 주재원으로 했던 공영 방송사나 광고에 의존했던 기존 방송 사업자들은 재원의 위기를 타개할 새로운 질서를 요구받고 있는 상황이다.

그렇다면, 한국의 방송산업에서 앞으로 재원 구조는 어떻게 정립되어야 할 것인가? 본 저서는 이러한 문제에 대한 해답을 찾기 위한 시도라고 할 수 있다. 기존 방송 사업자들은 재원의 위기를 어떻게 타개해 나갈 수 있을 것인지, 그리고 모든 사업자가 조화롭게 공존할 수 있는 방송 생태계는 어떻게 구축해야 할 것인지 문제를 제기하고 그 해결책을 모색하고자 하였다. 이를 위해 본 저서는 다음과 같이 구성하였다.

먼저 제1장에서는 방송재원에 대한 기초적인 개념들과 중요성에 관해 언급하였다. 즉, 여기서는 방송재원이란 무엇인가? 그리고 왜 방송재원이 중요한가?에 대해 설명하고, 이어 주요 방송재원은 어떤 것들이 있는지, 그리고 각 매체별로 국내 방송재원 구조의 특징을 조망하였다.

제1부에서는 공영방송 수신료를 중점적으로 살펴보았다. 보다 구체적으로 공영방송의 재원으로서 수신료의 의미를 우선적으로 살펴보고(2장), 이어 공영방송 제도가 발달한 영국, 독일, 프랑스, 일본과 같은 해외 주요국의 수신료 정책의 현황과 그 특징을 비교 분석하였다(3장). 그 다음 장에서는 우리나라 KBS의 수신료 정책에 초점을 맞추어 국내 수신료 제도의 변천과정 및 주요 쟁점, 그리고 개선방안에 대해 논의하였다(4장). 특히 5장에서는 수신료 제도의 보다 구체적인 개선방안의 하나로 거론되고 있는 수신료 위원회를 집중적으로 다루었다. 즉, 이 장에서는 수신료 위원회가 왜 필요한지를 먼저 살펴보고 수신료 위원회와 관련한 논의과정 그리고 구체적인 설치 방안을 모색해 보았다.

한편, 제2부에서는 방송재원에서 가장 큰 비중을 차지하고 있는 방송광고 정책에 대해 논의하였다. 먼저 재원으로서 방송광고의 중요성 및 한국 방송광고 시장의 특징을 매체별로 구분하여 살펴보았다(6장). 지상파 방송의 광고 점유율 하락추세와 유료 채널의 광고 점유율 상승으로 국내 방송산업에서 방송광고 시장이 얼마나 경쟁이 치열해지고 있는지를 설명하였고 이를 바탕으로 방송광고 제도의 규제 완화 필요성을 기술하였다. 7장부터 10장까지는 주요 방송광고 제도를 구분하여 구체적으로 살펴보았다. 7장에서는 간접광고 제도에 초점을 맞추어 재원으로서 간접광고의 중요성을 살펴보고 해외 주요국의 간접광고 제도를 분석하였다. 이어 국내 간접광고 제도의 문제점과 개선방안을 모색하였다. 8장은 중간광고를 집중적으로 다루었다. 중간광고가 왜 효율적인 광고 수단인지를 먼저 살펴본 후, 해외의 중간광고 제도를 소개하였다. 이어서 국내에서 중간광고의 도입 연혁을 살펴보았는데 특히 지상파 방송사의 중간광고 도입과 관련한 갈등 쟁점들을 구체적으로 소개하였다. 마지막으로 현행 중간광고 제도의 현황을 살펴본 후, 문제점과 향후 개선 방안을 논의하였다. 9장에서는 방송협찬 제도를 다루었는데 재원으로서 협찬이 차지하고 있는 비중을 분석해 보고 해외 주요국의 협찬제도를 살펴보았다. 이어 국내 방송협찬 제도의 가장 큰 문제점이라 할 수 있는 간접광고 제도와의 유사성을 논의해 보고 바람직한 해결 방안을 모색해 보았다. 방송광고 규제에 관해서는 10장에서 다루었다. 이 장에서는 왜 방송광고 규제가 필요한지, 그리고 주요 방송광고 제도는 어떤 것들이 있는지를 먼저 설명하였다. 더 나아가 현행 방송광고 규제의 문제점은 무엇인지, 또 이를 어떻게 개선해야 할 것인지를 모색해 보았다.

제3부에서는 유료방송 시장에서의 신규 재원에 대해 집중적으로 논의하였다. 예를 들

PREFACE 머리말

어, 지상파 방송사의 새로운 재원으로 비중이 커지고 있는 재송신료(11장) 및 유료채널(PP)에게 중요한 프로그램 사용료(12장) 재원을 집중적으로 논의하였다. 이어서, 국내 플랫폼 사업자에게 독특한 형태의 재원인 홈쇼핑 송출료(13장) 재원을 집중적으로 다루었다. 먼저 11장에서는 지상파의 새로운 재원으로서 왜 재송신료가 중요한지, 그리고 그 비중이 점차 증가하고 있는 변화추세를 설명하였다. 그럼에도 재송신료 산정과 관련하여 사업자 간 갈등이 반복되는 이유와 제도적 개선방안을 제시하였다. 12장에서는 유료방송 시장의 구조적 문제점을 바탕으로 채널 사업자에게 프로그램 사용료 비중이 낮은 이유를 설명하였다. 즉, 저가형 유료방송 시장의 특징이 고질적으로 해결되지 않은 채 광고재원의 경쟁이 치열한 유료방송 시장의 왜곡된 재원구조와 이로 인해 파생되는 문제점을 설명하였다. 13장에서는 유료 플랫폼 사업자에게 중요한 재원의 하나인 홈쇼핑 송출 수수료 재원에 초점을 맞추어 다루었다. 구체적으로 이 장에서는 플랫폼 사업자에게 홈쇼핑 송출 수수료의 의존도가 높아지고 있음을 분석한 후, 이러한 현상의 장단점을 설명하였다.

제4부에서는 지역 미디어 및 교육 방송과 같은 중소 방송의 재원문제에 초점을 맞춰 논의하였다. 먼저, 14장에서는 교육방송의 재원을 다루었다. 구체적으로 이 장에서는 현 교육방송의 재원구조를 분석하고 왜 공영 미디어로서 재원구조가 왜곡되었는지를 분석하였다. 이를 바탕으로 공영 미디어로서 바람직한 교육방송의 재원구조를 모색해 보았다. 15장에서는 지역방송의 재원문제를 논의했는데 특히 지역방송의 주재원이라 할 수 있는 전파 배분료의 문제를 집중적으로 다루었다. 즉, 지역방송에서 차지하는 전파료의 비중이 점차 감소하고 있음을 설명한 후 이를 해결할 수 있는 방안은 무엇인가. 그리고 장기적으로 지역방송의 신규 재원은 어떻게 창출할 수 있을 것인지를 모색해 보았다.

마지막 15장에서는 이상에서의 논의를 종합적으로 정리하여 한국 방송시장에서의 재원구조의 특성을 도출하고, 본 저술의 궁극적 목적이라 할 수 있는 한국 방송산업에서의 적합한 재원구조 모델을 제시하고자 하였다. 즉, 한국방송 시장에서의 재원구조 특징을 공적재원의 비중이 낮고 상대적으로 광고 재원의 경쟁이 심화되고 있음을 설명한 후 이를 해결하기 위해서는 장기적으로 구독경제의 활성화와 광고규제의 완화가 필요함을 역설하였다.

기술의 발전에 영향을 받게 되는 미디어 산업은 이 시각에도 끊임없이 변화하고 있다. 연일 새로운 유형의 미디어 서비스와 콘텐츠가 쏟아지고 있다. 이 책에서 다루고 있는 국내 방송의 재원 구조 역시 책을 저술하는 사이에 적지 않은 변화가 있었을 것이다. 그럼에도 통계자료는 1~2년 전 공개된 자료를 이용하였기 때문에 그 사이 변화된 시장의 상황이 정확히 반영되지 못했다. 모두 필자의 게으름 탓이다. 오탈자를 비롯해서 필자가 발견하지 못한 오류 또한 적지 않을 것이다. 오류에 대한 책임은 전적으로 필자의 몫이며 이에 대한 시정은 후일의 과제로 남겨두고자 한다.

　부끄러운 저술이지만 많은 분들의 도움을 받았다. 필자의 무지와 무능함을 항상 일깨워주는 학생들의 지적 호기심 그리고 세미나 발제 및 학술 논문에 날카로운 비판과 조언을 가해준 동료 연구자들의 질정이 없었다면 이 책의 출간은 불가능했을 것이다. 또한 이 책이 나올 수 있도록 지원해 준 한국연구재단과 투박한 원고를 멋진 책으로 다듬어준 우석진 편집자님을 비롯한 박영사의 모든 담당자 분들께 감사를 전한다.

차례 CONTENTS

제1부
공영방송 재원정책

CONTENTS 차례

제 2 부
방송 광고정책

차례 CONTENTS

제 3 부
유료방송 재원정책

CONTENTS 차례

제 4 부
중소방송 재원정책

차례 CONTENTS

방송산업과 재원정책

01 방송산업과 재원정책

1. 왜 방송재원인가?

방송산업은 기본적으로 진입장벽이 높은 특징을 지니고 있다. 즉, 방송산업은 대규모 시설과 조직, 그리고 많은 인력이 요구되는 등 높은 고정비용과 초기 착수비용을 요한다. 대규모 자본없이 시장에 진입하기 어려울뿐더러 시장에 진입하더라도 이러한 조직을 유지하기 위한 고정비용이 높아 안정적 재원이 뒷받침되어야 한다. 최근에는 디지털화로 인한 고화질 영상제작 및 스타 연예인의 출연료 상승 등으로 방송제작에 소요되는 비용이 늘어나고 있어 재원확보의 중요성은 더욱 부각되고 있다.

모든 산업이 마찬가지겠지만 방송산업에서도 재원이 차지하는 중요성에 대해서는 별다른 이론이 없어 보인다. 독일에서도 1980년대 공영방송을 유지하기 위해 수신료가 정당화될 수 있느냐는 사회적인 논쟁이 있을 때 독일 법원은 8차 판결을 통해 "공영방송의 근간을 위해 재원의 안정성이 중요하다"고 판결함으로써(정윤식, 2007) 방송산업에서의 재원의 중요성을 강조한 바 있다. 공영방송 수신료의 필요성 논쟁과정에서 우리나라 헌법재판소(이하 헌재) 역시 이와 비슷한 입장을 밝힌 바 있다. 예컨대, 1999년 수신료와 관련한 판결에서 당시 헌재는 공영방송에서 방송재원으로서 수신료의 중요성은 방송의 독립성을 보장하면서 공적 기능을 수행하기 위한 수단임을 천명하였다. 즉, 수신료는 궁극적으로 방송자유를 실현하기 위한 전제조건이며, 이는 방송자유를 보장하는 전제조건이라는 것이다. 당시, 수신료의 필요성에 대해 헌재가 밝힌 판결내용은 아래와 같다.

"공사(KBS)가 공영방송사로서의 공적 기능을 제대로 수행하면서도 아울러 언론자유의 주체로서 방송의 자유를 제대로 향유하기 위하여서는 <u>그 재원조달의 문제가 결정적으로 중요한 의미를 지닌다</u>. 공사가 그 방송프로그램에 관한 자유를 누리고 국가나 정치적 영향력, 특정 사회세력으로부터 자유롭기 위해서 적정한 재정적 토대를 확립하지 아니하면 아니되는 것이다. … 수신료에 관한 사항은 공사가 방송의 자유를 실현함에 있어서 본질적이고도 중요한 사항이라고 할 것이므로 …(헌재판결, 1999. 5. 27. 98헌바70, 밑줄 강조는 저자)

한편, 주로 어떤 유형의 재원에 의존하는가 하는 재원의 구조 역시 방송사의 정체성 및 조직문화, 그리고 프로그램의 내용과 밀접한 관련성을 지닌다. 재원의 구조가 방송사 및 전체 방송산업에 미치는 영향은 다음과 같은 측면에서 보다 구체적으로 파악된다(Blumler & Nossiter, 1991; 강명현, 2014; 김동규, 2010).

첫째, 재원조달 형태는 방송의 목적과 밀접한 관련성을 갖는다. 예컨대, 수신료와 같은 공적 재원을 기반으로 하는 방송사는 사회 대다수 구성원의 요구를 충족시키기 위해 균형잡히고 보편적인 서비스를 지향한다. 그리하여 소수 계층의 요구에 대해서도 소홀하게 취급하지 않는다. 반면 광고를 수입으로 하는 방송사는 시청 구성층에 관계없이 시청률이 높은 시청자들에게만 프로그램을 제공하게 된다.

둘째, 재원구조는 프로그램 제작과정에서도 제작자의 제작의욕과 역량에 영향을 미치게 된다. 제작자들이 가용할 수 있는 재원의 양과 성격에 따라 창조적인 프로그램을 제작할 수 있는 가능성을 조건화시킴으로써 제작하는 프로그램의 성격에 영향을 미치게 된다. 공영방송에서 창의적인 프로그램 제작에 의무를 부과하고 기대를 거는 것도 재원구조가 지니는 건전성을 바탕으로 한다.

셋째, 특정 방송시장 내에서 각 방송사가 어떻게 재원을 조달하느냐 하는 점은 상호간의 경쟁의 정도와 조건을 결정짓는다. 각 방송사의 재원구조가 비슷할수록 방송사의 목적이 같아져 경쟁이 치열해질 수 있지만, 재원구조가 다르다면 지향하는 각 방송사의 목적에 차별성을 기대할 수 있다.

마지막으로 방송사가 어떻게 재원을 조달하느냐에 따라 이해관련 집단, 즉, 광고주인 대기업, 국가 및 정당, 혹은 시청자와 밀접한 관련을 맺고 있는 사회단체들 간의 상대적인 영향력은 달라지게 될 것이다(김동규, 2010). 수신료의 의존비율이 높으면 시민단체들의 영향력이 상대적으로 높을 수밖에 없고 광고를 주재원으로 하는 방송사는 대기업의 영향력이 당연히 높을 것이다.

2. 방송재원의 종류

방송재원은 크게 공적재원과 사적재원으로 구분할 수 있다(강명현, 2014; 황근, 2015). 먼저 공적재원은 비상업적 재원으로 이익에 대한 대가차원으로 지급받는 것이 아닌 공익적인 성격을 띤 재원을 말한다. 공적재원의 유형으로는 공영방송 수신료, 정부의 보조금(subsidy) 및 사회적 기금, 그리고 시청자의 기부금 등이 있다.

1) 공적재원

(1) 수신료

공영방송의 대표적인 재원으로 간주되는 수신료는 국민이 부담하는 재원이지만 가구소득이나 재산에 관계없이 동일한 금액을 낸다는 점에서 세금과는 엄밀히 구분된다. 수신료의 가장 큰 장점이라면 정치적·상업적 압력으로부터 독립성을 확보할 수 있다는 점이다. 정부로부터 지원받지 않고 국민으로부터 직접 재원이 나오기 때문에 정치적 독립성을 확보할 수 있고 광고에 의존하지 않기 때문에 광고주의 압력으로부터 자유로울 수 있다. 그리하여 공영성의 핵심적 요건이라 할 수 있는 정치적 독립성은 수신료를 통한 재원의 독립성에서 출발한다고 해도 과언이 아니다. 또한 수신료를 통한 재원은 상업적 이용으로부터도 간섭을 받지 않게 되어 프로그램의 질적 수준을 담보할 수 있다. 즉, 대중 소구적 프로그램을 편성해야 한다는 구조적 압력 없이 소수 계층을 위한 편성도 가능하여 프로그램의 보편적 소구를 가능하게 해 준다. 더불어 수신료는 모든 국민의 참여를 기반으로 하는 재원이기 때문에 시청자의 의견과 견해를 공평하게 다루게 되고 수신료 납부자로서의 권리를 행사할 수 있게 해준다. 마지막으로 방송사의 입장에서 수신료는 수익의 변동성이 적은 안정된 재원조달 방식이라는 장점을 지닌다. 이러한 점은 장기적이고 예측적인 편성과 운용을 가능케 한다.

하지만 수신료 역시 완벽하게 정치적·상업적으로 독립적인 재원이라 말할 수는 없다. 정치적 간섭으로부터 자유로울 수 있다고 하지만 때때로 수신료를 인상하는 과정에서 오히려 정치적 이해관계에 영향 받을 수 있다. 즉, 대부분의 국가는 수신료 인상 과정에서 국회의 동의를 구하게 되는데 이 과정에서 정파적 이해관계로부터 자유로울 수 없다. 지난 1981년 이래 지금까지 2,500원으로 수신료 요금이 인상되지 못하고 있는 우리나라의 사례는 수신료가 정파적 이해관계에 가장 취약한 재원임을 반증하고 있다. 이와 함께, 공적재원의 가장 큰 취약점은 재원의 확충이 어렵다는 것이다. 수신료를 주된 재원으로 하고 있는 세계의 주요 공영방송은 최근 시청률이 점차 감소함에 따라 수신료 인상에 대한 국민적인 동의를 구하는데 어려움을 겪고 있다. 더욱이 신규 플랫폼의 등장으로 수상기 보급이 포화되어 수신료 재원이 정체되어 있는 상황이다. 결과적으로 수신료와 같은 공적재원은 상황적 변화에 능동적으로 대처할 수 없는 구조적 한계를 지닌다.

(2) 정부기금(보조금)

정부기금은 특수한 공익적 목적을 수행하는 방송사에 국가가 지불하는 재원이다. 이러한 공익적 목적에 해당하는 방송사로는 국가의 필요에 의해 설립된 특수한 공공방송을 들 수 있다. 공영방송은 앞서 설명한 것처럼 주로 국민이 내는 수신료를 주재원으로 하지만 수신료를 근간으로 하지 않는 소규모의 공적임무를 수행하는 방송사들은 대체적으로 정부의 공적기금의 지원을 받아 운영되고 있다. 이러한 대표적인 특수 목적 방송사로는 의정활동을 중계하는 '국회방송'이나 해외 국가홍보를 위해 설립된 '아리랑 국제방송' 등을 들 수 있다.

공적기금은 대체적으로 국가가 출연하거나 관련 사업자들의 매출액 중의 일부를 징수하여 마련한다. 우리나라의 방송통신 발전기금이 대표적이다. 방송통신 발전기금은 <방송통신발전 기본법>에 의거하여 정부가 방송사업자에게 방송통신 진흥지원을 위해 부과하는 법정 부담금이다. 정부는 지상파 방송을 비롯하여 종편, 보도채널, 그리고 IPTV, 종합유선방송(케이블 System Operator, 이하 케이블 SO), 위성방송 등 유료방송 플랫폼, 그리고 홈쇼핑 채널 등이 방송광고 혹은 방송 매출액의 일정비율을 징수하여 특수목적 방송사 및 방송진흥 사업에 배분한다. 예를 들어, 2018년 말을 기준으로 아리랑 국제방송은 약 369억 원, 그리고 국악방송은 44억 원을 지원받았다. 이밖에도 방송통신발전 기금은 방송진흥사업의 일환으로 EBS 프로그램 제작지원에 281억 원, KBS 대외방송 프로그램 제작지원에 76억 원, 지역 중소방송에 41억 원을 지원하였다(유홍식, 2019). 정부기금은 안정적인 성격의 재원이지만 정치적으로 통제받을 위험성이 높다. 공영방송이면서 주재원을 수신료가 아닌 정부지원금에 의존하는 미국의 공영방송 PBS가 연방정부의 보조금 지급규모를 놓고 정권이 바뀔 때마다 정치권과 갈등을 빚고 있는 것으로 알려지고 있는데(김헌식, 2011) 이러한 점은 정치적 입김에서 자유로울 수 없는 보조금의 특성을 유추케 한다.

(3) 기부금

우리나라에서는 흔치 않는 일이지만 해외 국가에서는 일반 개인이나 기업이 방송사에 기부하여 이를 방송사의 재원으로 사용하는 경우도 많다. 가령, 미국의 PBS(Public Broadcasting Service)는 정부로부터 받는 정부보조금이 주된 재원이지만 이외에도 시청자단체들의 자발적인 기부금(member donation)이나 기업들의 협찬(corporate underwriting) 수입에 보조적으로 의존하고 있다. 즉, PBS는 연방정부가 주는 보조금(Federal funding)을 주재원으로 하여 PBS 본사의 프로그램 제작비로 사용하나 기타 지역 PBS 방송사들은 시청자들이 내는 기부금에 의존하고 있다. 그리하여 PBS 지역 방송사들은 항상 "저희 방송은 시청자들의 도움으로 운영되고 있습니다. 여러분의 기부의사를 알려 주십시오"와 같은 기부금 캠페인을 지속적으로 전개하고 있다(김헌식, 2011).

2) 사적재원

사적재원은 미디어 상품을 팔아 이에 대한 대가로 방송사업자들이 얻게 되는 상업적 재원을 말한다. 이는 크게 간접적 지불형태의 재원과 직접적 지불형태의 재원으로 부분된다. 전자는 방송 프로그램에 대한 소비(시청)의 대가를 소비자가 직접 지불하는 것이 아니라 그러한 시청행위를 광고주에게 판매해서 대신 수익을 얻는 형태를 말한다. 광고가 대표적이다. 반면 프로그램의 이용대가를 이용자가 직접 지불하는 직접 지불형태의 수익이 있을 수 있다. VOD나 월정액 구독료(SVOD)[1]가 이러한 형태의 수익에 해당된다. 방송사의 입장에서 광고와 같은 간접 지불에 의한 수익은 경기상황이나 산업의 구조 등과 같은 외적인 변수에 취약한 재원이라 할 수 있다. 가령, 경기가 불황일 때는 시청률과 관계없이 광고주들은 광고비를 삭감하게 될 것이고 시장에서 경쟁자의 수가 늘어나게 되면 그만큼 한 사업자에게 돌아가는 광고의 몫도 감소하게 될 것이다. 그리하여 최근 간접적 지불형태의 재원은 점차 프로그램을 직접 소비한 주체로부터 대가를 받는 직접 지불형태의 재원으로 전환되고 있다. 이는 재원이 지니는 불안정성을 보다 안정적인 형태로 전환하고자 하는 산업적 필요성에 기인하는 것이다.

(1) 광고

방송산업에서 가장 중요한 사적재원은 광고이다. 잘 알려졌듯이 신문이나 방송 같은 미디어 산업은 여타 산업과 달리 제작한 생산물을 소비자에게 직접 판매하여 이익

---

1 SVOD는 Subscription Video on Demand의 약자로 넷플릭스(Netflix)나 웨이브와 같은 OTT 서비스에 월정액으로 지불하는 주문형(구독형) 비디오 서비스를 말한다.

을 얻는 것이 아니라 광고주에게 시청자의(광고)시청행위를 판매하여 우회적으로 수익을 창출하는 이른바 간접 판매방식으로 수익을 창출한다. 즉, 생산자와 소비자 간에 이루어지는 직접 거래가 아닌 중간에 광고주가 낀 간접 거래방식인 셈이다. 스마이스(Smythe, 1981)는 시청자를 대신 판매한다는 의미로 '수용자 상품(audience commodity)'이란 용어로 설명하였다.

방송의 재원으로서 광고가 갖는 장점으로는 무엇보다 국민들에게 직접적인 부담을 가하지 않으면서 재원을 조달할 수 있다는 점이다. 즉, 국민으로부터 거두게 되는 수신료는 인상에 대한 저항감이 많지만 광고는 상대적으로 재원확보가 용이하다는 장점을 지닌다. 광고를 통한 수익조달방식은 저소득층이나 소외계층 시청자들에게 경제적 부담없이 방송 서비스를 제공받게 해 준다는 점에서 보편적 서비스에 기여하는 재원으로 평가될 수 있다. 또한, 공영 방송사에게 광고재원은 교차보조 시스템의 작동을 가능케 한다. 예컨대, 우리나라에서 KBS2 TV에서 얻는 광고수익을 광고 없는 KBS1 TV의 프로그램 제작에 보조함으로써 KBS로 하여금 최소한의 공적책임 수행을 가능케 하는 것이다. 과거 수신료에 대한 의존비중이 높았으나 최근 주요 공영 방송사들의 광고비중이 점차 확대되고 있는 것도 재원으로서 광고가 갖는 이러한 장점 때문이다. 한편, 광고수입을 재원으로 활용하게 되면 방송사로 하여금 수용자의 수요에 반응케 함으로써 프로그램의 발전을 기대할 수도 있다.

그럼에도 방송의 재원으로서 광고는 상업적 압력과 통제에서 벗어날 수 없다는 약점을 지닌다. 예컨대, 사회에 대한 감시와 견제기능을 수행해야 할 방송의 시사보도 프로그램들은 본연의 역할을 다하지 못한 채 광고주와 관련된 사안에 대해서는 비판의 칼날이 무뎌질 수밖에 없다. 또한, 다양성 측면에서도 공익성 있는 프로그램에 대한 제작과 편성이 도외시 된 채 오락 프로그램만이 횡행하게 되는 이른바 '악화가 양화를 구축'하는 현상을 초래하게 된다. 또한 광고재원은 경기에 영향을 받게 되어 안정적이지 못하다. 우리의 경우도 2002년 월드컵 특수가 있는 호황기에는 광고 수주에 별다른 어려움이 없었지만 2008년 글로벌 금융위기 시에는 광고 매출액의 급감현상을 경험한 바 있다. 광고재원이 지니는 이러한 불안정성은 방송사로 하여금 체계적이고 예측 가능한 방송경영을 어렵게 한다.

(2) 유료방송 수신료(구독료)

최근 방송 콘텐츠의 소비형태가 직접 지불형태로 전환되면서 방송사의 재원구조는 전통적인 광고를 통한 간접 지불형태에서 점차 직접 지불형태의 재원에 대한 의존도가 높아지고 있다. 방송소비자가 직접 지불하는 대표적인 재원은 유료방송 수신료[2]이다. 케이블 SO나 위성방송, 그리고 IPTV와 같은 유료채널 플랫폼 사업자들의 매출액에서 가입자가 매달 지불하는 유료방송 수신료가 차지하는 비중은 압도적이다. 2018년 말 기준으로 케이블 SO의 경우 전체 매출액에서 차지하는 수신료 비중은 38.1%이고 위성 방송은 56.2%, 그리고 IPTV는 68.1%로 수신료가 차지하는 비중이 가장 높았다. 한편, 방송사들은 비디오나 VOD, 온라인, 모바일 등에서 방송 프로그램을 직접 판매하여 수익을 얻고 있는데 이를 직접 판매수익이라고 한다. 최근 대부분의 방송사들은 OTT 등 다양한 온라인 플랫폼을 통해 직접 콘텐츠를 판매하고 이를 통해 수익을 얻는 직접 지불형태로 재원구조를 다변화하고 있다.

〈표 1-1〉 주요 재원의 장·단점 비교

종류		장점	단점
공적 재원	수신료	– 정치적, 상업적 독립성 확보 – 국민의 참여와 관심 유도 – 수입의 변동성 낮음	– 소득 역진적임 – 인상의 어려움 – 추가재원 확보 불가능
	정부기금	– 방송의 공익성 추구 – 재정의 안정성	– 정치적 압력 – 재원확보의 비탄력성
사적 재원	광고	– 시청자의 직접부담이 없음 – 경쟁을 통한 방송발전 기대	– 상업적 압력 – 보편성 훼손 – 수입의 변동성이 높음
	유료방송 수신료 (구독료)	– 재정의 안정성 – 재원의 탄력성	– 가입자의 부담 – 방송의 상업화
	직접 판매	– 방송발전 기대	– 방송의 상업화

출처: 강명현(2014, p. 372)를 바탕으로 재구성.

3. 한국 방송산업의 재원구조와 현황

1) 한국 방송시장의 재원 현황

2019년 말 기준으로 우리나라 전체 방송사업자의 방송사업 매출액 총규모는 17조

---

2 방송 수신료는 그동안 좁은 의미로 공영 방송사에 지불하는 수신료를 의미하였으나, 최근에는 유료채널이나 OTT의 월정액 서비스(SVOD)의 가입자들이 매월 내는 구독료도 수신료 개념에 포함하고 있다. 여기서는 공영방송 수신료와 구별하기 위해 '유료방송 수신료'로 지칭하고자 한다.

3,663억 원으로 전년 대비 2.1% 증가했으나 이는 최근 3년 연속 명목 GDP 성장률을 밑도는 수준이다(방송통신위원회, 2020). 우리나라 방송사업 매출액 성장률은 13.6%(2011년) → 6.3%(2013년) → 4.1%(2015년) → 3.8%(2017) → 2.1%(2019)로 점차 성장률이 둔화되는 모습이다.

방송사업 중에서 매출액의 감소폭이 가장 큰 매체는 지상파 방송사였다. 지상파 방송사업자의 방송사업 매출액은 2018년 3조 7,965억 원으로 지속적으로 감소하였고 이로 인해 전체 방송사업 매출액에서 차지하는 비중은 21.9%로 낮아졌다. 참고로 2014년 지상파의 점유율 비중은 27.1%였다. 반면, 유료채널의 점유비중은 점차 늘어나고 있다. 방송채널사용사업, 즉 유료채널의 매출액은 6조 8,402억으로 전체 매출액의 40%를 차지하고 있다. 이밖에도 유료방송 플랫폼인 IPTV의 매출액은 약 3조 4,358억 원으로 약 19.9%, 케이블 SO의 매출액은 2조 895억 원으로 약 12.1%, 그리고 위성방송의 매출액은 약 5,551억 원으로 약 3.2%의 점유율을 보였다(과학기술정보통신부 · 방송통신위원회, 2019). 이처럼 우리나라 전체 방송시장은 전체적인 매출액 비중을 통해 볼 때, 산업의 무게중심이 지상파에서 점차 유료채널로 이동하고 있음을 알 수 있다.

[그림 1-1] 매체별 방송사업 매출구성비(2018년 말 기준)

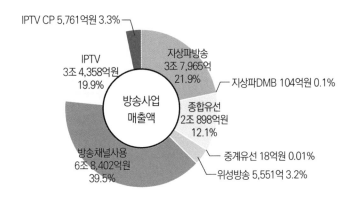

출처: 과학기술정보통신부 · 방송통신위원회(2019. 11), <2019년 방송산업실태조사 보고서>, p. 23.

한편, 이러한 전체 방송 매출액에서 홈쇼핑 PP의 매출액을 제외하면 순수 방송시장의 매출액은 대략 12조 4,736억 원인데 이를 재원의 영역별로 구분해서 살펴보면, 광고가 전체 방송 매출액의 약 25.6%를 차지하여 여전히 비중이 가장 높은 재원임을 알 수 있다. 그 다음으로는 유료방송 수신료와 홈쇼핑 송출 수수료로 비중은 각각 23%와

9.0%였다. 이어 공영방송 수신료와 프로그램 제공료의 비중은 5.2%와 4.6%로 그 뒤를 이었다.

〈표 1-2〉 국내 방송시장 주요 재원구성비

주요 재원	매출액(원)	비중(%)	관련 매체
광고	3조 2247억	25.6	지상파, 유료채널, 유료 플랫폼
유료방송 수신료	2조 8,969억	23.0	유료 플랫폼
홈쇼핑 송출료	1조 1,347억	9.0	유료 플랫폼
프로그램 제공료	7,529억	4.6	유료채널
공영방송 수신료	6,510억	5.2	지상파 공영(KBS)
재송신료	2,298억	1.8	지상파 채널
전체	12조 4,709억	100.0	

출처: 방송통신위원회(2018. 6). <2017년도 방송사업자 재산상황 공표집>, p. 6. 참조하여 재구성

우리나라 전체 방송 매출액을 구성하는 이러한 재원의 구성비는 각 매체별로 구분하여 살펴보면 주요 재원의 특성이 보다 극명하게 드러난다. 주요 매체별 재원구조의 특성을 살펴보면 다음과 같다.

2) 매체별 재원구조

(1) 지상파 방송의 재원구조 및 특징

[그림 1-2] 지상파 방송의 재원구조

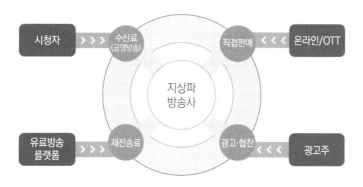

출처: 과학기술정보통신부·방송통신위원회(2019. 11), <2019년 방송산업실태조사 보고서>, p. 23.

먼저 지상파 방송의 재원구조를 살펴보면 앞의 그림에서 보는 바와 같이 크게 다섯 가지 유형의 수익구조로 구성되어 있음을 알 수 있다. 첫 번째 유형은 자사 프로그램을 지상파를 통해 편성 및 송출하면서 광고시간을 판매하고 이를 대가로 얻게 되는 광고 수익이 있다. 시청자들에게는 무료로 프로그램을 제공하지만 대신 광고주로부터 간접적으로 광고수익을 얻는 형태로 전통적으로 지상파 방송의 가장 주 수입원이었으며 현재도 가장 큰 매출 비중을 차지하고 있다. 두 번째 유형으로는 제작비를 보전하는 형태로 후원사로부터 일정 금액을 지원받는 형태인 협찬 수익이 있다. 광고가 직접 광고주와 거래를 통해 수익을 얻는 형태라면 후원은 제작비를 보전받는 간접적인 형태의 수익이다. 또한 공영방송의 경우, 시청자로부터 수신료 수입을 얻게 된다. 이것이 세 번째 수익원이다. 네 번째 수입원으로는 유료방송 플랫폼인 종합유선방송(케이블) 및 위성방송, 그리고 IPTV에 프로그램을 제공(재송신)하면서 그 대가로 얻는 수익인 재송신료 수입이 있다. 네 번째 유형으로는 인터넷이나 스마트 미디어를 통하여 프로그램을 직접 판매하여 얻는 수익이 있다. 가령, 지상파 방송 3사는 자사 홈페이지를 통해 드라마 등을 VOD 판매를 하거나 다양한 OTT 서비스를 통해 동영상 스트리밍 판매를 하고 있는데 이러한 수입이 직접 판매수입이 된다. 마지막으로 자사 건물을 임대하거나 혹은 콘서트 등 방송 이벤트 사업 등을 통해 방송을 얻는 기타 수입이 있다.

2019년 말 기준으로 우리나라 지상파 방송의 방송사업(TV+라디오)매출액 총규모는 3조 5,168억 원이다. 방송사별 매출액 규모는 KBS가 1조 3,456억 원, MBC(지역 MBC 제외)는 6,446억 원, 그리고 SBS는 7,076억 원이었다(방송통신위원회, 2020). 지상파 방송의 전체 매출액 구성현황을 재원의 유형에 따라 구분해 보면 광고주로부터 얻는 수익인 광고가 31.2%, 그리고 협찬 수익이 10.7%로 이 두 수익의 비중이 전체의 약 42를 차지하고 있다. 한편, 유료 플랫폼으로부터 얻게 되는 수익인 재송신료(프로그램 판매수익 포함)가 약 10.3%, 직접 시청자로부터 얻는 수익은 직접 판매수익이 20.1%, 그리고 공영방송 수신료가 약 19.6% 등으로 나타나고 있다. 즉, 광고 및 협찬 → 직접 판매수익 → 공영방송 수신료 → 재송신료 등의 순으로 재원의 비중이 높음을 알 수 있다.

지상파 방송의 재원구조는 과거와 비교해 볼 때 많은 변화를 보이고 있다. 가장 두드러진 변화 양상은 전통적인 광고의 비중이 줄고 이를 직접 판매 및 재송신료 등과 같은 신규 재원의 비중이 이를 대체하고 있다는 점이다. 예컨대, 지상파의 광고는 매출액 면에서나 비중 면에서 최근 급격한 감소세가 나타나고 있다. 지상파 광고 매출액 규모

〈표 1-3〉 지상파 방송의 재원구조(2019년 말 기준)

주요 재원	내용	매출액 (단위: 억)	구성비 (%)
광고	광고를 판매하여 얻는 수익	10,999	31.2
협찬	제작비를 보전하는 형태로 얻는 수익	3,768	10.7
재송신료 (프로그램 제공수익 포함)	유료 플랫폼에 프로그램을 제공하는 대가로 얻는 수익	3,613 (프로그램 판매수익 101억 포함)	10.3
직접 판매료	VOD나 동영상 서비스를 통해 프로그램을 판매하여 얻는 수익	7,089	20.1
수신료 (공영방송)	공영방송 시청자에게서 얻는 수익	6,892	19.6
기타 수익	이벤트 사업 등으로 얻는 수익	3,706	7.7
합계		35,168	100.0

출처: 방송통신위원회(2020). <재산상황 공표집>. p. 6 토대로 재구성.

는 2조 675억 원(2013년) → 1조 9,112억 원(2015년) → 1조 4,121억 원(2017년) → 1조 999억 원(2019년) 등 매년 감소하고 있으며, 이에 따라 전체 재원 중 광고가 차지하는 비중 역시 53.1%(2013년) → 46.4%(2015년) → 38.3%(2017년) → 31.2%(2019년)로 지속적으로 낮아지는 추세이다.

반면, 프로그램 판매 매출 및 재송신 매출 등 방송 콘텐츠 판매관련 매출액의 비중은 상대적으로 증가하고 있다. 방송 프로그램 판매 매출액은 2013년 5,385억 원, 2017년에는 6,429억 원, 그리고 2019년 7,088억 원으로 증가했으며, 전체 매출액에서 차지하는 비중은 13.8%(2013) → 17.5%(2017) → 20.1%(2019)로 증가하였다. 재송신 매출액 규모 역시 2013년 1,255억 원에서 2017년에는 2,539억 원, 2019년 3,612억으로 증가하였으며, 해당 매출의 비중은 같은 기간 3.2%(2013) → 6.9%(2017) → 10.3%(2018)으로 지속적으로 증가하고 있다.

현 우리나라 지상파 방송의 재원구조 현황을 통해 주요 특징을 살펴보면 먼저, 전체 방송시장 매출에서 차지하는 공영방송의 재원비중이 지나치게 낮다는 점을 들 수 있다. 가령, 2019년 말 기준으로 우리나라 공영방송 수신료는 6,892억 원으로 이는 국내 전체 방송 매출액의 5.5%, 그리고 지상파 매출액의 19.6%에 해당한다.

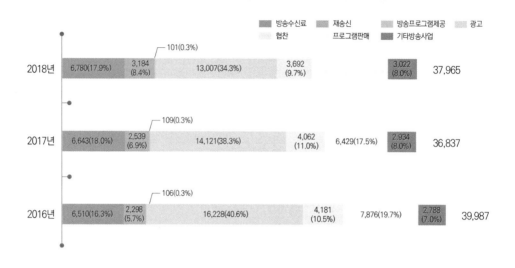

[그림 1-3] 지상파 방송의 재원구조 변화(2016-2018)

출처: 과학기술정보통신부·방송통신위원회(2019. 11), <2019년 방송산업실태조사 보고서>, p. 23.

국내 방송시장에서 공영방송 KBS의 수신료 비중이 낮다는 점은 익히 알려져 있는 사실이다. 공영방송 수신료 비중이 높은 영국과 비교해 보면 영국 BBC의 수신료 비중은 전체 방송시장 매출액의 약 28.5%를 차지하고 있다. 우리나라의 공영방송 수신료 비중이 5% 정도인 점을 액면 그대로 비교해 보면 영국의 방송사업자들은 기본적으로 우리보다 약 25%정도 더 유리한 방송광고 환경에서 경쟁하고 있음을 알 수 있다. 공영방송 수신료의 저조한 부담률은 KBS 재원구조뿐 아니라 결과적으로 국내 전체 방송광고 시장의 지나친 경쟁을 촉발하는 원인으로 작용하고 있다.

국내 지상파 재원구조의 또 다른 특징으로는 광고시장에서 차지하는 지상파의 광고 비중 점유율이 유료채널에 비해 상대적으로 낮다는 점이다. 2019년 말 기준, 우리나라 전체 방송광고 매출액은 3조 9억 원인데 이 중 지상파 광고는 1조 999억 원으로 점유 비중은 약 36.7%이다. 반면 유료채널(종편채널 포함)의 광고 매출액은 1조 5,885억 원으로 52.9%이다(방송통신위원회, 2020). 지상파 대 유료채널 간 광고 매출 비중을 여타 국가와 비교해 보면 프랑스는 86대 9, 그리고 독일은 84대 12로 지상파 방송의 광고 점유율이 유료방송에 비해 압도적으로 높은 수준이다. 심지어 유료채널이 발달되어 있는 미국의 경우도 58대 36으로 지상파가 차지하는 광고 점유율이 유료채널에 비해 높은 편이다(PWC, 2016). 여타 국가에서는 아직까지 광고가 지상파 방송의 주재원임을 알 수 있다.

전체 방송광고 매출액 중 지상파 광고 점유율이 40%도 되지 않는다는 사실은 지상파는 광고중심이라는 전통적인 재원의 공식이 더 이상 유효하지 않다는 것을 의미한다.

우리나라 지상파 재원구조의 세 번째 특징으로는 전통적인 광고재원의 감소부분을 재송신이나 직접 판매와 같은 새로운 재원으로 대체되고 있다는 점이다. 전체 매출액에서 차지하는 광고의 비중은 55.1%(2012) → 53.1%(2013) → 47.4%(2014) → 46.6%(2015) → 40.6%(2016) → 36.7%(2019)로 감소하고 있는 대신 재송신 매출의 비중은 1.5%(2012) → 3.2%(2013) → 3.9%(2014) → 3.7%(2015) → 5.7%(2016) → 10.3%(2019)로 높아지고 있다. 더불어, 직접 판매비중 역시 13.6%(2012) → 13.8%(2013) → 16.8%(2014) → 16.7%(2015) → 19.7%(2016) → 20.1%(2019) 등으로 지속적으로 증가하고 있다(강명현, 2017). 문제는 새로운 재원으로 비중이 커지고 있는 재송신료나 직접 판매 수익이 광고 감소분을 대체할 수준이 아니며, 유료방송 및 온라인 플랫폼에 의존해야 하는 재원이라는 데 있다. 가령, 재송신료의 경우 거대 통신사가 IPTV를 통해 유료 플랫폼의 지배력을 장악해 가고 있는 현실에서 협상력의 주도권은 점차 IPTV 사업자로 넘어가게 될 것이다. 현재에도 80% 이상 유료방송 플랫폼을 장악하고 있는 KT를 비롯한 거대 통신사들이 과점적 형태를 통해 망의 지배력을 확대해 나갈 경우 지상파 방송사들의 콘텐츠 제 값 받기는 그리 쉽지 않을 것으로 전망된다. 직접 판매재원 역시 광고재원의 감소로 제작비의 투입이 어려워질 경우 콘텐츠의 경쟁력은 점차 하락할 것이기 때문이다. 결국, 지상파는 초방에서 광고 판매를 통해 안정적인 재원을 확보해야 하고 이를 바탕으로 콘텐츠의 경쟁력을 강화해야 직접 판매시장에서도 협상력을 유지할 수 있게 될 것이다.

(2) 유료방송채널[3] 재원의 구조적 특징

유료방송 일반채널(PP: Program Provider)의 수익구조는 기본적으로 콘텐츠 제작업체라는 점에서 지상파 방송과 비슷하다.

콘텐츠 제작업체이기 때문에 프로그램 내의 광고를 판매하여 얻는 수익인 광고수익이 있으며 역시 후원사로부터 제작비용의 일부를 지원받는 협찬 수익이 있다. 또한 유료 플랫폼 사업자에게 프로그램을 송출하는 대가로 얻는 수입인 프로그램 사용료 수

---

3 여기서는 홈쇼핑 채널을 제외한 일반 PP채널(종편 포함)을 의미한다.

[그림 1-4] 유료방송 채널의 재원구조

입이 있다.[4] 이는 지상파 방송사가 플랫폼 사업자로부터 채널을 제공하고 받는 재송신료와 비슷한 유형이며 단지 명칭이 다를 뿐이다. 마지막으로 OTT와 같은 온라인 동영상을 소비자에게 직접 판매하여 얻는 수익인 직접 판매수익이 있는데 최근 tvN과 같이 콘텐츠 경쟁력이 있는 채널들은 이러한 직접 판매수익이 점차 증가하고 있는 추세이다.

〈표 1-4〉 일반 유료채널의 재원구조(2018년 말 기준)

주요 재원	내용	매출액(억)	구성비(%)
광고	광고를 판매하여 얻는 수익	16,155	48.5%
협찬	제작비를 보전하는 형태로 얻는 수익	3,730	11.2%
프로그램 사용료	유료 플랫폼에 프로그램을 제공하는 대가로 얻는 수익	7,975	23.9%
직접 판매료	VOD나 동영상 서비스를 통해 프로그램을 판매하여 얻는 수익	2,571	7.7%
기타 수익	이벤트 사업 등으로 얻는 수익 (행사료, 방송시설 임대료 포함)	2,895	8.7%
합계		33,326	100.0

출처: 과학기술정보통신부·방송통신위원회(2019), <2019년 방송산업실태조사 보고서>, p. 29를 토대로 재구성.

---

4 프로그램 사용료는 PP의 입장에서는 프로그램 제공에 대한 대가의 의미로 '프로그램 제공료'라고 불리기도 한다.

2018년 말을 기준으로, 일반 PP채널의 재원구조 현황을 살펴보면 광고 비중과 프로그램 제공료 수익의 매출 비중이 각각 45%와 25%로 이들 두 재원을 근간으로 하고 있음을 알 수 있다. 이밖에도 협찬이 약 12%, 그리고 직접 판매의 비중이 약 7%로 보조적인 재원의 역할을 하고 있다.

일반 유료채널의 재원구조 변화추이를 살펴보면 지상파와 반대로 광고의 비중이 지속적으로 증가하고 있다. 유료채널의 광고 비중은 2015년 45.8%, 2016년 45.7%, 2017년 47.4%, 2018년 48.5%로 지속적인 증가 추세에 있다. 반면 프로그램 제공료의 비중은 25.1%(2017) → 23.9%(2018)로 감소하였다. 직접 판매 비중은 6-7% 수준을 유지하고 있으며, 협찬 비중 역시 2015년 12.2%, 2016년 13.6%, 2017년 12.3%, 2018년 11.2%로 비슷한 수준을 유지하고 있다.

이처럼 이론적으로 유료채널에서 가장 비중이 높아야 할 프로그램 제공료의 비중이 점차 축소하고 대신 광고 비중이 이를 대신하고 있다는 점이 국내 유료채널 재원 구조의 가장 큰 특징이라 하겠다. 우리나라에서 유료채널의 프로그램 제공료 비중이 축소되고 있는 이유로는 우선적으로 유료방송 플랫폼이 저가형 수신료 구조여서 수신료 매출액 규모가 적은 데 있다. 이뿐 아니라 프로그램 제공료를 배분하는 구조에도 원인이

[그림 1-5] 유료채널의 재원구조 변화(2016-2018)

출처: 과학기술정보통신부·방송통신위원회(2019. 11), <2019년 방송산업실태조사 보고서>, p. 29.

있다. 케이블 도입 초기부터 유료PP들은 SO들과의 단체계약을 통해 방송 수신료의 32.5%를 프로그램 제공료로 지급받았다. 그러나 2001년 이후 PP들이 등록제로 전환되면서 PP들의 수가 늘어나게 되자 단체계약에서 현재의 개별계약으로 전환되었다. 개별계약으로 전환되면서 플랫폼들이 계약의 주도권을 잡게 되었고 이후 프로그램 제공료의 분배비율이 급격하게 떨어지게 되었다. 예를 들어, 개별계약으로 전환된 첫해인 2002년에는 제공료 배분율이 20.9%까지 급감하였고 2005년에는 누려 12.7%까지 하락하게 되었다. 2006년부터 방송위원회가 이 문제에 개입하여 25% 가이드라인을 발표하였고, 준수 여부를 재허가에 반영하면서부터 현재와 같은 25% 이상의 분배비율이 유지되고 있다. 그렇지만 25%는 출범 초기의 32.5%에 비해 여전히 낮은 수치이고 오히려 최소 지급비율을 맞추기 위한 편법 정산방법을 동원하는 등 실질적인 효과를 거두지 못하고 있는 상황이다. 플랫폼 사업자의 매출구조에서 콘텐츠 제공대가가 차지하는 비중은 여전히 25% 수준에서 답보하고 있다. 가령, 케이블 SO의 경우 2013년 프로그램 사용료 제공비중은 전체 방송 매출액의 26.7%였고 2014년에는 27.2%, 그리고 2015년에는 25.9%에 그쳤다.

이렇게 PP에게 제공되는 프로그램 제공료의 낮은 지급 비율은 유료방송채널의 재원구조에 부정적인 영향을 미치고 있다. 앞서 보듯이, 주재원이 되어야 할 프로그램 제공료의 비중은 25%를 밑도는 대신 광고 및 협찬 그리고 기타 방송사업 매출이 이를 대체하고 있는 것이다. 이는 일반 유료채널의 프로그램 사용료 비중이 전체 매출액의 50%를 상회하는 미국의 그것과 대조적이다(강명현, 2017). 우리나라 유료채널 재원구조의 특징은 이처럼 저가형 수신료 구조로 플랫폼 사업자의 방송 매출액 전체가 크지 않을뿐더러 여기에서 일정 수준을 프로그램 제공료로 지급되는 제도적 장치가 부재하여 유료채널 사업자 역시 협찬이나 광고시장에 내몰리게 되는 악순환이 반복되고 있다.

또한, 유료방송 재원구조의 또 다른 특징으로는 전송수단으로는 유료채널이면서 내용상으로는 지상파와 비슷한 성격을 지니는 종편이라는 특수한 형태의 방송유형이 존재하며[5] 전체 방송시장의 재원구조에 많은 영향을 미치고 있다는 점이다. 먼저, 종편채널이 국내 방송 재원구조에 미치는 영향을 살펴보기 위해 매출구조를 살펴보기로 한다.

---

5 현행 <방송법> 2조에서는 지상파방송을 "방송을 목적으로 하는 지상의 무선국을 관리, 운영하며 이를 이용하여 방송을 행하는 사업"으로, 종합편성은 "보도, 교양, 오락 등 다양한 방송분야 상호간에 조화를 이루도록 방송 프로그램을 편성하는 것"으로 정의하여 지상파는 전송망을 중심으로, 종편은 방송분야를 기준으로 정의하고 있음을 알 수 있다.

〈표 1-5〉 지상파와 종편채널의 광고매출

	2007	2008	2009	2010	2011	2012	2013	2014	2015	2016
전체 방송매출(조)	8.2	8.6	8.9	10.0	11.2	12.4	12.9	14.8	15.3	15.9
전체방송광고 매출(억)	33,747	32,148	38,139	33,414	37,342	35,796	34,764	33,046	34,736	32,225
지상파(억)	24,083	21,998	19,182	22,162	23,754	21,801	20,675	18,976	19,112	16,228
PP(억)	8,424	8,796	7,694	9,862	12,216	12,675	12,636	12,257	13,520	13,488
종편(억)					716	1,710	2,355	2,229	2,863	2,880

- 전체 방송매출액에는 홈쇼핑 매출액이 포함된 금액임.
- PP매출액에는 종편 매출액 포함된 액수임.

    〈표 1-5〉를 보면 지난 10여 년 간 전체 방송 매출액은 조금씩 증가하고 있는 반면, 방송광고 매출은 거의 정체상태에 있음을 알 수 있다. 즉, 지난 10여 년 간 종합 편성채널을 비롯하여 IPTV 등과 같은 TV광고 매체가 늘어났지만 전체 TV광고시장의 매출규모는 거의 증가하지 않았다. 이는 다시 말해 방송 매체 간 한정된 광고자원을 놓고 극심한 제로섬(zero-sum) 경쟁을 하고 있음을 보여 주고 있으며, 그 중심에 지상파와 종편 간 경쟁이 자리잡고 있다. 표에서 보는바와 같이 지상파의 매출은 2012년부터 감소하기 시작했는데 이는 종편채널의 매출이 늘어나는 시기와 비슷하며 매출규모 역시 지상파 감소액과 거의 비슷함을 알 수 있다. 이는 새로운 시장을 창출할 것이라는 기대를 앉고 출범한 종편채널이 사실은 신규 광고시장을 창출하기 보다는 지상파 광고를 잠식하고 있음을 보여주고 있다. 전송방식 측면에서 유료 플랫폼을 통해 송출하는 유료채널이라는 점에서 재원구조는 프로그램 사용료를 근간으로 하여야 함에도 불구하고 실제로 종편채널의 매출구조는 이와 달리 나타난다. 지난 2015년 종편채널의 매출구조에서 가장 높은 비중을 차지하는 재원은 광고로 전체 매출액 53.8%를 차지하고 있다. 여기에 협찬 비중인 23.1%를 더하면 거의 75%로 오히려 지상파 방송보다 광고에의 의존도가 높은 것으로 나타나고 있다. 반면, 유료채널로서 주재원이 되어야 할 프로그램 제공료의 비중은 10.2%에 불과하다(강명현, 2017). 결국 새로운 유형의 유료채널을 시장에 진입시키면서 별도의 신규 재원을 마련하거나 적합한 재원정책이 부재함으로 인해 방송광고시장의 경쟁을 심화시키고 있는 요인으로 작용하고 있음을 알 수 있다.

(3) 유료 플랫폼 재원의 구조적 특징

유료방송 플랫폼의 수익구조는 가입자로 받는 방송 수신료 수익과 단말기 대여수익 그리고 홈쇼핑 사업자로부터 받는 홈쇼핑 송출 수수료 수익 등으로 이루어져 있다.

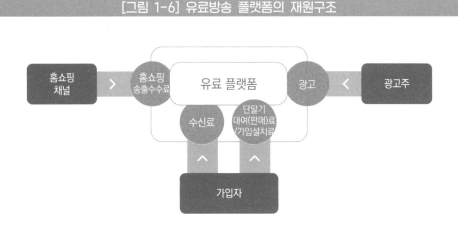

[그림 1-6] 유료방송 플랫폼의 재원구조

유료방송 플랫폼은 가입자로부터 채널을 송출하는 대가로 매월 구독료에 해당하는 방송 수신료를 받게 되는데 이는 가장 중요한 수입원이 된다. 이밖에도 가입할 때 얻는 가입료 및 설치료가 있으며, 단말기를 판매 혹은 대여해 주면서 발생하는 단말기 대여료도 중요한 비중을 차지한다. 또 다른 중요한 수익원으로는 홈쇼핑 채널을 송출해 주고 이에 대한 대가를 받게 되는데 이를 홈쇼핑 채널 송출 수수료라고 한다. 주로 가입료 수익을 근간으로 하는 다른 나라의 유료채널 수익구조와 달리 홈쇼핑 송출 수수료 비중이 큰 것은 우리나라 유료 플랫폼만의 독특한 특징이다. 유료방송 플랫폼이 홈쇼핑 채널을 적극적으로 송출하고자 하는 이유도 송출 수수료가 주요 수입원이기 때문이다. 또한, 일부 플랫폼, 특히 케이블 SO의 경우는 지역 채널 프로그램 내에 광고를 판매하여 얻는 광고수익이 있다. 마지막으로 데이터 홈쇼핑을 운영하여 얻는 기타 방송수익으로 구성되어 있다.

현 유료방송 플랫폼의 각 재원별 비중을 IPTV의 경우를 통해 살펴보면, 방송 수신료가 65%로 가장 큰 비중을 차지하고 있고 이어 홈쇼핑 송출 수수료 비중이 전체의 20% 정도로 나타나고 있다. 결국, 이 두 유형이 유료방송 플랫폼 사업자들에게 가장 중요한 재원임을 알 수 있다. 이밖에 단말기 대여(판매)료가 7.7%, 그리고 광고료가 3.4%의 비중을 차지하고 있다.

〈표 1-6〉 IPTV 사업자의 재원구조(2018년 말 기준)

주요 재원	내용	매출액(억 원)	구성비(%)
방송 수신료	가입자로부터 채널제공 대가로 받게 되는 수익	22,345	65.0%
홈쇼핑 송출 수수료	홈쇼핑을 송출해주는 대가로 받게 되는 수익	7,127	20.7%
단말기 대여(판매)료	가입자에게 단말기를 판매 혹은 대여해주는 대가로 얻는 수익	2,649	7.7%
가입설치료	가입할 때 받게 되는 수익	527	1.6%
광고료	일부 채널의 광고 판매를 통한 수익	1,161	3.4%
기타 수익	데이터 홈쇼핑 채널을 통한 수익	549	1.5%
전체		34,358	

출처: 과학기술정보통신부·방송통신위원회(2019), <2018년 방송산업실태조사 보고서>, p. 31을 토대로 재구성.

한편, 유료방송 플랫폼의 재원변화 추이를 살펴보면 최근 IPTV 가입자 수의 증가로 이들로부터 얻게 되는 방송 수신료 및 설치료, 그리고 단말기 대여료 등의 가입자 매출액이 점차 증가하고 있다. 방송 수신료는 1조 5,018억 원(2015) → 1조 7,209억 원(2016) → 1조 9,916억 원(2017) → 2조 2,345억 원(2018)으로 증가하였다. 또한, 가입자 수의 증가는 홈쇼핑 송출 수수료의 증가로 이어졌다. 즉, 가입자 증가에 따라 홈쇼핑 송출 수수료의 매출 규모도 2,404억 원(2015) → 3,368억 원(2016) → 4,890억 원(2017) → 7,127억 원(2018)으로 매년 증가하고 있다.

유료방송 플랫폼의 재원구조에서 가장 큰 특징은 수신료의 비중이 감소하고 대신 홈쇼핑 송출 수수료의 비중이 점차 높아지고 있다는 점이다. 예컨대, 2017년 방송수신료의 비중은 2016년 70.9%에서 2017년 68.1%, 2018년 65.0%로 지속적으로 감소하고 있는 반면 홈쇼핑 송출 수수료의 비중은 2016년 13.9%에서 2017년 16.7%, 2018년 20.7%로 높아지고 있는 상황이다.

주지하다시피 우리나라 방송산업에서 두드러진 특징 중의 하나는 유료방송 수신료가 저가형 구조라는 것이다. 저가형 유료방송 수신료 현상은 요금제도 자체의 문제뿐 아니라 국내 방송재원 전반에도 심대한 영향을 미치고 있다. 우리나라 유료방송시장에서 초저가 수신료 문제가 초래된 데는 여러 가지 원인이 결부되어 있다. 대표적으로 홈

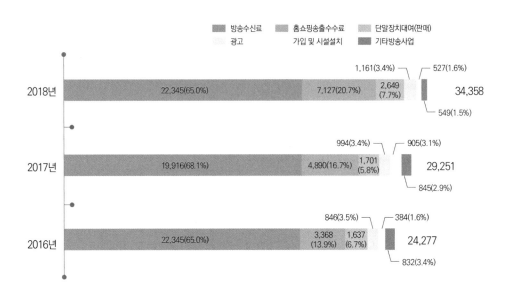

[그림 1-7] IPTV의 매출구성비 변화추이

■ 방송수신료 ■ 홈쇼핑송출수수료 □ 단말장치대여(판매)
□ 광고 □ 가입 및 시설설치 ■ 기타방송사업

2018년
22,345(65.0%)　7,127(20.7%)　2,649(7.7%)　1,161(3.4%)　549(1.5%)　527(1.6%)　**34,358**

2017년
19,916(68.1%)　4,890(16.7%)　1,701(5.8%)　994(3.4%)　845(2.9%)　905(3.1%)　**29,251**

2016년
22,345(65.0%)　3,368(13.9%)　1,637(6.7%)　846(3.5%)　832(3.4%)　384(1.6%)　**24,277**

출처: 과학기술정보통신부·방송통신위원회(2019), <2018년 방송산업실태조사 보고서>, p, 31.

쇼핑 송출 수수료와 최근 IPTV 사업자의 결합상품 판매 등을 들 수 있다.[6] 즉, 양면 시장의 특성을 지니는 방송시장은 가입자의 수신료와 같은 직접 지불수단과 광고와 같은 간접 지불수단으로 수익을 창출하는데, 가입자 수를 확보하기 위해 저가형 수신료 구조를 유지하면서 확보된 가입자 수를 발판삼아 홈쇼핑 송출 수수료 및 광고와 같은 간접 지불수단으로 수익을 대체하고 있는 것이다. 홈쇼핑 송출 수수료를 통한 안정적 수익을 얻기 원했던 우리나라 유료 플랫폼들은 도입초기부터 저가형 가입자를 양산하였다. 홈쇼핑 송출 수수료의 의존적 현상은 현재에도 개선되지 않고 플랫폼 사업자 중요한 재원이 되고 있다. 예컨대, 2013년 케이블 SO의 홈쇼핑 송출 수수료 매출비중은 전체 방송 매출액의 약 31.5%를 차지하였는데 그 비중은 점차 늘어 2014년에는 32.5%, 그리고 2015년에는 34.1%로 증가하였고, 2016년에는 35.4%, 2017년은 35.5%를 유지하고 있다(방송통신위원회, 2018a). 반대로 가입자의 방송 수신료 비중은 2013년 49.0%에서 2014년 45.4%, 그리고 2015년 41.6%로 오히려 감소하였다. 한편, IPTV 출범과 함께 통신료

---

6 여기에 당시 정부가 지상파 디지털 방송 직접 수신보다 유료방송 플랫폼을 통한 간접 수신가구를 확대하는 방향으로 디지털 전환정책을 펼침으로써 조속한 유료방송 보급을 위해 이러한 저가형 구조가 양산되었다는 점을 추가로 거론할 수 있을 것이다.

와 방송 수신료가 결합된 상품이 나오면서 이러한 저가형 구조는 지속되고 있다. 지난 2015년 6월 현재, 국내 유료방송 가입자 중 방송통신 결합상품 이용자는 1,199만 명이 었고, 결합상품 가입자 비중은 매년 증가되어 현재는 100명 중 약 42명(42.3%)이 통신과 묶은 결합상품을 이용중인 것으로 나타났다(박종진, 2017). 통신상품의 마케팅 수단으로 방송상품의 할인율을 높게 하는 결합상품은 결과적으로 유료채널 사업자에게 배분하는 프로그램 제공료의 배분구조에도 부정적으로 영향을 미치고 있다.

4. 본 저서의 구성

국내 방송산업을 구성하는 주요 재원구성을 살펴보기 위해 매체를 망라하여 세부 재원별로 구분해보면 <표 1−7>과 같다. 표에서 보는 바와 같이 가장 구성비가 높은 재원은 방송광고(25.6%)였고, 그 다음으로는 유료방송 수신료(23.0%)와 홈쇼핑 송출 수수료(9.0%)였다. 공영방송 수신료(5.2%)와 일반 유료채널의 주재원이라 할 수 있는 프로그램 제공료(4.6%)가 차지하는 비중도 높게 나타났다. 따라서 본 저술에서는 국내 방송산업에서 차지하는 재원의 비중이 높은 재원유형을 중심으로 각 재원이 전체 방송산업에서 지니는 의미, 최근의 쟁점, 개선 방안 등을 자세히 논의해 보고자 한다.

〈표 1-7〉 국내 방송시장 주요 재원구성비(2016년 말 기준)

주요 재원	매출액(억 원)	비중(%)	관련 매체
광고	3조 2247억	25.6	지상파, 유료채널, 유료 플랫폼
유료방송 수신료	2조 8969억	23.0	유료 플랫폼
홈쇼핑 송출료	1조 1347억	9.0	유료 플랫폼
프로그램 제공료	7529억	4.6	유료채널
공영방송 수신료	6510억	5.2	지상파 공영(KBS/EBS)
재송신료	2298억	1.8	지상파 채널

출처: 방송통신위원회(2019). <2018년도 방송사업자 재산상황 공표집>, p. 9를 토대로 재구성.

각 장에서 다루고자 하는 주요 재원은 먼저, 공영방송의 핵심 재원이라 할 수 있는 수신료, 그리고 방송재원 중에서 가장 비중이 높은 재원인 방송광고를 다루고자 한다. 한편, 유료방송의 시장의 재원에서는 재송신료, 프로그램 제공료, 그리고 홈쇼핑 송출료를 탐구하고자 한다. 이어 지역 방송사나 교육방송과 같이 규모가 적은 영세 매체의 재원문제를 다루고자 한다. 이후 종합적으로 한국 방송산업 재원의 특징을 정리한 후 향후 재원정책의 정립방안에 대해 제언하고자 한다.

제1부

공영방송
재원정책

공영방송 재원

Chapter 02 공영방송 재원

1. 왜 수신료인가?

공영방송이란 말 그대로 공적기관이 소유하거나 운영하는 방송을 말한다. 따라서 사적으로 재원을 충당하는 민영방송과 달리 사적이익을 취하지 않는 재원이 뒷받침되어야 한다. 그렇다고 국가가 직접 지원하는 재원 역시 독립성을 유지해야 하는 공영방송 체제에 적합한 재원형태는 아니다.

그렇다면, 공영방송 제도에 적합한 재원구조는 어떠해야 하는가? 공영방송의 재원은 무엇보다 공영방송에 요구되는 사회적 기대와 필요성에 바탕을 두고 모색되어야 한다. 즉, 공영방송의 공공서비스와 그에 수반되는 재원모형은 공영방송에게 부여된 책무(mission), 이를 구체화한 목표(purposes), 그리고 이를 통해 구현해야 할 사회적 가치(values)를 정립한 이후에 모색되어야 한다(정준희, 2018). 공영방송의 책무와 목표, 가치는 무엇인지가 명확하게 정립된 이후 그러한 목표를 성취할 수 있는 재원모형이 구상되어야 하는 것이다. 공영방송 재원의 이상적인 조건으로 맥킨지 보고서(Mckinsey, 1999)는 공영방송이 해당 사회에서 제 역할을 하기 위해서는 다섯 가지 원칙이 충족되는 재원구조가 바람직하다고 제언하고 있다. 첫째 원칙은 충분한(substantial) 규모의 원칙이다. 이 원칙은 공영방송의 재원은 상업채널의 진정한 경쟁자가 될 수 있을 정도의 충분한 재원의 규모가 확보되어야 한다는 것이다. 둘째 원칙은 독립적(independent)이어야 한다. 이는 공영방송 재원이기 때문에 정부와 광고주 등의 부당한 간섭으로부터 독립적이어야 한다는 원칙이다. 세 번째 원칙은 예측 가능성(predictable)의 원칙이다. 장기적이고 미래지향적인 프로그램 제작을 위해 공영방송의 재원은 중장기적 차원에서 재원조달의 규모가 예측 가능한 것이 바람직하다는 것이다. 네 번째 원칙은 규모확대(growing)의 원칙이다. 공영방송 재원은 공익적 프로그램 제작 등에 요구되는 비용과 비슷하거나 이보다 높은 수준으로 재원의 증가가 이루어져야 한다는 것이다. 마지막으로 조달방식의 단순성(simple)과 형평성(equitable) 원칙이다. 공영방송 재원은 조달방식이 단순하여 비용이 저렴해야 하며 공평하여야 한다는 것이다.

한편, 김해식(1999)은 비슷한 맥락에서 공영방송 재원이 갖추어야 할 조건에 대해은 다음과 같은 점을 거론하고 있다.

첫째, 공영방송의 재원은 공영방송의 독립성을 확보해 줄 수 있어야 한다. 공영방송의 독립성은 크게 정치적 외압이나 상업적 자본에 의해 훼손될 수 있는데 공영방송은 재원으로부터 이들 정치세력이나 자본으로부터 독립성을 확보할 수 있어야 한다. 가령, 정치세력으로부터 간섭을 배제하기 위해서는 국가 보조금이나 조세와 같은 국가권력으로부터 발생하는 재원구조는 바람직하지 않으며, 광고수입에 의존하는 재원 역시 독립성 측면에서 적절치 않다.

둘째, 공영방송의 재원은 공영방송의 공익성을 담보할 수 있어야 한다. 공영방송이 상업방송과 차별성을 이루기 위해서는 시청률 경쟁에서 도태될 수 있는 공익적 성격의 프로그램을 제작하여야 하는데 이를 위해서는 비상업적 재원의 뒷받침이 필요하다는 것이다.

셋째, 공영방송의 재원은 공영방송의 책무를 충실히 수행하기 위해 안정적 성격을 지녀야 한다. 즉, 장기적이고 체계적인 공익적 프로그램을 편성하기 위해서는 제작비를 비롯한 전반적인 운영재원이 예측적이고 안정적일 필요가 있다.

마지막으로 공영방송의 재원은 운영을 위한 재원의 성격을 넘어 방송의 품질향상을 위한 일종의 압력으로 작용하여야 한다. 즉, 재원의 공익성을 담보함으로써 항상 공영방송이 공적 책무에 충실하도록 하는 내부적인 압력수단으로 작용할 수 있어야 한다는 것이다. 공영방송에게 요구되는 책무성(accountability)도 지상파 주파수 할당이나 수신료를 제공하는 특혜에 대한 반대급부적 성격을 지니고 있다.

일반적으로 공영방송 재원으로 가능한 유형으로는 정부 보조금, 가구분담금, 수신료, 구독료(subscription) 그리고 광고 등이 있다. 위즈(Weeds, 2016; 정준희, 2018 재인용)는 공영방송 재원의 적합성을 판단할 기준으로 모든 시청자가 지불해야 하는 보편성, 정치적 독립성, 공익 촉진성(사회적 가치실현 가능성), 재원 징수의 형평성 그리고 징수의 효율성 등을 거론하고 각 유형의 장·단점을 비교 평가하였다.

먼저 정부 보조금은 정부 예산에 토대를 두어 특수한 공익적 목적에 추점을 맞춰 효과적으로 재원을 투여할 수 있다는 장점이 있다. 하지만 정치적 독립성에 취약하다는 단점을 지니게 된다. 이는 공영방송의 근간을 위협하는 요인이기 때문에 공영방송 재원의 적합성 측면에서 가장 지양(止揚)해야 할 유형이다. 독일은 2013년부터 '방송 수수료'(Rundfunkgebuhr)를 '방송 분담금'(Rundfunkbeitrag)이라는 명칭으로 개정하여 징수하고 있다. 수수료가 실제 이용을 전제로 요금을 청구하는 반면 분담금은 시청 가능성에 초점을 두고 부과한다는 점에서 차이를 보인다. 가구분담금 제도는 시청 여부와 관계없이 보편적 적용과 징수의 형평성을 기할 수 있다는 장점을 지닌다. 그러나 이 역시 일종의 세금의 성격을 지녀 정치적 독립성에 취약해질 가능성이 있다. 최근 새로운 대안으로 제기되고 있는 구독료 유형은 납부자의 자발성에 기초를 둘 수 있다는 점에서 기술 및 시대변화에 유연하게 대응할 수 있는 재원이다. 하지만 모든 사람이 고르게 부과해야 한다는 보편성 원칙에 저해되는 단점이 있다. 광고 역시 자발성과 경쟁력을 촉진할 수 있다는 장점을 지니지만 공익적 가치를 추구할 수 있는 수단으로서는 취약하다. 마지막으로 수신료는 정치적 독립성 훼손의 여지가 있고 시대변화에 능동적으로 대처할 수 없다. 또한 공영방송에 대한 신뢰와 지지의사 등에 기초를 두지 않으면 정당성이 흔들릴 수 있다는 단점을 지닌다. 그럼에도 모든 평가기준을 골고루 비교했을 때 여타 재원유형에 비해 그래도 '가장 덜 나쁜(the least worst)' 재원으로 평가된다.

〈표 2-1〉 재원유형별 비교

재원유형	보편성	정치적 독립성	공익 촉진성	재원징수의 형평성	징수 효율성
정부 보조금	상	하	상	상	상
가구분담금	상	중하	중상	중상	상
구독료	하	상	하	상	상
광고	중상	중상	하	상	상
수신료	중상	중상	중상	중	중

출처: Weeds(2016), 정준희(2018), p. 58.

공영방송 재원으로서 갖추어야 할 요건으로 프로그램 다양성, 시청자 보편성, 재정 안정성 그리고 사회정책 목표수행라는 네 가지 기준을 제시하고 각 재원에 따른 적합성을 검토한 코볼트(Koboldt, Hogg, & Robinson, 1999) 등의 평가결과도 이와 비슷하였다. 즉, 수신료와 광고, 정부 보조금 등 세 가지 유형의 재원을 비교분석한 결과, 수신료가 프로그램 다양성, 재정의 안정성, 사회 정책적 목표 측면에서 여타 재원에 비해 상대적인 우위를 지니고 있다고 평가하였다(Koboldt, Hogg, & Robinson, 1999; 김해식, 1999).

<표 2-2> 재원유형에 따른 공영방송 재원으로서의 적합성

	수신료	광고	정부 보조금
프로그램 다양성	높음	보통	낮음
시청자 보편성	높음	보통	높음
재정의 안정성	높음	낮음	보통
사회정책 목표수행	매우 높음	낮음	매우 높음

출처: Koboldt, Hogg, & Robinson.(1999); 김해식(1999)을 토대로 재구성

이처럼 재원의 적합성을 평가했을 때 공영방송 재원으로서 가장 바람직한 형태는 역시 수신료라 할 수 있다. 광고의 경우, 공익성과 수익구조의 안정성 측면에서 취약성이 있다. 시장의 상황에 따라 수익구조가 불안정하고 시장원칙에 충실해야 하기 때문에 사회의 가치실현이라는 방송의 공익성을 촉진하기 어렵다. 정부 보조금이나 가구분담금 역시 정치적 독립성을 확보하기 어렵고 정치적 이해관계에 의해 역시 재정지원의 안정성을 기할 수도 없다. 하지만, 수신료는 공영방송 재원으로서 적합한 요건을 두루 갖추고 있다. 가령, 수신료는 예산과 재원의 규모가 일정하고 예측 가능하다는 재원의 안정성을 지니고 있고 시장논리에 휘둘리지 않고 프로그램의 공적 촉진성과 소수 시청자 층을 고려한 보편성을 충족할 수 있는 요건을 갖추고 있다. 더불어 정부 보조금이나 광고와 달리 정치적·상업적 압력에서도 어느 정도 자유로운 장점을 지니고 있다. 이러한 요소들을 두루 고려해 보면, 수신료는 분명 공영방송 본연의 공적 책무를 가장 잘 수행할 수 있게 해주는 이상적인 재원조달 방법이라 할 수 있다.

그럼에도 수신료가 공영방송 재원으로 최상이 선택일 수 있느냐에 대해서는 회의론적인 시각도 존재한다. 먼저, 프로그램의 보편성과 관련하여 수신료는 세금과 달리 모든 사람이 일괄적으로 같은 금액을 지불하도록 되어 있기 때문에 개별적인 기호와 의견을 동등하게 취급할 수밖에 없다. 하지만 개개인의 기호를 파악하는 것이 쉽지 않을뿐더러 특정 영향력 있는 소수집단의 의견이 과대하게 반영될 위험성도 내재한다 (Koboldt, Hogg, & Robinson., 1999). 또한, 수신료를 바탕으로 하는 재원구조는 개인의 성과와 연계되지 않아 자칫 외부로부터의 경쟁에서 도태될 수 있다. 대부분의 공영방송사가 공룡에 비유되어 거대화, 관료화, 비효율적인 조직으로 인식되고 있는 이유도 이러한 점에 기인한다. 게다가 수신료로 운영되는 공영방송은 상업방송과는 차별화되는 프로그램을 편성·제작하여야 한다는 책무성을 부여받게 되는데, 블럼러(Blumler, 1993)

가 '게토화(ghettorzation)'라는 표현으로 지적하고 있듯이 공영방송으로 하여금 대중성을 상실할 위험에 처하게 한다. 즉, 민영방송이 취급하지 않는 차별화된 프로그램의 제작을 고집함으로써 '고고한' 방송으로 전락함에 따라 역할이 제한적이고 축소되는 딜레마에 봉착하게 된다는 것이다.

결론적으로 수신료가 지닌 이러한 비판점을 고려할 때 이상적인 재원구조는 수신료를 기본으로 하되 여기에 일정 부분 광고가 가미되는 형태라고 할 수 있다. 이렇게 되면 공영방송 재원으로서 수신료가 갖는 장점에다 광고가 지니는 장점들, 이를테면 높은 수신료 인상요인을 광고로 전이하여 국민의 재정적 부담을 완화할 수 있고, 일부 시청률과 같은 평가시스템과 연계함으로써 조직의 효율성과 프로그램의 대중성 등을 확보할 수 있기 때문이다.

2. 공영방송 재원의 유형

그렇다면, 세계 주요 공영방송사의 재원구조는 어떠한가? 일반적으로 공영방송의 재원구조는 공적재원의 비중이 어느 정도인지에 따라 a) 공적재원 중심형, b) 광고와 공적재원이 거의 비슷한 비중을 차지하는 혼합형, 그리고 c) 광고를 주된 재원으로 하는 상업재원(광고) 중심형 등으로 구분된다.

(1) 공적재원(수신료) 중심형: BBC(영국), NHK(일본) 등

세계의 공영방송사 중 가장 수신료 비중이 높은 방송사는 일본의 NHK로 전체 수입의 약 96%를 수신료로 충당하고 있다(2017년 기준). BBC 역시 수신료 중심체제의 방송사로 광고를 하지 않으며 전체 수익의 약 77%를 수신료로 충당하고 있다. 나머지는 기타 수입으로 부수적 상업활동, <I Player>와 같은 신규 미디어로부터의 수입, 그리고 일부 국고 보조금을 포함하고 있다.

(2) 혼합형: ZDF(독일), F2(프랑스), KBS(한국) 등

공적재원인 수신료와 광고의 충당 비율이 비슷한 혼합형 모형은 수신료 모델의 장점을 유지하면서 재정조달방식을 다변화할 수 있다. 다시 말해 광고나 구독료(subscription) 등과 같은 수입 증대를 통한 재정의 탄력성을 확보할 수 있어 수신료 인상폭의 한계를 보완하여 추가 재원을 확보할 수 있다. 더불어 정치적 영향력(정부지원)과 상업적 영향력(광고)의 균형을 유지할 수 있고, 시장의 원리를 가미하여 프로그램 간 적정한 경쟁을

유도할 수 있다. 현재 혼합형 모델에 해당되는 공영방송사로서는 한국의 KBS[1]와 프랑스의 F2, 독일의 ARD와 ZDF 등을 들 수 있다. KBS는 2019년 기준으로 수신료가 약 50%, 그리고 광고 비중은 약 24% 정도이다. 한편, 독일 공영방송사 ZDF와 ARD는 광고를 하고 있지만 비중은 약 6~7%로 그리 높지 않은 편이다(2015년 기준). 프랑스의 F2 역시 광고 비중은 약 12%(2015년 기준) 정도이다.

(3) 상업재원(광고) 중심형: MBC(한국), Ch4(영국)

공적 서비스를 지향하지만 재원은 사적 재원에 의존하는 방송사로는 한국의 MBC와 영국의 Ch4가 대표적이다. 한국의 MBC는 광고수익과 기타 프로그램 판매수익 등 상업적 재원에 의존하고 있다. 2019년 기준으로 MBC의 재원은 광고 40%, 그리고 여타 상업적 수익 60%로 구성되어 있다. 영국의 Ch4는 비영리 법인이 소유하고 있는 공영방송사로 역시 수신료의 지원 없이 광고를 주재원으로 하고 있다. 자체제작은 없고 외주제작을 위주로 하는 소위 출판형 방송사이다.

〈표 2-3〉 주요 공영방송사의 재원구조

유형	주요 방송사	재원 비중		
		수신료	광고	기타
공적재원 중심형	영국 BBC(2016)	77.5	–	22.5
	일본 NHK(2017)	96.2	–	3.8
혼합형	한국 KBS(2017)	46.4	23.4	27.2
	독일 ZDF(2015)	85.0	6.0	9.0
	독일 ARD(2015)	86.0	7.1	6.9
	프랑스 F2(2015)	87.3	12.7	7.7
상업재원 중심형	한국 MBC(2019)	–	40.5	59.5

출처: KBS(2010), 방통위(2010)를 토대로 재구성.

공영방송이 반듯이 공적재원으로 운영이 되어야만 하는가에 대해서는 많은 논란이 존재하는 상황이다. 앞서 살펴본 바와 같이 모든 공영방송이 수신료를 통해 운영되는

---

1 한국의 공영방송 KBS의 재원구조는 원칙상 공적재원 중심형이다. 왜냐하면 〈방송법〉 제56조(재원)에서 "공사의 경비는 …텔레비전방송 수신료로 충당하되…"라고 명시하여 주재원이 수신료가 되어야 하는 것으로 규정하고 있고, 여기에 보조적으로 기타 광고 수입 등으로 충당할 수 있도록 하고 있기 때문이다.

것도 아니고 국민들이 다양한 매체를 통해 정보를 제공받을 수 있는 환경에서 수신료 제도를 존치할 필요가 있는가 하는 회의적인 시각도 있기 때문이다. 공영방송의 재원이 반드시 수신료로 구성될 필요가 없다고 주장하는 측은 모든 방송사가 수신료를 통해서만 운영되는 것이 아니기 때문에 수신료가 아닌 다른 재원으로 공영방송을 운영한다고 해도 별 문제가 되지 않으며(조항제, 2012), 오히려 적정한 혼합재정은 재원으로서의 효율성을 가져 올 수 있다는 지적도 제기된다(방송통신위원회, 2015).

3. 재원 성격과 공익성과의 관련성

이상적인 공영방송 재원으로서 수신료가 뒷받침되면 실제 공영방송의 공익성은 담보되는가?

이와 관련하여 세계적 컨설팅 기관인 맥킨지(Mckinsey, 1999)는 세계 주요국의 공영방송 재원조달 방식에 따른 해당 국가의 방송문화 건전성과의 관련성을 참고할 필요가 있다. 여기서 건전성 지수란 전체 방송 프로그램에서 보도 및 시사, 교양, 어린이 프로그램 등 소위 공익성 프로그램의 편성비율이 얼마인지를 영국을 기준으로 상대적으로 비교한 지수를 말한다. 조사결과에 따르면 수신료를 주된 재원으로 하는 영국이나 스웨덴의 방송문화 건전성 지수가 가장 높은 것으로 나타났고, '수신료＋광고'를 혼합하고 있는 독일, 이탈리아, 프랑스의 지수가 그 다음으로 높은 건전성 지수를 보였다. 반면, '정부 보조금＋광고'의 재원구조를 지니고 있는 포르투갈의 건전성이나 '기부금＋정부 보조' 형태를 지니고 있는 미국의 건전성 지수는 최하위로 조사되었다. 물론, 공익적 성격의 장르를 많이 편성하는 것만이 문화적으로 건전한 것이냐라는 개념정의에 대한 논란이 있을 수 있으나, 이러한 조사결과는 대체적으로 수신료를 재원으로 할 때 공영방송이 가장 공익적이고 차별화된 프로그램 편성을 할 수 있다는 점을 간접적으로 시사하고 있다.

또한, 수신료 재원이 보편적 편성을 가능케 한다는 연구결과도 있다. 코볼트(Koboldt, Hogg, & Robinson, 1999) 등은 재원의 유형과 프로그램의 편성 유인과의 관련성을 수요 곡선에 따른 방송 프로그램의 유형을 네 개로 나눈 후 이를 방송사의 재원에 따라 편성 유인이 어떻게 달라지는지를 분석하였다. 네 개의 유형은 '특정 소규모 수용

〈표 2-4〉 재원구조 유형과 방송문화 건전성과의 관련성

재원구조의 유형	국가	방송문화 건전성 지수
수신료	영국	100
	스웨덴	96
수신료 + 광고	독일	87
	이탈리아	75
	프랑스	61
정부보조금 + 광고	포르투갈	50
기부금 + 정부보조금	미국	35

출처: McKinsey(1999); 강형철(2004), p. 181 재인용.

자 프로그램(small niche program)'(예, 바둑) '질낮은 대중 소구 프로그램(mass appeal, low value)'(예, 일일 연속극) '일정 규모 특정 시청자 프로그램(large minority)'(예, 배구) '폭넓은 우량 프로그램(wide appeal, high value)'(예, 뉴스)으로 구분하였다. 결과에 따르면 광고는 '질낮은 대중 소구 프로그램'에 대한 편성 유인을 갖는 반면, 수신료 재원은 모든 유형의 프로그램 편성 유인이 있음을 알 수 있다. 이러한 결과는 수신료를 재원으로 할 때 어느 특정 프로그램의 편성에 치우치지 않고 시청자의 다양한 소구를 충족시켜 줄 수 있음을 보여 주고 있다.

〈표 2-5〉 재원유형에 따른 프로그램 편성 유인 비교

프로그램 유형	프로그램의 예	재원유형		
		광고	유료(Pay)채널	수신료 (공영방송)
특정 소규모 수용자 프로그램	바둑	×	○	○
질낮은 대중 소구 프로그램	일일 연속극	○	○	○
일정 규모 특정 시청자 프로그램	매구	×	○	○
폭넓은 우량 프로그램	뉴스	×	×	○

출처: Koboldt, C., Hogg, S., & Robinson, S.(1999).

한편, 수신료는 공영방송 프로그램에 대한 사회적 평가와도 밀접한 관련이 있는 것으로 나타나고 있다. 한 조사결과에 의하면 가구당 수신료 지불수준이 높고 공영방송 재정에서 차지하는 수신료 비중이 클수록 공영방송에 대한 긍정평가도 높은 경향을 보

이고 있다(Bonini & Pais, 2017). 가령, 공영방송 재정에서 수신료 재원의 비중이 높은 영국, 독일, 스웨덴은 공영방송이 제공하는 프로그램 품질에 대한 긍정적인 평가비율이 높았다. 반면 수신료 비중이 낮은 포르투갈, 스페인, 이탈리아 등의 국가에서는 공영방송에 대한 프로그램 품질평가가 부정적인인 것으로 나타났다. 특히 프로그램 품질평가에 대해 평가가 가장 부정적인 이탈리아의 경우, 수신료 회피율이 무려 27%에 달하고 있다는 점도 주목할 만한 결과이다.

〈표 2-6〉 수신료와 공영방송 품질과의 관련성

국가(공영방송)	재정에서 차지하는 수신료 비중(%)	품질이 "매우 좋다"에 대한 동의비율	연간 수신료 금액(유로화)	수신료 회피율
영국(BBC)	70.4	32	179	5.8
스웨덴(SE)	93	20	238	12
독일(ARD/ZDF)	83.5	17	215	1
포르투갈(RTP)	35.6	7	31.8	0.5
프랑스(FT)	65.3	5	133	1
스페인(TVE)	0	6	0	0
이탈리아(RAI)	60	4	113.5	27

출처: Bonini & Pais(2017); 정준희(2018), p. 55 재인용.

이러한 연구결과들은 공영방송 재원의 성격은 사회의 방송문화 건전성이나 공영방송 프로그램 품질에 대한 긍정적 평가와 실제 밀접한 연관성이 있음을 시사하고 있다.

4. 수신료의 성격

그렇다면, 수신료는 어떤 성격을 지니는가? 시청에 대한 대가인가? 아니면 시청에 상관없이 누구나 내야 하는 세금인가? KBS를 시청하지도 않는데 왜 수신료를 내야 하는지 모르겠다는 시청자의 항변은 수신료의 법적 성격에 대해 궁금증을 자아낸다. 현재 수신료를 징수하고 있는 세계 주요국의 수신료에 대한 성격 규정은 각기 다르다. 지금까지 논의되어 온 수신료에 대한 성격은 다음과 같이 크게 세 가지 차원으로 구분된다.

첫째는 수신 면허료(licence fee)로서의 성격이다. 이러한 해석은 수상기를 소유한 소유자는 공공 서비스를 수신하기 위한 권한을 얻기 위해 일정한 금액의 허가료를 내야 하는데 그것이 바로 수신료라는 것이다. 이러한 입장을 견지하고 있는 나라는 영국으로 영국 시청자들은 1920년대 이래 수신기를 소유할 자격을 지니기 위해 지불하는 성격으로 받아들이고 있다. 최근 영국의 ＜커뮤니케이션 법(Communication Act 2003)＞에서도 "TV 방송을 수신할 수 있는 장치를 설치한 자는 방송수신 면허가 필요하다"고 규정하여 영국에서 수신료는 수신면허로서의 성격을 갖고 있음을 분명히 하고 있다. 또한 동 법의 363조에서는 적합한 면허없이 텔레비전 수신기를 설치하거나 사용하는 것을 불법으로 규정하고 있다(정준희, 2005). 하지만, 허가료는 일종의 행정비용적 성격을 가진 것으로 공공의 목적에 따른 정부의 행위에 발생하는 비용 충당적 성격을 지니게 된다. 따라서 행정절차가 완료되는 순간 완결성을 지녀야 함에도 불구하고 수신료는 이후에도 지속적으로 납부하고 있다는 점에서 수신 허가료로서의 성격규정은 바람직하지 못하다는 지적도 제기되고 있다.

둘째는 조세적 성격이다. 수신료를 조세로 보는 해석은 수상기를 보유한 사람은 세금을 부담하는 것처럼 의무적으로 비용을 부담해야 한다는 의미가 내포되어 있다. 수신료가 조세로서의 성격을 지니게 되면 공영방송의 시청 여부에 관계없이 보유자에게는 모두 부과해야 하는 것으로 파악된다. 이러한 입장을 취하고 있는 국가로는 프랑스로서 프랑스에서는 매년 소득세를 신고할 때 텔레비전을 보유하고 있는지를 신고해야 하고 그렇지 않을 경우 자동적으로 보유한 것으로 간주되어 수신료가 부과된다. 최근 수신료에 대한 명칭을 '공공방송 부담세'로 개칭한 데서도 세금의 성격으로 간주하고 있음을 알 수 있다. 당초 프랑스에서는 1960년 헌법위원회에서 수신료를 세금이 아닌 준행정비용으로 보아야 한다고 결정하였다. 그러나 이렇게 되면 스스로 수신료 결정권을 갖게 된다는 논란이 지속되었다. 그리하여 1986년 ＜방송법＞ 제43조에서 수신료를 의회에 의해 부과되는 조세라는 견해를 수용함으로써 논란은 마무리 되었다. 이후 2004년 1월, 수신료의 위상은 '국세(Impot d'Etat)'로 변환되었다. 수신료의 성격을 일종의 세금으로 인식하고 있는 또 다른 국가는 독일이다. 독일에서는 헌법재판소가 6, 7, 8차 판결을 통해 수신료의 성격을 규정했다. 예를 들어 1994년 제 8차 방송결정에서는 '수신료의 징수는 가입자가 텔레비전 수상기를 보유한다는 사실에 기초한 것이므로, 수신인의 시청 여부를 고려하지 않고 단지 가입이라는 지위에서만 판단하는 것은 정당하다'라고 판정하였다. 따라서 수신료는 공공 구조물(즉 공영방송)의 이용료, 즉 세금으로 규정하였다.

셋째는 특별 부담금으로 해석하는 입장이다. 이는 특정 공익적 사업에 이해관계가 있는 자가 부담해야 하는 공공 부담금으로 보는 입장으로 한국과 일본의 수신료가 이러한 성격으로 파악되고 있다. 즉, 수상기를 가진 사람이 공영방송의 시청이라는 특수한 공적 사업과 관계를 지니고 있기 때문에 이러한 공적 사업에 소요되는 비용조달의 목적을 위해 징수되는 것으로 보는 것이다. 이러한 입장은 부과대상이 전체 국민이 아닌 텔레비전 수상기를 보유하고 공영방송을 시청하는 자로 한정하기 때문에 세금과는 다른 것으로 해석된다. 예컨대, 일본에서 수신료는 특수 부담금으로 간주된다. 법적으로는 '정부나 방송국과 맺는 전파사용의 계약에서 발생하는 수신료'로 정의되나 국가가 징수하는 세금이라기보다는 특수한 부담금으로 판단한다. 일본에서는 NHK를 국가기관이 아닌 특수 법인으로 이해하고 있고, 이 특수법인이 수신료의 징수권을 가지고 있기 때문에 국가가 아닌 NHK라는 공공 법인의 운영과 유지를 위한 수단으로 인식하고 있기 때문이다. 즉, 국가의 지출을 충당하기 위해 징수하는 조세가 아니고 또한 국가가 징수하는 것도 아니기 때문에 목적세도 아니라고 보았다. 대신 NHK라는 특수 법인이 징수권을 가지고 있기 때문에 이의 운영과 유지를 위한 특수한 부담금이라고 판단하고 있다. 여기서 특수 부담금이란 공영방송이라는 공공 서비스를 제공하는데 소요되는 특수 목적의 비용이라는 성격이다.

이와 비슷하게 한국에서도 수신료는 공식적으로 '특별 부담금'이라는 용어로 불리워지고 있다. 이는 헌법재판소가 수신료의 성격에 대해 '행정적 목적으로 부과되는 일종의 특별한 부담금'이라고 규정한데서 비롯된다. 특별 부담금으로 규정하고 있는 이유로는 긴밀한 관계에 있는(즉, 공영방송을 시청하는) 특정 집단에 국한하여 부과하고 있고, 부과 징수된 부담금은 공공 서비스라는 특정 목적을 위해 별도로 관리·지출되기 때문이다. 다시 말해, 국가의 일반적 재정수입에 포함시켜 일반적 국가과제를 수행하는 데는 사용되지 않고 있다. 하지만 한국에서도 공영방송의 시청여부와 관계없이 텔레비전 수상기를 보유하고 있는 가구는 원칙적으로 수신료를 내도록 되어 있고 실질적으로 우리나라의 경우 거의 전 가구가 TV 수상기를 보유하고 있다는 점을 감안하면 세금으로서의 성격도 지니고 있다. 물론 이 경우에도 수입이나 재산의 차이 없이 누구나 동일한 비용을 부담한다는 점에서 일반적인 세금과는 다소 구별된다. 이런 복합적인 성격 때문에 수신료는 준조세적 성격을 지닌다는 의견도 제기되고 있다.

〈표 2-7〉 각 국의 수신료에 대한 성격

	수신 면허료	세금	특별 부담금
성격	방송수신을 위한 허가 대가	공공재에 대한 비용조달 수단	특수 공익적 사업을 위한 비용충당
부과 대상	수상기 보유자	일반 국민	공영방송 이용자
적용 국가	영국	프랑스/ 독일(가구분담금)	한국/ 일본

요컨대, 각 국의 수신료 성격에 대해서는 영국에서는 '수신 허가료(licence fee)'로, 프랑스에서는 조세적 성격을 지니는 등 반강제성을 지니고 있는 반면, 한국과 일본은 '특별 부담금' 형태로 간주되어 수신료를 내지 않아도 강제적으로 징수할 수 없는 성격으로 파악되고 있다(정윤식, 2007).

5. 공영방송 재원의 과제

앞에서 살펴본 것처럼, 세계 주요 공영방송은 법적 성격을 어떻게 규정하느냐에 따라 수신료 혹은 세금의 성격이 강한 차이를 제외하고는 대체적으로 공영방송의 공적 책무를 수행하기 위한 재정적인 기초로서 공공재원에 의존하고 있다. 하지만 공영방송 수신료 등의 공적재원은 특정 행위자에 대한 차별적 우대라는 비난이 있어 왔고 사회 경제적 변화에 의해 공영방송에 대한 공적 지원이 구체적으로 정당화될 필요성이 대두되었다. 이러한 맥락에서 유럽 공영방송 연합체인 EBU(2017)는 향후 항구적으로 공공 재원을 확보하기 위한 네 가지 지향점을 제시하였다.

첫째, 안정성과 적정성(stable & adequate)이다. 공영방송의 공적 책무에 대한 범위가 먼저 명확하게 정의되고 이에 따른 구체적인 공공서비스 내역이 설정되어야 한다는 것이다. 이후 이러한 공공서비스 공급을 위한 안정적이고 적정한 비용이 제공되어야 한다. 즉, 구체적인 공적 책무 내용을 제시하되 소요되는 비용은 이를 감당할 수 있는 정도로(adequate) 예측 가능하고 안정된 방식으로(stable) 제공될 필요가 있다.

둘째, 독립성(independent)이다. 공공 재원에 관한 결정이 정치적·상업적 압력으로부터 자유롭게 이루어지는 장치가 설정되어야 한다는 것이다. 가령, 정부나 의회, 방송사 및 기타 이해 관계자로부터 독립적인 전문가 집단의 판단에 의거하는 시스템이 마련되어야 한다.

셋째, 형평성과 정당성(fair & justifiable)이다. 시청자와 공영방송, 공적재원이 긴밀한 연계성이 있어야 하며 시청자의 기여의사에 토대를 두어야 한다. 또한 환경변화에 부응하여 공공 재원의 개념과 충당 방식이 적절히 변화되어야 사회적 정당성을 확보할 수 있다.

마지막은 투명성과 책무성(transparent & accountable)이다. 공공 재원에 대한 규모판단, 사용처, 집행결과가 투명하게 제시될 필요가 있다. 이를 위해 공영방송 예산에서 공공 재원과 상업 재원 간의 회계를 명확히 분리하여 공개하는 것 등이 요구된다.

[그림 2-1] 공공 재원 확보를 위한 지향점

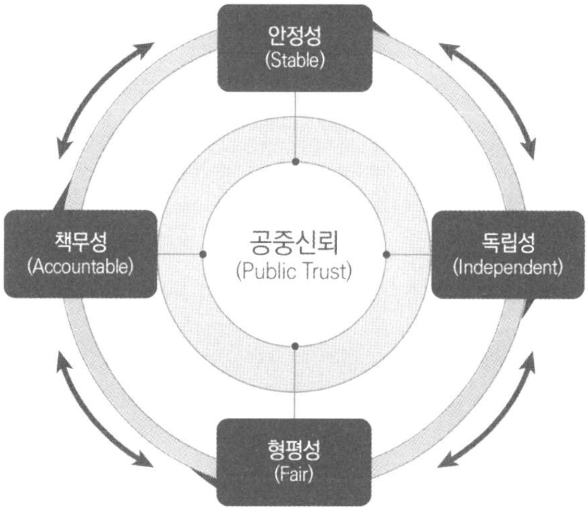

출처: EBU(2017), p. 3.

결과적으로 공영방송 재원 제도는 공적 책임과 책무가 우선적으로 제시되어야 하며, 독립적이고 전문적인 시스템에 의해 운용될 필요가 있다. 더불어 사용처 및 집행결과가 투명하게 제시되어야 하며 시청자와의 긴밀한 연계성이 확보되어야 한다. 이러한 조건이 충족될 때 궁극적으로 공중의 신뢰(public trust)를 얻게 되고 이를 바탕으로 공영방송에 대한 공적 지원은 정당성을 확보할 수 있는 것이다.

해외 주요국의 수신료 정책

Chapter 03 해외 주요국의 수신료 정책

세계 주요국의 공영방송 재원구조는 정도 차이는 있지만 기본적으로 수신료와 같은 공공 재원을 근간으로 하면서 기타 재원으로 보완하고 있는 형태이다. 공영방송 재원의 구조가 그 사회의 방송문화 수준과 프로그램의 품질과 연관되어 있음을 고려해 볼 때 합리적인 재원모형 설정과 수신료 정책은 공영방송 체제를 유지하기 위한 출발점이라 할 수 있다. 이를 위해 이 장에서는 각 국의 수신료 제도와 정책을 고찰해 본다.

1. 영국

1) 공영방송 체계

영국 공영방송 BBC의 구조와 운영은 국왕이 부여하는 칙허장(Royal Charter)[1]과 정부와의 계약이라고 할 수 있는 협정서(Agreement)[2]에 의해 규율된다. 의회가 제정하는 법률[3]로써 규율하지 않고 국왕의 칙허장에 의해 BBC의 면허를 관장하는 이유는 의회(정치권)로부터 공영방송에 대한 영향력을 차단하기 위함이다. 즉, 공영방송의 정치적 독립성을 보호하기 위한 것으로 볼 수 있다. BBC에 관한 칙허장은 1927년 처음 제정된 이래 현재까지 13차례에 걸쳐 개정이 이루어졌다. 가장 최근의 칙허장[4]은 2017년 갱신되었으며 오는 2027년까지 효력을 지닌다. 칙허장에서는 BBC의 설립과 포괄적인 운영

---

1 영국 왕실에서 부여하는 칙허장은 BBC에 방송면허를 부여하는 것으로 의회가 제정하는 법률과 실질적으로 동일한 성격을 지닌다. 영국에서 칙허장은 13세기 케임브리지대학에 처음으로 발행되었는데 칙허장의 목적은 대체로 공공의 이익을 위해 일하고 재정적 안정성과 영속성, 탁월성을 입증할 수 있는 전문기관, 자선단체 등에 부여된다. BBC를 비롯해 뱅크 오브 잉글랜드, 영국 적십자, 브리티시 카운슬 등이 왕실 칙허장에 의해 유지되고 있는 대표적인 조직이다(Harty, 2017.7.10.).
2 협정서는 칙허장에서 포괄적으로 다룬 사항을 구체적으로 규정하는 것으로 BBC의 재정과 법령상 의무 등에 대한 자세한 사항을 규정한다. 협정서는 BBC와 문화미디어부(DCMS) 장관 사이에 체결된다.
3 영국의 방송법(Broadcasting Act)은 BBC를 제외한 모든 방송에 대해 규율한다.
4 최근의 칙허장 갱신에서는 종전의 BBC 트러스트를 해체하고 대신 BBC 이사회(Board)를 새로 구성하고 여기에 외부 규제기구인 오프콤(Ofcom) 간의 이원적 규제를 핵심내용으로 하고 있다.

에 관한 사항을 규정하고 있는데, 주요한 내용을 살펴보면 다음과 같다.

- ○ 제1조(BBC 설립 목적): BBC는 공익에 봉사하기 위해 존재하며 공익적 목적의 증진을 주된 목적으로 한다.
- ○ 제3조(상업활동의 범위): BBC는 협정에 의해 승인된 한도에서만 상업적 활동이 이루어지는 자회사를 설립하고 유지할 수 있다.
- ○ 제4조(공익적 목적): BBC의 공익적 목적은 영국 시민의 정체성을 지키고 교육을 증진하며 창작과 문화적 우수성을 고취하는 것이다.
- ○ 제6조(BBC 독립성): BBC는 프로그램 내용, 서비스 제공의 시간과 방법, 업무의 수행에 관한 문제에서 독립적이어야 한다(1항). 이러한 독립성은 칙허장과 협정 또는 기타 법률에 의해 규정된 내용에 따른다(2항).

BBC가 최초로 왕실 칙허장을 받은 1927년부터 2006년까지 약 80년간 BBC는 이사회를 통해 지배되어 왔다. 이사회는 BBC의 전략, 정책 등의 경영 전반에 대한 책임과 역할을 갖고 있었다. 하지만 2007년 칙허장 갱신에 의해 이사회 대신 'BBC 트러스트'가 신설되고 12명의 트러스트 위원(Trustee)으로 구성된 BBC 트러스트가 기존 이사회가 담당해 왔던 경영 전반에 대한 결정권과 함께 BBC 규제 역할을 담당하였다. 그러나 이 체제는 경영과 규제를 내부에서 동시에 담당하게 되는 이른바 셀프 규제라는 비판을 받았고 외부 규제기구인 오프콤과의 역할이 중첩된다는 지적을 받았다(주대우, 2017). 그리하여 2017년 4월부터 발효하는 새로운 칙허장 갱신을 통해 BBC 거버넌스는

[그림 3-1] BBC의 새로운 거버넌스 이원화 체제

출처: 홍남희(2018), p. 4.

그동안 규제와 경영을 모두 맡아 왔던 BBC Trust를 해체하였다. 대신 과거대로 경영 및 편집 등의 역할은 BBC 이사회가, 그리고 규제기능은 외부기구인 오프콤(Ofcom)에 부여하는 이원화 체제로 변경되었다.

새로운 거버넌스 체제하에서 BBC 이사회는 BBC를 통합하는 기구로 BBC의 경영, 편집, 성과 등의 내부적 운영 관련한 요소들에 전적인 책임을 지게 된다. 즉, BBC 이사회는 칙허장에서 제시한 BBC 임무와 공적 목적을 달성하도록 보장할 책임을 지닌다. BBC의 전략적 방향성을 설정하고 BBC 프로그램의 창의적 전달, BBC 예산설정, 성과 평가 등과 관련한 임무를 갖는다. 그리고 공적 펀딩으로 운영되는 서비스와 상업적 활동에 이르기까지 BBC에 관한 모든 활동에 대한 책임을 지닌다. 또한 이사회 구성과정에서도 과거 BBC Trust 등과 달리 BBC 내부에서 이사회 구성원의 일부를 임명하게 하여 내부 책임을 강화하도록 하였다. 현재 이사회 구성원5은 총 14명으로, 비상임 이사 9명 중 4명만 지역 대표만 정부가 선발하고 나머지 5명은 BBC 집행 이사회가 선발하도록 하였다. 영국 4개 지역대표 비상임 이사직은 해당 지역 문화, 특성 등에 대한 지식과 지역 시청자들의 시각, 여론 등에 대한 이해가 요구되고 있다. 이사회 구성원들은 공공의 이익을 위해 행동하고 독립적으로 판단해야 하며, 정부 장관이나 다른 누구로부터 지시를 받지 않고 BBC의 독립성을 수호할 수 있어야 한다.

한편, 외부 규제기구로써 오프콤은 BBC가 임무와 공적 목적의 확장을 이행하는지 규제하도록 하였다. 오프콤이 BBC의 외부 규제자가 되기는 했지만, 사실 오프콤은 2003년 Communication Act로 설립된 이래 그동안 영국 공적 서비스 방송사를 일컫는 PSB(Public Service Broadcasting)에 대한 규제를 실시해 왔었다. BBC는 PSB의 중추가 되는 방송사로 여타 지상파 방송사인 ITV, Channel 4, Channel 5 등의 다른 PSB와 함께 영국을 반영하고, 중요한 순간의 국가적 이벤트를 함께 하며, 사회를 유익하게 하고 교육하는 분명한 목적을 갖기 때문에 오프콤은 새로운 칙허장과 동반된 협정하에서 BBC에 대한 규제권한을 이양받게 된 것이다. BBC에 대한 오프콤의 주된 책임은 BBC가 임무(Mission)의 달성과 공적 목적의 확장을 제대로 이행하는지 여부를 규제하는 것이다. 최근, 오프콤은 칙허장에 명시된 대로 BBC 규제를 위해 세 가지 핵심 영역, 즉 내용기준(content standards), 경쟁(competition), 성과(performance) 측면에 집중하여 규제를 실시할 것이라고 밝혔다. 오프콤은 BBC 규제의 목적이 결국 시민과 소비자 이익의 증진이

---

5 보수는 일반이사의 경우 연봉 3만 3천 파운드(한화 약 4,722만원), 이사회 소속 위원회 위원장의 경우 3만 8천 파운드(약 5,437만원)가 지급된다(홍남희, 2018).

라는 큰 목표하에 있다고 천명하고 있으며 그간의 방송, 통신에 대한 규제경험을 BBC
에 확장해 적용할 것이라고 밝혔다. 또한 BBC의 목표를 달성하기 위한 전략수립, 경영
및 편집 등의 거버넌스는 BBC 이사회에 그 역할과 책임이 있으며 오프콤은 그 역할과
책임을 제대로 수행했는지 여부를 감독할 규제기관임을 밝혔다(Ofcom, 2017).

2) 수신료 제도

(1) 재원구조

BBC는 현재 9개의 TV 채널과 11개의 라디오 채널을 운영하고 있으며 국제방송으
로 BBC Worldwide를 운영하고 있다. 현재 BBC의 재원은 크게 네 가지이다. 그것은
텔레비전 수신료, 상업적 수익사업, 정부보조금, 그리고 기타 재원이다. 수신료 이외의
재원 내용을 살펴보면 수익사업은 자회사인 BBC Worldwide에서 수행하는 BBC 콘텐
츠 판매, 채널사업 조인벤처, 출판사업 등 상업적 활동을 통해 얻는 수익이다. 여기에
BBC 시설물, 이를테면 스튜디오나 디자인, 의상 등을 임대해 주고 얻는 수익이 있고
방송 관련 컨설팅 수입이나 교육훈련 등을 통해 얻는 수익사업 등이 있다. 정부 보조금
은 정부의 국내외 활동을 지원해 주고 얻는 수익으로, 예컨대 영국 외무성이 외교사업
의 일환으로 제공하는 영어 및 현지어 라디오방송을 BBC가 월드 서비스 형식으로 대
행해 주면서 얻는 재원 등이다. 또한, 해외 국가로부터 얻는 다양한 매체 정보를 요약,
번역해 영국 정부에 제공함으로써 얻는 정부 보조금 수익도 포함된다. 기타 재원에는
프로그램을 바탕으로 한 상업적 수익이 아닌 비상업적 활동, 즉 BBC가 주최하는 콘서
트, 공연이나 입장권 수입 등으로 얻는 수익을 말한다. 전체 매출액에서 차지하는 각 재
원별 비중은 수신료 수입이 대략 75%, 그리고 상업적 수입과 기타 수입을 합한 비중이
25% 내외로 구성되어 있다. 이러한 재원구조는 지금까지도 비슷하게 유지되고 있다.

〈표 3-1〉 BBC 재원의 구조(단위: 백만 유로)

	2014년		2015년		2016년	
	매출액	비중(%)	매출액	비중(%)	매출액	비중(%)
방송수신료	3,726	73.5	3,735	77.7	3,743	77.5
상업수익	1,340	26.5	1,070	22.3	1,084	22.5
총매출액	5,066	100.0	4,805	100.0	4,827	100.0

출처: BBC 각 년도 연차 보고서.

(2) 수신료의 역사

영국에서 '수신료(license fee)'는 명칭에서 보듯이 방송수신 '면허료'의 성격을 지닌다. 이는 1922년 BBC가 설립되고 '방송 수신 면허(Broadcasting receiving license)'란 이름으로 처음 도입된 데서도 알 수 있다. 당시 영국에서는 강이나 바다에서 낚시를 하기 위해서 그 행위를 정부로부터 승인받는 면허를 구입해야 하는 것처럼 방송을 수신하는 것도 이용자가 제한되었기 때문에 수혜자를 특정할 수 있도록 면허료 방식이 적용되었다.[6] 이후 수신료는 BBC가 공영방송으로 격상되면서 높은 수준의 공적 책임이 부과되고 이에 국민들의 사회적 동의과정이 결부된 일종의 '신사협정'이나 사회적 약속과 같은 성격으로 유지되어 왔다. 영국에서 수신료가 처음 법적인 근거를 지니게 된 것은 1949년 <무선전신법>이었고 이후 2003년 <커뮤니케이션법> 365조로 계승되어 유지되고 있다. 이 조항에서는 "방송을 수신할 수 있는 장치를 설치하려는 자는 방송수신 면허를 받아야 한다"라고 규정되어 있다. 적합한 면허없이 텔레비전 수신기를 설치하거나 사용하는 것을 불법으로 규정한 것이다. 수신료는 1980년대 중반, 수상기의 보급이 포화상태가 될 때까지 BBC의 안정적인 재원 역할을 담당하였다. 이후 수신료 수입이 정체되자 영국에서는 수신료를 물가 인상분을 반영하여 수신료를 인상하였고 더불어 상업적 활동을 허용하였다. 먼저 1988년부터 1996년까지 소매물가 지수에 따라 탄력적으로 인상되도록 하는 물가연동제를 채택하였다.[7] 또한, BBC와 정부(문화미디어스포츠부: DCMS)와의 사이에 맺어지는 '협정서(Agreement)'에서 상업적 활동이 가능한지에 대해서도 규정하고 있는데 최근 협정에서는 가능한 범위 내에서 상업적 활동을 허용하였다. 그리하여, BBC Worldwide와 같은 자회사를 통한 상업적 활동을 허용하였고 자사에 소속된 제작시설이나 부대시설을 대여하거나 매각하는 등 수입 다각화를 시도하였다.

(3) 징수 체계

현행 영국의 <커뮤니케이션법>에서는 '텔레비전 방송을 수신할 수 있는 모든 장치'에 수신료를 부과하도록 명시되어 있다. 여기서 수신할 수 있는 모든 장치란 텔레비전 수상기를 포함하여 VCR, 텔레비전 수신카드가 장착된 컴퓨터 등 텔레비전 방송을 수신할 수 있도록 변형된 모든 장치가 포함된다. 뿐만 아니라 휴대폰, DMB 등의 휴대

---

6 하지만 방송수신행위가 특정 이용자에게만 제한되었던 당시와 달리 지금은 모든 사람이 이용하고 있기 때문에 사실상은 일종의 '준조세적' 성격을 지닌다고 볼 수 있다.
7 하지만 1997년 영국정부는 인플레이션을 억제한다는 취지에서 5년 간 수신료를 동결하기도 하였다.

이동장치나 차량에 설치된 수신장치에도 수신료가 부과된다(KBS, 2012). 단, 1971년부터 라디오 수신기에 대한 수신료는 면제되었다.

수신료는 기본적으로 가구단위로 징수한다. 주로 연단위로 납부하고 상황에 따라 분기, 월, 주 단위 납부도 가능하다. 면제대상 가구는 75세 이상 연금 생활자는 수신료를 면제하여 주고 이를 정부에서 BBC에 대신 지불해 준다. 할인 대상자는 시각장애인은 50%를 할인해 주고, 최근에는 학생들에게 방학기간 동안 최대 연간 37파운드를 할인해 주는 제도를 도입했다. 또한, 보호수용 시설에 거주하는 노인은 연간 7.5파운드만 부과한다. 또한, 호텔과 같이 다수의 수신장치가 설치된 경우 15대까지는 1대분, 그 후 5대당 1대분의 수신료를 부과하는 구간별 할인기준을 적용하고 있다(KBS, 2012).

BBC는 TV Licensing이라는 수신료 징수 사업체를 설립하고 여러 민간업체와 계약을 통해 징수업무를 담당하고 있다. 또한, BBC와 정부(문화미디어 스포츠부: DCMS) 간 맺어지는 협정서(Agreement)에서는 수신료 수입을 어떤 곳에 쓸 수 있는지, 그리고 쓸 수 없는 영역은 어디까지인지, 그리고 수신료 징수에 대한 강제 권한도 규정하고 있다.

한편, 영국에서는 수신료 면허 회피는 범죄행위로 규정되어 강제적인 제재가 가능하다. 텔레비전 판매자는 TV 수신이 가능한 기기를 판매한 기록과 구매인 정보를 통보해야 하고 이를 이행하지 않을 경우 고발을 당할 수 있다. 또 적발된 수신면허 회피자에게는 최고 1,000파운드의 벌금형을 부과할 수 있으나 대체적으로 위법의 정도에 따라 약 30−100파운드의 벌금이 부과되고 있다. 매년 영국에서는 약 15만 명 정도가 처벌되는 것으로 알려지고 있다(KBS, 2012).

(4) 수신료 결정과정

영국에서 수신료 금액 결정은 정부부처인 문화미디어 스포츠부(DCMS)가 규칙(regulation)을 통해 공표하는 방식으로 이루어진다. 결정과정을 살펴보면, 먼저 BBC가 금액을 산정한 후 이를 내부 독립위원회가 검토한다. 이 안에 대해 문화미디어 스포츠

[그림 3-2] 영국의 수신료 결정과정

부가 BBC와 조율을 거치고 재무부의 동의를 거쳐 수신료 금액을 최종 결정하게 된다. 이를 규칙을 통해 공표하게 된다.

이처럼 영국은 정부(문화미디어 스포츠부)의 주도로 수신료 금액을 결정하는 모델이고 이 과정에서 의회의 간섭은 미약한 편이다. 수신료와 관련한 내용이 가끔 의회의 보고사항으로 다루어지기는 하지만 의사를 제시하는 정도에 불과하다. 금액 결정 단계에서도 형식적인 승인을 거치지만 다수당의 의견을 존중하여 거의 자동적으로 통과된다. 요컨대 우리처럼 국회의 승인과정이 엄격한 절차적 요건이 아니어서 반대당이 인상안을 수정하거나 반대하지 않는 관행을 존중하고 있다.

한편, 영국의 수신료 인상은 10년 주기로 이루어지는 칙허장 개정 시기와 연계해 다년간(5년 단위) 수신료 일괄결정 방식으로 이루어지고 있다. 즉 매년 상시적으로 결정되는 것이 아니라 수년을 주기로 수신료 정책이 이루어지고 이 과정에서 의견수렴과 전문가 판단을 위한 각종 위원회가 설치되고 장기간의 조사과정을 거치게 된다. 더불어 수신료 인상이 결정되면 여기에 맞게 BBC에 대한 역할, 책임, 지출 계획, 신규 서비스 및 프로그램 변화 방향 등에 대한 사회적 논의가 이루어진다. 다년간 결정방식은 매년 인상에 다른 행정적 비용을 지불하지 않고 동시에 BBC로 하여금 장기적이고 안정적인 운용을 하는데 도움을 준다.

(5) 수신료 수준

영국은 지난 1988년부터 '피코크 위원회'의 건의에 따라 소비자 물가지수 인상률을 반영하여 수신료를 인상하는 물가연동제를 도입했다. 또한 1997년부터는 디지털 전환 비용 마련을 위해 10년 동안 소매물가에 연도별로 추가 인상률을 적용하여 수신료를 인상하였다. 예를 들면, 1998년에는 물가상승분에 3% 추가, 1999년에는 0.5% 추가, 2000년에는 3% 추가 그리고 2001~2006년에는 물가상승분에 1.5%를 추가한 인상분을 적용했다. 이후 2007년 이후에도 연도별 2~3% 수준의 수신료 인상을 결정했다. 이로써 1988년 연간 약 65.5파운드였던 수신료는 2010년 145.5파운드로 133% 인상되었다. 이는 같은 기간 소비자 물가지수 인상률 81% 그리고 소매물가지수 인상률 111%를 상회하는 것이다. 하지만 영국에서도 수신료가 매년 인상된 것은 아니다. 지난 2010년 보수당 정부는 영국정부가 추진 중인 공공부문 긴축정책의 일환으로 당초 2% 인상하기로 했던 수신료를 2017년까지 145.5파운드(컬러TV)로 동결하기도 하였다. 최근 145파운드였던 영국의 수신료는 칙허장이 갱신된 이후 2018년 4월 1일부터 150.5파운드(한화 약 22만 1,277원)로 다시 인상됐다(Press Associaion, 2018.2.22.).

〈표 3-2〉 영국의 수신료 인상추이(단위: 파운드)

	1922	1946	1968	1971	1981	1991	2001	2010	2018
라디오	0.5	1.0	1.25	폐지					
흑백TV	–	2.0	5.00	6.0	15.0	25.5	36.5	49.0	
컬러TV	–	–	10.00	11.0	46.0	77.0	109.0	145.5	150.5

출처: KBS(2012) 참고로 재구성.

2. 독일

1) 공영방송 체계

제2차 세계대전 후 독일을 점령한 연합국은 괴벨스의 경험 때문에 방송이 국가의 홍보수단으로 악용될 것을 경계하였다. 그리하여 연합국은 향후 독일 방송의 형태를 첫째, 국가로부터 독립된 법인에 의해 운영되는 방송과, 둘째, 연방국가 및 탈중앙 집권적인 방송을 지향하였다. 이러한 기조하에 독일의 방송이 재시작된 것은 1949년으로 연합국이 점령한 서독지역에서 각 지방방송국이 설립되었다. 이후 1950년 각 란트(주)의 공영방송사는 연합국의 반대에도 불구하고 독일 전체를 방송권역으로 하는 제1공영 방송사인 ARD를 설립하였다. 독일 공영방송연맹 ARD는 1950년에 설립되었는데, 이는 9개 란트(주) 방송협회가 제휴하여 일종의 지방분권적 방송공동체를 갖춘 것이다. 주 방송협회는 각 주의 주법에 따라 설립된 공영방송으로 전체 16개 주에서 일부 주들은 복수의 주가 공동 설립한 4개 협회를 포함하여 총 9개 협회가 있다. 각 지역의 공영방송사는 ARD에 프로그램을 제공하면서 동시에 ARD의 프로그램을 방송하는 네트워크 시스템으로 운영되고 있다. 각자 소속 지역을 대상으로 로컬 콘텐츠에 중점을 둔 종합편성채널인 제3의 채널을 운영하기도 한다. 한편, 1961년 설립된 제2공영 방송사인 ZDF는 16개 주가 설립모태가 되어 주간 협정으로 운영되는 전국 단위 공영방송이다. 1TV인 ARD에 비해 보수적이고 가족대상의 오락 및 국제지향적 프로그램을 많이 방송한다.

독일 공영방송은 각 주마다 세부적으로 다른 명칭과 조직을 가지고 있지만 대체적으로 내부 규제기구인 방송위원회와 집행위원회 그리고 사장으로 구성되어 있다.

먼저, 방송위원회는 공영방송사의 규칙제정, 예산심의 및 허가, 방송 프로그램에 대한 심의, 사장 선출 등의 역할을 담당한다. 위원의 선임은 내부 다원주의를 확보하는 데 가장 역점을 둔다. 이는 각 란트의 대표나 종교대표, 언론인 대표 등 사회의 다양한 세력의 의견이 방송 프로그램 형성에 충분히 반영될 수 있는 구조를 갖추기 위함이다. 내부 집행위원회는 실행 이사회에 해당되며 이사는 방송위원회에 의해 선출된다. 이 기구에서는 내부 규칙의 제정, 공영방송사 업무에 대한 감독을 담당한다.

기본적으로 독일은 중앙집권국가가 아닌 연방국가이기 때문에 16개 주가 각각의 입법권을 가지고 있어 통일적이고 단일한 방송법을 제정하는 것은 기본적으로 불가능하다. 따라서 방송에 관한 제도도 16개 주의 협약 형태로 운영될 수밖에 없다. 이것이 곧 주간 방송협약이다. 즉, 독일 방송의 미래에 대한 각 란트의 입장이 다르기 때문에 이를 하나의 기본적이고 통일된 형태로 제정하는 것이 좋겠다는데 합의하여 1987년 주간 방송협약을 체결하고 발효하였다. 이후 주간 방송협약은 필요에 의해 수차례 개정되었는데 주요 개정내용을 살펴보면 다음과 같다.

먼저, 1차 주간 방송협약 개정에서는 청소년 보호조항이 삽입되었고, 2차 개정에서는 방송 수신료의 2% 범위 내에서 각 주 미디어청의 재정적인 지원을 받을 수 있도록 하였다. 또한, 3차 개정에서는 특정 방송의 점유율이 집중화되는 것을 방지하고자 '집중화조사위원회'를 설치하였다. 4차 개정에서는 유럽연합의 텔레비전 지침에 맞게 광고 규정을 개정하였고, 5차 개정에서는 공영방송사 간 방송 수신료 균형화를 위한 개정이 이루어졌다. 또한, 6차 개정에서는 지상파의 디지털화와 사상의 다양성을 확보하기 위한 개정이 있었고, 7차 개정에서는 지역의 소식을 전하는 방송형태를 제도화하였다. 이와 함께, 각 사안별로 세부적인 협약이 있는데, 총론에 해당하는 방송협약에서는 공영방송의 재원은 수신료, 광고, 기타 수입으로 하되 가장 우월적인 재원은 수신료라고 결정한 후, 구체적으로 수신료 부과대상과 면제대상, 수신기 신고의무 등에 관한 사항은 방송수신료 협약을 통해 규정하였다. 또한 방송재정협약에서는 수신료 금액 결정 과정과 절차, 결정기관들을 규정하고 있다.

2) 수신료 제도

(1) 재원구조

독일의 공영방송은 연방헌법재판소의 여러 차례 판결로 정당성을 확보한 수신료와 광고의 혼합재원 제도를 유지하고 있다. 하지만, 공영방송의 광고수입이 수신료 수입을 넘지 않아야 한다는 원칙을 지켜야 한다. 그리하여 현재 독일의 공영방송사들은 월요일~토요일 저녁 8시 이전까지 하루 20분간 광고를 할 수 있고 일요일과 공휴일은 광고가 전면 금지된다. 현재 독일에서는 공영방송 재원 중 수신료 비중이 약 85%, 광고수입

비중은 5~6%, 그리고 기타 수익이 5~10% 수준이다.

〈표 3-3〉 독일 공영방송의 재원 구조(2014년 기준)

재원유형	ARD		ZDF	
	매출액 (백만 유로)	비중(%)	매출액 (백만 유로)	비중(%)
방송 수신료	5,872	85.0	1,938	86.0
광고 수익	415	6.0	161	7.1
기타 수익	622	9.0	156	6.9
전체 매출액	6,910	100.0	2,254	100.0

출처: ARD홈페이지, ZDF <Jahrbuch 2015>, 정은진(2017). p. 4 재구성.

(2) 수신료 역사

독일의 공영방송 제도와 수신료는 과거 방송이 독재정권의 홍보수단으로 악용되었던 전철을 밟지 않기 위하여 국가의 영향력과 사회단체의 영향력으로 독립되어 운영되는데 역점을 두고 있다. 그리하여 국가가 아닌 '독일연방헌법재판소'의 판결에 의해 수신료 체제가 제도화되었다. 그동안 독일 공영방송과 수신료 제도에 영향을 미쳤던 주요 판결내용을 살펴보면 다음과 같다.

○ 제1차 방송판결(1960년): 독일 연방정부가 방송사를 설립하려 하자 각 란트가 반대하여 법적 분쟁이 발생하였고 이에 대해 독일연방헌법재판소는 '방송의 자유는 국가와 사회적 제 단체의 영향으로부터 독립되어야 한다'고 결정함과 동시에 '방송사의 설립의 문제는 란트의 권한으로 인정된다'고 결정하여 연방정부의 방송설립 계획은 위헌이며 무효라고 선언하였다. 이에 의거 1961년, 각 란트가 연합하는 형태인 제2공영방송(ZDF)가 설립되었다.

○ 제2차 방송판결(1971년): 방송 수신료가 특별한 부담금으로서의 성격을 지닌다는 것과 수신료의 권한이 란트에 있다는 것을 확인하였다.

○ 제3차 방송판결(1981년): 3차 방송판결에서는 민영방송 설립을 법률로 제정하려 하자 연방헌법재판소가 이를 위헌으로 판결하였다. 다만, 이 판결에서 재판소는 방송의 자유가 국가와 각 사회단체로부터 독립성을 보장하는 충분한 법적인 요구조건을 충족할 때는 가능하다는 취지이다.

○ 제4차 방송판결(1986년): 민영방송이 가능한가 하는 니더작센 주의 방송법과 관련하여 연방재판소는 이원적 방송구조하에서 방송사의 기본공급의무는 공영방송사만의 의무라고 인정하고 이러한 기본공급의무가 보장되는 한에서 민영방송사의 설립과 운영은 인정된다고 판결하였다.

○ 제5차 방송판결(1987년): 공영방송의 기본공급의무를 강화하는 결정을 하였는데 특히 방송 조직상의 다양한 이해관계인의 참여로 인한 다양성의 확보가 강조되었다. 또한, 공영방송 운용재원에 대한 재정적인 보장도 언급되었다.

○ 제6차 방송판결(1991년): 공영방송의 기본공급의무가 여전히 강조되었는데, 특히 기술발달로 인해 새롭게 등장한 뉴미디어 분야에 대한 공영방송사의 존속 및 발전보장이 인정되었다.

○ 제7차 방송판결(1992년): 공영방송사의 기능을 보장하기 위해 재정적인 보장의 정당성이 인정되었다.

○ 제8차 방송판결(1994년): 소위 수신료 판결이라는 별칭이 붙은 이 판결에서는 방송 수신료에 대한 내용이 더욱 구체화되었다. 이 판결이 내려진 배경은 각 주정부나 주의회가 재정수요산정위원회에 의해 제시된 수신료 인상액에 대해 유권자의 부담을 의식하여 최소한의 수준으로 억제하려고 하자 연방헌법재판소가 이에 대해 판결을 행한 것이다. 당시 헌법재판소는 "수신료 결정절차는 공영방송이 공적 임무를 수행할 수 있는 재정수요를 보장하지도 못하고 정치적 판단으로 수신료가 결정되는 결과를 초래한다. 이는 결과적으로 공영방송의 편성에 대한 국가의 영향력을 의미하며 방송의 자유를 보장하는 연방헌법을 위배하는 것"이라고 판결하여 수신료 인상결정을 각 주정부가 받아들여야 하는 것으로 판단하였다. 이와 함께, 이 판결에서는 독일에서 수신료가 지니는 의미와 개념에 대해 다음과 같이 구체적으로 제시하였다(KBS, 2012). 첫째, 주간 협약으로 수신료를 확정하는 것은 독일 연방기본법에 배치되지 않는다. 둘째, 공영방송과 상업방송이 공존하는 이원적 방송 체제하에서 공영방송은 자신의 과업을 수행하는데 필요한 재원을 보장받아야 한다. 셋째, 수신료 재원은 프로그램의 중립성 원칙을 지킬 수 있을 정도의 규모로 보장되어야 한다. 넷째, 소요 재원의 심사는 공영방송의 책무와 적정성·경제성·절약성의 기본원칙 외에는 구속되지 않는다. 다섯째, 수신료 책정시 공영방송의 재원은 방송의 자유에 비추어볼 때 인정될 만한 근거가 있는 경우에 한해서만 낮게 책정할 수 있다. 결과

적으로 이 판결에서는 수신료 금액이 책정은 공영방송사의 제작, 편성의 자유를 보장하는 차원에서 이루어져야 한다는 점을 명시하였다.

○ 제9차 방송판결(1998년): 특정 방송사의 스포츠 중계권에 대한 독점권에 대해 공영방송사가 단편 보도권을 가지고 있는 것으로 결정하고 이는 공영방송의 헌법상의 기본공급의무에 해당하는 것으로 판단하였다. 즉, 정보의 독점에 대한 공영방송의 접근 가능성을 인정하였다.

○ 제10차 방송판결(2018년): 독일에서는 2013년까지는 수신료가 '방송 수수료(Rundfunk-gebuhr)'이라는 명칭으로 징수되다가 이후 '방송 분담금(Rundfunkbeitrag)'라는 용어로 변경되었다. 수수료가 '실제 이용'을 전제로 요금을 청구하는 반면 분담금은 '(이용)가능성'에 초점을 두었다는 데 차이가 있다. 즉, 분담금이 가정별로 소유하고 있는 방송 수신기기가 있을 경우 수신료가 청구됐지만 방송 분담금으로 개념이 변화하면서 거주 등록된 가구 전체가 방송 분담금 납부의 의무를 지게 됐다. 이러한 변화과정에서 독일에서는 방송 분담금 납부와 관련한 법정 분쟁이 끊이지 않았다. 예컨대, 분담금 징수의 위헌 여부에서부터 납부 거부자에 대한 강제행정 절차의 합법성 그리고 상업방송과의 불공정경쟁 야기 등의 논란이 계속됐다.

2018년 7월, 연방헌법재판소는 방송분담금 징수가 합법이라는 최종판결을 내리며 논쟁을 종식시켰다. 합헌의 근거로 연방헌법재판소는 공영방송의 차별적 책무를 거론하였다. 즉, 공영방송은 신중한 조사를 통해 수집된 정보를 사람들에게 제공하는 방식으로 방송사업자의 다양성을 보장하며, 이를 통해 개인은 이익을 얻을 수 있기 때문에 분담금 명목으로 청구되는 방송 분담금은 위법이 아니며 적절한 조치라고 판결했다. 또한, 개인의 의도와는 무관하게 공영방송 서비스와 접촉할 가능성이 존재하기 때문에 개인이 이를 고의로 이용하지 않는다고 해서 징수대상에서 제외되는 것은 고려하지 않는다고 언급, 이용료에 따른 수수료가 아닌 분담금, 즉 일종의 조세적 성격의 의미를 분명히 하였다. 방송 분담금 책정수준과 이용에 대해서도 재정운영 및 징수근거에 관한 정보가 공개적으로 제공되고, 독립기관 및 16개 주의 합의로써 결정되기 때문에 독일 기본법의 확실성 요구기준을 충족한다고 해석했다.

(3) 징수 체계

수신료 부과대상에 대해서는 '방송수신료 협약' 제1조에 규정되어 있는데 여기서는 '무선이나 유선으로 시간차가 없이 방송프로그램(라디오와 텔레비전)을 시청하거나 기록

하는 데 적당한 기술적인 장치'를 대상으로 하고 있다. 여기에 해당되는 구체적인 장치들로는 일반적인 라디오와 텔레비전 수상기를 비롯해 자동차에 설치된 수신기, TV 수신카드가 장착된 컴퓨터, 라디오나 텔레비전 방송을 수신할 수 있는 핸드폰, 자동차에 설치된 내비게이션 등이 해당된다. 한편, 독일에서는 2007년부터 인터넷을 통해 방송수신이 가능한 컴퓨터에 대해서도 수신료를 징수한다. 다만, 이미 전통적인 방송 수신기를 보유하고 수신기를 내는 가구는 인터넷을 통해 추가로 방송을 수신하더라도 별도의 수신료를 징수하지는 않는다.

방송 수신기를 취득할 경우 스스로 주 방송협회(ARD)에 신고할 의무가 있다. 신고를 할 때는 방송 수신자의 이름, 주소, 수신기 설치장소, 설치 대수 등을 기재해서 제출하여야 한다. 설치 후 1개월 이내 등록신고를 하지 않을 경우 벌금을 부과할 수 있다. 수신료는 가구별로 1년에 4회 분기별로 부과된다. 부과된 수신료를 6개월 이상 체납했을 경우 행정상의 강제집행에 의한 강제징수 외에 최대 1,000유로의 벌금을 부과할 수 있다.

수신료 징수업무는 주방송협회(ARD), ZDF 그리고 도이칠란드 라디오가 공동으로 설립하여 운영하는 '수신료 징수센터(GEZ)'가 담당한다. 이 기구가 설립되기 이전에는 독일연방 체신청에서 징수업무를 담당했으며, 1975년 이 기구 설립이후에는 업무가 이관되었다. 현재 직원은 약 1,100명 정도이며 수신기 발굴과 등록, 징수, 미납자에 대한 대응, 수신료 수입의 결산 등 징수업무 전반을 관리한다. 수신료 징수에 소요되는 비용은 위탁한 세 방송사가 수신료를 배분받는 비율에 따라 분담한다. 면제대상은 사회보장법에 근거하여 노약자, 생계수입부족자, 학자금 융자대상 학생, 장애인, 요양시설 거주자 등이다. 면제를 받기 위해서는 주방송협회(ARD)에 가맹한 주 공영방송사에 면제신청서를 제출하여야 한다.

하지만 이러한 징수방법은 2010년 제15차 주간 방송협약을 통해 가구별 일괄징수 방식으로 대체되었다. 이는 기존에는 '방송수신이 가능한 수신기'를 지닌 가구를 대상으로 수신료를 징수했지만 이제는 라디오나 텔레비전의 보유나 이용과 무관하게 '누구나 납부해야' 하는 일종의 세금성 요금제도로 바뀌는 것이다. 그리하여 독일에서는 2013년 1월 1일부로 수신기 보유와 무관하게 '가구별 일괄징수 방식'(즉, 가구 분담금)이 적용되었는데 이는 현재와 같은 디지털 융합시대에 수신기의 범위를 한정하는 것이 비현실적이라는 상황을 반영한 것이다(KBS, 2012). 그리하여 수신료 징수센터(GEZ) 요원들이 수신기 소유 여부를 확인하기 위해 개인정보 수집 등 사생활 침해 논란이 있었으나 이러한 방문조사는 곧 사라지게 될 전망이고 이 기구의 기능이 축소, 폐지될 것으로 전망되고 있다.

(4) 수신료 결정과정

독일의 수신료 금액의 결정은 먼저 수신료를 분배받는 공영방송사(ARD, ZDF, 도이칠란트 라디오)들이 수신료 회기(2005년부터 4년으로 확정됨)동안 필요한 수신료 수요를 검토해 이를 재정수요 산정위원회(KEF)에 제출한다(1단계). 이후 산정위원회에서는 다음 회기 동안의 수신료 인상액을 산정하고 이를 16개 주 수상에게 제출한다(2단계). KEF가 제출한 요청안을 주 수상들이 수신료 금액을 검토한 후 협상을 통해 만장일치의 의결을 거치도록 하고 있다(3단계). 마지막으로 주의회가 이를 비준함으로써 수신료가 결정된다(4단계).

하지만 간혹 산정위원회가 산정한 금액에 대해 주 정부나 의회가 유권자들의 불만을 사지 않기 위하여 수신료 인상을 최소한의 수준으로 억제하기 위해 갈등이 초래되기도 한다. 예컨대, 지난 2005년 주 의회들이 처음으로 KEF가 산정한 수신료 인상안을 거부하고 이를 삭감한 적이 있었다. 공영방송사들은 방송에 대한 간섭이라면서 해당 주 의회를 연방헌법재판소에 제소했다. 이에 대해 연방재판소는 2007년 판결에서 '각 주들은 미디어 정책상의 이유로 KEF의 수신료 제안을 거부해서는 않되며 다만 인상금액이 납부자들에게 부당한 금액이 되거나 수신료 수준으로 인해 납부자들이 정보에 대한 접근이 차단되는 경우에만 거부할 수 있는 가능성이 열려 있다'고 판결하였다.

(5) 수신료 수준

독일은 수신료 회기인 4년 마다 수신료 금액이 결정된다. 대체적으로 물가의 수준을 반영하여 상승하고 있으며 2015년 현재 독일의 수신료 금액은 연간 215.76 유로이다. 라디오만을 청취하는 기본료는 연간 69.12 유로이다. 2013년부터 한 달에 17.98 유료였던 수신료는 2015년 4월 1일 이후, 한 달에 17.5 유로로 약간 감소하였는데 현재는 연간 215 유로를 유지하고 있다.

[그림 3-3] 독일의 수신료 결정과정

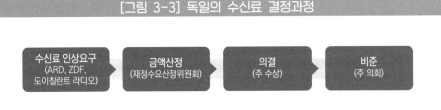

3. 프랑스

1) 공영방송 체계

프랑스에서는 2000년 방송법 개정 이후, 지주회사 '프랑스 텔레비지옹(France Télévision)' 산하에 자회사인 4개의 공영방송 텔레비전 채널을 운영하고 있다. F2는 종합편성이고 F3는 지역방송 채널이다. 그리고 F4는 주로 15~34세 연령층을 대상으로 하는 디지털 채널이고 F5는 교육방송 채널이다.[8] 현재의 지주회사 체제는 2000년 <커뮤니케이션 자유에 관한 개정법>에서 지주회사를 설립하여 프랑스 공영방송 채널들을 통합 운영할 수 있도록 하였기 때문이다. 통합체제 구축은 공영방송의 공적 활동을 더욱 효율적으로 관리하면서 프랑스 사회에서 방송의 역할을 확대시키고자 하는 의도로 평가되고 있다. 지주회사격인 '프랑스 텔레비지옹'은 이사회의 감독을 받는다. 이사회의 주요 역할은 방송사 전체의 사업전략 방향을 설정하고, 프로그램 공급 서비스 시장을 감시하며 공적재원이 방송사나 산하기관에서 어떻게 활용되는지 사업예산과 운영에 대한 결산을 감사한다. 또한 산하 채널 이사회가 제안한 각 채널의 사장을 임명한다. 지주회사 이사회의 위원은 상원과 하원이 각각 1명씩 2명, 정부대표 5명, 프랑스 방송위원회(CSA)가 5명의 위원을 추천하고 여기에 개인적 신분으로 임명된 2명 등 총 14명으로 구성된다. 위원의 임기는 5년이다. 위원장은 각 산하 채널 이사회, 즉 F2, F3, F4, 그리고 RFO의 이사회 의장을 겸임한다.

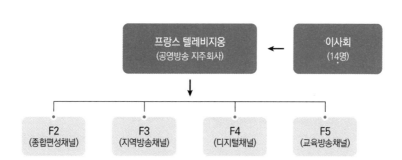

[그림 3-4] 프랑스 공영방송 지주회사 체제

---

8 프랑스 제1채널이었던 TF1도 공영방송이었으나 1987년 민영화되었다.

2) 수신료 제도

(1) 재원구조

프랑스 공영방송에서 수신료가 차지하는 비중은 대략 85%정도이고 기타 상업적 재원은 15% 정도이다. 2015년 기준 프랑스 공영방송의 전체 매출액은 28억 4천 4백만 유로인데 이중 수신료 수익은 24억 8천백만 유로(87.2%)였고, 광고 수익은 3억 6천 2백만 유로(12.7%)였다.

〈표 3-4〉 프랑스 공영방송 France Télévision의 재원구조(2015년 기준)

재원유형	France Télévision	
	매출액(백만 유로)	비중(%)
방송 수신료	2,481	87.3
광고 수익	362	12.7
전체 매출액	2,844	100.0

출처: 정은진(2017), p. 4 재구성.

프랑스 공영방송의 역시 수신료와 함께 일정 부분 광고를 허용하고 있다. 프랑스에서는 1968년 처음 방송광고가 도입되었는데 이후 공영방송에서 광고 비중을 어느 정도로 제한 할 것인지가 사회적으로 논란이 되었다. 프랑스 정부는 국민의 부담을 감안하여 수신료 인상을 최대로 억제하였는데 1980년까지 물가인상폭에 미치지 못하는 수준으로 인상되었다. 처음 광고가 도입될 1968년에는 광고시간을 하루 2분으로 제한하였으며 1969년에는 6분, 1970년에는 10분으로 점진적으로 증가하였다. 반면, 시민과 학계는 공영방송사의 독립성과 자율성을 위해 광고 폐지를 요구하였다. 예컨대, 1999년 시민단체들은 광고 전면 중단과 이를 대신할 문화와 커뮤니케이션 조세의 신설을 요구하기도 하였다. 그러나 1972년 관련법을 통해 공영방송 광고수입을 25%로 제한하였다. 현재 프랑스 공영방송의 광고 비중이 20%이내의 수준을 보이는 것도 이러한 이유 때문이다. 또한, 2000년 〈토스카(Tusca)법〉은 공영방송의 광고시간을 시간 당 12분에서 8분으로 제한하도록 규정하였다. 그러나 광고축소로 인해 줄어드는 재원을 수신료로 보충해야 하는데 정치적 부담으로 인해 미진해지자 2005년 수신료와 주민세의 통합과세를 도입한 것이다.

한편, 지난 2008년 당시 사르코지 대통령은 연두 기자회견에서 공영방송의 광고를

2009년부터 저녁 8시 이후 다음날 아침 6시까지 폐지하며 2011년부터 이를 전면 폐지한다는 계획을 발표하였다. 하지만 당시 집권여당의 반대로 공영방송의 광고유지가 당분간 필요하다고 주장하여, 의회에서 공영방송 광고 전면폐지 일정은 2016년 이후로 미루기로 의결하였다. 그럼에도 이후에도 광고시장의 불확실성으로 이 계획이 그대로 적용될지는 여전히 불투명한 상황이다.

(2) 수신료 역사

프랑스에서 처음 수신료는 1933년 라디오 수신기기에 부과되었고 이후 1949년부터 법에 의해 텔레비전 수상기에 대해서도 수신료를 부과하기 시작했다. 그동안 프랑스에서 수신료는 법적 근거가 불확실하여 많은 논란이 되어 왔다. 1959년 이래 경제적·사회적 이익을 위해 징수하는 특별 징수세로서 성격을 지녀왔다. 하지만 2001년 법률에 의해 특별 징수세를 폐지하도록 결정되어 법적 성격의 변화가 불가피하게 되었다. 그리하여 2004년 조세법의 개정을 통해 수신료는 세금의 형태로 규정되었고 이후 수신료는 국가 재정의 일부로 편입되었다. 이후, 2005년부터 주민세와 통합적으로 징수하기 시작하였고, 2009년 개정 프랑스 방송법에 의해 명칭도 '수신료(redevance audioviovisuelle)'에서 '공영방송에 대한 조세(contribution al'audiovisuel public)'로 변경되었다. 그리하여 현재 수신료는 1년에 한번 주민세에 통합 부과된다.

(3) 징수 체계

프랑스에서는 현재 2004년 조세법에 의해 주민세 납부 대상자 중 텔레비전 수상기 혹은 텔레비전 방송을 수신할 수 있는 유사기기 보유자에게 1년에 1회 수신료를 부과, 징수한다. 여기서 텔레비전 방송을 수신할 수 있는 유사기기란 텔레비전 방송을 수신할 수 있는 튜너가 달린 VCR, DVD 등을 모두 포함한다.

초창기 수신료는 당시 국영 방송사였던 ORTF가 징수를 담당하다가, 준조세적 성격을 띠었던 2004년까지 재정경제부 산하 수신료 징수 담당부서에서 징수업무를 담당하였다. 이후 2005년부터 주민세와 통합 징수제도가 도입되면서 수신료 징수업무는 국세청으로 이관되었다. 주민세와 통합 징수되기 때문에 주민세 면제대상은 자연히 수신료도 면제받는다. 이에 해당되는 면제대상은 60세 이상 노인, 장애인, 저소득층으로 최저통합수당 지원대상자 등이 포함된다. 지형적인 이유로 텔레비전 수신이 어려운 난시청지역은 면제대상이 아니며 방송수신 여부와 관계없이 텔레비전 수신료를 보유하고 있으면 수신료를 내야 한다. 매년 소득신고를 할 때 수신기를 가지고 있는 사람은 수신기 보유사실을 신고서 해당 난에 표시해야 한다. 만약 소득신고 시 텔레비전 수신기가 없다고 허위신고를 할 경우, 국세청의 확인 방문을 받을 수 있고 이때 거짓사실로 들어나면 150유로의 벌금을 받게 된다. 수신료 면제금액은 정부예산에서 공영방송사에 전액 보상하여 주고 있다. 또한, 세금이기 때문에 미납자에 대해서는 사법적 제재수단이 가능하다. 수신료를 내지 않았을 경우 수신료 금액의 2배에 해당하는 벌금을, 재차 미납 시에는 4배의 벌금을 부과한다.

(4) 수신료 결정과정

프랑스에서 수신료 결정과정은 먼저 공영방송사인 France Télévision이 내부에서 요금인상을 요구하면 정부가 이를 산정한 후 의회가 매년 예산을 의결하는 형태로 이루어진다.

[그림 3-5] 프랑스의 수신료 결정과정

(5) 수신료 수준

2012년 현재, 프랑스의 연간 수신료 금액은 125 유로이다. 2009년 개정 방송법에 의해 2010년부터 수신료 금액을 물가지수에 연동하는 물가연동제가 도입된 뒤 연간 수신료 금액은 2009년 118 유로, 2010년 120 유로, 2011년 123 유로, 2012년 125 유로로 매년 인상되었다.

4. 일본

1) 공영방송 체제

일본의 NHK는 1925년 3월 22일, 일본 최초로 방송을 한 동경 방송국을 비롯하여 오사카, 나고야 방송을 합쳐 설립된 사단법인 '일본방송협회'가 1950년 <방송법>에 의거 공영방송으로 재출발한 것이다. 즉, NHK는 1950년 2월 제정된 <방송법>에 의거하여 '공공복지를 위하여, 일본 전국에서 고루 수신할 수 있도록 풍요롭고 질 좋은 방송 프로그램을 국내에 방송하는 것'을 목적으로 출범한 특수법인이다. 일본의 <방송법> 제1조에는 일본 방송의 세 가지 목적이 제시되었는데, 이는 '방송의 최대한 보급, 방송에 의한 표현의 자유확보, 그리고 방송의 건전한 민주주의 발달에 기여' 등이다. 더불어 이 법의 7조부터는 NHK의 조직, 운영에 관한 기본적인 규정을 두고 있다. 이는 이상에서 제시한 일본 방송의 목적을 달성하기 위한 수단으로 NHK를 설립하였음을 유추하게 한다. 현재 NHK는 전국을 대상으로 하는 지상파 텔레비전 두 채널을 운용하고 있는데 1TV은 종합TV 채널, 2TV는 교육채널로 운용하고 있다. 여기에 위성세 채널, 그리고 NHK 월드TV를 운영하고 있다. 한편, 라디오는 4개 채널을 운영하고 있다.

일본 <방송법> 13조에는 NHK의 규제를 담당할 법정 필수기구로 경영위원회의 설치가 의무화되어 있다. 경영위원회는 NHK의 최고의결기구로 주요 사항의 의결과 임원에 대한 직무 집행 감독을 행한다. 경영위원회의 위원은 12인으로 임기는 3년이다. 경영위원회 위원은 공공의 복지에 관하여 공정한 판단을 할 수 있고 폭넓은 지식을 가진 자 중에서 양의원(중의원, 참의원)의 동의를 얻어 내각 총리대신이 임명한다. 위원을 선임함에 있어 교육, 문화, 과학, 산업, 기타 분야 및 전국 각 지방이 공평하게 대표성을 지니도록 고려하고 있다. 또한 사장을 선임하거나 파면할 경우에는 위원회의 과반이 아닌 3/4의 찬성을 필요로 하는 책임(특별) 다수제를 채택하고 있다.

2) 수신료 제도

(1) 재원구조

일본 공영방송 NHK의 재원은 수신료 단일형 모델이다. 다시 말해, NHK는 광고와 같은 상업적 재원의 수입이 없다. 이는 일본 <방송법> 제46조에서는 '협회는 타인의 영업에 관한 광고방송을 하여서는 아니된다'라고 명시하여 광고방송을 금하고 있기 때문이다. 그리하여 현재 NHK는 운영재원의 95% 이상을 수신료에 의존하고 있다. 참고로, 2017년도 총매출액은 7,118억 엔이며, 이 중에서 수신료 수입은 6,892억 엔으로 전체 매출액에서 수신료 수입이 차지하는 비율은 96.2%에 이른다(방송통신위원회, 2017).

〈표 3-5〉 일본 NHK의 재원구조(2017년 기준)

재원유형	NHK	
	매출액(억 엔)	비중(%)
방송 수신료	6,892	96.2
기타 수익	226	3.8
전체 매출액	7,118	100.0

출처: 방송통신위원회(2017), p. 30 재구성.

(2) 수신료 역사

일본에서는 1950년 <방송법> 제정 당시 NHK의 설립목적을 감안하여 수신료를 징수하는 이익을 인정하고 강제적으로 NHK를 수신하는 수신기를 가진 자는 협회와 반드시 수신계약을 하도록 하였다. 가령, 일본 <방송법> 제32조에서는 '협회의 방송을 수신할 수 있는 수신설비를 설치한 자는 협회와 그 방송의 수신에 관한 계약을 체결하여야 한다'고 명시되어 있다. 이는 오늘날까지 수신료를 징수하는 법적 근거로 작용하고 있다. 이렇게 수신계약 체결을 강제하는 것은 개별적으로 수신하지 않더라도 공영방송의 기능으로부터 발생하는 사회적 효용이 개별 시청자뿐 아니라 사회 전체에서도 발현될 필요가 있다는 점에서 사회보장가입 강제제도와 유사한 것으로 판단하기 때문이다.

일본에서 수신료는 국가가 징수하는 조세가 아니고 NHK라는 특수법인이 징수하는 '특수 분담금'으로 간주한다. 일본의 법원 판결도 특수 분담금이라는 성격으로 규정하고 있다. 예를 들어, 일본 고등법원은 2010년 판결에서 수신료 수신계약에 대한 법적 성격에 대해 "수신료는 국가기관이 아닌 피공소인이라는 특수법인에게 징수권을 인정한 특수한 부담금이다. 피공소인은 개별 계약자와 방송수신료 지불의무와 대가적인 쌍방관계에 있는 것이 아니라 국민에 대한 일반적 추상적으로 부담하는 의무로 보는 것이 옳다"라고 판결한 바 있다.

(3) 징수 체계

여타 국가처럼 외부기간이나 민간회사에 위탁하지 않고 NHK가 직접 징수한다. 시청자 총국 내 영업국 소속의 약 1,300여 명의 직원과 수신기 소지확인과 계약활동을 담당하는 현장요원(수금원) 약 3,100여 명이 수신료 징수업무를 담당하였다. 하지만 직접 징수방식은 많은 비용이 초래된다. 그래서 지난 2008년부터 수금원을 통한 방문수금

제도를 폐지하고 계좌이체나 신용카드 결제, 온라인 입금과 같은 방법으로 전환하였다. 다만, 미체결자나 수신료 미납자에 대해서는 종전과 같은 방문방식으로 독촉하고 있다. 수신료는 보통 2개월 단위로 납부하는 것을 원칙으로 하지만 6개월이나 1년분의 일괄 선납도 가능하다. 이럴 경우, 6개월은 5%, 1년 선납은 7.5%를 할인해 주고 있다. 수신료 면제범위는 사회복지시설, 중증 장애인 등은 전액 면제하고 있으나, 난시청 지역에 대한 수신료 면제제도는 없다. 일본에서는 수신료가 계약에 의존하는 제도여서 강제력이 낮은 편이다. 전체 계약 대상자 중 실제 계약자는 약 77% 정도이고, 이들 계약자 중에서도 실제 납부율은 약 75% 정도이다. 최근 연도별 납부율은 2013년 72.7%, 2014년 74.7%, 2015년 75.7%, 2016년 77.2%, 2017년 78.7%로 75% 수준을 유지하고 있다(방송통신위원회, 2017). 이처럼 비교적 높은 납부율은 NHK가 전체 수입의 약 96~97퍼센트를 수신료에 의존할 수 있도록 하는 등 비교적 안정적인 재정구조를 유지하는 밑거름으로 작용하고 있다.[9]

한편, 일본에서 수신료는 국가가 징수하는 조세가 아니고 특수법인이 징수권을 지니고 있기 때문에 수신료의 납부의무나 미납에 대한 벌칙이 존재하지는 않는다. 즉, 1950년 <방송법>에서는 수신기 설치와 함께 수신자는 NHK와 수신계약을 맺을 의무를 명시하였으나 다만 계약을 맺지 않거나 수신료를 납부하지 않는 데 대한 처벌규정은 마련되지 않았다. 이는 그 당시 일본 정부는 수신료 지불의무를 직접 명시하거나 수신기 설치에 의해 수신 계약이 즉시 성립하는 것으로 간주하는 규정을 넣을 경우, 수신자가 계약 여부를 선택할 자유를 침해한다는 비판의 목소리가 있었기 때문이다. 이후 자발적 수신료 납부라는 현재의 관습으로 정착되었다.[10] <방송법>상의 납부의무나 처벌에 관한 규정이 부재함에도 불구하고 일본에서 수신료 납부율은 70% 이상 비교적 높은 수준을 유지하고 있다. 이는 NHK에 대한 상대적으로 높은 신뢰도, 전전(戰前)부터 정착된 수신료 납부 관행과 사회적 관습 그리고 NHK 수금원의 활약 등이 주 요인으로 거론된다(정지희, 2017).

일본에서 수신료는 원칙적으로 세대(가구)를 기준으로 한다. 또한 같은 가구에서 수신기가 많아도 한 건만 계약하면 된다. 일본 <방송법> 32조에 의거, PC, 휴대전화,

---

9 일본 <방송법> 46조에서는 NHK의 광고방송을 금지하고 있기 때문에, 수신료에 대한 의존비율이 높을 수밖에 없다.
10 수신료 납부에 대한 의무나 벌칙이 존재하지 않기 때문에 납부거부 가구와 장기 미납 가구가 전체 가구의 약 30%에 이른다. 또한 수신료 거부운동 등 저항에 대한 대처방안이 없다는 점은 우리와 비슷하다(정윤식, 2007).

스마트폰 등도 방송을 수신할 수 있는 수신설비에 해당되어 수신계약 대상이 된다. 하지만 수신계약이 '가구'단위로 이루어지기 때문에 한 가구에서 다른 수신설비를 통해 추가로 방송을 수신하는 경우도 계약은 1건이 된다. 다만, 가정용이 아닌 자동차에 수신설비가 설치되어 있을 경우는 자동차마다 수신계약을 하여야 한다. 최근 일본에서도 인터넷 등을 통한 통신미디어 시청에 대해 어떻게 적용할 것인가가 쟁점이 되었다. 현행 수신료 관련법에서는 방송을 수신할 수 있는 모든 수신설비가 수신계약 대상이 되나 가구를 단위로 하고 있기 때문에 다른 설비를 통해 추가로 시청하더라도 더 내지 않아도 되었다. 이 문제를 논의하기 위해 회계 및 법률 전문가 등 지난 2010년 'NHK 수신료 제도 전문조사회'를 구성하여 논의했는데, 결론적으로 이미 전통적인 TV 수신기를 설치하여 수신료를 지불하고 있는 사람에게는 추가적 부담을 지우지 않고, 오로지 인터넷을 이용하여 NHK의 방송을 수신하는 사람만을 수신료 지불대상에 추가하는 방향이 바람직하다는 검토의견을 제출하였다(KBS, 2012).

(4) 수신료 결정 절차

일본의 수신료 금액 결정은 먼저 NHK가 매년 수지예산, 사업계획 등을 산정해 결정한다. 수신료 금액의 산출은 '총괄원가방식'을 적용하는데 이는 회계연도별 사업계획을 바탕으로 예상되는 총 제작비 및 인건비 등의 사업경비를 산출하고 그 기간 동안 필요한 사업보수 금액을 추가하여 총괄원가를 산출하는 것이다. 이를 기준으로 수신료와 부차수입 등의 총수입을 산출한 후, 이를 총괄원가와 같아지도록 하여 수신료 금액을 설정하게 된다. 인상절차는 다음과 같다. 먼저 NHK가 산출금액을 산정하고 경영위원회의 승인을 거쳐 총무성에 제출한다. 총무성 장관은 이를 검토해 의견을 첨부하여 국회에 제출한다. 국회에서는 중의원과 참의원의 의결을 거쳐 최종 승인을 하게 된다. 하지만 일본에서도 국회의 승인을 거치는 과정에서 정치적 압력이 작용한다는 비판을 받고 있다. 예를 들어, 예산과 무관하게 프로그램에 관한 내용 등에 대한 질문을 받기도 하고 경영진의 해명을 요구하는 경우가 있다.

[그림 3-6] 일본의 수신료 결정과정

금액산정 (NHK) → 내부승인 (경영위원회) → 검토의견 (총무성) → 승인 (국회)

(5) 수신료 수준

일본에서 처음 수신료를 징수하였던 1926년 수신료(당시는 청취료)는 월 1엔이었다. 이어 1950년 방송법에 의해 공영방송으로 재탄생한 NHK의 당시 수신료는 월 35엔이 었다. 이어 1955년 텔레비전 방송의 개시로 TV 수신계약이 신설되었고, 1968년에는 라디오 수신계약이 폐지되었다. 또한, 1990년 위성방송 개시로 위성 수신계약이 신설되었다. 이후 수신계약은 지상파 컬러, 지상파 보통(흑백), 위성컬러, 위성보통(흑백) 그리고 특별계약 등 총 5개 유형으로 구분되어 징수되다가 2007년부터 보통계약은 폐지되어 현재와 같이 지상파 계약, 위성계약, 그리고 특별계약 등 세 가지 유형으로 징수되고 있다. 지상파 계약은 지상파만을 시청하는 것으로 2012년의 경우, 연간 약 16만 엔을 내야하고, 위성방송까지 시청할 수 있는 위성계약은 연간 27만 엔을 내야 한다. 특별계약은 자연지형에 의한 난시청 지역이나 열차와 같은 영업용 차량에서 위성으로 시청할 때 내야 하는 것으로 연간 약 12만 엔 정도이다. 참고로 유형별 계약 건수는 2010년의 경우, 지상파 계약이 약 2,418만 건으로 가장 많고, 위성계약이 약 1,474만 건, 그리고 특별계약은 약 9,800건이다.

5. 각 국의 수신료 제도 비교분석

1) 수신료 비중

세계 주요 공영방송의 재원은 정도 차이는 있지만 공적재원인 수신료를 근간으로 하고 있다. 전체 매출액 중에서 수신료의 비중이 가장 높은 공영방송은 일본의 NHK로 약 95% 이상을 수신료에 의존하고 있다. 이는 일본 <방송법>에서 광고방송을 금하고 있기 때문이다. 그 다음으로 수신료 비중이 높은 공영방송은 프랑스의 공영방송 France Télévision로 수신료가 차지하는 비중은 대략 85% 정도이고 기타 상업적 재원은 15% 정도이다. 독일의 공영방송 역시 수신료 비중이 이와 비슷하다. 독일 제1공영방송인 ARD는 85%, 제2공영인 ZDF는 86%로 비슷한 수신료 비중을 보이고 있다. 한편, 영국의 BBC는 이보다 다소 낮은 75% 정도의 수신료 비중을 보이고 있다. 이는 최근 영국정부가 BBC의 상업적 활동을 허용함으로써 상업적 수익이 점차 증가했기 때문이다. 전반적으로 세계 공영방송의 전체 매출액에서 차지하는 수신료 비중은 대략 75%~ 95% 정도의 수준을 보이고 있다.

〈표 3-6〉 세계 주요 공영방송사의 수신료 비중(%)

	일본(2017)	프랑스(2015)	독일(2015)	영국(2016)	한국(2017)
수신료 비중	95%	85%	85%	75%	42.6%

2) 수신료 수준

한화 기준으로 수신료 수준이 가장 높은 나라는 독일이다. 독일의 수신료는 1953 년 9마르크에서 2007년 204.36유로로 인상되었으며, 2015년 현재 월 17.5유로, 연간 215유로(한화 282,725원)로 영국, 프랑스에 비해 높은 수준이다. 그 다음으로는 일본의 수신료 수준이 높다. 일본의 수신료도 4년마다 2~30% 수신료 인상이 가능하도록 제도 적으로 보장하고 있다. 그리하여 2006년에는 지상파 TV 수신료가 15,490엔까지 인상되 었고 위성방송 수신료는 25,520엔이 부과되었다. 지난 20여 년 동안 약 10배 정도 인상 된 셈이다. 2018년 현재, NHK는 지상파 방송의 경우 한달 1,260엔, 위성방송의 경우 2,230엔, 연간으로는 지상파가 15,120엔(한화 16,223,760원), 위성방송이 26,760엔(한화 2,392,790원)씩 수신료를 받고 있다. 영국의 수신료는 1946년 흑백 텔레비전이 2파운드 였으며 1968년 컬러 텔레비전에 수신료가 부과되기 시작하면서 컬러 수상기에 대한 수 신료는 10파운드로 책정되었다. 이후 물가상승률에 따라 수신료 수준을 꾸준히 인상되 었는데, 2010년 145파운드(한화 약 273,200원), 그리고 최근 칙허장이 갱신된 이후 2018 년 4월 1일부터 150.5파운드(한화 약 22만 1,277원)로 인상되었다. 다른 국가에 비해 프 랑스 수신료는 상대적으로 저렴한 편이다. 프랑스 수신료는 2010년부터 물가지수에 연 동하는 물가 연동제가 도입된 뒤 계속 인상되었는데, 2009년 118유료, 2010년 120유 로, 2011년 123유로, 그리고 2012년 기준으로 연간 125(한화 약 164,375원)유로이다.

〈표 3-7〉 세계 주요국의 수신료 수준 비교

	영국 (2018년)	프랑스 (2012)	독일 (2015)	일본 (2018)	한국 (2018)
수신료(연간)	150.5 파운드 (한화 약 22만원)	125유로 (한화 약 16만원)	215유로 (한화 약 28만원)	2230엔(위성) (한화 약 24만원)	30,000원
한국대비 비율	7.3배	5.3배	9.3배	8배	

환율 2019년 6월 기준을 적용(1유로: 1,315원, 1파운드: 1,466원, 1엔: 1,073원)하여 계산함.

이처럼 적게는 연 16만원(프랑스)에서부터 연 30만원(독일)까지로 평균 연 25만원 (월 2만원) 정도의 수신료를 내고 있음을 알 수 있다. 이는 한국 수신료의 약 5배~9배 정도 높은 수준이다.

3) 징수방법

(1) 영국

그동안 영국에서는 정부가 수신료를 징수하고 경비를 제외한 금액을 BBC에 지급하였다. 그러다가 1990년 <방송법> 제173조 3항에 의하여 BBC가 직접 관장하는 방식으로 변화하였다. BBC는 처음 수신료 징수를 우정공사의 자회사인 TVL(Television Licensing)에 위탁하다가 2002년부터는 민간회사인 '캐피타(Capita)'에 위탁하여 징수하고 있다. 이는 징수비용을 절감하기 위함이었다. 실지로 민간 위탁 이후 징수비용은 약 40% 감소한 것으로 나타났다.

(2) 프랑스

프랑스의 수신료 납부 대상자는 주민세 납부 대상자이어야 한다. 다시 말해, 주민세 납부 대상자가 아니면 수신료로 납부 대상자에서 일단 제외되게 된다. 주민세 납부 대상자이면서 해당 연도 1월 1일 기준으로 텔레비전 수상기를 보유하고 있지 않는 자를 제외하고는 모두 보유자로 간주되어 조세와 같이 통합하여 징수된다. 이처럼 프랑스에서는 조세와 일괄적으로 징수하게 되기 때문에 징수방법이 간단하고 징수비용 역시 절감효과를 가져오고 있다.

(3) 독일

독일의 수신료 징수는 원래 우정국에서 담당하였다가 1976년 공영방송 ARD, ZDF 그리고 제3방송 등이 공동으로 설립한 '시청료 징수센터(GEZ)'에서 징수를 담당하는 것으로 바뀌었다. 이는 방송관련 관리가 연방정부에서 주 정부로 이관되었기 때문이다.

(4) 일본

일본의 수신료는 NHK 내의 시청자 총국의 영업국에서 징수하고 있다. 수신료 징수를 위해 전국에 20개의 영업 센터를 설치하여 직접 운영하고 있다. 따라서 징수비용이 전체 징수액의 12%를 차지하는 등 직접 징수에 따른 비효율적 구조로 되어 있다.

4) 결정방법

각 국의 수신료 인상 절차는 대체적으로 수신료 금액 산정단계, 결정단계 그리고 의회의 승인단계를 거친다. 하지만 수신료 금액을 공영방송 내부에서 하는 내부 산정 모델과 외부의 독립적 기구 혹은 정부가 산정하는 외부 모델로 구분된다. 공영방송 내부에서 금액을 산정하는 국가로는 영국과 일본, 그리고 한국 등이 있다. 이들 국가에서는 공영방송 자체에서 수신료 금액을 산정하고 이를 내부 경영위원회나 이사회와 같은 감독기관의 추인을 받게 된다. 이 과정을 거치고 나면 산정 금액에 대해 정부가 검토하여 확정한다. 반면, 정부가 직접 산정하는 국가는 프랑스 및 독일이 대표적이다. 프랑스는 문화부가 수신료 요금을 산정하고 결정하며, 독일은 별도의 독립기구인 산정위원회에서 수신료 금액을 산정하면 주의 수상들이 회의를 통해 확정하게 된다. 그 다음 단계는 정부가 확정한 금액을 의회가 의결하는 과정을 거치는데 아무래도 수신료가 국민들이 내는 공적재원의 성격을 지니기 때문에 대체적으로 의회의 의결 단계를 공통적으로 거치고 있다.

5) 주요 사용처

(1) 영국

징수된 수신료는 우선 정부의 종합재정으로 편입된 후 해당 회계연도 예산조정법에 따라 문화미디어 스포츠부에 대한 표결을 거친 후 BBC로 이관된다. BBC의 수신료 사용처에 대한 규정이 명확히 규정된 것은 없고 다만 BBC 칙허장의 제10장에 BBC의 재원 부분에서 사용에 대한 원칙을 정해놓고 있다. 참고로 지난 2005년 수신료 사용내역을 살펴보면, 지상파 아날로그 채널 운영에 50%, 지역 방송사 및 라디오에 15%, 네트워크 라디오 운영에 15%, 6개의 디지털 채널 운용에 10%를 사용하였으며 이 밖에 송출비용 및 수신료 징수비용으로 10% 그리고 온라인 운영비용으로 나머지 3%를 이용한 것으로 나타났다.

(2) 프랑스

프랑스의 수신료 배분은 공영방송사 전체의 운영에 사용된다. 즉 프랑스 공영 텔레비전 방송사인 F2, F3, F5에 우선적으로 배분된 뒤, 공영 라디오 방송사인 Radio France를 비롯, ARTE(프랑스와 독일의 합작 문화채널), RFI(국제 뉴스 전문 라디오) 등과 같은 공적 서비스에 분배된다. 참고로 지난 2005년에 이행된 분배비율을 살펴보면 F2,

F3, F5에 66.5%, Radio France에 17.5%, ARTE에 7.3% 그리고 RFI에 2% 등이 배정되었다.

(3) 독일

독일의 수신료 배분은 ARD가 79.2% 그리고 ZDF에 20.8%를 배분하고 있다.

(4) 일본

일본의 수신료는 NHK가 자체적으로 징수, 관리하여 사용한다. 프로그램 제작에 가장 많이 사용되며 이 밖에도 송출 및 수신료 징수 등에 사용된다. 지난 2005년 사용 내역을 살펴보면, 국내 프로그램 제작 및 송출에 약 73%, 국제방송 프로그램 제작에 1.7%, 수신료 징수비용으로 12.3% 등에 사용된 것으로 나타났다(안창현, 2005).

6) 주요 특징

(1) 영국

주지하다시피, 영국 BBC의 경우 광고 없이 거의 대부분의 재원을 수신료로 충당하고 있다. 수신료를 주된 재원으로 하는 BBC의 운영방침은 공영방송에 대한 정체성 논란이 가중되고 있는 상황에서도 1986년 피코크 위원회, 2000년 데이비스 위원회를 통해 BBC의 정치적·경제적 독립성을 확보하기 위해서는 국민들이 지불하는 수신료가 가장 합리적인 모델임을 확인한 바 있다. 영국 수신료 제도의 가장 큰 특징은 물가연동제를 실시하고 있다는 점인데 매년 소매 가격지수(Retail Price Index:RPI)에 1.5%를 플러스하여 산정한다. 물가연동제를 채택한 배경에는 1980년대 중반 들어 수상기 보급이 포화상태에 이르자 수입이 정체되기 시작했고 BBC 내부에서 재정난을 타개하기 위해 인상을 주장하게 되었다. 그리하여 1988년부터 1996년까지 소매물가 지수에 따른 탄력적인 물가연동제가 채택되게 되었다. 하지만 1997년 이후 인플레이션을 억제하기 위해 5년 협정을 통해 한시적으로 5년간 동결되기도 하였다. 이에 대한 대안으로 BBC의 수익사업이 허용되었는데 예컨대 자사 제작 및 송출시설이나 부설조직, 자료 등을 매각하거나 대여하는 등 수익창구를 다변화하였다. 이후 2000년 4월 수신료를 3% 인상하고 2007년까지 매년 물가 상승률에 연동하여 1.5%씩 인상하도록 하였으며 이후에도 수신료는 물가와 연동하여 2013년까지 6년간 매년 인상하도록 되어 있다. 인상폭은 최초 3년 동안은 매년 3%씩, 그 다음 2년 동안은 2%씩, 그리고 마지막 해는 동결하는 것으로 되어 있다(주재원, 2010). 이처럼 영국이 채택하고 있는 물가연동제는 공영방송이 안정적이고 지속적인 발전을 보장받고 정치권과 상업적인 이해집단으로부터 안정된 재원을 확립하기 위한 제도적 장치로 여겨지고 있다(정윤식, 2007).

(2) 프랑스

수신료는 프랑스의 40여 종에 달하는 공과금의 일종으로 2009년부터는 "공공방송 부담세"로 개칭하였다. 상반기 소득 신고시 텔레비전 비소유자는 신고하여야 하며 그렇지 않을 경우 자동으로 보유자로 간주되어 11월 부가되는 주거세에 동시에 과세 통지된다.

(3) 독일

독일 수신료 제도의 가장 큰 특징은 일명 수신료 판결이라고 불리는 제8차 판결을 통해 광고수입을 부분적으로 허용했다는 점이다. 지나친 광고의 허용은 프로그램 다양성의 위협을 야기하므로 수신료 재정이 정당성을 잃지 않는 범위 내에서 부분적으로 광고를 허용했다. 독일 연방헌법 재판소의 판단은 공영방송이 100% 수신료로 운영하는 것은 바람직하지 않다는데 따른 것이며 이는 수신료에만 의존할 경우 경영을 효율적으로 하지 못할 가능성이 크기 때문이다. 즉, 수신료를 주 수입원으로 하되 일부 광고가 보완적 재원으로 기능하는 혼합형 재정이 이상적 모델임을 제시하고 있다. 최근 2010. 12. 15일 독일에서는 '수신료 제도 개혁법'에 대해 각 주 수상이 조인하였는데 이 법의 골자는 수신료는 지금까지 수신기 보유 여부에 따라 결정되었지만 이후 수신기 보유 유무에 관계없이 모든 세 대에 일률적으로 부담금을 지불할 의무가 있는 것으로 규정하고 있다.

독일 수신료 제도의 또 다른 특징으로는 수신료 인상 및 관리감독을 위한 별도의 제도적인 기구가 존재한다는 점이다. 독일에서는 수신료에 대한 인상산정을 "방송재정수요조사위원회(KEF)"에서 담당하는데 산정의 기준으로 공영방송사의 경쟁력 유지여부, 뉴미디어 발전에 따른 공영방송의 시설확충 필요성, 투자비용의 확충 소요 예상액, 방송요금의 징수상태, 광고수입액 등을 고려한다.

(4) 일본

수신료가 매체별로 다양한 수신료가 부가되고 있다는 특징을 지닌다. 예컨대 컬러 TV 시청자, 흑백 시청자 그리고 디지털 수상기 보유자, 위성 시청자 등 수신료 액수가 다양하게 차등화되어 있다. 이는 일본 NHK가 위성방송을 운영하는데 따른 일종의 차등화 전략으로 특이한 경우이다. 현재 NHK는 지상파 방송의 경우 한 달 1,260엔(약 1만 2,600원), 위성방송의 경우 2,230엔(약 2만 2,300원)씩 수신료를 받고 있다.

한국의 수신료 정책

한국의 수신료 정책

한국 공영방송 KBS의 주재원은 수신료이다. KBS 재원의 내용에 대해서는 KBS의 법적 존립근거인 현 <방송법>에 구체적으로 제시되어 있다. 즉, <방송법> 제56조 (재원)에서는 "공사의 경비는 …텔레비전 방송 수신료로 충당하되, 목적 업무의 적정한 수행을 위하여 필요한 경우에는 방송 광고수입 등 대통령령이 정하는 수입으로 충당할 수 있다"고 명시하고 있다. 필요한 경우에 한해 광고수입 등 기타 수입을 보조적으로 사용할 수 있을 뿐 기본적으로 수신료가 KBS의 주된 재원임을 법적으로 명확히 규정한 것이다.

KBS가 수신료 이외에 사용할 수 있는 기타 수익의 종류에 대해서는 <방송법 시행령>(제36조)에 구체적으로 열거되어 있다. 보조적으로 가능한 수익유형으로는 광고수입, 방송 프로그램 판매수익, 정부보조금, 협찬 수입, 새로운 매체를 통한 수입, 송신업무의 수탁에 따른 수입, 그리고 기타 방송사업에 부수되는 수입 등이다. 이로 통해 볼 때 KBS의 재원구조는 수신료를 단일 재원으로 하는 모델이 아니라 광고를 허용하는 혼합형 모델로 규정할 수 있다. 법으로 광고를 금지하고 있는 일본의 NHK나 관행적으로 광고수익을 허용하고 있는 영국, 독일과 비교했을 때, 광고를 법적으로 허용하고 있다는 점은 특이한 일이다.

한편, 현행 <방송법>에서는 수신료가 시청자의 의무사항으로 명시되어 있다. 즉, <방송법> 제64조에서는 "텔레비전을 수신하기 위해 텔레비전 수상기를 소지한 자는 한국방송공사(KBS)에 그 수신기를 등록하고 텔레비전 방송 수신료를 납부해야 한다"라고 명시하여 수신료 납부를 시청자의 의무 사항으로 규정하고 있다.

그간 KBS 수신료와 관련하여 법적 성격에서부터 적정 규모, 징수 방법의 타당성 그리고 운용방법에 이르기까지 수많은 논란이 야기되어 왔다.

이 장에서는 우리나라 공영방송의 핵심적 재원인 수신료 제도의 현황을 살펴보고 수신료와 관련된 다양한 쟁점과 해결 방안들을 모색해 보기로 한다.

1. 한국의 수신료 제도

1) 수신료의 법적 성격

한국에서 수신료는 어떤 성격을 지니는가? 한국에서 수신료는 세금이 아닌 KBS라는 공적 서비스를 운용하기 위한 특별 부담금으로 해석되고 있다. 수신료가 특별 부담금이라는 법적 해석은 수신료와 관련된 헌재의 판결을 바탕으로 하고 있다. 1999년 수신료와 관련한 판결에서 헌재는 수신료가 조세가 아닌 것으로 판단하였다. 즉 "수신료는 공영방송 사업이라는 공익사업의 소요경비를 충당하기 위한 것으로서 일반 재정수입을 목적으로 하는 조세와 다르다. 또 수상기를 소지한 공영방송의 시청 가능성이 있는 자에게만 부과된다는 점에서도 일반 국민을 대상으로 하는 조세와 다르다. 그리고 실제 방송시청 여부와 관계없이 부과된다는 점, 금액이 공사의 텔레비전 방송 수신 정도와 관계없이 정액으로 정해져 있는 점 등을 감안할 때 이를 공사의 서비스에 대한 대가나 수익자 부담금으로 보기도 어렵다"라고 하여 수신료는 시청에 대한 대가나 세금이 아니라고 판단하였다. 대신 "공영방송 사업이라는 특정한 공익사업의 경비조달에 충당하기 위해 수상기를 소지한 특정 집단에 대하여 부과되는 특별 부담금에 해당하는 것으로…"라고 하여 특별 부담금이라고 규정하였다(1999. 5. 27, 선고 98헌바70 결정). 공영방송 KBS와 수상기 소지자(시청자)와의 특별한 관계에 대해 헌재는 구체적으로"수상기 소지자는 방송시설의 설치, 운영, 방송문화활동, 방송에 관한 조사 연구 등 KBS가 수행하는 각종 사업의 직·간접적 수혜자라고 볼 수 있으므로, KBS의 공영방송 사업과 수상기 소지자 집단은 수신료라는 금전부담을 지울 만한 특별하고도 긴밀한 관계가 성립되므로…"라고 설명하였다.[1]

사실, 특별 부담금이라는 수신료에 대한 성격 규정은 일본의 수신료에 대한 판단에 기초한다. 일본에서는 일찍이 국가가 직접 징수하지 않고 NHK라는 특수법인이 수신료의 징수권을 가지고 있기 때문에 조세가 아닌 것으로 판단하고 있고, NHK라는 공공 법인의 운영과 유지를 위한 수단으로 인식하고 있다. 우리나라도 이와 비슷하게 국가가 직접 징수하지 않고 KBS의 운영을 위한 재원으로만 사용처를 한정하고 있다는 점을 들어 특별 부담금이라는 성격으로 규정한 것이다.

형식적으로 조세는 아니지만 실질적으로는 준조세적 성격을 지니고 있는 것도 사

---

1 특별 부담금이라는 법적 성격에 대해 "그 법적 성격이 특별하고 긴밀한 관계에 부과되는 특별 부담금이라고 하기에는 그 성격과 요건이 지나치게 일반적이어서 조세의 성격을 갖는다고 밖에 볼 수 없다"는 지적도 있다(박선영, 2002).

실이다. 왜냐하면 TV 수상기를 보유한 가구는 시청 여부에 상관없이 수신료를 부과하기 때문이다. 현재 TV를 소유하지 않은 가구가 거의 없을 뿐더러 전기료와 함께 통합 고지 되고 있기 때문에 실질적으로는 세금과 거의 비슷한 준조세(準租稅)적 성격을 지니고 있다.

2) 수신료 제도의 역사

(1) 시청료 시기(1963~1988)

한국에서 수신료를 처음 징수하기 시작한 것은 1963년 1월 1일부터였다. 1963년 당시에는 '시청료'라는 이름으로 흑백 수상기에 대해 100원을 징수하였다. 1961년 12월 31일 개국한 국영 서울 텔레비전 방송국(현 KBS TV)은 <국영TV방송사업 운영에 관한 임시조치법 시행령>에 의거하여 최초로 시청료를 징수하였다.

1973년 3월 3일, 한국방송공사(KBS)가 공영방송사로 새로 출범하였으나 시청료 수준은 종전과 같이 그대로 유지되었다. 시청료는 그 후 몇 차례 조정을 거쳐 1980년에 800원으로 인상되었으며, 컬러 TV시대가 개막된 1981년부터 흑백 수상기에는 800원, 컬러 수상기에는 2,500원을 징수하였다.

시청료라는 이름에서 보듯이 KBS 출범 초기 시청료는 시청하기 때문에 내는 비용으로 인식되었다. 당시에는 KBS 밖에 없었기 때문에 이 금액은 당연히 KBS 운영을 위해 사용하는 것으로 인식되었다. 그러나 이후 MBC와 SBS 등 다른 채널이 생겨나고 텔레비전 수상기를 지니고 있어도 KBS 채널을 시청하지 않을 경우 시청료를 납부해야 하는가라는 의문이 제기되었다. 또한, 1987년 KBS 불공정 보도 문제가 사회적 문제로 불거지자 시청료 거부운동이 일었고 시청료 징수율은 현저하게 떨어졌다. 시청료 거부운동이 확산되자 KBS는 시청료에 대한 개념을 KBS를 시청하는 대가가 아닌 텔레비전을 수신하기 위한 대가라는 의미로 확대하였다. KBS를 시청하지 않아도 시청료는 내야 하는 것이라는 논리를 새롭게 적용한 것이다. 영국에서 시청자들이 텔레비전 수신기를 소유할 자격을 갖기 위해 내는 일종의 면허료와 같은 개념을 적용한 것이다. 그리하여 '시청료'라는 명칭도 시청을 하든 말든 상관없이 텔레비전 방송을 수신하기 위하여 내는 대가라는 의미를 강조하기 위해 1989년 1월 1일부터 '텔레비전 방송 수신료'로 변경되었다.

(2) 수신료 시기(1989~2007)

1987년 시청률 납부 거부운동으로 수신료 수입이 대폭 감소함에 따라 KBS는 징수

방법의 개편도 추진하였다. 이를 위해 1994년 <방송법>을 개정하여 수신료의 징수업무를 위탁이 가능하도록 하였다. 그리하여 그해부터 가구를 방문하여 직접 징수하는 방식에서 현재와 같이 한전에 위탁하여 전기료와 통합하여 징수하는 방식으로 전환되었다. 통합 징수방식으로 전환된 이후, 징수율은 급격하게 높아졌다. 통합 징수 이전의 징수율은 50%대였는데 이후 97%로 높아졌고 징수비용도 3분의 1 가까이 줄어들었다. 높아진 징수율로 수신료 수입이 증가하게 되자, 1994년 10월 1일부터는 KBS 1TV의 광고를 전면 폐지하고 KBS 2TV에서만 광고를 하였다.

그러나 수신료의 위헌성 및 전기료와의 통합 징수방식에 대해 단전을 담보로 수신료를 강제하는 것은 위헌이라는 이유로 1999년 헌법 소원이 제기되었다. 이에 대해 당시 헌법재판소는 "KBS가 시청자에게 매달 2천 500원씩의 TV수신료를 부과하는 것은 헌법에 위배되지 않는다"는 결정을 내렸다. 다만, "수신료 금액을 국회가 아닌 KBS 이사회가 임의로 결정하는 것은 위헌"이라고 판단하였다. 또한, 분리 징수방식을 다시 도입하면 공영방송의 존립에 위협을 초래할 수 있다고 판결함에 따라 통합 위탁징수 방식에도 정당성이 부여되었다. 수신료의 합헌 판결은 2008년에도 있었다. 2005년 9월, 우 모씨는 한국전력공사를 상대로 TV 수신료 2천 500원을 돌려달라는 행정소송을 하였으나 1·2심에서 모두 패소하였다. 그러자 "텔레비전 수상기를 소지한 자에게 수신료를 납부하도록 한 방송법 조항은 헌법에 위배된다"며 헌법소원을 제기했다(연합뉴스, 2008. 2. 28일자). 2008년 헌법재판소는 이 사건에 대한 판결에서 텔레비전이 있으면 수신료를 납부하도록 규정한 <방송법> 64조 및 67조 2항은 헌법에 위배되지 않는다고 수신료 징수의 합헌성을 재확인했다.

(3) 수신료 인상추진 시기(2007~)

2008년 글로벌 금융위기를 겪으면서 지상파 방송의 광고수익은 급감하기 시작했다. 재정압박이 시작되자 KBS는 이때부터 수신료 인상을 본격적으로 추진하기 시작했다. 이 시기에는 실제 2007년, 2010년, 2013년 세 차례에 걸쳐 수신료 인상 안이 국회에 제출되었다.

○ 제1차 추진(2007년): KBS는 2007년, 수신료를 월 2,500원에서 월 4,000원으로 인상하는 계획안을 발표하였다. 인상을 추진하는 주된 논거로는 재원 대비 수신료 수입 비중이 37.8%(광고수입: 47.6%)에 불과해 수신료가 보조재원이 됨으로써 공적 책무 수행이 한계에 이르렀다는 점, 그리고 디지털 전환비용이 필요

하다는 점이 제시되었다. 특히 국가적 과제인 디지털 전환과 관련하여 향후 투자소요(2008~2012년) 규모가 8,521억 원으로 당시 KBS 재원상황으로는 조달이 어렵다는 점을 강조하였다(방송위원회, 2007). 이러한 인상 추진 안에 대해 시민단체를 중심으로 일부에서는 방만한 경영구조를 비판하였다. 더불어 미디어 환경이 변화되고 있는 상황 속에서 공영방송이 존재해야 할 필요가 있는가 하는 공영방송의 존재론적 당위성에 관한 문제도 동시에 제기되었다(미디어미래연구소, 2008). 사실 공적 책임 미흡 및 경영의 방만화 문제는 그동안 수신료 인상이 이슈로 제기되었을 때마다 지속적으로 쟁점화 되어 왔던 사안들이었다(정연우, 2010).

○ 제2차 추진(2010년): 2010년에 있었던 인상 과정도 2007년과 크게 다르지 않았다. 2차 인상 시도에서 KBS는 공영방송으로서 공적 책무를 완수하기 위해 수신료 인상이 필요하다는 점을 주장하고 구체적인 공적 책무로 10가지 이행과제를 제시하였다. 그것은 디지털 전환 완수, 난시청 100% 해소, 무료 보편 서비스 강화, 공정하고 신뢰받는 저널리즘 구축, 사회적 약자배려 및 디지털 정보격차 해소 등 이었다. 이러한 공적 책무를 완수하기 위해 KBS는 2012년까지 약 5,611억 원의 재원이 더 필요하다고 밝히면서 수신료 금액을 3,500원으로 인상할 것을 추진하였다(방송통신위원회, 2011. 2, 텔레비전 수신료 인상 승인 안).

○ 제3차 추진(2013년): 2013년 KBS는 3차 수신료 인상을 추진하였다. 이때 제시한 수신료 인상의 근거로는 디지털 전환 완수와 난시청 해소, 방통융합 시대 공적 가치와 시청자 권리 보호, 공영방송 정체성 확립과 공익적 책무 확대 등 이었다. 수신료 인상 금액은 4,000원으로 조정하는 방안을 제시하였다. 3차 인상 추진 시 특이한 사항은 향후 5년간 KBS2 채널의 광고수입을 축소하겠다는 안 이었다. 당시 광고 축소 계획과 관련하여 KBS는 2TV의 평일 01시에서 20시까지, 그리고 주말 01~14시까지의 광고를 폐지하고 로컬 광고를 폐지하겠다고 발표하였다. 그리하여 연간 광고수입을 약 4,136억 원 수준으로 축소, 유지하겠다고 하였다. 이 인상 안에 대해 당시 방송통신위원회(2014)에서는 수신료 인상을 위한 논거가 충분하지 못하며 그동안 콘텐츠 품질 제고를 위해 투자 노력이 부족하였다고 지적하였다. 또한, 방송광고 감축안도 미흡하여 공적 책무를 성실히 이행하기 위한 의지가 부족한 것으로 판단하였다(방송통신위원회, 2014, 수신료 인상안에 대한 방송통신위원회 의견서).

이처럼 세 차례에 걸쳐 제출된 수신료 인상 안은 국회에서 여야 간 갈등으로 논의도 거치지 못한 채, 결국 회기 만료로 자동 폐기되고 말았다.

〈표 4-1〉 수신료 제도 주요 연혁

연도	주요 일지	수신료 금액
1961년	서울텔레비전 방송국(KBS－TV) 개국	－
1963년	시청료라는 이름으로 최초 징수	100원
1964년	시청료 인상	150원
1965년	시청료 인상	200원
1969년	시청료 인상	300원
1973년	KBS 공사로 전환	300원
1974년	시청료 인상	500원
1979년	시청료 인상	600원
1980년	시청료 인상	800원
1981년	컬러 방송 시작(컬러TV 시청료 신규 책정)	흑백: 800원, 컬러: 2,500원
1983년	행정기관 위탁징수 도입(통합공과금제)	2,500원
1984년	흑백 TV 시청료 폐지	2,500원
1986년	시청료 부과기준 변경(대수단위→세대단위)	2,500원
1987년	시청료 거부운동	2,500원
1989년	명칭변경(시청료→텔레비전 방송수신료)	2,500원
1994년	위탁징수방식 도입, 1TV광고 폐지	2,500원
1999년	헌재, 통합징수 방식 합헌 판결	2,500원
2000년	통합 방송법 제정(수신료 결정, 국회승인 절차 추가)	2,500원
2007년	수신료 인상안(1차) 국회제출(회기 만료로 자동폐기)	2,500원
2008년	헌재, 수신료 합헌 판결	2,500원
2010년	수신료 인상안(2차) 국회제출(회기 만료로 자동폐기)	2,500원
2013년	수신료 인상안(3차) 국회제출(회기 만료로 자동폐기)	2,500원

출처: 방송통신위원회(2015). 〈방송광고 시장의 규모 확대를 위한 제도개선 연구〉 보고서, pp. 33~34를 바탕으로 재구성.

3) 징수방법

현행 <방송법> 규정에 의하면 텔레비전 수상기를 소지한 자는 텔레비전 방송 수신료를 납부하도록 되어 있다. 즉, 공영방송의 시청 여부와 상관없이 TV 수상기의 소지 여부에 따라 수신료가 부과된다. 가정용 수상기는 주거전용의 주택 안에 설치된 수상기로 세대별로 1대분의 수신료만을 부과한다. 수신료의 징수는 KBS가 징수하는 것을 원칙으로 하지만 <방송법> 제67조에 의거하여 위탁 징수할 수 있도록 하고 있다.[2] KBS는 1994년 10월부터 징수율이 떨어지자 한국전력공사에 징수업무를 위탁하여 전기요금과 수신료를 하나의 통합된 고지서에 의해 청구하고 있다. 대신, 징수대가로 한전에게 수신료 금액의 15%내에서 수수료를 지급하고 있다. 직접 징수에서 위탁징수로 바뀌면서 징수율은 급격하게 증가하였고 징수비용은 절감되었다. 예컨대, 직접 징수 때였던 1993년 징수율은 52.6%에 그쳤으나 위탁징수를 하던 2002년에는 97.3%로 증가하였다. 그리고 징수비용은 같은 시기 717억 원에서 497억 원으로 감소하였다.

하지만 전기요금과의 통합징수 방법에 대해 그동안 사회적으로 많은 논란이 있었다. 예컨대, 2003년 10월 당시 한나라당은 전기료에 통합 고지되는 KBS 수신료를 분리 징수하는 내용의 <방송법> 개정안을 제출하면서 통합징수 문제가 쟁점화 되었다. 하지만, 지금까지 법원의 판례는 대체적으로 통합 위탁징수 방법의 합법성을 인정하고 있다(서울행정법원, 2007. 9. 5, 2005구합27390).

4) 사용처

KBS의 수신료는 먼저 주요 채널에 대한 프로그램 제작 및 운영비와 부속 채널에 대한 운영비로 충당되고 있다. 즉, KBS 1, 2TV 및 라디오 1, 2채널에 대한 프로그램 제작 및 운영비로 사용하고 있으며 이 밖에도 제3라디오 사랑의 소리방송(장애인 및 소외계층을 위한 복지방송), 국제방송(KBS WORLD TV, KBS WORLD RADIO), 한민족방송(남북화합과 교류 채널) 그리고 지상파 DMB 4개 채널의 운용에 사용하고 있다. 또한 KBS 교향악단 운영과 같은 방송문화사업 및 방송기술 개발을 위해서도 사용되고 있다. 마지막으로 <방송법 시행령>(제49조)의 규정[3]에 의하여, 수신료 수입의 3%를 교육방송 EBS

---

2 <방송법> 제67조(수상기 등록 및 징수의 위탁) 2호: 공사는 수상기의 생산자, 판매인, 수입판매인 또는 공사가 지정하는 자에게 수상기의 등록업무 및 수신료의 징수업무를 위탁할 수 있다.
3 <방송법 시행령> 제49조: "공사는 …한국교육방송공사가 행하는 방송에 대한 송신지원에 소요되는 금액과는 별도로 매년 수신료 수입의 100분의 3에 해당하는 금액을 한국교육방송공사에 지원하여야 한다."

에 지원하고 있다. 하지만 수신료 수입과 기타 광고수익 등과 회계분리가 되지 않아 수신료 수입이 구체적으로 어떻게 사용되는지는 명확하게 공개되지 않고 있다.

5) 금액 결정

수신료 금액이 조정되기 위해서는 현 <방송법> 제65조[4]의 규정에 의거하여 다음과 같은 절차를 거쳐야 한다.

[그림 4-1] 한국의 수신료 결정과정

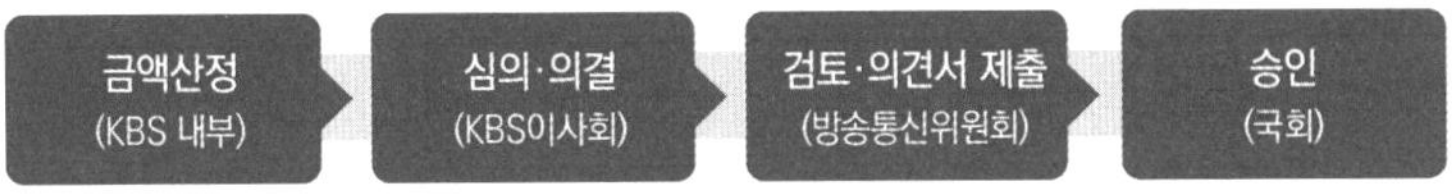

금액산정 (KBS 내부) ➡ 심의·의결 (KBS이사회) ➡ 검토·의견서 제출 (방송통신위원회) ➡ 승인 (국회)

수신료 금액의 조정(인상)의 필요성이 있을 경우, KBS는 먼저 내부에서 결정금액을 산정한 후, 산정 안을 이사회에 제출하여 심의·의결을 거쳐야 한다. 이후 수신료 산출 내역, 시청자 위원회의 의견, 수신료에 대한 여론 수렴 결과, 그리고 수신료에 대해 심의·의결한 이사회의 의결내역 등의 서류를 방송통신위원회에 제출하여 검토를 받는다. 방통위는 승인 신청 관련 서류를 접수한 날로부터 60일 이내에 수신료 금액에 대한 의견서를 작성한 후, 수신료 승인 신청 관련 서류를 첨부하여 국회에 제출하도록 되어 있다. 제출된 안이 국회의 승인을 얻으면 금액은 확정된다. 그러나 제출된 안이 회기 내 처리되지 못하면 자동 폐기된다.

수신료 금액 조정 절차는 원래 <한국방송공사법>에 의거하여 국회의 관여없이 KBS 이사회가 독자적으로 결정하는 방식이었다. 하지만 1999년 헌법재판소가 수신료와 관련한 판결에서 수신료 금액을 국회가 아닌 KBS 이사회가 임의로 결정하는 것은 위헌이라는 헌법불합치 결정을 내려 국회의 승인을 얻도록 하는 현행 절차로 개정되었다. 당시 헌법재판소는 "대부분의 가구에서 수상기를 보유하고 있는 현실에서 수신료의 결정행위는 그 금액의 다과를 불문하고 수많은 국민들의 이해관계에 직접 관련된다. 따라서 수신료의 금액은 입법자가 스스로 결정해야 할 사항이다. 수신료는 국민의 재산권 보장의 측면에서나 공사에게 보장된 방송자유의 측면에서나 국민의 기본권 실현에 관

---

4 <방송법> 제65조: "수신료의 금액은 이사회가 심의·의결한 후 방송통신위원회를 거쳐 국회의 승인을 얻어 확정되고, 공사가 이를 부과·징수한다."

련된 영역에 속하는 것이고 수신료 금액의 결정은 납부의무자의 범위, 징수절차 등과 함께 수신료에 관한 본질적이고도 중요한 사항이므로 수신료 금액의 결정은 입법자인 국회가 스스로 행하여야 할 것이다"고 하면서 국회의 결정권한을 중시하였다. 아울러 헌법재판소는 동 판결에서 "국회가 수신료 금액을 직접 규정하는 것에 어려움이 있다면 ① 상한선을 정하고 공사에 위임하거나 ② 공사의 예산을 국회에서 승인토록 하는 절차규정을 두거나 ③ 수신료의 1차적인 결정권한을 전문성과 중립성을 갖춘 독립된 위원회에 부여하고 국회가 이를 확정하는 방안이 있다"는 점도 부가적으로 제시하였다 (헌법재판소 1999.5.27. 선고 98헌바70 결정).

2. 수신료 인상 관련 쟁점

수신료는 공영방송의 공공 서비스를 수행하기 위한 적정한 재원으로 인식되지만 탄력적으로 재원의 규모를 확대할 수 없다는 단점을 지닌다. 수신료를 주재원으로 하는 대부분의 공영방송과 마찬가지로 KBS 역시 재원확충을 위해 2000년대 중반부터 수신료 금액 인상을 적극 추진하였다. 그럼에도 수신료 재원확충을 위한 시도는 지금까지 번번히 좌절되었다. 물가연동제를 도입하여 수신료 금액을 조금씩이나마 증액해온 영국이나 징수율을 높이기 위해 가구 부담금적 성격으로 전환하여 징수율을 높인 독일과 달리 우리나라에서는 유독 수신료 인상에 대한 사회적 저항이 거센 것이 사실이다. 그 이유는 무엇인가? 여기서는 지금까지 제기된 수신료 인상에 대한 찬성과 반대쪽의 논거를 살펴보고 그 타당성 여부를 판단해 보기로 한다.

1) 인상의 필요성 논거

수신료 인상이 필요하다는 측에서 제기하는 첫 번째 논거로는 현 수신료의 수준이 한마디로 현실적이지 못하다는 점을 들고 있다. '수신료 인상'보다는 '수신료 현실화'라는 표현이 적합하다는 것이다. 수신료 수준이 현실에 맞지 않는다는 주장의 근거로는 수신료 금액이 책정된 시기(1981년)와 현재의 물가지수 지표가 자주 거론되고 있다. 가령, 수신료가 동결된 1981년과 2008년을 비교했을 때, 1인당 국민소득은 1,800달러 → 19,231달러로 1,068% 상승하였고 소비자 물가지수는 34.2 → 110.7로 324% 증가하였다. 신문 구독료 역시 2500원 → 15,000원으로 600% 상승하였고 영화 관람료도 1,400원 → 8,000원으로 570% 상승하였다는 것이다(KBS, 2009). 여기에, 여타 국가와의 수신료 수준도 비교되었다. 영국, 프랑스, 독일, 일본 등 각국의 수신료를 원화로 환산했을 때 가장 비싼 수신료를 내는 아이슬랜드(연 433,237원)나 스위스(365,000원)의 1/10도 되지 않고 20만 원 대의 독일이나 영국, 10만 원 대의 프랑스, 일본에 비해서도 현저하게 적은 수준이라는 것이다(KBS, 2007). 요컨대, 유료방송 시장의 확대와 경쟁매체의 출현으로 더 이상 광고수익의 확충을 기대할 수 없는 상황에서 최소한 현재의 물가수준에 비견되는 정도의 수신료 인상이 필요하다는 것이 KBS의 주장이다.

두 번째 논거로는 공영방송의 왜곡된 재원구조를 정상화해야 한다는 주장이다. KBS의 전체 재원 중에서 수신료가 차지하는 비중은 대략 40%−50% 정도였다.

〈표 4-2〉 KBS의 수신료 비중 변화(단위: 억 원)

구분	10년	11년	12년	13년	14년	15년	16년	17년	18년	19년
매출액	13,803	14,437	15,190	14,989	14,963	15,462	14,866	14,326	14,351	13,622
방송사업	13,618	14,157	15,040	14,855	14,833	15,324	14,714	14,163	14,199	13,456
	98,7%	98.1%	99.0%	99.1%	99.1%	99.1%	99.0%	98.9%	98.9%	98.8%
수신료	5,689	5,779	5,851	5,961	6,080	6,258	6,333	6,462	6,595	6,705
	41.2%	40.0%	38.5%	39.8%	40.6%	40.5%	42.6%	45.1%	46.0%	49.2%

출처: 방송통신위원회(2020). 〈방송사업자 재산상황공표집〉, p. 19.

표에서 보듯이 KBS의 수신료 비중 변화 추이를 살펴보면 낮게는 2012년 38.5%에서 최대 2019년 49%로 수신료 비중이 최근 들어 다소 높아지고 있다. 수신료 비중이 높아진 데는 두 가지 이유가 거론된다. 첫째는 가구 수 증가로 수신료 수입금액이 지속적으로 증가했기 때문이다. 즉, 2010년대 초반 6천억 원을 밑돌던 수신료 수입액이 2010년 중반 들어 6천억 원을 넘어 섰고 최근에는 6,700억 원까지 증가하였다. 이와 함께 광고수익의 감소로 전체 수익에서 차지하는 수신료 비중이 상대적으로 높아졌다. 이유야 어찌 되었든 공영방송 재원구조상 수신료 비중이 높게 나타나는 점은 외형적으로는 긍정적으로 평가된다.

그럼에도 현재 50%에 달하는 수신료 비중도 여타 공영방송 재원구조와 비교했을 때 현저히 낮은 수준이다. 여타 다른 공영방송에서 수신료가 차지하는 비율을 살펴보면 (2016년 기준) 영국의 BBC는 77.5%, 일본의 NHK는 95.7%, 독일의 ZDF는 86.23%, 그리고 프랑스 F2는 82.2%로 대체적으로 80% 이상의 비중을 차지하고 있다(방송통신위원회, 2017). 이렇게 세계적으로 유래가 없을 정도로 수신료 비중이 낮음에도 불구하고 현재 수준으로 계속 동결된다면 늘어나는 재정수요를 광고수입이나 기타 상업적 수입에 의존할 수밖에 없고 이는 <방송법>에서 수신료가 기본 재원으로 설정되어야 하는 재원구조의 왜곡화 현상을 고착화시킬 것이라는 주장이다. 결과적으로 공적재원이 아닌 광고수입 우위의 상업적 재원구조에의 의존은 공영적 편성과 공적 책무의 적극적 확대를 추진하는 데 한계를 초래할 수밖에 없다는 것이다.

〈표 4-3〉 해외 주요국의 공영방송에서 차지하는 수신료 비중(2016년 기준)

구분	한국	영국	일본	독일	프랑스
수신료 비중	42.6%	77.5%	95.7%	86.2% (ZDF)	82.2%

출처: 미디어미래연구소(2017).

세 번째로는 거론되는 이유로는 그동안 대체 재원의 역할을 해 왔던 광고수익이 감소하고 있다는 점이다. KBS의 광고수입은 2006년까지 매년 6,000천억 원 이상이었으나, 2007년 5,931억 원으로 감소하더니 급기야 2008년에는 5,300억 원대로 하락하였다. 더욱이 최근 2016년 이후부터는 4000억 이하로 급격하게 광고 매출액이 감소하였다. 그리하여 전체 매출액에서 차지하는 광고 비중도 200년대 중반 40%대에서 2013년부터는 30%대로, 그리고 2016년부터는 20%대로 낮아졌다.

〈표 4-4〉 KBS의 광고비중의 변화(단위: 억 원)

구분	08년	09년	10년	11년	12년	13년	14년	15년	16년	17년
매출액	12,741	12,931	13,803	14,437	15,190	14,989	14,963	15,462	14,866	14,326
광고	5,326	5,203	5,887	5,987	6,236	5,793	5,223	5,025	4,207	3,666
	41.8%	40.2%	42.7%	41.5%	41.1%	38.7%	34.9%	32.5%	28.3%	25.6%

출처: 미디어미래연구소(2017). <미디어환경 변화에 따른 공영방송재원구조 변화방안 마련을 위한 연구>

앞으로 유료채널의 증가 및 유튜브와 같은 OTT 서비스의 광고 잠식 등으로 지상파 방송의 광고수입의 감소가 지속될 것으로 예상되고 있다. 게다가 광고매출의 감소를 대체할 만한 신규 재원도 마땅하지 않은 상황에서 KBS로서는 수신료 재원의 확대가 그만큼 절실해졌다.

결론적으로 이러한 논거를 종합해 보면 수신료 중심의 정상적 재원구조 하에서 공영방송의 정체성을 확립하고 공적 책무를 이행하기 위해 수신료 인상이 불가피하다는 것이 수신료 인상을 찬성하는 측의 주장이다.

〈표 4-5〉 수신료 인상의 주요 논거

2007년	2011년	2014년
• 국가적 과제인 디지털 전환의 완수 및 난시청 해소를 위한 재원조달 • 왜곡된 재원구조 정상화를 통해 공영방송 정체성을 확립 • 디지털 방송·통신 융합시대의 공적 책무 수행을 위한 재원기반 강화	• 디지털 전환 완수와 난시청 해소를 위한 재원 조달 • 수신료 중심의 안정적 재원구조로 공영방송 정체성 확립과 공익적 책무 확대 • 방통융합 및 미디어 시장 개방 시대 공적 가치와 시청자 권리 보호를 위한 재원 마련	• 공영방송 역할을 차질 없이 수행하기 위한 재정 건전성 확보 • 광고의존도를 줄려 수신료 수입 중심의 공영적 재원 구조 확립 • 디지털·스마트 시대 공적 책무의 충실한 수행을 위한 추가 재원 확보

2) 반대측 논거

수신료 인상이 필요하다는 주장에 대해 인상을 반대하는 측은 공영방송의 방만한 경영구조를 문제 삼았다. 즉, 국민이 납부하는 수신료로 운영되는 KBS가 그동안 경영을 효율적으로 운영하지 못하고 방만하게 운영하였기 때문에 이러한 재원부족 현상이 발생한 것이지 수신료 금액이 낮기 때문이 아니라는 지적이다. 공영방송의 방만한 경영구조를 먼저 해결하고 경영 효율화 노력이 전제되어야 한다는 것이다. 두 번째 반대논거는 불공정성에 대한 KBS의 반성과 이에 대한 개선노력이 필요하다는 주장이다. 방송의 공정성과 불편부당성을 핵심적 가치로 삼아야 하는 공영방송 KBS는 그간 시청자들로 하여금 시청료 거부운동을 야기시킬 정도로 불공정 보도를 일삼았기 때문에 수신료 인상에 대한 자격이 없다는 주장이 그것이다. 마찬가지로 독립성과 보도의 공정성 시정 노력이 전제되어야 한다는 것이다. 이러한 두 가지 전제조건은 그동안 수신료 인상이 이슈로 제기될 때마다 지속적으로 제기된 것으로 '인상이 먼저냐' 혹은 '전제조건이 먼저냐'와 같은 소위 '치킨 앤 에그(chicken and egg)'게임 논쟁을 불러일으켰다.

〈표 4-6〉 수신료 인상에 대한 필요성과 반대 논거

	찬성측	반대측
주요 논거	- 왜곡된 재원구조의 정상화 - 광고수익의 감소 - 공적 책무 강화	- 불공정 보도에 대한 반성과 개선 - 방만한 경영으로 인한 예산낭비
전제조건에 대한 입장	- 수신료 인상 → 독립성 및 공영성 강화	- 불공정 시정 및 경영 효율화 → 수신료 인상

3. 수신료 제도의 문제점

그동안 한국의 수신료 문제는 금액의 적정성 여부와 함께 제도적 차원에서도 적지 않은 문제점이 지적되었다. 제기된 주요 쟁점 사항으로는 요금 결정과정의 문제, 통합 징수 방식의 타당성 문제, 그리고 회계분리의 필요성 등이었다.

1) 요금 결정과정

수신료 요금 결정과정은 크게 세 가지 절차로 구분되어 있다. 먼저 KBS 내부에서 요금을 결정하고 이사회가 심의 의결하는 단계이다. 이 단계에서 제기되었던 문제점으로는 KBS가 자체적으로 수신료 인상 수준을 결정하는 것은 객관적이고 합리적인 수신료 산정이 불가능하다는 것이다. 이른바 셀프 산정이기 때문에 명확한 책정기준이 없이 KBS에 유리한 산정방식으로 수신료 금액이 산정될 소지를 지니고 있다. 가령, 수신료 수혜 대상의 또 다른 주체인 EBS의 계획은 원천적으로 배제된다는 문제를 야기하고 있다.

그 다음 단계는 KBS 이사회에서 의결된 인상안이 규제기관인 방송통신위원회를 거치도록 하고 있는데 이 과정에서 방통위의 역할에 대한 명확한 규정이 없다는 점이다. 수신료 금액절차를 규정한 <방송법> 제65조의 의하면 규제기관의 역할에 대해 단지 "방송통신위원회를 거쳐"(밑줄 필자추가)라고 포괄적으로 표현되어 있어 방통위의 역할이 단순히 의견을 제시하는 수준인지 아니면 반드시 승인을 얻어야 하는지 법적 역할이 분명하게 제시되어 있지 않다. 또한, 산정방법과 산정 금액에 대해 검증할 수 있는 권한이 있는지도 불명확하다. 최근 KBS가 제출한 세 차례의 인상안에 대해 방통위는 1차 때는(2007년 9월 21일 제출) "텔레비전방송 수신료 인상 승인안"이라는 이름으로 검토 안을 제출했고 2차 때는(2011년 2월 22일 제출) "텔레비전방송 수신료 인상 승인안"이라는 명칭으로 국회에 검토의견을 제출한 바 있다. 이처럼 지금까지는 대체적으로 수신료 금액 결정과정에서 방통위의 "승인"이 요구되는 것으로 해석되고 있다. 또한, 방통위의 승인하는 과정이 정파적 이해관계로 흐를 가능성도 있다. 현행 방통위는 여당추천(3명)과 야당추천(2명)으로 배분되어 있기 때문이다. 이러한 문제점을 해소하기 위해서는 방통위의 권한을 명확히 제시할 필요가 있으며 인상안을 심의하는 과정에서 독립적 기구의 역할이 모색되어야 한다. 가령, 독일의 수신료 산정위원회 모델처럼 인상 금액을 산정하는 주체가 KBS 내부가 아닌 독립적 기구를 신설하여 여기서 인상안을 산정하고, 추인 역시 방통위의 정치적 입김을 배제하는 독립된 기구에서 논의하는 방향으로 개선될 필요가 있다.

마지막 국회의결 단계에서도 최종적인 결정권한이 국회에 집중됨에 따라 정치적 이해관계에 영향을 받는 문제점을 안고 있다. 실제로 지난 3차례의 인상과정에서 국회에 제출된 인상안은 회기 내 인상안에 대한 여야 간 합의를 이르지 못하고 자동 폐기된 바 있다. 이처럼 국회에 결정 권한이 집중됨에 따라 정치적 영향력이 과도하게 작용하고 있기 때문에 어떻게 정파적 영향력을 배제할 수 있는지가 수신료 문제 해결의 핵심적 과제이다.

2) 징수방식의 문제

수신료 면제 대상 및 범위와 관련된 문제도 지속적으로 지적되어 온 현 제도의 문제점 중의 하나이다. 현재 수신료 면제 대상에 대한 규정은 <방송법 시행령> 제39조(등록이 면제되는 수상기)와 제44조(수신료의 면제)에서 각각 22개, 10개 사유를 통해 명시되어 있다. 하지만 면제 대상이 열거하는 방식으로 규정되어 중요성이나 유사성 등을 기준이 명확하게 제시되어 있지 않다. 그리하여 법적 체계성이 떨어지고 그때그때 변화하는 현실에 유연하게 대응하여 면제 수상기의 범위를 조정하기 어렵다는 비판이 제기되어 왔다. 따라서 면제 사유의 중요성과 유사성 등 명확한 기준을 마련하여 면제 대상을 체계적으로 분류할 필요가 있고 방송 복지적 차원에서 이용자 편익을 확대시킬 필요가 있다. 예컨대, 프랑스의 경우 조세 부과 항목의 최저수입 기준에 미치지 못하는 수입을 올린 자에 대해 수신료를 면제하고 있으며, 독일과 일본 역시 생활 보호 대상자에 대해 수신료를 면제하고 있다. 대신, 면제되는 수신료 손실에 대해서는 일종의 보상의 개념으로 국가가 이를 보존해 주는 방식을 강구할 필요가 있다.

3) 사용처의 투명성

수신료의 사용처가 투명하게 공개되지 않고 있다는 점도 수신료에 대한 불신의 한 요인으로 작용하고 있다. 이 점은 줄곧 정치권과 시민단체들의 수신료 인상 반대의 논거로 작용하여 왔다. 수신료가 제대로 공적 책임을 위해 사용되고 있는지를 파악하기 위해서는 우선적으로 수신료 재정이 어디에 어떻게 쓰였는지를 세목별로 회계내역이 공개되어야 한다. 그럼에도 현행 <방송법>에서는 방송사업 및 서비스별로 분리작성된 회계자료 보고에 대한 규정이 의무로 규정되어 있지 않아 어떻게 수신료가 사용되고 있는지 자료가 공개되지 않고 있는 실정이다.

4. 수신료 제도의 개선방안

1) 공영방송에 대한 신뢰 구축

한국에서 수신료는 공영방송을 유지하기 위한 특수 분담금으로 간주되고 있지만 실질적으로 모든 가구가 수상기를 소지하고 있다는 점에서 일종의 준조세적 성격을 지닌다. 따라서 공적재원이 차질없이 징수되기 위해서는 공영방송에 대한 신뢰가 전제되어야 한다.

공영방송이 국민에 대한 신뢰를 회복하기 위해서는 먼저 공영방송에 대한 사회적 책무를 보다 분명하게 제시할 필요가 있다. 가령, 공영방송에 대한 정의를 현행보다 보다 명확하게 규정하고 이를 바탕으로 세부적인 공영방송 공적 책무를 제시하여야 한다. 현 <방송법>에서는 공영방송 KBS에 대한 공적 책무가 세부적이고 구체적이지 않은 채 다소 추상적이고 포괄적인 내용으로 제시되어 있다.[5] 공적 책무가 구체적으로 제시되어야 이행 여부를 합리적으로 판단하고 감시할 수 있기 때문이다.[6] 공영방송의 공적 책임에 대한 국민적 판단 근거가 분명하게 제시되어야 이를 바탕으로 수신료에 대한 불신과 안정성을 기대할 수 있기 때문이다.

---

5 예컨대, <방송법> 제44조(공사의 공적 책임)에서는 KBS에 부여된 공적 책임으로 방송의 공정성과 공익성 실현, 양질의 방송 서비스 제공, 새로운 방송프로그램·방송서비스 및 방송기술의 연구 등이 제시되어 있다.
6 그런 의미에서 공영방송에 대해서는 형식적으로 관리되고 있는 재허가보다 영국에서처럼 공영방송과 정부 간 협정서(agreement)를 통해 시의적인 공적 책무를 그때그때 부여하고 이행을 감독하는 방안을 모색할 필요가 있다.

2) 독립성

공영방송으로서의 공정성이나 방만 경영 문제로 지적을 받아온 KBS가 스스로 수신료 인상 폭을 결정하는 구조였기 때문에 사회적 동의를 구하기 어려운 것이 사실이었다. 그동안 이 문제를 개선하는 방법으로는 현행처럼 KBS가 발의하되 상한선을 두는 방법, 방통위 내에 '수신료 위원회'와 같은 전문위원회를 두고 구체적인 역할을 명시하는 방법, 그리고 독립적인 산정 기구를 신설하는 방법 등이 거론되었다.

먼저, 현행처럼 KBS가 자체적으로 산정하는 방법은 현재와 같이 KBS 이사회에 위임하되 결정금액 산출방법을 공개하고 상한선을 정하도록 하는 방법이다. 이 방안은 제도 변경에 따른 혼란을 줄이되 자체적으로 산정하는데 따른 불합리성과 객관성을 높이기 위해 산출기준 및 방법을 공개토록 개선하는 안이다. 그 다음으로 방통위 내에 독자적인 위원회를 설치하는 방법은 현행법에서와 같이 방통위원회의 역할을 단순히 '거쳐'의 차원이 아니라 방통위 산하에 '공영방송 수신료 위원회'와 같은 법정 위원회를 설치하여 여기에서 공영방송 재원 수요 조사, 수신료의 책정, 그리고 분배 승인과 같은 기능을 수행하도록 하자는 안이다(정윤식, 2007). 즉, 이 안은 현행 방통위의 역할을 명시적으로 규정하고 방통위가 주도하여 수신료를 책정하되 최종 심의 및 의결은 국회를 거치도록 하자는 것이다. 이 안은 자체적으로 수신료 금액을 산정하지는 않아 객관성을 담보할 수 있지만 여전히 방통위 산하 기구에서 책정한다는 점에서 방통위의 이해관계에서 자유로울 수 없다는 단점이 있다. 이러한 점을 방지하기 위한 마지막 개선안은 독일의 수신료 산정위원회[7]와 같은 별도의 독립적인 수신료 전담기관을 설립하자는 안이다. 이 방안은 정부나 입법자(국회)의 수신료 책정과정에의 참여는 정치적 고려와 영향력이 개입될 소지가 크기 때문에 이러한 영향력을 모두 배제할 수 있다는 장점을 지닌다. 사실, 수신료 금액의 일차적인 결정금액에 관한 결정 권한을 전문성과 중립성을 갖춘 독립된 위원회에서 담당할 필요성에 대해서는 1999년 헌재의 판결문에서도 제시된 바 있다.[8] 요컨대, 현재와 같이 공영방송의 운영과 독립성에 대한 사회적 불신이 팽배한 상황에서 수신료 금액 결정과정은 가급적 KBS와 정치권의 영향력을 배제하는 방향으로 개편하는 것이 바람직한 방향으로 판단된다.

---

7 독일 수신료 위원회의 구성 및 권한에 대해서는 제5장 참조할 것.
8 "또 수신료 금액의 1차적인 결정권한을 전문성과 중립성을 갖춘 독립된 위원회에 부여하고 국회가 이를 확정하는 방안도 있을 수 있다"(헌재 1999. 5. 27. 98헌바70, 판례집 11-1, 646).

3) 회계의 분리

마지막으로 수신료 사용에 대한 국민적 신뢰를 얻기 위해서는 수신료가 타당한 목적으로 적정하게 집행되었는지가 투명하게 공개되어야 한다. 또한, 공적재원과 상업적 재원이 혼재되어 회계가 이루어지다 보니 공적재원의 취지에 맞게 운용되고 있는지에 대한 국민적 감시가 불가능한 상황이다. 그럼에도 KBS는 현재 인적·물적 자원을 매체별 구분 없이 통합 운영함에 따라 채널별 회계를 분리하는 것이 현실적으로 어렵다는 입장이다.

그렇다고 현재 법적으로 이를 강제할 규정도 마련되어 있지 않다. KBS의 회계처리에 관한 사항을 규정하고 있는 <방송법> 제55조(회계처리)에서는 회계처리 기준과 절차 등에 관하여는 기업회계 기준을 준용토록 하고 있어 별도로 개별 사업자에 대한 비용과 수익을 세부 항목으로 분리해야 할 의무를 규정하지 않고 있다. 회계분리에 대한 명확한 법적 근거가 없이는 준조세적 성격을 띠는 수신료에 운용 및 관리에 대한 국민의 알권리가 침해될 가능성이 커질 수밖에 없기 때문에 국민의 알권리를 보장할 뿐만 아니라 공영방송의 재원 운영에 대한 책임성을 제고하여야 한다. 따라서 수신료 재원과 그렇지 않은 재원으로 구분하여 회계처리하여 이를 공개하도록 하는 법적 개선이 필요해 보인다.

세계 최고 수준의 공영방송사로 평가받고 있는 BBC도 다양한 채널을 운영하고 있고 인적·물적 자원을 통합 운영하고 있음에도 불구하고 채널별로 회계를 분리하여 연간 사용된 비용을 집계하여 공표하고 있다. KBS 역시 수신료로 운영되는 1채널과 상업재원으로 운영되는 2채널을 분리하여 채널별 원가정보를 공개함으로써 수신료가 정당하게 집행되고 있는지에 대한 국민적 감시체제가 구축되어야 한다. 납부 주체인 국민에게 공적재원에 대한 신뢰가 전제되어야 수신료 제도가 안정적으로 유지될 수 있기 때문이다.

수신료 위원회

Chapter 05 수신료 위원회

앞 장에서 설명했듯이 우리나라 공영방송의 수신료는 KBS 이사회가 심의, 의결한 후 방송통신위원회를 거쳐 국회의 승인을 얻어 확정된다. 하지만 이러한 수신료 결정제도는 수신료 결정과정이 객관적이고 독립적이지 못하다는 비판을 받아왔다. 즉, KBS 이사회가 수신료 인상금액을 산정하고 심의의결하는 이른바 셀프 산정과정은 객관성과 독립성을 담보할 수 없다는 지적이 제기되어었다. 더불어 현재와 같은 수신료 결정의 법적 절차는 단계별로 정파적 이해관계에 좌우되어 합리적이고 탄력적인 결정을 저해한다. 먼저, 수신료 금액을 산정하는 KBS 이사회는 방송통신위원회의 추천에 의해 구성됨에 따라 정파적 이해관계에서 자유로울 수 없으며, 방송통신위원회의 의사결정 역시 정파성에 지배되고 있는 상황이다. 마지막 국회의 승인 단계에서도 정파적 의사결정이 결정적 영향을 미치고 있다. 다시 말해, 수신료 결정이 재정적 수요라는 객관적 근거에 의존하기 보다는 법률에 명시되지 않는 행위자(정치인)들의 주도적인 행위 및 정파적 이해관계에 좌우되어 합리적이기 보다는 왜곡되고 비효율적인 의사결정이 반복되고 있다(정인숙, 2014). 그리하여 이러한 제도적 문제를 해소하기 위한 방안의 하나로 '수신료 위원회'의 설치 필요성이 지속적으로 제기되어 왔다. 공영방송 수신료에 관한 학술적 논문을 메타 분석한 결과에 따르면, 수신료 문제의 제도개선 방안의 하나로 수신료 위원회의 설치를 주장한 연구가 전체 논문 58편 가운데 19편인 것으로 분석되기도 하였다(신삼수·봉미선, 2019). 사실, 수신료 위원회의 구성은 1999년 헌법재판소가 '수신료의 제1차적인 결정권한을 전문성과 중립성을 갖춘 독립된 위원회에 부여하고 국회가 이를 확정하는 방안이 있다'는 제안이 나온 이후 정계와 학계로부터 지속적으로 논의되었던 방안 중의 하나이다.

본 장에서는 그동안 제기되어 온 수신료 위원회 설치 방안의 주요 내용을 구체적으로 비교, 분석해 보고 이를 바탕으로 바람직한 수신료 위원회의 설치 방안을 모색해 보고자 한다.

1. 수신료 위원회의 논의과정

그간 수신료 위원회의 필요성은 주로 학계에서 주장해왔고 구체적인 설치 방안은 국회의 입법계획안을 통해 정립되어 왔다. 학계에서 수신료 위원회의 필요성이 처음 언급된 것은 2000년대 초반이었다. 강형철(2004)은 KBS와 시청자 간 수신료 문제에 대한 중재 역할을 하는 제도적 장치가 부재했다고 주장하며 가칭 '수신료 산정위원회'의 도입을 제안하였다. 성숙희(2004) 역시 '수신료 결정위원회'를 국회나 총리실 혹은 방송위원회 산하에 두는 별도의 독립기구가 필요함을 주장하였고, 노기영 외(2008)에서도 방송통신위원회 내 특별위원회의 형태로 비슷한 기구의 필요성을 주장하였다. 곽상진(2012)은 공영방송의 재정적 안정을 위해 재정수요를 신고하고 이를 심사하기 위한 전문적인 '수신료심사위원회'의 설치가 필요하고 그 결과를 입법자가 수신료 결정의 판단자료로 삼아야 한다고 주장하였다. 황근(2012) 역시 수신료에 관한 정치적 독립성 확보가 필요하며 이를 위해 '수신료 위원회'의 설치가 필요하다고 제언하였다. 최근에도 정정주(2019)는 책임있는 법적 기구 산하에 독일의 '방송재정수요조사위원회'와 같은 수신료 산정위원회를 두어 수신료의 합리적, 산정과 징수, 분배, 사용을 감시할 필요가 있으며 위원회의 결정이 국회의결에 상당한 구속력을 가질 필요가 있다고 주장하였다. 이와 비슷하게 봉미선과 신삼수(2019)도 방송통신위원회에 독립적인 특별위원회로 수신료 위원회를 설치하여 수신료 산정, 배분, 집행감시 등의 역할을 부여할 필요가 있다고 제언하였다.

한편, 정치권에서도 입법 정책방안으로 수신료 위원회의 설치 근거를 마련하고 구체적인 설치안을 제시하기도 하였다. 입법 차원에서 수신료 위원회의 설치 필요성을 처음으로 제기한 것은 제17대 국회에서였다. 2004년 당시 민주노동당의 천영세 의원은 방송위원회에 수신료의 적정한 책정을 위해 수신료 위원회를 설치하고 수신료 산정을 위한 자료요구권을 내용으로 하는 방송법 개정안을 발의하였다. 이 안에서는 수신료 위원회가 수신료를 책정하고 이를 심의, 의결한 후 방송위원회를 거쳐 국회의 승인을 얻도록 하고 있다. 이와 비슷한 안이 제18대에서도 발의되었다. 2012년 한나라당 이병석 의원은 KBS 이사회가 심의, 의결하도록 되어있는 현 제도를 독립적인 수신료 산정위원회를 설치하여 여기에서 처리하고 이후 방송통신위원회를 거쳐 국회의 승인을 얻도록 하는 방송법 개정안을 제출하였다. 역시 같은 해 한나라당 허원제 의원도 대통령 직속의 수신료 산정위원회를 설립하여 수신료를 객관적으로 산정하고 심의, 의결, 배분하는 것을 골자로 하는 방송법 개정안을 발의하였다. 또한 이 안에서는 국회는 수신료 산정안을 120일 이내 처리하도록 하였으며 2년마다 보고서를 소관 상임위에 제출하도록 하였다. 제19대 국회에서도 수신료 위원회의 필요성이 제기되었다. 2014년 당시 민주통합당 노웅래 의원은 KBS의 회계분리와 국회의장 소속의 공영방송 수신료 위원회를 설치하는 방송법 개정안을 대표 발의하였다.

〈표 5-1〉 수신료 위원회 설치안 주요 내용

	천영세 안	이병석 안	허원제 안	노웅래 안
발의 시점	17대 국회(2004)	18대 국회(2012)	18대 국회(2012)	19대 국회(2014)
위원회 명칭	수신료 위원회	수신료 산정위원회	수신료 산정위원회	공영방송 수신료 위원회
위상	방송위원회 내	독립적 기구	대통령 직속기구	국회의장 소속기구
주요 내용	– 산정, 심의 의결 과정을 별도의 위원회에서 맡도록 함 – 방통위 → 국회 승인단계는 동일	– 산정, 심의 의결 과정을 별도의 위원회에서 맡도록 함 – 방통위 → 국회 승인단계는 동일	– 산정, 심의 의결, 배분, 감시 역할을 별도의 위원회에서 맡도록 함 – 방통위 → 국회 승인단계는 동일	– 산정, 심의 의결 과정을 별도의 위원회에서 맡도록 함 – 방통위 → 국회 승인단계는 동일

출처: 봉미선·신삼수(2019)를 토대로 재구성.

2. 해외 사례

수신료 금액을 산정하고 이를 관리하는 별도의 기구를 설치하여 운영하는 국가는 독일이 대표적이다. 독일은 공영방송 외부에 '재정수요산정위원회(KEF)'라는 독립적인 기구를 설치하여 수신료를 결정하고 있다. 현재 우리나라에서 논의되고 있는 수신료 위원회도 사실은 이 기구의 존재를 벤치마킹한 것이다. 따라서 독일 재정수요산정위원회의 설립과정 및 운용사례를 심층적으로 분석하여 우리나라 수신료 위원회의 설치방안 마련에 참고할 필요가 있다.

1) 설치과정

독일의 재정수요산정위원회(KEF)는 1975년 주 수상들이 합의하여 설치한 독립위원회이다. 당초 역할은 공영방송이 필요로 하는 재원의 규모를 조사하여 적정수준을 제안하는 보조적 역할에 불과하였다. 그러다가 1994년 연방헌법재판소의 8차 방송판결에 의해 단순한 보조기구가 아닌 절차상의 기본권 보호를 위한 독립된 기구로 위상이 강화되었다. 8차 방송판결에서 연방헌법재판소는 "수신료의 결정은 국가와 정당의 영향으로부터 독립과 공영방송사의 자율적인 프로그램 편성권이 침해되지 않도록 이루어져야 한다"고 하여 수신료 결정과정이 독립적 기구에 의한 엄격하고 객관적인 기준을 요구하게 되었다.

2) 위원의 구성

산정위원회의 위원은 독일 연방의 16개 주 수상들이 1명씩 지명하는 위원으로 구성된다. 위원은 다양한 분야의 전문가로 구성되는데 감사 및 경영컨설팅 부문(1명), 인사 또는 경영 합리화 부문(2명), 방송법 분야에 경험을 가진 판사출신 법률가(2명), 미디어 및 언론학 전문가(3명), 방송기술 부문 전문가(1명), 주 회계 감사원 전문가(5명) 등으로 구성된다. 6명의 위원들 중 위원장 1명, 부위원장 1~2명을 선출하며 위원의 임기는 5년이고 연임이 가능하다. 위원회 산하에는 실무위원회가 설치되어 있는데 실무위원회는 위원 16명과 각 위원이 지명하는 보좌역 1명씩 총 32명으로 구성된다. 실무위원회는 전문영역에 따라 5개 분과로 나뉘어 활동하게 되는데, 이는 공영방송이 제출한 4년간의 재정계획을 검토하는 그룹, 인력과 인건비 등을 다루는 그룹, 편성과 제작비를 검토하는 그룹, 행정과 투자, 기술과 시설 등의 비용을 검토하는 그룹, 생산성과 효율성, 경제성과 절약성 등을 평가하는 그룹 등이다.

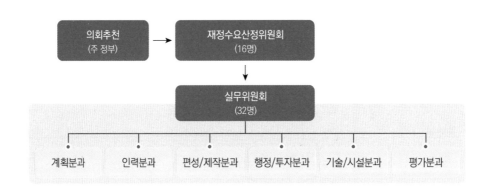

[그림 5-1] 독일 재정수요산정위원회의 조직구성 및 절차

3) 역할

산정위원회는 공영방송의 경영과 운영에 대한 전반적인 실태조사권, 경영평가를 통한 수신료 납부 금액 산출 권한을 부여받았다. 공영방송사들은 경영현황과 재정계획, 각 실무위원회가 요구하는 세부자료들을 의무적으로 제출하여야 한다. 산정위원회는 이 자료를 바탕으로 2년마다 주 정부에 보고서를 제출한다. 보고서에는 공영방송사들의 재정상황, 수신료 인상 여부, 인상시기와 규모 등에 대한 검토 결과가 포함된다.

산정위원회는 최대한 객관적 기준에 의한 수신료 금액을 결정하기 위해 수신료 산정에 반영되는 요소들을 지수화하고 있다. 즉, 각 방송사 및 각 주정부, 의회 간 견해차를 줄이기 위해 방송사의 경영 자료와 회계감사 자료를 바탕으로 광고수입 및 투자비 등의 요소를 지수로 산출하고 있다. 이 과정에서 일반 물가상승과 방송사업에 특수한 물가상승 요소(이를테면 스포츠 중계권료 등)를 함께 고려한다.

또한 경영상태가 부실한 방송사에 대해서는 경영합리화를 요구할 수 있고, 경영합리화가 이루어질 때까지 추가적인 재정지원을 중단하도록 주 정부에 요구할 수 있다.

3. 관련 쟁점 및 설치 방안

우리나라에서 수신료 위원회의 필요성이 제기된 지 20여 년이 지났음에도 불구하고 여전히 논의만 무성한 채 실질적인 합의안이 제시되지는 않고 있다. 그동안 수신료 위원회 설치와 관련하여 쟁점이 되었던 사안들은 어떤 것들이며 이러한 쟁점들을 어떻게 해결해야 할 것인지에 대해 기존 제안 및 독일의 사례를 참고하여 모색해 보기로 한다.

1) 법적 성격

수신료 위원회의 위상과 관련해서 지금까지 제시된 모델은 크게 네 가지 유형으로 구분되고 있다(봉미선·신삼수, 2019). 그것은 1) KBS 내부기구, 2) 방통위 산하 기구, 3) 국회 소속 기구, 4) 독립적 기구 등이다.

먼저, KBS 내부에 설치하는 안은 현재와 같이 별도의 기구 없이 KBS 내부에서 재정수요를 산정하고 이사회에서 이를 심의, 의결하는 것이 아니라 별도의 산정 기구를 상시적으로 설치하여 객관적이고 전문적으로 산정하자는 것이다. 이 안은 KBS의 내부 자료를 쉽게 접근할 수 있고 KBS 의견을 원활히 반영할 수 있어 효율성 측면에서 장점이 있다. 하지만 수신료 위원회를 설치하고자 하는 근본적인 목적이 독립성 및 객관성을 확보하는데 있음에도 KBS의 이해관계에서 자유로울 수 없고, KBS 내부에 위원회를 구성하게 되면 수신료의 또 다른 수혜 주체인 EBS의 의견이 제대로 반영되지 못하고 있다는 현 제도의 문제점은 고스란히 남게 된다.

둘째 방안은 행정부 규제기관인 방통위 산하의 기구로 설치하자는 안이다. 예컨대, 천영세 의원이 발의한 방송법 개정안(2004)은 방송위원회 산하에 수신료 위원회를 설치하는 내용을 담고 있으며 노기영 외(2008)의 안 역시 방송통신위원회 내 특별 위원회 형태로 기구를 만들 것을 제안하고 있다. 행정규제기구의 산하 위원회 형태로 기구를 설립하게 되면 규제기구와 업무적인 유기성을 확보할 수 있다는 장점이 있다. 또한 규제기구와 공영방송 간 유기적인 업무협조와 수신료에 대한 효율적인 관리도 기대할 수 있다(봉미선·신삼수, 2019). 반면, 실질적인 측면에서의 독립적 의사결정이 가능할 것인가에 대해서는 회의적이다. 규제기구 산하에 설치하는 방안은 수신료 위원회의 권한을 크게 위축시키고 산하 자문위원회로 전락할 가능성을 배제할 수 없다. 주지하다시피, 현재의 방송통신위원회의 구성은 여야가 추천하는 위원으로 구성됨에 따라 정파성에 휘둘리고 있다는 비판을 받고 있다. 이러한 상황에서 방통위 산하의 기구로 수신료 위원회를 설치한다면 방송통신위원회의 영향력 아래에 놓여 독립적인 의사결정이 어려울 수 있다. 더 나아가 규제기구가 수신료 재원을 관리하게 되면 공영방송의 독립성을 더 저해할 우려를 낳게 한다.

세 번째 안은 국회의장 소속으로 설치하자는 안으로 노웅래 의원 안(2014)이 대표적이다. 이 안은 국회가 독자적으로 행정행위를 감시할 수 있고 사안이 발생할 때마다 입법적 실효성을 기대할 수 있다는 장점이 있다. 그러나 수신료 결정이라는 행정행위를 의회가 담당하도록 요구하는 것은 명백한 오류이며, 재원을 통해 오히려 공영방송에 영향력을 행사할 수 있는 권력기관으로 변질될 가능성이 있다(이춘구, 2013). 물론 국민이 납부한 공적재원을 국민의 감시기관인 국회가 투명하게 관리한다는 점에서 민주적 정당성은 확보될 수 있으나 공영방송의 핵심적 가치라 할 수 있는 공정성과 독립성이 오히려 소속 정당의 정파적 이해관계에 휘둘릴 수 있는 우려를 낳게 한다.

마지막 안은 대통령 혹은 국무총리 직속의 독자적 위원회를 설치하는 안이다. 박주연과 심영섭(2014)은 독일의 재정수요조사위원회의 사례를 분석한 후, 우리나라 수신료 제도의 개선방안으로 특정 정치, 경제, 사회집단의 이해로부터 자유로운 독립적인 위원회 설치가 필요하다고 주장하였다. 최근 더불어 민주당이 제시한 안 역시 공정하고 투명한 수신료 산정, 징수, 배분 등을 관리, 감독하는 방안을 제시하였다(더불어 민주당, 2017). 이 안의 장점은 정파적 이해관계에서 자유로운 위원으로 구성함으로써 그동안 수신료 문제의 가장 큰 문제점으로 지적되어 왔던 정파성을 배제할 수 있다는 것이다. 더불어 공영방송의 주체라 할 수 있는 시청자의 대표가 직접 의사과정에 참여함으로써 민주적 절차성을 확보할 수 있다는 장점을 지닌다. 반면, 기구의 위상이 모호하여 실질적인 권한이 배제된 명목상 기구로 전락될 가능성이 있고 행정 기구와의 원활한 협조를 기대하기 어려워 행정적 비효율성을 유발할 우려도 있다. 즉, 행정 기구인 방송통신위원회와 입장 차이가 발생할 경우 두 부처 간 갈등을 해소하기 어렵고 일부 업무 영역간 중복이 발생할 수 있다. 또한, 기구의 위상이 약할 경우, 수신료와 관련된 자료를 확보함에 있어 공영방송사의 협조를 구하기 어려워 명목상의 기구로 전락할 가능성도 배제할 수 없다.

〈표 5-2〉 수신료 위원회의 위상 방안

위상(안)	내용	장점	단점	제시안
KBS 내부 기구	– KBS 내부에 별도의 위원회 설치	– 자료 접근성 및 의견 반영의 효율성	– 객관성 및 독립성 저해 – EBS 의견 반영이 어려움	
규제기구 내 산하 기구	– 방송통신위원회 산하의 특별위원회로 설치	– 공영방송재원에 대한 종합적인 포괄적인 관리 – 규제기구와 공영방송 간 유기적인 업부협조	– 정파적 영향력에 취약 – 공영방송의 독립성 저해	– 천영세 안(2004), 노기영 외(2008), 이종관 외(2013)
국회 내 기구	– 국회 내에 특별위원회를 설치	– 감시를 통한 투명한 재원관리 – 입법적 효율성	– 정파적 영향력에 취약	– 노웅래 안(2014)
독립적 기구	– 독립적 위원회 설치	– 정파적 이해관계 배제 – 객관성과 투명성 확보	– 형식적 기구로 전락할 가능성 – 행정적 비효율성	

그럼에도 불구하고 정인숙(2014)이 지적하고 있듯이 현 수신료 문제의 난맥상은 정파적 이해관계에 기인하고 있기 때문에 정파성을 배제한 독립적 기구의 위상을 확보하

는 것이 무엇보다 중요하다. 그런 의미에서 모든 방안이 장·단점을 지니고 있지만 수신료 산정과 관리 과정에서 절차적 독립성과 투명성을 확보할 수 있는 독립적 기구로서의 위상이 가장 적합한 모델이라 할 수 있다.

2) 위원의 구성

기구의 법적 성격과 함께 위원 구성의 독립성도 핵심적인 요소이다. 아무리 기구의 위상과 법적 성격이 독립적이라 해도 위원의 구성이 정파적이거나 특정 단체의 이해를 대변하는 인사로 구성할 경우, 위원회의 독립적 의사결정이 어려울 수 있기 때문이다. 지금까지 제안된 위원의 핵심적 구성요소는 전문성 및 비정파성으로 집약되고 있다. 허원제 의원 발의 안에서는 위원은 총 17명으로 하고 방송, 경영, 회계, 방송기술, 방송학 등에 관하여 전문적인 지식과 경험이 있는 인사와 지역을 대표하는 인사로 구성할 것을 제안하고 있다. 한편, 노웅래 의원 안에서는 일부 정치적 인사의 참여를 허용하고 있는데 국회 교섭단체 여야 각 2명씩, 그리고 지역성 및 사회 각 분야의 대표성을 고려한 17명 등 총 21명으로 구성할 것을 제안하고 있다.

학계와 시민단체의 의견도 이와 비슷하다. 노기영 외(2008)은 비정치적 전문가로 구성할 것을 제안하고 있고 이종관 외(2013) 역시 중립적인 전문가 집단으로 구성할 것을 제안하고 있다. 단, 황근 외(2012)는 대표성을 지닌 전문가를 중심으로 구성할 것을 제안하면서 여기에 일부 정치권 인사의 참여안을 제시하였다. 즉, 국회 추천 3명 그리고 방통위 추천 3명을 포함하여 총 11인의 구성안을 제시하였다.

이상과 같이 위원의 구성은 대체적으로 전문성 및 사회 대표성을 지닌 비정치적인 인사로 구성하자는 방향으로 의견이 집약되고 있다. 특히, 그동안의 정파적 영향력에 좌우되었다는 과거 경험상 정치적 인사를 배제해야 한다는 요구가 가장 높았다. 가령, 정윤식(2011)은 수신료 위원회에 정치적 인사를 배제하고 오로지 회계, 경영 전문가로 구성하는 것을 독립성 확보의 핵심적인 요체로 보았다. 따라서 수신료 위원회를 설치할 경우, 시청자의 참여를 보장한다는 의미에서 사회 대표성을 지닌 각 분야 전문가로 구성하되 특히 재정 산정 및 관리라는 위원회의 특수성을 고려하여 많은 수의 회계, 경영 전문가가 참여하는 것이 바람직하다. 여기에 독일 방송재정수요조사위원회의 구성을 참고하여 지역 대표성을 지닌 인사의 참여를 보장할 필요가 있다.

〈표 5-3〉 수신료 위원회의 위원 구성 안

구분		구성 안 내용		정치권 인사 참여여부
		위원수	구성 요건	
정계 안	천영세 의원 안 (2004)	15명 (비상임)	– 규칙에 위임	–
	이병석 의원 안 (2012)	10–15명 (비상임)	– 시행령에 위임	–
	허원제 의원 안 (2012)	17명 (비상임)	– 방송, 경영, 회계, 방송실, 방송학 등 전문성을 갖춘 인사 – 지역대표 인사 – 시도지사가 추천한 인사	×
	노웅래 의원 안 (2014)	21명 이내 (비상임)	– 방송에 관한 전문성을 지닌 자 – 지역성 및 사회 대표성을 지닌 자 – 여 2임, 야 2인, 광역의회 1인	○
학계 안	노기영 외(2012)	–	– 비정치적 전문가로 구성	×
	이종관 외(2013)	–	– 중립적인 전문가 집단	×
	김진웅 외(2012)	39명	– 지역, 계층, 시민사회 등을 대표하는 전문가	×
	정정주(2019)	–	– 사회 대표성과 전문성을 가진 자	×

또한, 특정 이익 단체의 영향력을 배제하고 독일의 인원구성을 참고해 볼 때 위원 수는 15~20인 정도로 가급적 많은 전문가의 참여를 보장하고 위원장을 제외한 위원의 신분은 비상임으로 구성하는 것이 바람직할 것이다.

3) 역할과 명칭

수신료 위원회의 역할은 현 제도의 문제점을 보완하고 향후 한국 방송산업 전반의 재정정책과 밀접하게 연관되는 문제이다. 수신료 위원회의 역할을 산정에 국한하는 범위로 협소하게 설정할 수도 있고 심의 의결, 더 나아가 전체 수신료를 배분하고 감독할 권한까지 부여할 수 있다. 지금까지 논의된 수신료 위원회의 역할 역시 다양하게 제시되었다.

초창기 제시된 역할은 대체적으로 금액 산정에 국한하는 역할을 규정하고 있다. 즉, 천영세 의원 안(2004)은 수신료의 적정한 책정에 국한하였고 이병석 의원 안(2012) 역시 수신료의 객관적인 산정 역할에 한정하고 있다.

이후, 수신료 위원회에 대한 필요성 논의가 점차 확대되면서 위원회의 역할 역시 점차 확대되고 있다. 허원제 의원 발의 안(2012)에서는 위원회의 역할을 a) 재정소요 계획안 심의, b) 수신료 산정 및 산정안 심의·의결, 그리고 c) 배분기준에 대한 심의·의결까지 권한을 확대하였다. 즉, 계획안 심의 및 산정뿐만 아니라 배분까지 관여할 수 있는 권한을 부여하고 있다. 노웅래 의원 안(2012) 역시 이와 비슷하다. 이 안에서는 수신료 위원회의 업무로 a) 공영방송에 대한 재정소요 계획안 심의, b) 수신료 산정, c) 배분안에 대한 심의·의결, d) 배분기준에 대한 심의·의결까지로 역할을 규정하였다. 여기에 e) 수신료에 관한 여론을 수렴하고 f) 합리적 산정을 위한 수신료 조사기구를 구성할 수 있는 권한을 부여하였다.

학계의 안도 초창기에는 금액 산정에 한정하다가 점차 확대된 역할을 제시하고 있다. 성숙희(2004)는 '수신료 결정위원회'라는 명칭을 제시한 후 기구의 역할을 수신료 산정에 한정하였다. 하지만 이후 안에서는 더욱 확대된 수신료의 역할을 제시하고 있다. 노기영 외(2008)의 안에서는 a) 산정기준 수립, b) 수신료 산정, c) 공영방송사 간의 수신료 배분산정, d) 사용의 효율성 및 투명성 평가 권한을 부여하는 것이 바람직하다는 의견을 제시하였다. 여기에 공영방송 경영에 대한 전반적인 평가 및 공표 역할 등을 부여하여 평가 권한까지로 확대하였다. 황근 외(2012)가 제시한 역할도 a) 적정 수신료를 결정, b) 수신료 배분기준 결정, c) 전반적인 공영방송 재원구조 결정, d) 공영방송사의 경영 및 편성에 대한 평가 권한을 부여하고 있다. 즉 수신료에 한정하지 않고 공영방송사의 전반적인 재원구조 및 경영을 평가할 수 있는 역할을 부여하고 있다. 이종관 외(2013)의 안 역시 이와 비슷하다. 즉, 위원회는 a) 수신료 산정기준 수립, b) 수신료 검증뿐만 아니라 공영방송 재원 운영에 대한 효율성 및 투명성 등 전반적인 검토 권한이 부여되어야 할 필요성을 제기하였다.

이렇게 지금까지 제시된 안을 종합해 보면 산정 → 배분 → 감시 및 평가 → 공영방송 경영전반 평가 등으로 다양하다. 하지만 위원회의 역할을 금액 산정에 국한하면 이후 심의의결과정에서 당초의 안이 변경될 가능성도 있고 배분 기준 역시 시장 상황에 맞게 유연하게 설정될 필요가 있다는 점에서 위원회가 결정하는 것이 타당하다고 판단된다. 더불어 수신료의 효율성과 투명성을 위해 평가와 감시 권한도 부여하여 그러한 평가결과를 이후 산정과정에 반영하는 구조를 확립할 필요도 있다. 여기에 공영방송 재원 중에서 수신료가 차지하는 비중이 높아질 경우, 공영방송 전반에 대한 경영평가 역할을 평가하는 권한도 부여하는 것이 바람직할 것이다.

〈표 5-4〉 수신료 위원회의 역할과 명칭

구분		명칭	역할			
			산정	배분	평가	기타
정계 안	천영세 안(2004)	수신료 산정위원회	○			
	이병석 안(2012)	수신료 산정 위원회	○			
	허원제 안(2012)	수신료 산정 위원회	○	○		
	노웅래 안(2014)	공영방송 수신료 위원회	○	○		여론수렴 조사기구 운영
학계 안	성숙희 안(2004)	수신료 결정 위원회	○			
	노기영 외 안(2008)	공영방송 재정위원회	○	○	○	공영방송 경영평가
	황근 외 안(2012)	수신료 산정 위원회	○	○	○	
	이종관 외 안(2013)	공영방송 재정 위원회	○		○	공영방송 재원운영에 대한 투명성 평가
	봉미선 외 안(2019)	수신료 위원회	○	○	○	

한편, 수신료 위원회의 명칭은 부여된 역할과 연계하여 결정되어야 할 것이다. 지금까지 거론된 명칭으로는 '수신료 위원회', '수신료 산정위원회', '공영방송 수신료 위원회', '수신료 결정위원회', '공영방송 재정위원회' 등이 제시되었다. 현재 KBS에 부여되어 있는 수신료를 산정하는 역할에 국한된다면 '수신료 산정위원회'라는 협의의 명칭이 부합해 보이고 산정에 국한하지 않고 관리 및 배분, 그리고 사후 감시 역할까지 부여된다면 '수신료 위원회'라는 명칭이 적합해 보인다. 더 나아가 수신료뿐만 아니라 전반적인 공적재원을 관리하고 배분하는 확대된 역할이 부여된다면 '공영방송 재정위원회'라는 명칭 사용이 가능할 것이다. 수신료 위원회가 단지 수신료 금액을 산정하는데 그치지 않고 KBS와 EBS를 모두 아우르는 전반적인 공영방송 재원의 배분문제, 그리고 감시와 평가가 결부되어야 수신료의 효율성과 투명성을 담보할 수 있다는 점에서 '공영방송 재정위원회'로 그 명칭과 역할을 규정하는 것이 적절하다고 판단된다.

제2부

방송 광고정책

방송산업과 광고

Chapter 06 방송산업과 광고

1. 방송재원으로서 광고

광고는 광고주가 특정 상품이나 서비스에 관한 정보를 미디어를 통해 시청자에게 전달하여 구매행동을 유발시키기 위한 설득 커뮤니케이션의 일환이다. 즉, 특정한 상품 판매를 위해 상품의 정보를 시청자에게 널리 알리는 행위이다.

광고의 목적을 달성하기 위해 다양한 미디어가 활용되는데 그 중에서 방송은 가장 효율적인 광고매체 중의 하나로 인식된다. 방송은 매체 그 자체로 광고의 효과를 극대화하기에 적합한 특성을 지니고 있기 때문이다. 광고수단으로서 방송매체가 지니는 장점을 살펴보면 먼저 방송은 편재성과 대중성을 지니고 있다. 텔레비전은 필수적인 매체로 거의 모든 가정에 보급되고 있기 때문에 많은 사람들이 쉽게 접근이 가능하다. 이러한 점은 방송을 통해 전달되는 광고는 그만큼 여타 매체에 비해 수용자들에게 노출될 가능성이 높다. 방송광고가 지니는 또 다른 장점으로는 다양한 감각을 구현할 수 있다는 점이다. 방송광고는 상품정보를 시각적으로 소구하는 인쇄광고에 비하여 표현방법과 전달력이 다양하기 때문에 호소력이 강하고 다양한 감각을 이용하여 소비자의 욕구와 생활양식에 크게 영향을 미친다. 라디오 광고는 적은 비용으로 목표 소비자에게 반복 접근하여 브랜드 인지도를 강화하고 상품 판매를 돕는 데 효과적이고, 텔레비전 광고는 시각과 청각을 동시에 자극해 생생한 메시지를 전달함으로써 이미지 형성과 설득이 어떤 매체보다 빠르고 정확하다. 최근에는 수상기의 크기도 커지고 음향효과도 향상된 UHD-TV가 보급됨에 따라 광고 메시지를 더욱 실감나게 구현하고 있다. 마지막으로 방송은 광파성의 특성을 지닌다. 즉, 한꺼번에 많은 사람들에게 정보를 전달할 수 있도록 해주는 특성을 지니는데 이는 수용자들이 개별적으로 메시지를 접근해야 하는 인쇄매체나 온라인 미디어에서는 찾아 볼 수 없는 방송광고만의 장점이다. 한꺼번에 많은 사람들에게 광고 메시지를 전달하고 싶어하는 광고주에게 방송은 분명 매력적인 광고수단이 아닐 수 없다.

　방송매체가 지니는 장점을 바탕으로 광고수단으로서의 그 역할은 더욱 커지고 있다. 먼저, 수용자 측면에서 광고는 상품의 품질, 특징 그리고 가격 등의 정보를 제공함으로써 소비자의 소비선택을 위한 판단과 의사결정에 긍정적 기여를 한다. 또한, 경제적 차원에서 광고는 상품판매를 촉진함으로써 자본주의 시장이 원활하게 작동할 수 있는 촉매제 역할을 담당하기도 한다. 사회문화적 차원에서는 여러 형태의 표현방식을 동원하여 상품에 대한 사회적 가치를 부여하고 이러한 과정에서 새로운 생활양식과 가치관을 제시함으로써 새로운 문화를 형성하기도 한다(조소영, 2017).

　한편, 산업적 측면에서도 광고는 중요한 기능을 담당하는데 시청자들에게는 무료로 혹은 적은 비용으로 방송 프로그램을 접할 수 있도록 해준다. 방송 사업자에게도 광고는 프로그램 제작비를 비롯하여 방송사를 운영하는데 가장 의존도가 높은 재원이기도 하다. 가령, 2017년 기준 우리나라 전체 방송사업 매출 대비 광고매출이 차지하는 비중은 42.7%로 여러 수익 중 가장 높은 비중을 차지하고 있다. 수신료 매출 비중이 높은 KBS를 제외하면 대부분의 방송사업자의 광고매출 비중은 40~50%를 기록하고 있는데, 특히 지상파방송인 MBC는 45%, SBS는 50% 정도를 광고수익에 의존하고 있다. 유료방송 채널인 PP의 경우에도 방송사업 매출 대비 광고 비중은 43.9%로 재원 중 가장 높은 비중을 차지하고 있다(방송통신위원회, 2018). 이처럼 방송광고는 프로그램 제작을 위한 토양의 역할을 담당하고 있어 광고매출이 늘어나면 그 수입을 콘텐츠 재투자에 사용하고 그 결과 다시 시청률을 높이는 효과를 기대할 수 있다.

　물론, 방송광고가 긍정적인 측면만 있는 것은 아니다. 광고의 역기능으로는 허위·기만·과장광고로 인해 소비자를 오도하거나 불필요한 구매 욕구를 부추긴다는 비판을 받기도 한다. 더불어 소비 만능주의를 조장하여 대중의 계급의식을 약화시키고 지배 이데올로기를 공고히 해주는 기제로 인식된다. 방송사에게는 시청률 지상주의를 초래하여 프로그램의 지나친 상업화를 가져오고 광고주가 방송 프로그램의 제작과 편성에 개입하여 방송의 자율성이 침해되는 원인이 되기도 한다.

　그럼에도 불구하고 광고는 방송산업에서 중요한 재원의 하나로서 방송사 운영을 위한 필수불가결한 요인임을 부인키 어렵다. 국민의 수신료 수입을 기본적 재원으로 갖는 공영방송에 비해 특히 민영방송은 방송광고의 판매를 통한 수익으로 프로그램 제작을 비롯한 방송사의 운영을 가능케 해주는 핵심적인 재정수단이다(권형둔, 2015).

　이 장에서는 방송산업의 핵심적 재원으로서 방송광고에 초점을 맞추어 재원으로서 광고재원이 갖는 함의 그리고 광고의 종류 및 각 매체에서 차지하는 광고의 비중, 현 방송광고 규제현황 및 환경의 변화에 따른 제도적 쟁점 등을 구체적으로 살펴보고자 한다.

2. 광고재원의 특성

방송산업에서 광고재원에의 의존도가 높은 이유는 무엇인가? 이는 미디어 산업이 지니는 '양면시장(two-sided market)'이라는 독특한 구조 때문이다. 양면시장이란 장 샤를 로세(Jean-Charles Rochet)와 장 티롤(Jean Tirole)이 지난 2001년 처음 발표한 개념으로 둘 또는 그 이상의 집단을 상호 연결해 주는 시장을 말한다. 미디어 산업의 경우, 미디어 메시지를 이용하는 수용자와 그들에게 홍보나 광고를 해야 할 사람(기업)들을 서로 연결해 주는 두 가지의 시장, 즉 수용자와 거래를 하는 시장 그리고 판매자와 거래가 이뤄지는 시장으로 이루어져 있기 때문에 양면시장적 특성을 지닌다.

양면시장이 형성되기 위해서는 몇 가지 요건이 충족되어야 한다. 첫째, 상호 연결된 둘 이상의 고객 군이 존재하는 양면성을 지녀야 한다. 미디어 산업에서는 수용자 군과 광고주 군이 상호 연결되어 있기 때문에 이러한 양면성을 지니고 있다. 둘째, 한 면(side)의 고객 군이 커질수록 다른 면(the other side)의 효용이 높아지는 '교차 네트워크 효과(cross network effect)'가 발생해야 한다. 셋째, 높은 거래비용으로 다른 고객 군이 직접 거래 등의 교차 네트워크 효과를 내면화하기 어려워 플랫폼을 이용해야만 하는 조건이 갖추어져야 한다. 마지막으로 한쪽 측면 시장의 가격을 변화시키면 다른 측면의 거래량과 수익변화가 발생해야 한다(이상규, 2010). 요컨대, 한 측면의 이용자 그룹이 증가하면 다른 쪽 그룹의 이익을 증가시키는 것이 양면시장의 주요한 특성이다. 가령, 방송시청 시장에서 시청자 수가 증가하게 되면 대신 광고 단가가 높아지기 때문에 광고를 통해 이익을 증가시킬 수 있게 된다. 미디어 기업이 신문의 구독료나 방송 시청의 대가를 낮은 가격이나 거의 무료에 제공하는 이유도 대신에 광고주들에게 광고를 받아 수익을 창출할 수 있기 때문이다. 네이버나 구글 같은 인터넷 포털 역시 검색 서비스나 여러 가지 콘텐츠를 무료로 제공하는 대신 배너 광고로 수익을 올리는 양면시장적 특성을 지니고 있다. 이처럼 광고는 여타 재원에 비해 이용자들로 하여금 비교적 거부감이 없이 손쉽게 수익을 올릴 수 있는 재원의 특성을 지니고 있다.

3. 방송광고의 종류

방송광고는 일반적으로 CM(commercial message)이라고 하며 라디오 광고와 텔레비전 광고로 구분된다. 이 중 텔레비전 광고를 특히 CF(commercial film)라고 한다. 현재 우리나라 <방송법> 제2조(용어의 정의)에서는 방송광고를 "광고를 목적으로 하는 방송 내용물"이라고 개념적으로 정의하고 있다. 이와 함께 <방송법> 제73조에서는 보다 구체적으로 방송광고의 유형을 일곱 가지로 구분하여 제시하면서 각각의 유형에 대한 정의를 명확하게 규정하고 있다. 법에서 열거한 방송광고의 종류로는 프로그램 광고, 중간광고, 토막광고, 자막광고, 시보광고, 가상광고, 간접광고 등이다.

〈표 6-1〉 방송광고의 종류와 법적 정의

종류	법적 정의
프로그램 광고	방송 프로그램 전후(방송프로그램 시작타이틀 고지 후부터 본방송 프로그램 시작 전까지 및 본방송 프로그램 종료 후부터 방송 프로그램 종료타이틀 고지 전까지를 말한다)에 편성되는 광고
중간광고	1개 동일한 방송프로그램이 시작된 후부터 종료되기 전까지 사이에 그 방송프로그램을 중단하고 편성되는 광고
토막광고	방송 프로그램과 방송 프로그램 사이에 편성되는 광고
자막광고	방송 프로그램과 관계없이 문자 또는 그림으로 나타내는 광고
시보광고	현재시간 고지 시 함께 방송되는 광고
가상광고	방송 프로그램에 컴퓨터 그래픽을 이용하여 만든 가상의 이미지를 삽입하는 형태의 광고
간접광고	방송 프로그램 안에서 상품, 상표, 회사나 서비스의 명칭이나 로고 등을 노출시키는 형태의 광고

여기서 프로그램 광고, 중간광고, 토막광고는 광고배치의 시간에 따른 구분법, 즉 방송광고를 언제 배치하느냐에 따른 구분한 것이고, 나머지 자막광고, 가상광고, 간접광고, 시보광고 등은 방송광고가 어떠한 형태를 지니느냐 하는 형식에 따라 구분한 것이다.

1) 프로그램 광고

먼저, 프로그램 광고는 방송에서 가장 일반적인 광고형태로 방송 프로그램의 시작 전과 종료 후에 배치되는 광고를 말한다. 프로그램 광고는 프로그램의 시급에 따라서 가격 차이가 있으며 뿐만 아니라 같은 시급의 프로그램 사이에서도 광고의 배치 순서에 따라서 가격 차이가 발생한다. 프로그램에 근접한 광고일수록 광고 구매가격이 상승하고 프로그램과 멀어질수록 광고 구매가격은 낮아진다.

2) 중간광고

프로그램 전후에 편성되는 프로그램과 달리 프로그램 중간에 편성되는 광고로서 가장 광고 효율성이 높은 것으로 인식되는 광고형태이다. 그동안 유료방송에서는 프로그램 중간광고가 허용되었으나 지상파의 경우에는 지나친 상업성으로 인해 공영성을 해칠 수 있다는 우려 때문에 중간광고가 금지되었다. 그러나 지상파 광고수급 상황이 악화되자 2021년 7월부터 지상파에도 중간광고가 허용되었다.

3) 토막광고

토막광고는 프로그램과 프로그램 사이에 방영되는 광고로 '스팟(spot)' 또는 'SB (station break) 광고'라고 한다. 일반적으로 케이블TV에서는 방송시청 중 "지금은 지역광고 시간입니다"라는 문구와 함께 방송되는 광고이다.

[그림 6-1] 프로그램 광고, 중간광고, 토막광고의 예

출처: 방송통신위원회 보도자료(2015. 4. 24), 해묵은 방송광고 규제, 42년만에 손질.

4) 자막광고

자막광고는 방송 프로그램 순서 고지 또는 방송국 명칭고지(ID)시에 화면 하단에 이미지 또는 움직이는 영상과 함께 자막형태로 내보내는 광고이다. 주로 상품의 정보를 전달하는 광고보다는 행사나 기업 이미지 광고가 자막광고를 통해 전달된다.

5) 시보광고

시보광고는 TV나 라디오에서 현재시간 고지 동안에 함께 방영되는 광고의 형태로 기업의 이미지와 같은 기업 홍보를 위해 주로 이용되는 광고이다. 최근에는 대학의 이미지를 알리기 위해 주로 이용되는 광고형태이다.

6) 가상광고

방송 프로그램에 컴퓨터 그래픽을 이용하여 만든 가상의 이미지를 삽입하는 형태로 주로 스포츠 프로그램 중에 CG를 이용하여 가상의 이미지를 내보내는 광고형태이다.

7) 간접광고

방송 프로그램 안에서 상품이나 기업의 명칭이나 로그 등을 노출시켜서 간접적으로 광고의 효과를 거두기 위한 광고이다.

[그림 6-2] 자막광고, 시보광고, 간접광고, 가상광고의 예

출처: 방송통신위원회 보도자료(2015. 4. 24), 해묵은 방송광고 규제, 42년만에 손질.

4. 국내 방송광고의 현황

우리나라 전체 광고시장 규모는 글로벌 경제위기 시기였던 2008년 잠시 주춤한 후, 최근 다시 성장세를 이어가고 있다. 방송, 온라인, 신문 등을 포함한 전체 광고시장 규모는 2007년 8조 1,203억 원에서 2017년 10조 9천억 원 정도로 성장하였다(방송통신위원회, 2018). 이를 매체별로 살펴보면 온라인 및 모바일 매체의 성장세가 두드러지는

반면 방송매체의 광고시장 규모는 점차 감소하는 특징을 보이고 있다. 방송광고는 2011년을 정점으로 이후 지속적으로 감소하고 있는데 2017년의 경우 3조 1,000억 원 대로 감소하였다. 이 중 특히 지상파 방송의 광고 매출 감소가 두드러지는데 2015년을 정점으로 매출액이 감소하더니 2017년에는 1조 4천억 원대로 급감하였다. 반면, 인터넷 및 모바일 광고 규모는 빠른 속도로 성장하여 2016년부터는 방송광고의 매출액을 추월하기 시작했다.

⟨표 6-2⟩ 국내 주요매체 광고규모

연도 \ 구분		2010	2011	2012	2013	2014	2015	2016	2017
총 광고매출(억 원)		86,469	96,499	99,040	100,391	98,405	103,839	107,216	109,347
방송 광고	지상파	22,162	23,753	21,801	20,675	18,976	19,112	16,228	14,121
	유료방송	11,130	13,482	13,919	14,030	14,033	15,588	15,968	17,519
	계	33,292	37,236	35,720	34,705	33,009	34,700	32,196	31,640
온라인	PC	15,470	18,560	22,388	22,832	21,410	20,534	21,730	21,714
	모바일	5	600	2,229	4,757	9,099	13,744	19,816	22,497
	계	15,475	19,160	24,617	27,589	30,509	34,278	41,547	44,212
인쇄		21,327	22,328	22,706	21,678	20,517	20,354	19,798	20,125
기타(옥외/교통 등)		16,375	17,775	15,997	16,419	14,370	14,507	13,675	13,370

출처: 방송통신위원회, <2010~2017 방송사업자 재산상황 공표집(DMB 광고매출 제외)>

PC와 모바일 광고는 최근 들어 방송광고를 더욱 위협하고 있다. 2018년 디지털(모바일＋PC) 광고비는 전년 대비 14.4% 성장해 사상 처음으로 4조 원을 돌파했다(홍문기, 2019)). 특히 모바일 광고비는 2조 8,011억 원을 기록했고, 모바일 광고 내에서는 검색 광고가 56%, 노출형 광고가 44% 비중을 차지했다. 이처럼 온라인 모바일 광고가 급성장하고 있는 이유는 광고매체로서의 효율성이 높기 때문이다. 즉, 방송매체보다 메시지 수명이 길고 반복 노출이 가능하며 무엇보다 양방향성 광고가 가능하다는 장점을 지닌다. 또한 상대적으로 비용이 저렴하다는 점에서 광고주들의 선호도가 높다. 실제 광고 효율성을 측정하는 지표인 CPM(cost per thousands) 측면에서 인터넷 모바일매체가 방송매체에 비해 크게 우월한 것으로 평가되고 있다.

전체 광고시장에서 차지하는 온라인 광고시장이 급성장함에 따라 전체 광고시장에서 차지하는 방송광고의 점유율 역시 점차 축소되고 있다. 2016년까지는 방송광고의 점유율 비중은 30%를 상회하였으나 2017년부터 30% 이하로 추락하였다. 전체 광고시장에서 방송광고(라디오 제외)가 차지하는 비중은 2017년에 전년 대비 3.5%p 감소한 28.4%를 기록하였다. 반면, 온라인광고 비중은 2016년에 32.4%로 당시 방송광고 비중 31.9%를 최초로 추월하였다(방송통신위원회, 2018). 이처럼 2017년 이후 방송광고의 비중이 급감한 이유는 OTT 서비스가 확대되면서 온라인, 모바일을 통한 프로그램 시청이 증가하는 등 시청행태의 변화에 기인하는 것으로 해석되고 있다.

[그림 6-3] 주요 매체 광고비 비중 추이

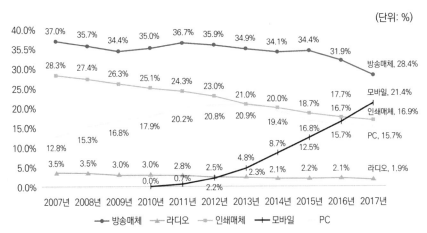

주: 방송매체는 방송광고(라디오 제외)를 의미함
자료: 제일기획, 「광고연감」각 연도, 재구성

출처: 방송통신위원회, 2018, <2018년도 방송시장 경쟁상황평가> 보고서, p. 163.

1) 매체별 방송광고 시장의 특징

(1) 지상파

2017년 국내 방송광고 시장의 전체 규모는 2조 8,765억 원으로 전년 대비 1.3% 감소하였다. 이중 지상파 광고매출은 1조 2,071억 원을 기록하였는데 이는 전년 대비 13.5% 하락한 것이다. 전체 방송광고 시장에서 지상파가 차지하는 비중 또한 전년 대비 5.9% 감소하여 42.0%로 나타났다.

〈표 6-3〉 지상파 방송의 매출액 비중변화 추이

(단위: 백만 원, %)

구분	2012년	2013년	2014년	2015년	2016년	2017년
전체 방송광고 시장	3,333,203	3,221,971	3,072,158	3,200,180	2,913,301	2,876,453
지상파 방송	1,937,027	1,832,967	1,686,212	1,677,892	1,395,903	1,207,120
비중(%)	58.1	56.9	54.9	52.4	47.9	42.0

출처: 방송통신위원회, 2018, <2018년도 방송시장 경쟁상황평가> 보고서, p. 168.

지상파 중에서 상위 3대 사업자인 지상파 3사 계열(지역관계사 및 계열 PP 포함)의 광고 매출액을 살펴보면 지상파 3사 계열 모두 광고 매출액이 하락한 가운데 특히 MBC 계열의 광고 매출액이 22.4% 감소하여 하락이 두드러졌다. SBS 계열의 광고 매출액 역시 전년 대비 2.2% 감소한 5,285억 원을 기록하였다. KBS계열도 전년 대비 12.7% 감소한 것으로 나타났다.

〈표 6-4〉 지상파 3사의 광고 매출액 변화 추이

(단위: 백만 원)

구분		2012년	2013년	2014년	2015년	2016년	2017년
KBS계열	지상파 방송	604,784	562,699	507,399	485,274	402,525	350,226
	PP	100,209	95,646	97,535	102,758	99,058	87,569
		704,993	658,345	604,934	588,032	501,583	437,795
MBC계열	지상파 방송	654,143	626,840	583,550	614,234	502,960	375,616
	PP	118,669	123,505	126,329	127,723	110,798	100,927
		772,812	750,345	709,879	741,957	613,759	476,542
SBS계열	지상파 방송	615,428	575,296	530,146	512,404	431,520	425,642
	PP	120,543	123,201	118,668	119,087	108,857	102,878
		735,971	698,497	648,814	631,491	540,377	528,521
지상파 방송 3사 계열 합		2,213,776	2,107,187	1,963,626	1,961,480	1,655,718	1,442,858

출처: 방송통신위원회, 2018, <2018년도 방송시장 경쟁상황평가> 보고서, p. 169.

광고 매출액이 감소하고 있음에도 지상파 방송의 매출에서 광고의 비중은 여전히 높은 편이다. 2017년 기준, 지상파 방송의 방송사업 매출 대비 광고 매출 비중은 42.7%로 여타 수입과 비교했을 때 가장 높은 비중을 차지하였다. 수신료 매출 비중이 높은

KBS가 약 30% 정도의 광고 비중을 보인 것을 제외하면 MBC와 SBS 등 주요 지상파 사업자의 광고 매출 비중은 45~50%로 높은 비중을 차지하고 있다. 이러한 점은 광고가 아직까지 지상파 방송사의 핵심적인 재원의 역할을 담당하고 있음을 보여준다.

〈표 6-5〉 지상파 매체에서 광고구성 비율(2017)　　　　　　　　　　(단위: %)

	방송 수신료 매출	재송신 매출	광고 매출	협찬 매출	프로그램 판매 매출	기타	방송사업 매출
전체 지상파	21.9	4.1	42.7	11.1	13.6	6.7	100.0
지상파 3사	21.1	7.0	40.0	9.6	18.3	3.8	100.0
KBS 계열	45.3	5.8	29.1	5.9	12.1	1.8	100.0
MBC 계열	4.2	8.3	45.7	9.5	26.6	5.7	100.0
SBS 계열	3.9	7.5	50.0	14.9	18.8	5.0	100.0

출처: 방송통신위원회, 2018, 〈2018년도 방송시장 경쟁상황평가〉 보고서, p. 181을 토대로 재구성.

방송광고 시장에서 지상파의 광고 매출액 및 이에 따른 비중이 감소한 원인으로는 국내 경기 위축과 미디어 수용 환경의 변화에 따라 방송광고 시장의 성장세가 정체되었기 때문으로 풀이된다. 이와 함께, 쌍방향성 및 맞춤형 기반의 온라인 광고에 비해 광고 매체로서의 경쟁력이 낮아진 점, 유형별 광고 규제 및 중간광고 금지 등 지상파 광고에 대한 규제가 시장 변화를 수용하지 못했던 점 등이 주 원인으로 거론되고 있다. 지상파 방송의 광고 재원감소는 그동안 국내 방송 콘텐츠 시장을 선도해 왔던 지상파 방송사의 제작비에 부정적인 영향을 미칠 것으로 보여 콘텐츠 품질하락 및 이에 따른 시청률 저하가 현실로 나타나고 있는 상황이다.

2) 유료채널

2017년 일반 유료채널(PP)[1]의 광고 매출액은 전년 대비 9.3% 증가한 1조 4,654억 원을 기록하였는데, 이는 지상파 방송 전체 광고 매출액인 1조 2천억 원을 넘은 수준이다. 그리하여 전체 방송광고 시장에서 일반 PP의 광고 매출이 차지하는 비중은 50.9%로 최초로 50%대를 돌파하였다. 그동안 일반 PP의 광고시장 점유율 비중은 2014년 39.4% → 2015년 42.1% → 2016년 46.0% → 2017년 50.9%로 꾸준히 상승하고 있다.

---

1 여기서 일반 PP는 홈쇼핑 PP, 라디오 PP 및 데이터 PP(DP), VOD 서비스 PP를 제외한 PP를 의미한다.

이는 2011년 12월 진입한 종합편성채널이나 주요 MPP의 경쟁력이 향상되었기 때문이다. 국내 방송광고 시장에서 지상파와 유료채널 간 경쟁이 점차 심화되고 있음을 보여주고 있다.

〈표 6-6〉 일반 PP의 광고 매출액 추이　　　　　　　　　　　　　　(단위: 백만 원)

		2012년	2013년	2014년	2015년	2016년	2017년
전체 방송광고 시장		3,333,203	3,221,971	3,072,158	3,200,180	2,913,301	2,876,453
지상파 방송	매출액	1,937,027	1,832,967	1,686,212	1,677,892	1,395,903	1,207,120
	비중(%)	58.1	56.9	54.9	52.4	47.9	42.0
일반 PP	매출액	1,248,403	1,235,942	1,210,202	1,347,545	1,340,439	1,465,369
	비중(%)	37.4	38.4	39.4	42.1	46.0	50.9

출처: 방송통신위원회, 2018, <2018년도 방송시장 경쟁상황평가> 보고서, p. 181을 토대로 재구성.

일반 PP의 전체 방송 매출액에서 차지하는 광고 매출의 비중은 <표 5-7>에서 보듯이 2017년 현재, 48.9%로 방송사업 매출 중 가장 높은 비중을 차지하고 있다. 특히 종합편성채널의 경우는 무려 55.6%로 지상파 방송보다 더 광고에의 의존도가 높은 것으로 나타났다. 광고의 성격을 지니는 협찬 매출(20.4%)를 합할 경우 전체 방송 매출의 거의 80%를 광고에 의존하고 있는 구조임을 알 수 있다. 종편 채널이 수신료를 기반으로 하는 유료방송 채널임을 감안하면 기형적인 재원구조라 할 수 있다.

〈표 6-7〉 일반 PP에서 광고구성 비율(2017)　　　　　　　　　　　　(단위: %)

	방송 수신료 매출	재송신 매출	광고 매출	협찬 매출	프로그램 판매 매출	기타	방송사업 매출
일반 PP	23.4	0.0	48.9	12.7	6.9	8.1	100.0

출처: 방송통신위원회, 2018, <2018년도 방송시장 경쟁상황평가> 보고서, p. 181을 토대로 재구성.

5. 방송광고 제도

여타 매체에 비해 방송광고는 상대적으로 강한 규제가 적용되어 왔다. 같은 광고라도 방송매체를 통해 전달되는 방송광고는 소비자 및 사회에 미치는 영향이 상대적으로 크기 때문이다. 특히 무료로 시청 가능한 지상파 방송의 광고는 누구나 쉽게 접근 가능하기 때문에 개인이 원해서 접하게 되는 인쇄매체나 온라인 광고, 그리고 유료채널 광고에 비해 규제의 강도가 상대적으로 강한 편이다(이영주 외, 2010; 이승선, 2011).

방송광고에 가해지는 규제로는 광고의 양을 제한하는 수량 규제, 유형에 따라 광고허용을 금지하는 유형 규제 그리고 광고를 할 수 없는 품목을 제한하는 품목규제 등이 대표적이다.

1) 수량 규제

방송을 할 수 있는 회수 및 시간량을 초과하지 못하도록 하는 규제이다. 광고의 시간을 규제하는 이유는 전파라는 공공의 재산을 이용해서 방송이 지나치게 상업화되는 것을 방지하기 위함이다. 현재 우리나라의 프로그램 광고는 매 방송 프로그램 편성 시간 당 편성 시간의 최대 20/100 이하, 그리고 하루 동안 방송되는 각 방송 프로그램의 편성 시간당 평균이 17/100 이내에서 프로그램 광고를 허용하고 있다(<방송법 시행령> 제59조).

2) 유형 규제

광고유형에 대한 규제는 <방송법> 제73조에 "방송광고와 방송 프로그램이 혼동되지 아니하도록 명확히 구분하여야 하며"라고 하여 시청자들이 광고가 프로그램을 명확히 구분할 수 있도록 규정하고 있다. 특히 사리 분별력이 약한 "어린이를 주 시청대상으로 하는 방송 프로그램의" 경우 "반드시 광고임을 밝히는 자막을 표기하여 어린이가 방송 프로그램과 방송광고를 구분할 수 있도록 하여야 한다"라고 명시하여 프로그램과 구분이 명확히 될 수 있도록 특별히 강조하고 있다. 주요 유형 규제로는 간접광고, 중간광고, 시보광고, 자막광고, 그리고 가상광고 등이 있다.

간접광고 유형 규제의 경우, 그동안 방송에서는 금지되다가 지난 2010년부터 제한적으로 허용되었는데 장르면에서는 오락 및 교양 프로그램에 한하여, 그리고 프로그램 시간의 7% 이하로 허용되고 있다(<방송법 시행령> 제59조의 3). 한편, 중간광고 역시 대표적인 유형 규제로 그동안 지상파 방송에는 금지되었다가 2021년 7월부터 유료방송과 동일한 수준으로 허용되었다. 즉, 방송 사업자 간 구분없이 기존의 유료방송과 동일한 시간 및 회수가 허용되었는데 1회당 1분 이내, '45분 이상' 1회, '60분 이상' 2회, 이후 30분 당 1회 추가하여 최대 6회까지 허용되었다(방송통신위원회, 2021 보도자료).

3) 품목 규제

광고의 부정적 효과 중의 하나는 사행심을 조장할 수 있다는 점이다. 특히 사리 분별력이 약한 어린이에게 미치는 영향력은 대단히 위력적이다. 그리하여 특정 품목에 대해서는 방송광고를 금지하고 있다. 예컨대, 병원, 전문의 약품, 조제분유 등은 방송을 통해 광고를 하는 것이 금지되어 있고 알코올 성분 17도 이상의 주류나 고열량 저영양 식품 등도 광고 시간대를 제한하고 있다. 일부 패스트 푸드, 피자, 과자 등 고열량 저영양 식품에 대한 텔레비전 광고는 어린이 시청시간대인 오후 5시부터 오후 7시까지는 금지되어 있다. 그러나 최근 방송광고 활성화를 위해 금지 품목 중 일부 품목 규제는 완화되었다. 예컨대, 먹는 샘물의 경우 수돗물에 대한 불신을 조장할 수 있다는 점에서 그동안 지상파 텔레비전 광고가 금지되었으나 2013년부터 허용되었다.

6. 방송광고 및 제도의 변화

1) 신유형 광고의 등장

방송광고에도 최근 양방향 기술을 활용한 새로운 유형의 광고가 속속 등장하고 있다. 가령, 방송 서비스에서 VOD 이용이 확산되면서 시청자가 VOD 프로그램을 시청할 때 노출되는 VOD 광고가 등장하였다. VOD 광고는 유료방송 사업자에 따라서 약간의 차이는 있지만, 최근 대체로 무료 VOD 프로그램이 시작되기 전에는 4개(120초 이하), 유료 VOD 프로그램이 제공되기 전에는 1~2개(30초 이하)가 제공되고 있다(황준호 외, 2016). 또 다른 형태의 신유형 광고로는 재핑 광고(채널 변경 광고)를 들 수 있다. 재핑 광고는 방송채널을 전환할 때 발생하는 1~2초의 짧은 시간 사이에 셋톱박스에 미리 저장되어 있던 이미지를 노출시키는 광고이다. 종합유선방송사업자인 씨앤앰(현재의 딜라이브) 이 2014년 11월부터 제공하기 시작하였고 이후 CJ헬로비전(현재 LG 헬로비전) 등 주요 케이블 사업자를 중심으로 제공되고 있다(박종구·안재형·조성동·강신규, 2015, p. 106).

한편, 트리거 광고 역시 새로운 광고 형태인데 이는 화면상에 이미지 등을 노출시켜 특정 콘텐츠를 홍보하거나 리모컨을 누르면 해당하는 다른 광고 등으로 이동하도록 유인하는 광고를 말한다. 트리거 광고는 인터넷 온라인 광고와 마찬가지로 시청자가 능동적으로 광고정보의 탐색 여부를 통제할 수 있는 광고 유형이다. 대체로 전용 또는 부가적 데이터 방송 페이지에 배너나 지정자(trigger) 등의 형태로 이미지를 노출하고 이를 클릭하면 추가적인 기업이나 제품의 정보를 제공한다(박종구 외, 2015, p. 107).

2) 광고규제 완화

매체 간 경쟁이 심화되어 방송광고 매출이 감소하게 되자 2007년 글로벌 금융위기 이후 방송사들은 광고규제 완화를 요구하기 시작했다. 방송사들은 규제가 거의 없는 온라인 광고에 대항하기 위해서는 광고 효율성이 높은 간접광고 및 중간광고 등을 허용해 줄 것을 요구했고 이에 방송광고 규제는 점차 완화되고 있는 추세이다. 2010년에는 지상파 방송에 가상광고 및 간접광고가 허용되었으며, 2015년에는 지상파 방송에 광고총량제가 허용되었다. 그리하여 기존에는 프로그램 광고의 경우, 프로그램 시간의 10% 이내에서 광고가 허용되었으나 이후 유료채널과 같은 수준으로 완화되어 광고 유형에 관계없이 프로그램 편성 시간 당 평균 17%, 최대 20% 범위에서 자율적으로 광고를 편성할 수 있도록 허용되었다. 유료채널도 마찬가지로 기존의 시간당 총량제에서 편성 시간 당 총량제로 변경되었는데 프로그램 편성 시간당 평균 17%, 최대 20%까지 광고유형에 상관없이 자유롭게 편성할 수 있도록 규제가 완화되었다(박희영, 2015). 더불어, 가상 및 간접광고에 대해서도 허용시간 및 허용장르가 확대되었다. 가상광고의 경우, 기존의 운동경기 중계에서 오락 장르 및 스포츠 분야의 보도까지 허용장르가 확대 되었다(박희영, 2015). 간접광고도 기존 프로그램 시간 당 5% 이내에서 허용되었으나 7%로 확대되었다. 그러나 광고규제를 완화했음에도 불구하고 지상파 방송사들의 광고 매출액은 큰 증가세가 나타나지 않은 것으로 분석되었다(강준석 외, 2016).

그리하여, 지속적인 광고규제 완화 정책이 추진되어, 2021년 그동안 금지되었던 지상파 중간광고도 허용되었고 유료채널과 광고 회수 등에서 차이를 보였던 비대칭 규제도 철폐되었다.

광고 제도와 관련한 또 다른 쟁점 사안으로는 방송광고의 시장 확대를 위해 신유형의 광고를 정책적으로 어떻게 활성화시킬 것인가의 문제이다. 점차 축소되어 가는 방송광고 시장의 규모를 키우고 온라인 광고에 대처하기 위해서는 디지털 방송환경으로 구축된 새로운 형태의 광고를 제도적으로 양성화하는 정책의 필요성이 끊임없이 제기되고 있는 것이다.

간접광고

Chapter 07 간접광고

간접광고는 방송 프로그램 안에서 상품을 소품으로 활용하여 노출시키는 형태의 광고를 말한다. 그동안 우리나라에서 간접광고는 직접광고와 대비되는 개념으로 방송법상 허용되지 않았다. 간접광고가 허용되기 전까지 우리나라 <방송법>에서는 방송광고를 프로그램 광고, 중간광고, 토막광고, 자막광고, 시보광고 등으로 분류하면서 광고와 프로그램이 혼동되지 않도록 명확히 구분돼야 한다고 규정했다. 이처럼 직접광고 형식 이외의 광고는 프로그램 내에서 광고효과를 주는 행위로 간주하여 금지하였다. 그러다가 2009년 <방송법> 개정을 통해 간접광고 규정을 신설하고(제73조 제2항 제7호), 2010년부터 간접광고를 정식으로 허용하였다. 현재 오락과 교양 분야에 한정하여 허용되고 있다.

간접광고는 협찬고지 제도를 양성화한 것으로 볼 수 있다. 간접광고가 허용되기 전 우리나라에서는 프로그램 제작에 필요한 경비나 물품, 장소 등을 제공받고 협찬주의 이름을 프로그램이 종료될 때 고지하도록 하는 이른바 협찬제도만이 법적으로 허용되었다. 하지만 실제 운행과정에서 협찬제도는 프로그램 내에서 노골적으로 협찬주의 상품을 노출하거나 혹은 모자이크 처리하는 방식으로 노출시키는 폐단이 나타났다.

이와 관련하여 당시 간접광고가 도입된 배경을 구체적으로 살펴보면 다음과 같다

첫째는 협찬제도의 투명성을 높이기 위함이다. 협찬은 시장에서 투명하게 거래되지 않아 정확한 시장규모를 확인하기가 불가능하였고 협찬사와 프로그램 제작사 간 투명하지 못한 거래 방식으로 방송사와 외주 제작사도 협찬거래와 관련해 상호불신을 갖는 배경이 되었다.

둘째는 시청권을 보호하기 위함이다. 협찬주와 프로그램 제작자 사이에 이루어지는 협찬 관행을 미디어렙을 통한 투명한 거래로 전환하게 되면 프로그램 제작의 독립성을 강화시켜 시청권을 보호할 수 있다는 기대감이 작용하였다.

셋째는 광고시장 규모를 확대하기 위함이다. 방송사업자의 광고매출 감소로 콘텐

츠 제작 재원의 부족이 심화되고 있는데 이를 해소하기 위하여 광고 효과가 높은 간접 광고 시장을 개척할 필요성이 제기되었다.

넷째는 광고 수요를 확산시키기 위함이다. 간접광고는 전통적인 프로그램 광고에 비해 비용이 상대적으로 저렴하므로 지상파 광고 영역 밖에 있던 영세 중소기업들도 광고시장에의 접근을 가능하게 하여 광고시장의 수요 확대를 도모할 수 있을 것으로 기대되었다. 이처럼 간접광고는 방송광고 시장의 규모를 확대하고 그간 음성적으로 이루어지던 협찬제도를 투명하게 관리하기 위한 의도로 도입되었다.

실제, 도입된 이후 간접광고는 방송사의 새로운 수입원으로 부상하였다. 2010년 합법화 이후 빠르게 성장하고 있는 간접광고 규모는 지상파 방송만 하더라도 2012년부터 2015년까지 4년간 약 1.7배(약 200여 억 원) 증가하였다. 증가액 규모를 살펴보면, 2012년 263억 원, 2013년 336억 원(전년 대비 27.7% 증가), 2014년 415억 원(전년 대비 23.5% 증가), 2015년 436억 원(전년 대비 5.0% 증가) 등이었다(김성수 의원실 보도자료, 2017년 10월 1일).

이처럼 새로운 재원으로서 간접광고의 비중은 확대 추세에 있고 향후에도 그 규모는 더욱 커질 것으로 전망되고 있다. 적절한 수준의 간접광고는 방송 프로그램의 현실감을 제고하고 방송사와 제작사의 중요한 재원이 되어 프로그램의 품질 향상에 기여할 수 있지만, 과도한 간접광고는 방송의 공공성과 프로그램의 질적 저하, 그리고 시청자 권리 침해 등의 문제점이 있는 것도 사실이다.

이 장에서는 새로운 방송재원으로서 그 비중이 점차 확대되고 있는 간접광고가 방송산업에 미치는 영향은 어떠한지, 이에 따른 문제점은 무엇인지, 그리고 이를 해결하기 위한 법적·제도적 개선점은 무엇인지를 살펴보고자 한다.

1. 간접광고의 개념

일반적으로 간접광고는 방송 프로그램 속에서 특정 상품이나 브랜드를 노출시켜 광고효과를 얻는 광고를 말한다. 소비자 입장에서는 광고로 인식하지 못하면서 광고효과를 얻는 형태의 광고로 드라마, 연예오락 그리고 뉴스 프로그램의 맥락에 등장하게 된다. 즉, 간접광고는 직접적인 광고가 아닌 형태의 광고로 현행 <방송법>에서는 이를 "방송프로그램 안에서 상품, 상표, 회사나 서비스의 명칭이나 로고 등을 노출시키는 형태의 광고"로 정의하고 있다(<방송법> 제73조 2항).

간접광고와 PPL 개념이 간혹 혼용되기도 하는데, 일반적으로 간접광고는 브랜드명을 노출하는 광고, 광고상품의 특질을 소구하는 광고 등을 모두 포함하는 광의의 개념이다. 반면, PPL은 광고적 효과를 위한 유료도구(Paid Tool)를 이용하는 협의의 개념으로 이해되고 있다. 다시 말해, 간접광고는 넓은 의미에서 PPL 개념을 포함하는 것으로 제작상 필요에 의한 제품 및 장소 제공 그리고 현금의 형태로 나타나는 모든 유형을 포괄하는 개념이라 할 수 있다(문철수, 2005).

간접광고는 기준에 따라 다양하게 구분된다. 예를 들어, 제품이나 브랜드를 화면 안에 배치하는지, 등장인물이 사용하는지, 이야기의 한 부분으로 작용하는지 등에 따라 다양한 배치 유형으로 분류된다.

바빈과 카더(Babin & Carder, 1996) 그리고 볼레머와 미제스키(Vollemers & Mizerski, 1994) 등은 온셋 배치(on-set placement)와 크리에이티브 배치(creative placement)로 구분하였다. 온셋 배치는 구체적으로 연출과의 관련성, 즉 어떠한 단서를 제공하는 소품으로 등장하거나 연기자가 사용이나 멘트를 유발함으로써 광고나 제품을 노출시키는 것을 말한다. 반면, 크리에이티브 배치는 무대나 화면을 구성하는 요소로서 비교적 짧은 시간이나 우연히 제품, 브랜드를 노출시키는 형태이다. 가령, 화면상에서 옥외광고에 실제 브랜드가 우연히 비춰지거나 배경으로 사용된 텔레비전 광고에 브랜드가 등장하는 것과 같이 교묘한 방법을 통해 자사의 브랜드를 삽입시켜 노출하는 것을 그 예로 들 수 있다.

한편, 현저성 수준에 의해 분류하기도 한다. 제품이나 브랜드를 장면상의 중심에 뚜렷하게 제시되어 높은 현저성을 보이는 두드러진 배치(prominent placement)가 있을 수 있고 주요 장면 이외의 배경 소품으로 사용하거나 노출시간이 짧아 현저성이 낮은 모호한 배치(subtle placement)(Gupta & Lord, 1998)로 구분할 수 있다.

또한, 표현 양식에 따라 단순히 제품이나 브랜드가 시각적으로 제시되는지 혹은 청각적으로 제시되었는지 등으로 분류되기도 한다. 예컨대, 굽타와 로드(Gupta & Lord, 1998)는 표현 양식에 따라 제품이나 브랜드를 시각적으로만 제시하는 시각적 제시(visual only: VIS)와 제품을 드러내지 않고 제품이나 브랜드명을 언급하거나 관련된 메시지를 오디오 형태로 전달하는 청각적 제시(audio only: AUD) 그리고 브랜드를 장면에 노출시키면서 오디오의 형태로 브랜드명이나 관련된 메시지를 내보내는 시청각적 제시(combined audio-visual: AV)로 분류하였다. 이외에도 시각적 측면을 활용한 화면 속 배치(screen placement)와 청각 혹은 구두적 측면을 활용한 대사 속 배치(script placement),

등장인물의 구축이나 프로그램 내에서 시각적과 청각적 측면을 활용하여 배치되는 구성 속 배치(plot placement) 등으로 분류되기도 한다(Russell, 1998).

한편, 간접광고를 인물형, 배경형, 상품형 등 강조점에 따라 유형을 분류하기도 한다. 먼저, 인물형은 등장인물의 의상, 직장, 자동차, 소품 등을 통해 노출되어 등장인물의 정체성을 구성하는 유형이다. 배경형은 주택이나 업체 매장, 지방자치단체, 지역 등이 노출되는 것이며, 상품형은 상품을 노출하는 형식으로 이는 다시 단순히 상품이 노출하는 형태와 기능을 보여주는 기능 배치 형태로 구분된다. 하지만 이러한 구분법에도 불구하고 실제로는 다양한 유형들이 결합되어 복합적인 형태로 나타나는 것이 일반적이다(이기현, 2011).

실무적 필요성에 의해 간접광고에서 상품의 노출수준에 따라 분류하기도 한다. 코바코(kobaco)는 간접광고의 노출수준을 낮은 수준의 레벨 1부터 높은 수준의 레벨 5까지 다섯 단계로 구분하여 요금을 책정하고 있다. 레벨 1은 브랜드가 배경에 노출되는 단계, 레벨 2는 브랜드와 상품이 배경에 노출되는 단계, 레벨 3은 브랜드와 상품이 배경에 노출 및 조연급 인물에 사용되는 단계, 레벨 4는 브랜드와 상품이 배경에 노출 및 조연급과 주연급 인물에 사용되는 단계이며, 레벨 5는 배경, 인물, 브랜드뿐만 아니라 에피소드나 스토리텔링 구성까지 가능한 단계를 의미한다(변상규·이수범, 2013).

2. 한국의 간접광고 제도

한국에서 간접광고는 2009년까지 엄격하게 규제되었다. 이때까지는 국내 방송법에서 '방송사업자는 방송광고와 방송프로그램이 혼동되지 아니하도록 명확하게 구분하여야 한다'고 규정함으로써 방송 프로그램 안에서 광고주의 상품이 노출되어 광고효과를 가져오는 간접광고는 프로그램과 명확하지 구분되지 않는다는 이유로 이를 원칙적으로 금지했다.

그러나 글로벌 금융위기로 광고 수익이 급감하기 시작했고 간접광고 허용이 세계적인 추세라는 점을 들어 정부는 간접광고 허용을 검토하기 시작했다.

그리하여, 2009년 7월 31일 <방송법> 개정으로 간접광고 신설규정을 추가하였으며 2010년 1월 26일 <방송법 시행령> 개정을 통해 구체적인 시행방안을 제시하였다. 그리고 그해 5월, 국내 최초로 SBS의 <인기가요>에서 SK커뮤니케이션즈의 포털사이트 '네이트' 간접광고가 2회 등장한 것을 계기로 본격적으로 도입되었다.

[그림 7-1] 우리나라 최초의 간접광고 노출화면

출처: 신용철(2013), 20쪽.

현행 국내 간접광고 제도는 허용 범위, 시간, 횟수, 또는 방법 등에 관해 <방송법 시행령> 제59조의3(간접광고)에서 자세한 기준을 제시하고 있다.

먼저, 간접광고가 허용되는 방송 프로그램의 유형은 오락과 교양 분야로 국한하였다(1항). 단, 이들 분야에 속한 프로그램이라도 '어린이를 주시청 대상으로 하는 경우'(1호), '보도·시사·논평·토론 등 객관성이나 공정성이 요구되는 방송 프로그램'(2호) 등은 간접광고를 금지하였다. 또한, 현 방송광고 품목규제를 받거나 방송광고 허용 시간을 제한받는 상품 역시 간접광고를 할 수 없도록 하였다(2항).

운용방법과 관련해서는 간접광고로 인해 방송 프로그램의 내용이나 구성에 영향을 미치지 않도록 했는데(4항 3호), 구체적으로 간접광고를 포함하고 있는 방송 프로그램은 해당 상품을 언급하거나 구매·이용을 권유하는 내용을 방송하지 않도록 했으며(4항 4호), 시청자의 시청흐름이 방해되지 않도록(4항 5호) 하였다. 간접광고의 허용시간과 크기와 관련해서는 간접광고로 상표나 로고 등 상품을 알 수 있는 표시가 노출될 경우 해당 표시의 노출시간은 간접광고가 포함된 방송 프로그램 시간의 100분의 7 이하로 제한하였으며, 간접광고의 크기는 화면의 4분의 1을 초과하지 않도록 하였다(4항의 1호).

한편, 자막 고지에 관해서는 방송 이전에 간접광고 포함 사실을 자막을 통해 표시

함으로써 시청자로 하여금 이를 명확히 알 수 있도록 해야 한다는 규정도 명시되어 있다(4항의 2호).

〈표 7-1〉 국내 방송 간접광고 제도의 현황

구분	내용	법적 근거
간접광고 허용	방송광고의 종류에 간접광고 추가	<방송법> 제73조(방송광고 등) 2항
허용 장르	교양/ 오락	<방송법 시행령> 제59조의3(간접광고) 1항
제한 장르	어린이/ 보도, 시사 논평	<방송법 시행령> 제59조의3(간접광고) 1항의 1, 2호
운용 규제	내용에 영향을 미치지 않을 것	<방송법 시행령> 제59조의3(간접광고) 4항의 3호
품목 규제	현 광고품목 규제를 받는 제품	<방송법 시행령> 제59조의3(간접광고) 2항
시간 제한	프로그램의 7/100 이하	<방송법 시행령> 제59조의3(간접광고) 3항
크기 제한	화면의 1/4 이내	<방송법 시행령> 제59조의3(간접광고) 4항의 1호
자막 고지	프로그램 시작 전에 고지	<방송법 시행령> 제59조의3(간접광고) 4항 2호

3. 해외의 간접광고 제도

매체 간 경쟁이 심화됨에 따라 방송광고 시장의 규모가 축소되자 방송산업의 적정한 재원 확보를 위해 세계 각 국은 간접광고에 대한 규제를 전반적으로 완화하는 추세이다(한규훈·문장호, 2015). 일찍부터 간접광고에 대한 규제가 거의 없었던 미국은 말할 것도 없고 그동안 간접광고에 대해 엄격한 규제를 하던 유럽의 국가들도 정도의 차이는 있지만 전반적으로 글로벌 금융위기 이후인 2008년 이후 점차 간접광고에 대한 규제를 완화하고 있는 추세이다.

1) EU(유럽국가 연합)

EU는 그동안 간접광고를 엄격히 규제하여 왔으나, 2007년 12월에 <시청각 미디

어 서비스 지침(AudioVisual Media Service Directive 2007/65/EC)>을 개정·공표하면서 제한적으로 허용하고 있다(변상규·김재철, 2010). 즉, EU는 2007년 12월에 공표된 <시청각 미디어 서비스 지침(Audiovisual Media Service Directive: AVMS)>을 통해서 방송광고에 대한 새로운 규제방침을 제시하였다. AVMS는 EU에 속한 각국 규제기관들이 변화된 미디어 환경에 대응하기 의해 기존의 <국경 없는 TV 지침(Television Without Frontiers Directive: TVWF)>을 대체하여 AVMS를 제정하여 방송광고에 대한 규제를 대폭 완화했다. 방송광고 규제에서 가장 큰 변화는 간접광고의 도입이라고 할 수 있다. AVMS는 은폐광고의 한 형태라고 말할 수 있는 간접광고를 TV 방송에서 도입하는 것을 개별 회원국들이 반대하지 않는다는 전제하에 TV 방송사들의 부분적인 도입을 허용하였다. 간접광고를 허용하게 된 배경에는 TV 방송사에 대한 새로운 수입원의 제공을 통해서 시청각 산업의 경쟁력을 증가시켜야 할 필요성이 대두되었기 때문이다(Nenova, 2007).

AVMS의 간접광고와 관련한 구체적인 조항을 살펴보면, 먼저 간접광고의 정의(제1조 제1항 m)에 대해 '간접광고는 금전적인 대가를 받고 상품, 서비스, 상표 등이 프로그램 내에 포함된 형태로 구성되어 있는 모든 광고를 의미한다'라고 규정하고 있다. 더 나아가 AVMS 제11조 제3항에는 간접광고가 가능한 장르를 명시하였는데 허용이 가능한 장르로는 극장 상영 영화, TV 상영을 위해 만들어진 영화 및 드라마, 오락 프로그램 등이다. 그러나 어린이 프로그램에서는 간접광고가 금지된다. 이외에도 간접광고 시에 준수해야 할 조건들을 제시하였는데 구체적으로 ① 방송사의 편집권을 훼손하지 않을 것, ② 직접적으로 대여 및 구입을 종용하는 내용을 포함하지 않을 것, ③ 해당 상품을 과도하게 부각시키지 않을 것, ④ 프로그램의 시작과 끝, 중간광고 이후 프로그램의 재개 시점에 해당 프로그램이 간접광고를 포함하고 있음을 명시할 것 등이다. 또한, 4항에서는 간접광고를 할 수 없는 물품을 명시하고 있는데, 담배 및 관련 제품, 처방전에 의해서만 구입할 수 있는 의약품 등이다.

2) 영국

2008년 영국의 오프컴(Ofcom)은 EU의 AVMS의 내용을 반영하여 기존 <방송 분량 및 분배에 관한 규칙(Rules on the Amount and Distribution of Advertising)>을 대체하는 <TV광고 규정(Code on the scheduling of television advertising)>을 발효하였다. 그리고 2011년 2월 28일, Ofcom은 방송사들에게 새로운 수입원을 제공할 목적으로 쇼 프

로그램과 드라마 등을 대상으로 간접광고를 허용하는 개정 Broadcasting Code를 발효시켰다. 이 규칙으로 영국에서는 BBC를 제외한 모든 공민영 방송사(Channel4 포함)에게 간접광고가 허용되었다. BBC도 수신료를 받는 BBC1, 2를 제외하고 상업채널인 BBC 월드와이드 같이 제3자가 제작하는 프로그램에도 간접광고가 허용되었다. 간접광고가 허용되는 프로그램은 영화, 드라마, 오락물, 스포츠 프로그램 등 네 가지 유형이며, 아동, 뉴스 프로그램과 영국에서 제작한 종교, 소비자 조언 프로그램, 시사 프로그램에서는 금지된다. 또한 주류와 담배, 도박, 의약품, 분유, 고당분과 고염분의 음식, 경호업체, 무기, 일반적으로 TV 광고가 허용되지 않는 상품에 대한 간접광고 역시 금지된다.

운용상의 규칙으로는 EU와 영국의 간접광고 규정에 따라 '지나치게 눈에 띄는(unduly prominent)' 방법으로 제품을 광고해서는 안되며, '일반적인 편집 기준에 어긋나지 않도록(editorially justified)'하였다. 고지와 관련해서는 간접광고를 포함하는 프로그램의 시작과 끝에는 최소 3초 동안 전용 로고를 표시하도록 하였다. 이 로고는 중간광고가 끝나고 방송 프로그램이 재개되는 시점에도 표시되어야 한다.

[그림 7-2] 영국의 간접광고 표시 로그

출처: 변상규 이수범(2013), 23쪽.

3) 프랑스

프랑스에서도 EU의 AVMS의 개정 취지를 받아들여 2009년 <커뮤니케이션 법>을 개정하여 간접광고를 허용하였다. 이 법 제14-1조는 프로그램 시작과 종료 시점, 중간광고 이후 재개 시점에 간접광고가 포함된 프로그램임을 고지하는 경우에 한해서 간접광고를 허용하였다. 간접광고에 관한 구체적인 규제는 2010년 3월 5일에 발효된 관련 의결(Délibération n° 2010－4)에 명시되었는데, 먼저 간접광고는 영화, 드라마, 뮤직비디오에서만 허용된다.

그리고 어린이를 대상으로 한 프로그램에는 간접광고가 허용되지 않는다(제4조). 또한, 제한 품목과 관련해서는 12도 이상의 알코올 음료, 담배 및 관련 제품, 의약품, 총포 및 탄약, 유아용 분유에 대해서도 간접광고가 금지된다(제5조). 간접광고에 대한 고지는 방송을 시작하고 처음 2달간은 간접광고가 포함된 프로그램임을 고지하는 표식이 프로그램 시작 후 5초간 나타난 다음, "이 프로그램은 간접광고를 포함하고 있습니다"라는 문구가 나타나야 한다. 이 문구가 사라지고 나면 프로그램 시작과 종료 시점 및 중간광고 이후 재개 시점에 1분간 다시 나타나야 하며 뮤직비디오 방송 시에는 계속해서 표시되어야 한다(제7조). 더불어, 2개월이 경과된 이후에는 위(제7조)에서 제시된 간접광고 관련 표식을 통해서 시청자들에게 해당 프로그램에 간접광고가 포함되어 있음을 고지하여야 한다(제9조)(김지현, 2010).

4) 독일

독일에서는 AVMS의 해당 조항을 수용하여 편집권과 편성에 영향을 주지 않는 한에서 제한적으로 간접광고를 허용하고 있다. 지난 2010년 독일 연방 미디어청(die medienanstalten)은 방송법에 해당하는 <방송 국가협정(Staatsvertrag fuer Rundfunk und Telemedien. Rundfunkstattsvertrag)>에서 편집권과 편성에 영향을 주지 않는 한에서 제한적으로 간접광고를 허용하였다.

독일에서 간접광고는 공영방송과 상업방송을 차등적으로 규제하고 있다. 먼저, 공영방송은 영화, 드라마, 스포츠 프로그램, 오락 프로그램에 한해서 간접광고가 허용되며(제15조 1항), 어린이 프로그램의 경우는 간접광고가 허용되지 않는다. 그러나 오락 프로그램 중에서도 소비자 정보 프로그램, 상담 프로그램(advice programms) 등 정보적 요소가 강한 프로그램은 간접광고가 불가능하다. 한편, 상업방송 역시 공영방송에서 규정된 동일한 장르에 한해서 간접광고가 허용되며(제44조 1항), 그리고 자체제작 프로그램에 대해서도 간접광고가 허용된다. 다만 정보적 요소가 강한 오락 프로그램과 지역 콘텐츠를 일부 방영하는 프로그램(regional window service)을 겸하는 경우는 간접광고가 불가능하다. 그러나 프로그램에 포함되는 것을 목적으로 무료로 제공되는 상품 및 서비스(예, 프로그램 소품이나 경품)의 경우 뉴스, 시사, 소비자 조언, 어린이, 종교 프로그램을 제외하고는 공영방송과 상업방송 공히 간접광고가 허용된다.

다른 국가와 마찬가지로 특별한 언급이나 제시 등을 통해서 간접광고 대상 상품 및 서비스의 구매 또는 이용을 직접적으로 장려할 수 없도록 제한하였다.

고지와 관련해서는 간접광고가 포함된 프로그램은 해당 사항을 방송의 시작과 종료 시점에 고지하도록 하였으며 중간광고 후 프로그램 재개 시점에도 고지가 이루어져야한다. 그러나 방송국이 직접 제작하지 않아 중간광고가 포함된 프로그램인지 명확하지 않고, 이를 알아내는데 지나치게 큰 비용이 드는 경우에는 고지 의무가 적용되지 않는다(제7조 7항). 독일 주지방매체청연합(ALM)이 마련한 가이드라인에 따르면, 간접광고에 대한 고지는 "P"자 모양의 표시를 통해 적어도 3초간 명시되어야 하며, "이 프로그램은 간접광고로 지원됨"과 같은 설명으로 보충되어야 한다(박주연, 2011).

5) 미국

미국은 간접광고에 대해서 명확한 규제를 가하고 있지 않다. 1980년 초 연방통신위원회(FCC:Federal Communications Commission)가 방송광고시간 제한 규제를 폐지한 이후 방송광고에 관한 미국의 규제는 방송 프로그램이 광고주나 특정 기업으로부터 지원을 받는 경우 이를 명시해야 한다는 규정(sponsorship identification requirement)과 프로그램 제작사가 당사의 제작 프로그램에 간접광고가 포함돼 있을 경우 이를 납품처인 방송사에 고지해야 한다는 규정 외에 별달리 존재하지 않는다. 즉, 미국의 <커뮤니케이션법(Communication Act)> 제317조와 507조에 의해 방송국은 직·간접적으로 스폰서를 통해 금전적 지원을 받을 경우 이를 방송 시간에 고지할 것을 의무로 규정하고 있는데, 이를 어길 경우 최고 10만 달러의 벌금형이나 최고 1년까지의 징역형을 받을 수 있다(이태준·정원준, 2014). 방송사가 이를 어겼을 시 FCC는 방송사와 금전적 지원을 한 회사나 개인에게 1만 달러의 벌금이나 1년까지의 징역을 부과할 수 있다. 그러나 이 조항으로 FCC가 규제를 가한 사례가 없어 실질적인 규제가 거의 없다고 볼 수 있다.

6) 일본

일본의 경우 광고에 대한 규제가 정부차원에서 이루어지지 않고 상업 방송국들의 협의기구에서 자율적으로 이루어지고 있다. 자율적 규제는 그 성격상 법적인 효력을 가지고 있지 않으며, 소속 방송국들이 규제를 따르지 않았을 경우 그에 대한 법적인 제재를 가할 수 있는 방법도 없다. 현재, 일본의 <방송법>이나 상업방송협회의 방송기준은 간접광고에 대한 규제를 하고 있지 않다. 이에 따라 방송사들은 자체 기준을 두어 간접광고를 시행하고 있는 상황이다. 다만, 2006년에 신(新) 방송 가이드라인을 제정하고, 이를 통해 방송 프로그램 중에 특정 단체 명, 개인의 이름, 직업, 상호 등이 포함되는 경우에는 이것이 프로그램 제작에 부득이 하게 꼭 필요한 요소인가를 판단하여 적용하도록 하고 있다(유승엽·정진택, 2011).

〈표 7-2〉 주요 국가의 간접광고 제도 비교

	EU	영국	프랑스	독일	한국
장르	영화, 드라마, 오락	영화, 드라마, 오락, 스포츠	영화, 드라마, 뮤직비디오	영화, 드라마, 스포츠, 오락	오락, 교양
제한 장르	어린이	어린이, 보도, 시사, 종교	어린이	어린이, 정보	어린이, 보도, 시사
품목 규제	담배, 의약품	주류, 담배, 도박, 의약품, 분유 등	주류, 담배, 의약품, 분유		주류, 담배, 분유 등
자막 고지의무	○	○	○	○	○
표시(로고) 고지의무	×	P	×	P	×

4. 간접광고의 긍정적 측면

현재의 방송제작 여건을 감안해 볼 때 적절한 수준의 간접광고는 방송 프로그램의 현실감을 제고하고 방송사와 제작사의 중요한 재원이 되어 프로그램의 품질 향상에 기여할 수 있는 필요한 제도임을 부인할 수 없을 것이다. 광고의 효율성 측면에서도 일반광고 대비 저렴한 비용 지불로 더 높은 브랜드 인지효과를 기대할 수 있다. 그럼에도 간접광고의 이면에는 프로그램 내 무리한 제품 노출로 인한 시청자의 권리 침해 등의 부정적 측면이 있는 것도 사실이다.

1) 광고시장의 활성화 기여

방송산업 재원으로서 간접광고는 방송사에 얼마나 기여를 할까? 간접광고를 도입한 가장 큰 이유 중의 하나는 방송광고 시장의 활성화를 통한 방송재원을 확보하는데 있다(노동렬 외, 2013). 또한, 음성적으로 거래되던 협찬광고를 양성화하여 거래를 투명하게 관리하기 위한 목적도 있었다. 그러나 기대에도 불구하고 현재까지 전체 광고시장

에서 간접광고가 차지하는 비중은 그리 크지 않다

간접광고 판매가 시작된 첫 해인 2010년의 경우 사실상 하반기에만 판매가 이루어져 지상파 방송 3사 전체 판매액은 약 30억 원 정도에 머물렀는데 이는 당초 판매 목표액이 300억 원의 10% 수준에 그친 것이었다. 그러나 이듬해인 2011년에는 광고업계를 상대로 충분한 판매홍보가 이루어진 덕택에 전년 대비 584%의 급성장세를 보이며 174억여 원의 실적을 나타냈다. 2012년부터 2014년까지도 간접광고 시장은 급속한 성장세가 지속되어 지상파 방송 3사의 간접광고 총 매출액은 299억(2012년) → 336억(2013년) → 413억(2014년)으로 매년 증가하였다. 하지만, 2014년을 정점으로 감소 추세가 나타났는데 2017년에는 전년 대비 1.6% 감소한 297억 원 기록하는데 그쳤다.

전체 지상파 방송광고 매출에서 간접광고가 차지하는 비중 역시 획기적으로 증가하지는 않았다. 간접광고 판매액이 많았던 2014년과 2015년에는 전체 광고 매출액 대비 2% 이상의 비중을 보였지만 전반적으로 1~2%의 낮은 수준을 보이고 있다.

반면, 간접광고가 도입되면 협찬 매출이 감소할 것이라는 전망과 달리 큰 변화 양상은 나타나지 않았다. 간접광고 매출이 높아졌던 2014년과 2015년에 협찬 매출이 다소 감소한 것을 제외하고는 전반적으로 협찬 대비 간접광고의 비중은 10% 수준에 그치고 있다.

이처럼 현재까지의 간접광고 매출현황을 살펴보면 규모면에서 간접광고의 매출이 획기적으로 증가하지 않았을 뿐더러 협찬광고가 간접광고로 유도될 것이라는 기대가

〈표 7-3〉 지상파 3사의 간접광고 매출액 및 비중　　　　　　　　　　　　　　　(단위: 억 원)

	2010	2011	2012	2013	2014	2015	2016	2017
간접광고 매출액	30	174	299	336	413	400	302	297
광고 매출액	−	−	2조 2,137억	2조 1,071억	1조 9,636억	1조 9,614억	1조 6,557억	1조 4,428억
광고 대비 간접광고 비중(%)	−	−	1.35	1.59	2.10	2.03	1.82	2.1
협찬 매출액	−	−	3,184억	2,905억	3,268억	3,595억	3,642억	3,450억
협찬 대비 간접광고 비중(%)	−	−	9.39	11.56	12.63	11.12	8.29	8.60

출처: 방송통신위원회(2019), 169−181 참고로 재구성.

현실화되고 있지 않다. 즉, 아직까지는 간접광고 시장이 활성화되고 있다고 말하기는 어려운 상황이며, 당초 협찬을 양성화하고 간접광고 비중을 확대하려고 했던 제도 개선의 취지가 무색한 상황이다. 여전히 협찬제도가 유지되고 있는 상황에서 앞으로 간접광고를 어떻게 차별화할지 그리고 전반적으로 간접광고를 활성화할 수 있는 제도적 개선이 필요함을 시사하는 대목이다.

2) 방송광고의 효율성 증가

온라인이나 모바일 등 신매체를 통한 광고가 등장하면서 광고매체의 효율성 측면에서 방송광고의 경쟁력은 점차 약화되고 있는 게 사실이다. 방송광고의 한 유형으로서 간접광고를 도입한 데는 방송광고의 효율성을 높이기 위함이다. 전통적인 직접광고에 비해 간접광고는 다음과 같은 다양한 장점을 지니고 있기 때문이다.

첫째, 프로그램 광고의 약점인 재핑(zapping) 문제를 극복할 수 있다는 점이다. 즉, 간접광고는 프로그램 내에 포함된 광고형태이므로 시청자가 회피하기 어렵고, 블록형태 광고의 혼잡도에 따른 광고효과 반감에서 자유로워 광고주에게 매력적인 효과를 지닌 광고 형태이다. 실제, 간접광고에 대한 시청자 의견을 살펴보면 상표가 노출된 간접광고 프로그램 시청자의 35.4%가 해당 브랜드를 정확하게 기억하고 있으며, 간접광고를 접한 시청자의 55%가 해당 브랜드에 대한 생각이 긍정적으로 바뀌었다고 응답했다. 또한, 응답자의 54%는 향후 해당 제품을 구매할 의사가 있는 것으로 나타났다(한국방송광고진흥공사, 2012). 광고시장의 축소로 만성적인 재원 부족에 시달리는 방송 제작사 입장에서는 효과적인 재원 조달의 수단이 될 수 있음을 유추할 수 있다.

둘째, 직접광고에 비해 소비자들의 무의식 속에 제품 또는 브랜드에 대한 거부감을 없애고 자연스럽게 받아들이게끔 하는 장점이 있다. 가령, 간접광고를 통해 텔레비전 드라마의 화려한 배경과 매력적인 등장인물 속에 배치된 제품과 브랜드는 상승효과를 발휘해 실제 이상의 품질과 이미지를 형성하게 된다. 실제로 한류 열풍으로 국내 프로그램들이 해외에서 방송되고 있는데 간접광고는 우리 브랜드와 기업이 자연스럽게 해외시장에 진출할 수 있는 통로로서 긍정적 역할을 담당하고 있다는 평가를 받고 있다.

셋째, 비용 측면에서 간접광고는 직접광고보다 훨씬 저렴하게 상품이나 서비스를 대중들에게 노출시킬 수 있다는 장점을 지닌다. 더욱이 향후 간접광고가 양방향 방송과 결합되면 티커머스(T-commerce) 등을 통해 시청구매로 이어질 가능성이 높아져 양방향 방송의 활성화에도 기여할 것으로 전망된다. 이와 함께, 간접광고는 직접광고에 비해 생명력이 길다는 점, 수용자들의 태도가 긍정적이라는 등의 장점이 있다.

5. 간접광고의 부정적 측면

이와 같은 긍정적인 시각에도 불구하고 일각에서는 간접광고가 광고와 프로그램의 구분이 어려워져 시청자를 강제로 광고에 노출시키고 시청흐름을 방해하는 등 방송의 공익성이 훼손된다는 우려도 제기한다. 간접광고에 대한 부정적 인식을 구체적으로 살펴보면 다음과 같다.

먼저, 시청자가 광고를 보지 않을 권리를 침해한다는 것이다. 시청자는 광고를 볼 수 있는 권리 못지않게 보지 않을 권리도 갖고 있음에도 불구하고 간접광고는 시청자의 광고 회피행위를 불가능하게 만들며 시청을 강요하는 문제를 지니고 있다.

둘째는 시청자에 대한 기만 가능성이다. 광고효과를 노린 의도적인 상업적 메시지인데도 시청자들은 이를 지각하지 못하고 방송 프로그램의 일부로 받아들이게 될 수 있다. 다시 말해, 직접 광고는 광고라는 것을 사전에 인지하고 이를 받아들이게 되지만 간접광고의 경우, 광고와 프로그램의 구분을 모호하게 하여 시청자들의 인식을 혼란시킴으로써 결과적으로 시청자의 권익에 부정적 영향을 미친다.

셋째는 프로그램의 다양성과 완성도를 심각히 훼손할 수 있다. 프로그램 기획과 제작 단계에서 제품이나 브랜드 등의 노출에 적합하도록 프로그램 구성이 이루어짐으로써 내용이나 흐름이 왜곡되고 불필요하거나 상황에 맞지 않는 장면이 등장하여 프로그램의 완성도가 심각하게 훼손될 수 있다(정연우, 2007). 또한 간접광고를 통한 협찬 금액을 많이 받을 수 있는 장르와 소재만이 선택될 것이며 그렇지 못한 프로그램은 아예 제작대상에서 배제될 것이라는 우려도 제기된다.

〈표 7-4〉 간접광고에 대한 긍정, 부정적 측면

특성	긍정적 평가	부정적 측면
회피 불가능성	재핑의 극복으로 효율성 증가	시청하지 않을 커뮤니케이션권의 침해
간접적 소구 방식	거부감 감소, 한류에 긍정적	시청자에 대한 기만
프로그램 질	제작비 보충으로 질적 상승가능	과도한 설정으로 프로그램 완성도 훼손

이처럼 간접광고는 시청자가 원하지 않는 커뮤니케이션을 이루어지게 하므로 시청자의 커뮤니케이션권을 침해하며, 프로그램의 완성도를 저하하고 적절한 소비를 유도한다는 점에서 방송의 공공성과 공익성을 침해할 우려를 낳고 있다.

6. 간접광고 관련 쟁점

간접광고의 법적 허용 이후, 새로운 수입원으로서 긍정적 효과도 나타났지만 기대만큼의 성장세는 나타나지 않고 있다. 그만큼 해결해야 할 과제도 많다는 것이다. 지금까지 간접광고 시행과 관련하여 제기된 제도적 문제점들로는 간접광고와 제작협찬 간 개념 구분이 모호하다는 점, 방송사와 외주제작사 간 수익 분배를 둘러싼 갈등이 야기되고 있으며 규제가 모호하다는 점 등이 거론되고 있다(김준교 외, 2012; 노동렬 외, 2013; 이희복 외, 2010).

1) 협찬제도와의 차별성

외형적으로 간접광고의 매출액이 기대만큼 성장하지 못하고 있는 데는 협찬제도와 밀접한 관계가 있기 때문이다. 즉, 국내 광고시장에서 간접광고가 합법화된 이후에도 기존의 협찬제도가 그대로 유지됨으로써 두 제도 사이의 모호한 관계 및 기능상의 유사성 문제가 해결되지 않고 있다. 더불어 협찬과 간접광고에 대한 비대칭 규제 그리고 외주제작물의 경우 광고주체인 방송사와 외주제작사 간 간접광고료 분배에 대한 이견 등 아직까지 실제적인 광고 정책으로 안착되지 못하고 있다(박주연, 2011).

먼저, 간접광고와 협찬의 매출구조는 엄연히 분리되어 있음에도 실무적인 차원에서 간접광고와 협찬을 통한 수입이 명확히 구분되지 않은 채 집계되고 있다. 일반 시청자들은 말할 것도 없고 심지어 실무 담당자들도 간접광고와 협찬이 어떻게 다른지 그 차이를 명확히 구별하지 못하고 있는 상황이다(김효규, 2013; 이희복, 2013).

현행, <방송법>(제2조 제22호)에 따르면 협찬은 '방송사업자가 제작에 관여하지 않는 자로부터 방송프로그램의 제작에 직·간접적으로 필요한 경비, 물품, 용역, 인력, 또는 장소 등을 제공받는 것'으로 정의하고 있고, 협찬고지는 '협찬주로부터 방송프로그램의 제작에 직·간접적으로 필요한 경비·물품·용역·인력 또는 장소 등을 제공받고 그 협찬주의 명칭 또는 상호 등을 고지하는 것'으로 규정되어 있다(<협찬고지 등에 관한 규칙> 제2조). 다시 말해, 협찬고지란 협찬에 대한 대가로 방송프로그램 내에서 협찬주의 명칭 또는 상호 등을 고지하는 행위로 정의된다.

2008년 개정된 <방송법> 제74조에 의하면 방송사업자는 일정 범위 내에서 협찬 고지를 할 수 있는 근거가 마련되었다. 그 범위에 대해 2011년 개정된 <방송법 시행령> 제60조는 방송사업자가 행하는 공익성 캠페인을 협찬하거나 방송사업자가 주최·주관 또는 후원하는 문화예술·스포츠 등 공익행사를 협찬하는 경우, 방송 프로그램의 제작을 협찬하는 경우, 방송 프로그램 제작과정에서 시상품이나 경품, 장소·의상·소품·정보 등을 협찬하는 경우에 협찬고지를 할 수 있다고 규정하고 있다. 그러나 정당 등 정치 단체, 광고금지 품목 사업자, 지상파의 시사·보도, 논평·시사토론 프로그램에서의 협찬은 금하고 있다.

반면, 간접광고는 '소품으로 활용할 수 있는 상품을 화면상에 노출시키는 것'으로 정의되어 있다(<방송법> 제73조). 이러한 두 제도의 정의에 따르면 제작협찬 역시 협찬 경비와 함께 제품, 용역, 또는 장소를 제공하는 대가로 노출의 기회를 얻게 되어 협찬 주로부터 제공받은 대상물은 화면상에 노출되는 것을 전제로 하여 간접광고와 별반 다르지 않다. 결국 국내의 현행 방송법상에서 간접광고와 제작협찬은 개념상 구분이 모호하며 본질적으로는 프로그램 내 노출이라는 상호 유사한 효과를 갖게 되는 셈이다.

개념상 간접광고와 협찬은 큰 차이가 없음에도 불구하고 거래구조와 수익분배에 있어서는 상이한 점이 있다. 우선 간접광고와 제작 협찬 간 거래상의 차이를 살펴보면 간접광고는 중간에 KOBACO나 민영 미디어렙 같은 판매 대행사를 거쳐 약정을 체결하고 관리를 받는 반면, 제작협찬은 제작주체와 광고주 간의 직거래 방식으로 계약이 체결된다. 따라서 제작협찬의 계약절차가 상대적으로 간소하게 되어 있다. 계약구조의 차이는 수익구조에도 연동된다. 중간에 판매 대행사를 통해 거래되는 간접광고의 수익은(외주제작사의 경우) 제작사가 간접광고를 청약해서 받은 전체 금액 중에서 대행 수수료, 수탁 수수료, 매체 사용료 등으로 30% 이상을 공제한 이후에, 남는 금액에서 50:50으로 방송사와 분배하고 있다(이희복, 2013). 반면, 제작협찬의 수익은 제작사가 100% 소유하도록 되어 있기 때문에 제작사의 협찬수익은 사실상 전부 제작비로 간주된다. 제작사들의 입장에서 보면 거래구조 및 수입배분 면에서 제작협찬이 훨씬 유리한 구조로 되어 있다. 따라서 제작사들은 대개 프로그램을 기획하는 단계에서부터 제작협찬에 참여를 희망하는 기업들을 대상으로 제작협찬을 우선적으로 약정하고, 제작협찬 참여사 중 간접광고를 원하는 기업에 한해서만 간접광고 판매를 협상한다. 이른바 '선 제작협찬, 후 간접광고' 패키지 판매를 하는 경향이 있다(노동렬 외, 2013). 이렇듯 국내의 간접광고 시장은 협찬제도와 거래주체, 거래방식, 기납부 등에 차이가 있음에도 목적(고효과 발생)이나 용도(제작비용 충당)가 유사하고 시장에서도 사실상 하나의 패키지로 판매되고 있는 상황이다.

간접광고와 제작협찬은 시장에서 하나의 패키지로 거래되고 있음에도 이렇게 서로 다른 규제를 받고 있다. 먼저 간접광고는 협찬에 비해 상대적으로 시간 및 크기와 같은 강한 형식규제를 받고 있다. 반면 협찬은 이러한 규제가 적용되지 않는다. 또한, 장르 측면에서 협찬고지는 간접광고에는 금지되어 있는 시사 보도 프로그램에서도 허용되며, 방송광고가 금지되어 있는 품목이나 시간대의 협찬도 가능하다. 규제의 정도에 차이가 있다보니 상대적으로 규제가 약한 제작협찬으로의 쏠림현상이 발생하고 있는 것이다. 예컨대, 간접광고의 매출액이 가장 높았던 지난 2014년 지상파 3사의 협찬 매출액은 3,268억 원이었으나 간접광고 수익은 413억 원으로 약 12.6% 정도에 그치고 있다.

〈표 7-5〉 간접광고와 협찬제도 비교

구 분		간접광고	협찬
유사점	목적	광고효과	광고효과
	용도	제작비용 충당(금전)	제작비용 충당(금전, 물품, 용역 등)
	형식	화면상 노출(상품 노출)	화면상 노출 가능(협찬 자막노출)
차이점	주체	방송사	방송사, 외주제작사
	거래방식	미디어렙	직거래
	규제수준	높음(시간, 회수, 장르, 품목, 시간대 제한)	낮음(시간, 횟수, 장르, 품목, 시간대 제한 받지 않음)
	형식	브랜드 로그 노출가능	브랜드 로그 노출 불가능

이처럼 간접광고 시장의 성장이 느리고 정체되어 있는 원인은 간접광고가 기존 음성적인 협찬에 비해 효과는 유사한 데 비해 상대적으로 강한 규제를 적용받기 때문이다. 다시 말해, 광고주에게는 간접광고의 대체재로서 여전히 협찬제도가 존재하는 한 간접광고의 성장에는 한계가 있을 수밖에 없는 구조인 것이다.

따라서 간접광고와 협찬제도의 차별성을 확보하고 두 제도 사이의 대체관계를 해소하는 방향으로 개선이 이루어져야 한다. 이를 위해 간접광고의 범위를 확대하여 상품, 시상품, 서비스명 등 기존 협찬상품이 프로그램에 노출되는 경우는 모두 간접광고에 포함시킬 필요가 있다. 현재, 제작협찬의 형태로 거래되는 음성적인 간접광고의 대부분이 사실 상품 노출이기 때문에 상품 노출형 협찬은 모두 간접광고로 취급해도 별 무리가 없어 보인다. 대신, 협찬제도는 제작에 필요한 물품, 장소 등을 제공하는 경우만을 협찬으로 인정하는 방향으로 허용 범위를 제한해야 한다. 외국의 경우도 간접광고와 협찬을 명확히 구분하고 있다. 영국은 프로그램 상품 노출시 이를 간접광고로 간주하여 간접광고 규제를 적용하고 있으며, 프랑스 역시 협찬주 상품의 프로그램상 노출을 금지하여 간접광고와 협찬을 엄격히 구분하고 있다(변상규·이수범, 2013).

〈표 7-6〉 간접광고와 협찬제도의 차이점

한국	영국	프랑스
프로그램 상표가 노출되지 않을 경우, 협찬 주 상품 노출 용인	프로그램상에 협찬주 상품이 노출될 경우 간접광고 규제 적용	프로그램상 협찬주 상품의 노출 금지

이처럼 협찬고지 규칙을 명확히 정립하여 범위를 명확히 규정하고 규칙위반 협찬 운영에 대해서는 규제를 엄격하게 적용해야 한다. 더 나아가 협찬제도에 대한 규제법령 없이 협찬고지만으로 규율하고 있는 현행 협찬제도의 법체계 역시 개선되어야 한다. 예컨대, <방송법>에 협찬의 정의 및 허용범위, 고지 의무 등과 같은 세부 규정을 간접광고와 같이 법령으로 규정함으로써 협찬제도의 투명성을 제고할 필요가 있다.

2) 내용규제의 자의성

간접광고가 강한 내용규제를 적용받음으로써 간접광고 시장이 활성화되지 못하고 있다는 지적도 제기되고 있다. 방송통신심의위원회가 간접광고 내용규제를 강화하여 제재가 증가하는 상황에서 방송제작 현장에서는 간접광고를 꺼려한다는 것이다. 간접광고는 여타 광고와 달리 상품을 소품으로 활용하여 노출시키는 광고의 형태를 띠기 때문에 내용심의를 함에 있어서는 법에서 허용한 범위를 넘어 광고효과를 준 부분이 있는지를 우선적으로 판단한다.

간접광고에 대한 내용규제는 <방송법 시행령> 제59조의3의 간접광고의 방법에 관한 규정에 의해 시행되는데 해당 규정들이 모호하여 객관적인 적용이 어렵다는 비판이 제기된다. 예컨대, <방송법 시행령> 4항의 3호에서 규정된 프로그램 내용이나 구성에 영향을 미치는 정도와 5항의 시청자의 시청흐름이 방해되는지의 여부는 매우 주관적인 요인이다. 특정 장면에서 해당 간접광고 관련 내용이 꼭 필요한가, 광고를 위해 필요하게 추가된 내용인가 등에 대한 객관적인 판단이 쉽지 않은 것이다. 그리고 4호에서 규정된 상품 등을 언급하거나 구매·이용을 권유하는지에 대한 판단 역시 자의적일 수밖에 없다.

한편, 이러한 모호성을 방지하고자 지난 2015년 방송통신심의위원회는 간접광고에 대한 심의규정을 다음과 같이 정비하였다. 신설된 간접광고 심의기준인 <방송심의규정> 제47조 제1항에 따르면, 간접광고는 다음 각 호의 어느 하나에 해당하는 내용으로 시청흐름을 방해해서는 안 되도록 규정하였다.

- 해당 방송프로그램의 내용전개 또는 구성과 무관한 간접광고 상품 등을 노출하여 시청흐름을 현저하게 방해하는 내용
- 간접광고 상품 등 또는 간접광고 상품명 등을 과도하게 부각하거나 반복적으로 노출하여 시청흐름을 방해하는 내용
- 간접광고 상품 등의 기능을 시현하는 장면 또는 이를 이용하는 장면을 과도하게 부각하거나 구체적으로 소개하여 시청흐름을 방해하는 내용

또한, 규정된 상품 등의 언급이 이용을 권유하는지에 대한 판단을 보다 객관화하기 위해 동조 제2항에서는 간접광고 상품 등의 노출이 다음 각 호의 어느 하나에 해당하는 내용을 방송해서는 안 되도록 규정하였다.

- 간접광고 상품명 등을 자막, 음성 또는 소품(간접광고 상품 등은 제외한다)을 통하여 구체적으로 노출·언급하는 내용
- 간접광고 상품 등에 관한 상업적 표현을 자막, 음성 또는 소품(간접광고 상품 등을 포함한다)을 통하여 구체적으로 노출·언급하는 내용
- 그 밖에 간접광고 상품 등을 연상시키는 광고문구, 음향 또는 이미지를 사용하거나 특징·장점을 묘사하는 등의 방법으로 해당 상품 등에 부적절한 광고효과를 주는 내용

이처럼 현 간접광고에 대한 심의규정은 크게 노출이 과도한지 그리고 시청흐름에 방해를 주는지에 초점이 맞추어져 있다. 그런데 실제 심의과정에서는 노골적인 광고효

과에 맞추어져 있다(황준호 외, 2016). 그 이유는 시청흐름의 적합성에 대한 판단보다는 노골적인 상품노출 여부에 대한 판단이 상대적으로 구분하기 쉽기 때문으로 풀이된다.

그러나 시청자들은 간접광고가 시청 흐름에 방해를 주고 있다는 불만을 제기한다. 예컨대, 간접광고가 시청흐름을 어느 정도 방해하는지에 대한 질문에 대해 전체 응답자의 47.5%가 '심각한 수준'이라고 답했다. 특히 응답자들의 26.9%는 '어느 정도 규제해야 한다', 3.9%는 '전면적으로 금지해야 한다'는데 각각 찬성한 것으로 나타났다(황준호 외, 2016). 따라서 간접광고의 부작용을 최소화하기 위해서는 시청흐름을 방해하는 광고의 크기나 횟수에 관한 규제나 방송 프로그램의 내용(스토리 전개, 리얼리티, 공정성, 객관성 등)에 영향을 미치는 측면에 대한 규제사항이 정교하게 정립되어야 할 것이다.

신규 재원으로 간접광고는 효율성도 높고 시청자의 거부감이 덜하다는 장점을 지니고 있기 때문에 성장의 잠재력이 큰 유형으로 평가되었다. 그럼에도 아직도 가시적인 성장이 나타나지 않는 데는 유사한 협찬제도가 존재하고 일부 프로그램 시청흐름과 맞지 않는 과도한 시도 등으로 사회적인 부정적 인식이 팽배하기 때문으로 풀이된다. 앞으로 부정적 요소는 최소화하고 성장을 유도할 수 있도록 하는 제도적 보완이 필요한 상황이다.

중간광고

Chapter 08 중간광고

중간광고는 개념적으로 프로그램이 방송되는 도중에 광고(commercial break, program in advertising)를 방송하는 형식의 광고이다. 프로그램 앞뒤에 광고가 방송되는 프로그램 광고와 달리 프로그램 도중에 광고가 방송되고 이 광고가 끝나면 계속 프로그램이 이어지는 광고이다. 법적으로는 우리나라 <방송법> 제73조에서 방송광고의 한 유형으로 중간광고를 광고의 한 종류로 제시하면서 "1개의 동일한 방송프로그램이 시작한 후부터 종료되기 전까지 사이에 그 방송프로그램을 중단하고 편성되는 광고"로 정의하고 있다. 프로그램 앞뒤에 광고가 붙는 프로그램 광고는 광고가 방송되는 도중에 리모컨을 이용해 광고를 회피하는 이른바 재핑(zapping) 현상이 발생하게 되어 광고효과가 떨어진다. 반면 중간광고는 시청자가 프로그램에 몰입되어 있는 상태에서 광고를 내보내므로 회피할 가능성이 적어 프로그램 광고에 비해 광고효과가 높은 광고로 인식된다.

우리나라에서는 현재 <방송법 시행령> 제59조의 규정에 의해 중간광고에 대한 허용기준을 제시하고 있다. 그동안 <방송법 시행령>(제 59조 2항 1호)에서는 지상파 사업자는 "중간광고는 하지 아니할 것. 다만, 운동경기, 문화·예술행사 등 그 중간에 휴식 또는 준비시간이 있는 방송프로그램을 송신하는 경우에는 휴식 또는 준비시간에 한정하여 중간광고를 할 수 있으며, 이 경우 중간광고의 횟수 및 매회 광고시간에 제한을 두지 아니한다"라고 하여 중간광고를 불허하였다. 반면, 유료 플랫폼 및 유료 채널 등에 대해서는 횟수의 범위를 정하여 그 범위 내에서 중간광고를 허용하였다. 그러나 2021년 지상파 방송사에 대한 중간광고도 유료 방송과 같은 수준으로 허용되었다.

이 장에서는 방송광고 시장에서 효율성이 높은 광고 형식으로 평가되고 있는 중간광고에 대해 도입 연혁, 중간광고의 규제 현황, 그리고 지상파 중간광고의 도입 여부를 놓고 그동안 제기되었던 사회적 논쟁점에 대해 살펴보기로 한다.

1. 중간광고의 효과

중간광고는 프로그램 전후에 광고가 방영되는 프로그램 광고와 달리 프로그램이 방영되는 중간에 광고를 배치하는 방식의 광고를 말한다(김봉철·김주영·최명일, 2010). 같은 광고일지라고 광고가 방영되는 위치에 따라 프로그램 광고와 중간광고를 구분하고 있는데 일반적으로 중간광고가 광고의 효율성이 더 높은 것으로 평가된다. 중간광고의 효과에 대해서는 그동안 여러 연구를 통해 그 효과가 검증되어 왔다. 프로그램 관여도에 따라 텔레비전 프로그램의 전후 광고와 중간광고 간 광고효과의 차이가 있는지를 규명한 한 연구에서는 방송 프로그램 중간광고가 전후에 위치한 광고보다 광고 기억에 있어서 효과가 더 뛰어난 것으로 밝혀졌다(홍종필·이영아, 2010). 한편, TV 프로그램에서의 위치에 따른 광고 효과를 살펴본 이희욱과 백병호(1998)의 탐색적 실험 연구에서도 이와 비슷한 결과가 도출되었는데, 방송 프로그램 중간에 집행된 광고를 시청한 집단이 방송 프로그램 전후에 집행된 광고를 시청한 실험 집단보다 광고효과가 더 큰 것으로 분석되었다. 또한, 광고 위치에 따라서 광고에 대한 태도, 브랜드에 대한 태도, 구매의도 측면에서의 효과를 살펴본 이재록(2005)의 중간광고 효과에 관한 실험 연구에서도 중간광고가 프로그램 전후 광고에 비해 광고 태도, 브랜드 태도, 구매 의도 등 세 가지 측면 모두에서 더 나은 효과를 보이는 것으로 나타났다.

한때 지상파 방송사에서 시행된 바 있었던 유사 중간광고인 프레미엄 광고[1](PCM: Premium Commercial Message)를 대상으로 전CM과 후CM, 그리고 중간에 방영되는 PCM 등 광고 블록에 따른 시청률의 차이를 분석한 임정일과 박현수(2017) 등의 연구에서도 PCM이 전/후 CM 시청률 대비 각 2.1배와 1.5배 더 높은 결과를 보인 것으로 밝혀졌다. 이러한 연구결과는 케이블TV에서 중간광고의 시청률이 전/후 CM 시청률 대비 1.5~2배 정도 높다고 분석한 박현수(2005)의 연구결과와 유사한 것이다.

이외에도 김재휘(1999)는 광고길이와 광고블록 길이, 광고순서, 프로그램 몰입도를 조작하여 중간광고 효과를 연구하였다. 연구결과, 광고효과는 광고 위치의 차이에는 영향을 받지 않았지만, 블록의 크기가 작을 때 시청자는 중간광고를 더 잘 기억하고 덜 지루해하는 경향을 보였다.

이처럼 중간광고가 효율성이 높은 이유로는 광고의 혼잡도가 낮기 때문으로 풀이

---

[1] 프래미엄 광고는 하나의 프로그램을 여러 개로 분리 편성해 그 사이에 광고를 끼워넣는 형태의 유사 중간광고를 말한다. 즉, 하나의 프로그램을 1부, 2부로 분리하여 그 사이에 광고를 삽입하는 것으로 지상파 방송사들이 중간광고를 불허하자 한때 PCM 광고를 대신 방영한 바 있다.

되고 있다. 중간광고는 방영 중인 프로그램 중간에 위치하기 때문에 프로그램 전후에 블록으로 광고를 내보내는 프로그램 광고 보다 더 적은 수의 광고를 내보낸다. 즉, 중간광고는 광고블록이 작아 블록 안에 배치된 광고의 수가 적기 때문에 광고 혼잡도가 낮은데, 광고 혼잡도가 높으면 광고 회상도에 부정적인 영향을 미친다(홍재욱, 1996). 따라서 중간광고는 광고의 블록이 작고 혼잡도도 낮아 광고 회상도가 상대적으로 높은 장점을 지니게 되는 것이다.

반면 중간광고에 대한 부정적인 평가도 있다. 예컨대, 중간광고와 프로그램 광고의 침입성은 정도의 차이를 보일 수 있다. 중간광고는 프로그램의 방영을 중단하고 광고를 노출하는 방식이기 때문에 수용자의 몰입을 방해할 수 있다. 김재영과 한광석(2010)은 시청자가 광고의 침입성을 높게 인지할수록 중간광고에 대해 부정적인 태도를 갖는다고 주장하였다.

2. 해외 중간광고 현황

중간광고는 여타 광고에 비해 효율성이 높은 것으로 검증되고 있기 때문에 해외 여러 국가에서는 중간광고를 대체적으로 허용하고 있는 추세이다. 미국, 캐나다, 영국, 독일, 일본, 싱가포르, 호주, 아일랜드, 노르웨이, 이탈리아, 오스트리아 등이 모두 중간

〈표 8-1〉 세계 주요국의 중간광고 제도 현황

국가	지상파		유료방송
	공영	민영	
미국	금지	전면허용	전면허용
일본	금지	전면허용	전면허용
호주	ABC금지	그 외 부분허용	전면허용	전면허용
영국	BBC금지	그 외 부분허용	부분허용	부분허용
		어린이·보도 30분당 1회씩 가능		
프랑스	사실상 금지		부분허용	부분허용
		보도·시사 금지 / 30분 이상 어린이방송 허용		
독일	부분허용	부분허용	부분허용
	종교, 어린이 프로 금지 / 보도 30분당 1회씩 가능			

광고를 포함한 광고 총량규제를 할뿐 별도로 중간광고를 금지하고 있지는 않다. 다만, 영국과 일본 등은 공영방송사에 한해 중간광고를 금지하고 있다.

먼저, 공영방송을 제외하고 유료채널과 지상파 채널에 대해 전면적으로 중간광고를 허용하는 국가로는 미국과 캐나다를 들 수 있다. 이들 국가에서는 기본적인 양적 규제 자체가 없기 때문에 중간광고와 같은 특수한 형태의 광고를 별도로 규제하지 않는다. 미국에서는 방송광고 물량을 제한하는 사업자 간 협정이 1970년대까지 있었으나 미국 법원이 불법 판결을 내림으로써 1980년대 이후 광고에 대한 모든 규제가 사라졌다. 캐나다 역시 방송 서비스 유형에 따라 광고를 허용하지 않거나 물량을 제한하지만 일반적인 방송(TV stations)에는 광고 물량을 규제하지 않으며 중간광고에 대한 구별이나 제한이 없다.

또한, 방송광고 일반에 대한 총량규제와 내용규제는 존재하나 중간광고를 별도로 분류하거나 세부 규제를 적용하지는 않는 국가들도 있다. 이들 국가에서는 중간광고 형식에 대한 구분이 없기 때문에 대부분이 중간광고를 허용한다. 유럽연합 국가 및 일본과 호주 등이 여기에 해당된다. 유럽연합 국가들의 총량규제는 현행 <시청각 미디어 서비스 훈령(Audiovisual Media Services Directive: AVMSD)>이 제시하는 기준보다 조금 높거나 낮은 수준에서 각 회원국의 관련 법령 및 규제기구의 시행세칙에 의거하여 방송광고 총량을 제한한다. EU의 시청각 미디어 서비스 훈령이 제시하는 기준은 시간당 12분이며 별도로 중간광고 규제를 적용되지 않는다. 다만, 일부 국가의 경우 공영방송에는 아예 광고가 금지된 경우가 많고, 허용되어 있다고 하더라도 총량 혹은 광고가 가능한 시간대를 제한하여 여타 방송사에 비해서는 광고물량을 낮게 유지한다.

마지막으로 중간광고를 개념적으로 구별하고 별도로 규제하는 국가들도 있다. 유럽연합 국가들 중 독일과 영국이 대표적이다. 중간광고는 프로그램과 프로그램 사이에 배치되는 지정광고(spot advertising)와 프로그램 내부광고(internal breaks)로 구분하고(정준희, 2016), 지정광고와 내부광고를 모두 합한 광고의 총량을 규제한다. 내부광고는 다양한 맥락을 고려하여 허용되는데, 프로그램의 흐름을 깨지 않는다는 원칙을 지켜야 한다. 프로그램의 흐름이 단절되는 지점(natural breaks)에서 자연스럽게 내부광고를 삽입하도록 하고 있다. 그리하여 자연스러운 단절이 포함된 스포츠는 내부광고가 허용되고 그렇지 않은 영화와 드라마 같은 프로그램은 최대한 이야기 흐름이 전환되는 시점에 제한적으로 내부광고를 허용하고 있다. 또한 일부 국가에서는 장르에 따라 내부광고를 불허하고 있다. 가령, 아동 프로그램이나 뉴스 프로그램처럼 콘텐츠의 공익성이 중요한 프로그램에서는 내부광고가 불가하다.

이처럼 중간광고를 별도로 구분하여 규제하고 있는 국가에서도 공익성격이 강한 공영방송에서는 원천적으로 금지하거나 엄격한 기준을 정하여 제한적으로 허용하고 있음을 알 수 있다.

이상과 같은 해외 사례는 공영채널에 대한 차등 규제, 그리고 시청권 보호 및 방송의 공공성을 위해 종교 및 어린이 프로그램, 그리고 시사 보도 프로그램 등 장르별 차등 규제를 고려할 필요가 있음을 시사한다.

3. 중간광고 도입 연혁 및 제도 현황

1) 중간광고 도입 연혁

2021년 7월, 지상파 방송의 중간광고가 허용되기까지 우리나라에서 중간광고는 상당 기간 금지되어 왔다. 지상파 방송만 존재했었던 1974년 정부는 과소비 방지와 에너지 절약을 명분으로 중간광고를 금지하였다. 1973년 3월, 제1차 오일쇼크가 발생하자 당시 정부는 에너지 절약과 과소비 방지차원에서 텔레비전의 낮방송을 금지하고 방송법 시행령을 통해 1974년부터 중간광고를 중단하는 조치를 취했다. 1974년 3월 9일 개정된 <방송법 시행령>(대통령령 제1634호) 제10조(광고방송)의 1항 3호는 "방송순서를 중단하는 중간광고는 할 수 없다. 다만, 라디오 방송과 텔레비전의 운동실황 중계방송에 있어서는 그러하지 아니한다"로 규정하였다(김병희, 방송문화, 2015). 이후부터 2021년까지 근 40여년 동안 지상파 방송에서 중간광고는 허용되지 않았다.

1980년대 들어 지상파 방송사들은 중간광고 허용을 요구하기는 했지만 그리 적극적이지는 않았다. 이때만 해도 광고판매가 순조로웠기 때문이다. 1989년 2월 23일 개최된 한국광고주협회 정기총회에서 중간광고 부활을 건의했으며, 1994년 KBS 1TV의 광고 폐지론이 거론되었을 때에도 광고계에서도 지상파 중간광고의 부활을 요구하기도 하였다. 1998년 1월에는 한국광고단체연합회, 한국광고주협회, 한국광고업협회, 한국방송협회의 4개 광고 및 방송관련 단체들이 공보처와 한국방송광고공사에 '방송광고 중간 CM 허용에 관한 건의문'을 제출하였다(김봉철, 2014).

지상파 중간광고에 대한 허용 요구가 본격화된 것은 2000년대 들어서이다. 2000년 통합 방송법을 통해 유료채널에 대해 중간광고가 허용된 것을 계기로 지상파 방송사들도 비대칭 규제의 불합리성을 주장하면서 중간광고 허용을 요구하기 시작했다. 이에 대해 당시 문화관광부는 2000년 3월 지상파 방송의 중간광고를 제한적으로 허용한다는 내용을 골자로 한 <방송법 시행령(안)>을 발표했으나 시민사회 등의 반발로 무산되었다. 2002년과 2003년에는 방송위원회가, 2005년과 2006년에는 문광부가 중간광고의 도입을 검토했을 때 신문사와 시민사회 등은 중간광고 도입에 대해 강력하게 반발했다(김봉철, 2004; 김봉철 외, 2010; 정걸진 김상훈, 2001).

한편, 2007년 3월에 한국방송협회, 방송 3사, 한국방송광고공사(KOBACO) 등이 주축이 된 중간광고 도입을 위한 TF가 운영되었고, 2007년 6월에 방송위원회에서 중간광고 도입과 관련한 방송광고제도 개선방안 연구용역을 실시하였다. 2007년 8월에는 지상파 방송 및 광고업계가 방송위원회에 지상파 방송 중간광고 허용 건의문을 제출하였고, 2007년 11월 당시 방송위원회에서 지상파 방송 중간광고 허용범위 확대 추진을 의결하였다. 그 주요 내용은 현행 총 방송광고 허용량 범위 내에서 허용하되, 세부 시행방안은 공청회 등을 거쳐 결정하기로 하였다.

2013년 9월에는 광고주협회와 광고산업협회에서도 광고총량제를 포함한 중간광고 허용을 건의하였고, 10월 MBC 사장단에서 중간광고 허용 건의문을 발표하기도 하였다. 2014년 8월 4일에는 방통위가 '3기 방통위 비전 및 7대 정책과제'를 발표하면서 지상파 방송의 중간광고 도입 방안을 검토하겠다고 말했지만 지상파 방송을 제외한 타 언론사 및 시민단체, 방송의 공익성을 주장하는 일부 학자들은 중간광고 도입을 반대하고 있다.

제4기 방통위 역시 지상파 방송의 재원마련을 위해 중간광고가 불가피하다는 점을 언급하고 2018년 11월 중간광고를 허용하겠다고 밝혔다. 방통위는 중간광고 허용이 필요한 이유로 지상파 광고 매출이 급감했고, 본래 지상파에도 허용됐던 중간광고가 1973년 오일쇼크를 계기로 임시로 중단된 것이고, 중간광고가 지상파에만 금지된 현실이 차별적이기에 공정경쟁을 유도할 필요가 있고, 넷플릭스 등 해외미디어 진출에 따라 국내 콘텐츠 사업 경쟁력 확보가 필요하고, 지역방송의 위기가 심화되고 있는 등의 이유를 거론하였다(금준경, 2018). 하지만 이러한 계획 역시 시민단체와 정치권의 반대로 무산되었다. 그럼에도 지상파 중간광고는 광고 수익이 지속적으로 감소하고 유사 중간광고가 난무하자 제5기 방송통신위원회는 지상파방송 중간광고 허용과 중간광고 고지 자막 크기 규정 신설 등을 주요 내용으로 하는 <방송법 시행령>을 개정하고 2021년 7월 1일부터 시행하였다. 방통위는 지상파의 중간광고 허용이 필요한 이유로 유료방송의 광고매출과 시청률은 크게 증가한 반면 지상파방송 광고매출은 급감하는 등 방송환경이 변화하였음을 전제하였다. 그리하여 매체 간 공정경쟁 환경을 조성하고, 지상파 방송의 공적기능 및 콘텐츠 제작역량 강화 등을 위해서는 중간광고에 대한 차별적 규제 해소가 필요하다고 밝혔다. 이로써 1973년 이후 금지되었던 지상파 방송의 중간광고는 유료방송과 동일한 수준으로 허용되었다.

2) 중간광고 제도 현황

지상파 중간광고의 회수, 시간 또는 방법은 기존 유료 방송의 중간광고 제도와 동일한 수준으로 적용하였다. 먼저 중간광고의 시간은 매회 1분 이하로 제한하였다(<방송법 시행령> 제 제59조 1항 나호). 다만, 운동경기, 문화·예술 행사 등 그 중간에 휴식·준비 시간이 있는 방송프로그램의 경우 휴식·준비 시간으로 한정하여 중간광고를 할 수 있으며, 이 경우 중간광고의 횟수와 매회 광고시간은 제한을 두지 않는다. 허용되는 중간광고의 횟수는 다음과 같다.

〈표 8-2〉 중간광고 허용 횟수

프로그램 시간	45분 이상~ 60분 미만	60분 이상~ 90분 미만	90분 이상~ 120분 미만	120분 이상~ 150분 미만	150분 이상~ 180분 미만	180분 이상
횟수	1회 이하	2회 이하	3회 이하	4회 이하	5회 이하	6회 이하

중간광고를 시행함에 있어서는 시청권의 훼손을 방지하기 위해 방송 프로그램의 성격(예, 보도 등 공정성이 요구되는 프로그램)과 주 시청대상(예, 어린이를 주 시청대상으로 하는 프로그램)을 고려하여 프로그램의 온전성이 훼손되거나 시청자의 시청흐름이 방해

[그림 8-1] 중간광고 고지 예시

출처: 방송통신위원회(2021). <시행령 안내 리플렛>.

되지 않도록 하였으며, 프로그램 출연자 등으로 인하여 방송 프로그램과 혼동되지 않도록 주의를 기울일 것을 촉구하였다. 또한, 중간광고가 시작되기 직전에 시청자가 중간광고가 시작됨을 명확하게 알 수 있도록 자막·음성 등으로 고지할 것을 의무화하였다.

한편, 유사 중간광고인 PCM 광고는 중간광고와 통합하여 적용하기로 하였다. 즉, 사실상 하나의 프로그램을 1, 2부로 분리하여 연속 편성하는 경우 그 프로그램 사이의 프로그램 광고, 토막광고 및 각 프로그램 중간광고는 1개의 동일한 프로그램의 중간광고로 간주하여 중간광고에 관한 시간 및 횟수를 통합하여 적용하도록 한 것이다. 예컨대, 1~2부로 나누어진 프로그램도 프로그램의 길이가 100분일 경우, 중간광고 기준에 따라 중간광고와 분리편성 광고(PCM) 광고 및 토막광고를 통합하여(하단 그림의 1+2+3을 통합) 최대 3회 1분 이내로 편성하여야 한다.

[그림 8-2] 분리편성과 중간광고 통합적용 예시

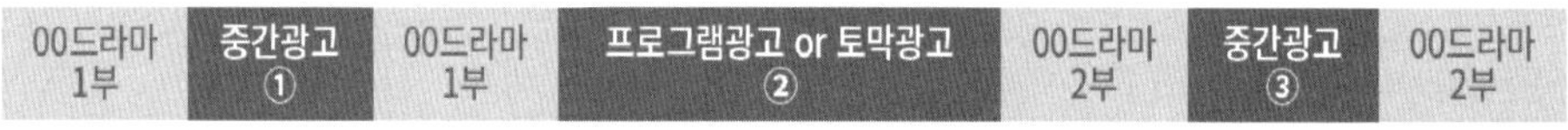

OO드라마 1부	중간광고 ①	OO드라마 1부	프로그램광고 or 토막광고 ②	OO드라마 2부	중간광고 ③	OO드라마 2부

4. 중간광고에 대한 찬반론

1) 찬성입장

그동안 지상파 방송사들을 중심으로 중간광고 허용을 요구하는 측의 주장은 대체적으로 다음과 같은 이유를 거론해 왔다.

(1) 재원확보

먼저 양질의 방송 프로그램을 제작하기 위한 재원을 확보하기 위해 중간광고가 시행되어야 한다는 주장이다. 지상파 방송의 광고시장의 규모가 축소됨에 따라 재원규모가 축소되고 이는 방송 프로그램의 제작비가 감소로 이어지고 있다. 제작비의 감소는 방송 콘텐츠의 품질저하로 연결될 수 있다는 주장이다. 사실 시청자의 시청권은 양질의 콘텐츠를 계속해서 볼 수 있는 권리이기도 하다(문철수, 2016). 지상파 방송사들은 중간광고 때문에 다소 시청흐름이 중단되어 시청권을 침해할 수 있다고 하더라도 대신 질 높은 프로그램을 공급함으로써 시청자 복지를 높일 수 있다는 것이다.

광고수익의 감소로 지상파 방송사들의 콘텐츠 품질을 좌우하는 프로그램 제작비는 실제로 최근 감소하고 있는 것으로 나타났다. 2016년을 제외하고 전체적으로 전체 방송제작비가 조금씩 감소하고 있는 가운데 특히 2017년 연간 총 제작비와 구매비는 1조 36억 원으로 2016년의 1조 1,652억 원에 비해 13.9% 감소한 것으로 나타났다. 제작 유형별로는 자체 제작비의 감소분이 특히 두드러지게 나타나는데 이러한 자체 제작비의 축소는 결과적으로 제작비 소요가 큰 장르의 편성량 축소 및 콘텐츠의 질적 저하현상으로 연결될 것이라는 우려를 낳고 있다.

〈표 8-3〉 지상파 방송 제작비 현황   (단위: 억 원)

제작유형	2012	2013	2014	2015	2016	2017	16년 대비 17년 증감률
자체제작	6,753	5,382	4,909	4,879	5,920	4,697	−20.7%
공동제작	219	106	74	35	101	113	11.5%
순수외주	4,225	4,100	4,655	4,857	5,050	4,377	−13.3%
특수관계사 외주	525	515	466	664	436	704	61.4%
국내물 구매	64	105	107	102	74	74	−0.6%
국외물 구매	112	88	74	59	71	72	0.5%
합계	11,928	10,296	10,284	10,656	11,762	10,036	−13.9%

출처: 방송통신위원회, 방송산업실태조사 보고서 각 년도.

실제 최근들어 지상파 채널들은 제작비가 많이 들어가는 드라마 수를 축소하고 있다. 전통적으로 저녁 10시대에 드라마를 편성해왔던 지상파 채널들은 2019년 들어 평일 10시대 드라마를 폐지하기 시작했는데 SBS는 월화 드라마를 이미 폐지하고 <리틀 포레스트>와 같은 예능 프로그램으로 대체했다(인세현, 2019년 8월 30일자). KBS 역시 기존 드라마 편성 시간을 70분에서 50분으로 줄이고, 광고 비수기에는 과거 드라마를 재방송하는 등의 방안을 모색하고 있는 상황이다(이정수, 2019). 드라마뿐만 아니라 지상파 방송사들은 누적된 사업손실을 만회하기 위해 2020년까지 프로그램 수를 현행 대비 90% 수준으로 축소할 계획도 세웠다(인세현, 2019). 이처럼 방송광고 시장 침체로 방송 콘텐츠의 품질 저하가 현실화되고 있기 때문에 방송콘텐츠의 질적 향상을 위해 중간광고를 허용해야 한다는 것이다.

(2) 광고 효율성 증가

그 다음으로 방송광고의 효율성을 높일 수 있다는 것이다. 현재의 프로그램 광고는 재핑(zapping) 현상으로 인해 광고를 회피하고 비실시간 방송 프로그램을 이용하는 쪽으로 시청행태가 달라지고 있다. 이런 상황에서 지상파 채널에도 중간광고를 허용함으로써 광고 시청률을 향상시켜 방송광고의 효율성을 제고해야 한다는 것이다. 경쟁채널로 부상하고 있는 유료채널에서는 중간광고를 하고 있고 많은 광고비가 유튜브 등 온라인 광고로 넘어가고 있는 상황에서 중간광고는 방송광고의 경쟁력을 높여주는 수단이 될 수 있다는 것이다. 광고를 집행하고 있는 광고주 및 광고회사측에서도 중간광고는 재핑 현상을 완화시켜 광고의 효율적인 재분배가 가능하고, 광고집행의 효율성이 높은 광고수단으로 인식하고 있다. 일반적으로 전후 CM 광고는 프로그램 시청률의 40~50%인데 비해 중간광고 시청률은 이보다 높은 80~90% 이상인 것으로 알려지고 있다.

중간광고의 시행 여부는 광고 판매액에 영향을 줄 수 있다는 분석결과도 중간광고의 필요성을 뒷받침하고 있다. 최근에 비교적 높은 시청률을 기록한 <응답하라 1988>(tvN 방영)과 <태양의 후예>(KBS2 방영) 간 광고 매출액을 비교한 분석결과에 따르면 <태양의 후예>가 <응답하라 1988>보다 시청률 및 화제성 측면에서 더 높은 기록을 보였지만 실제 광고판매 효과에서는 오히려 낮았던 것으로 추정되고 있다(홍원식, 2016). 먼저, 시청률에서 <태양의 후예>는 평균 가구 시청률 20.1%로 <응답하라 1988>의 12.1%에 비해 두 배 이상의 시청률을 보였다. 광고주들이 선호하는 20~49세 그룹의 개인 시청률 역시 <태양의 후예>가 약 두 배 높은 시청률을 기록하였다. 이슈성 및 화제성 측면에서도 SNS 분석 등을 통해 나타난 결과는 <태양의 후예>와 <응답하라 1988>이 거의 대등한 수준이었던 것으로 확인되고 있다. 하지만 실제 광고 판매액 결과를 보면, 총 16부작이었던 <태양의 후예>의 회당 광고 판매액은 약 7억 6천만 원이었던 반면, <응답하라 1998>의 경우는 회당 9억 원의 광고 판매액을 보인 것으로 나타났다. 해당 프로그램의 자체 광고 판매 매출액 외에도, 광고 판매에 흔히 적용되는 패키지 광고 유인효과에 있어서도 <응답하라 1998>이 약 3~4억 원 단가의 패키지를 성공적으로 판매하여 <태양의 후예>를 압도한 것으로 분석되었다(홍원식, 2016).

〈표 8-4〉 〈태양의 후예〉와 〈응답하라 1988〉의 광고 판매액 비교

		〈태양의 후예〉	〈응답하라 1988〉
프로그램 정보	방영채널	KBS2	tvN
	방송시기	2016. 2 – 4.(16부작)	2015. 11 – 2016. 1(20부작)
프로그램 시청률	평균 시청률	30.1%	12.1%
	20 – 49세 시청률	15.2%	8.4
광고 시청률	광고 시청률 (20 – 49세)	8.7	4.8
	중간광고 시청률 (20 – 49세)	중간광고 금지	8.4
광고 판매 성과	광고단가(15초)	1,320만원	2,250 – 2,500만원
	패키지 단가(15초)	8천만원 – 3억(마지막 4회)	3억 – 4억 원
	총 광고 판매액	122억 원	180억 원
	회당 광고 판매액	7.6억 원	9.0억 원

총 판매액: VOD 판매액 제외한 일반, 간접, 가상광고 포함금액.
출처: 홍원식(2016), p. 21을 바탕으로 재구성.

이처럼 중간광고가 금지된 〈태양의 후예〉는 높은 시청률을 기록하고 있음에도 불구하고 중간광고 판매가 가능한 〈응답하라 1988〉보다 저조한 광고 매출을 기록하고 있는데 이는 중간광고 판매 여부에 따른 차이로 추정할 수 있다. 광고주 및 광고회사에서 중간광고의 효율성이 실제 광고시장에서 작동하고 있음을 확인할 수 있는 대목이다.

(3) 시청행태

지상파 중간광고가 필요하다고 주장하는 또 다른 이유로는 중간광고가 현재의 시청행태에 적합한 광고방식이라는 점을 거론하였다. 즉, 시청자들이 프로그램에 몰입할 수 있는 시간이 30분 내외이기 때문에 중간광고를 함으로써 오히려 프로그램에 대한 시청몰입을 유도할 수 있다는 것이다. 또한, 최근 우리나라 시청자들은 이미 유료채널에서 보내고 있는 중간광고에 익숙해 있기 때문에 지상파 채널과의 차이를 느끼지 못할 것이며 중간광고에 익숙한 시청자의 시청행태가 국내 유료방송 광고 편성과 상이한 지상파 채널의 방송광고 제도는 오히려 혼선을 주고 불편함을 줄 가능성이 있다는 것이다. 그리하여 중간광고가 시청자의 시청 리듬과도 일치하는 익숙한 시청행태이기 때

문에 막상 중간광고 편성이 시행되더라도 생각보다 시청불만 현상은 크지 않을 것이라고 주장하였다.

(4) 세계적 추세

중간광고는 세계적으로도 별다른 규제 없이 허용되고 있는 운영방식이라는 점도 거론된다. 미국이나 일본 같은 방송 선진국에서는 지상파 텔레비전에 대한 중간광고 규제가 없을뿐더러 방송광고 규제가 엄격한 유럽국가에서도 지상파 텔레비전의 중간광고를 허용하고 있는 추세이다. 따라서 시청권 보호라는 명목으로 중간광고를 금지하는 것은 국제기준에도 맞지 않고 부적절하기 때문에 지상파 텔레비전에 중간광고를 허용해야 한다는 것이다.

2) 반대 입장

그러면, 그동안 중간광고를 반대하는 쪽의 입장은 어떠한가? 지상파 채널의 중간광고를 허용하면 안 된다고 주장하는 측의 논리를 요약하면 시청권을 훼손할 수 있고, 프로그램의 공공성을 저하시킬 수 있으며, 지상파로 광고가 쏠려 매체 균형발전에 부정적 영향을 미칠 수 있다는 점을 주로 거론해 왔다.

(1) 시청권 훼손

소비자 단체나 언론운동 단체들은 무엇보다도 전파의 소유권을 가진 국민의 시청권을 침해한다는 것이다. 예를 들어, 방송 프로그램을 시청하는 도중에 중간광고가 끼어들면 프로그램이 중단되고 시청 흐름이 단절되기 때문에 시청자가 아무런 방해 없이 텔레비전 프로그램을 시청할 수 있는 권리를 훼손당하게 된다는 것이다.

(2) 프로그램 질의 저하

중간에 광고를 삽입하기 때문에 광고의 효과를 극대화하기 위해 프로그램 내용에 부정적 영향을 미칠 수 있다. 실제 중간광고를 시행하고 있는 국가에서는 제작자들이 일일 드라마 등에서 일부러 다음 회에 대한 기대를 높이기 위해 과장된 결말부(cliffhanger)를 유도하거나 단일 드라마 안에서 중간광고 용도의 클라이맥스를 배치해야 하는 압박을 받고 있다(정준희, 2016). 배우들 역시 이와 같은 중간광고 용도로 만들어진 대본에 따라 "마치 끝이나는 듯하지만 보는 이들의 애를 태우는" 방식으로 연기하도록 이끌어지고 있다는것이다(Lawson, 2011. 2. 24., 정준희, 2016 재인용). 예컨대 <미드소머

살인사건(Midsommer Murders)>와 같은 범죄 드라마의 작가인 앤소니 호로위츠 (Anthony Horowitz)는 ITV가 드라마의 중간 중간에 광고를 넣기 위해 일부러 드라마를 토막살해(chopping them to death)하고 있다고 비판한 바 있다. 이처럼 중간광고는 드라마를 과도하게 극적상황으로 제작하게 유도함으로써 프로그램의 완성도에 부정적인 영향을 미치게 될 개연성이 높다. 더불어, 중간광고에 적합한 제작과 편성이 이루어지기 때문에 전반적으로 프로그램 제작의 자율성 침해당할 우려도 있다.

(3) 매체균형 발전에 부정적 영향

마지막으로 중간광고를 반대하는 측에서는 지상파 텔레비전에 중간광고가 허용될 경우, 지상파 방송광고로의 쏠림현상이 촉발된다는 점을 우려하였다. 특히 유료방송 업계와 신문업계에서는 지상파 방송에 중간광고가 도입되면 광고비가 지상파 방송에 집중하게 되어 신문, 잡지 등 인쇄매체는 말할 것도 없고 상대적으로 시청률이 열악한 케이블 채널 등의 광고비 감소가 우려된다고 주장해 왔다.

〈표 8-5〉 지상파 중간광고에 대한 찬반 입장

찬성측 주장	반대측 주장
콘텐츠 재원확보(지상파 방송사) 광고 효율성 극대화(광고 업계) 비대칭 규제 해소(학계)	시청권 및 프로그램 질 훼손(시민단체) 매체균형발전 역행(신문 및 유료방송업계)

5. 중간광고에 대한 정책 방향

현행과 같이 방송광고 유형에 따라 방송광고 시간, 하루 동안 방송되는 각 방송 프로그램의 방송 프로그램 편성시간당 방송광고 시간의 비율의 평균, 자막광고 크기 등을 결정하는 방식은 매체 융합에 따라 다양한 형식의 광고가 출현하는 현 상황에 적합하지 않다. 광고 유형을 최대한 단순화하여 총량만을 규제하는 방식으로 전환하여야 할 필요가 있다. 가령, 현재 7가지 광고유형으로 분류되어 있는 현재 방식을 프로그램 내 (內) 광고와 프로그램 외(外) 광고로 단순화하고 이 안에서 총량을 관리한다면 규제의 효율성을 높일 수 있을 것이다(홍문기, 2019; 황준호 외, 2016).

방송 프로그램의 내에서 집행되는 프로그램 내 광고는 시청자가 광고임을 인지하지 못한 채 프로그램의 내용 또는 노출되는 화면과 밀접한 관련성을 갖고 집행되는 광고를 말한다. 여기에는 상표 및 브랜드 노출을 하는 간접광고와 상표 및 브랜드 노출을 하지 않는 제작협찬, 화면 노출과 부합되도록 노출되는 가상광고, 화면의 일부에 자막을 활용하여 노출하는 자막광고가 해당된다. 반면, 프로그램 외(外) 광고는 프로그램 내용과 상관없이 집행되는 광고로 프로그램의 집행 시간적 위치를 기준으로 전·중·후 광고로 분류하는 방식이다. 현행 프로그램 광고, 중간광고 그리고 토막, 시보광고가 이러한 분류에 해당된다.

지금처럼 광고유형, 횟수, 화면크기 등 까다롭고 복잡한 방식으로 규제할 것이 아니라 방송광고의 유형을 프로그램 내 광고와 프로그램 외 광고로 단순하게 분류하고 이 내에서 전체 혹은 단위 방송 프로그램 대비 광고시간에 대한 규제를 적용하자는 것이다. 현재처럼 유형/수량/거래 규제 방식으로 복잡하고 까다롭게 규제 대상과 방식을 정하고 이것에 위배되면 엄격하게 규제하는 현재의 규제 방식은 방송광고 시장 활성화에 도움이 되지 않는다. 또한 새롭게 등장하는 다양한 형태의 신 유형 광고를 방송광고에 포함시키기 어렵게 하는 경향이 있다.

미디어 환경 변화로 온라인 광고는 급속히 성장하여 방송광고의 매출을 추월하고 있음에도 방송광고는 여전히 허용 가능한 광고의 유형을 엄격하게 지정하는 포지티브식 규제체계를 유지하고 있다. 따라서, 현행과 같은 낡은 규제체계를 개선하여 다양한 방송광고의 유형을 기본적으로 허용하고 특정 유형만 제한하는 네거티브 규제체계로 개선할 도입할 필요가 있다.

방송 협찬

Chapter 09 방송 협찬

협찬(sponsoring)은 상품이나 브랜드의 이미지와 인지도 향상을 목표로 스포츠나 문화예술, 미디어 분야 등에 대해 기업이 제공하는 재정, 물품 또는 서비스 등의 후원 행위를 의미한다(김민호, 2011, 373쪽 재인용). 방송 프로그램을 통해 행해지는 방송협찬은 제작비의 어려움을 겪고 있는 방송 프로그램 제작자에게 제작비를 보전케 하여 양질의 콘텐츠를 시청자들에게 제공한다는 취지로 도입되었다. 원래는 외주제작사들의 제작비 충당을 도와주기 위한 취지로 처음 도입되었고, 2012년부터는 방송사업자들의 자체 제작 프로그램에도 허용되었다. 현행 <방송법>에서는 협찬을 '타인으로부터 방송 프로그램의 제작에 직접적·간접적으로 필요한 경비·물품·용역·인력 또는 장소 등을 제공받고 그 타인의 명칭 또는 상호 등을 고지하는 것'으로 정의하고 있다(제2조 용어의 정의). 현재 협찬 수익이 재원의 약 10% 정도의 비중을 차지하고 있음을 고려해 볼 때 방송사업자에게 중요한 재원이 아닐 수 없다.

사실 방송협찬은 간접광고와 구분과 경계가 모호한 제도이다. 운영 측면에서의 차이점은 협찬은 광고효과를 줄 수 있도록 프로그램을 제작, 구성해서는 안 되고 프로그램이 종료된 이후 자막을 통해 협찬주의 명칭과 상호를 노출하도록 되어 있다. 반면, 간접광고는 프로그램 안에서 상품을 소품으로 활용하여 그 상품을 노출시키는 형태의 광고를 말한다. 상품을 직접 프로그램 안에서 노출시킬 수 있다는 점에서 간접광고가 협찬에 비해 보다 적극적 메시지 전달행위라 할 수 있다. 하지만 간접광고가 양성적으로 거래가 이루어지는 반면 협찬은 아직까지 제작사와 협찬사 간 음성적 거래가 이루어지는 경우가 많아 협찬 제도의 개선이 필요하다는 요구가 지속적으로 제기되어 왔다.

이 장에서는 광고와 함께 상업 방송사의 중요한 재원 역할을 담당하고 있는 방송 협찬 제도의 문제점을 파악해 보고 향후 정책을 어떻게 지향해야 하는지를 개선방안을 모색해 보기로 한다. 이에 앞서 우리나라 협찬 제도 현황과 해외 협찬 제도를 살펴보기로 한다.

1. 한국의 방송협찬 제도

방송협찬은 디지털 환경으로 방송 제작비가 급격하게 증가되는 상황에서 프로그램 제작자에게는 제작비를 보전해 주고 기업에게는 적은 비용으로 기업의 이미지를 높이기 위한 전략으로 행해지는 커뮤니케이션 행위이다. 협찬은 목표 소비자들에 대한 메시지 수용 유도와 후원하는 기업의 이미지 제고에 효과가 있어 기업의 마케팅 커뮤니케이션 믹스에서 중요한 역할을 담당한다(김민호, 2011, 373쪽 재인용). 방송협찬에서는 제작지원 계약을 통해 협찬주인 기업의 제품이나 이미지 등을 알리거나 인지도를 높이는 등 기업의 주문에 따라 이를 행하고 그에 대하여 협찬주가 대가를 지급하기로 약속하게 된다(이은영, 2010, 596쪽). 간접광고가 경비로 대가를 받는 데 비해 협찬은 대개 경비나 물품 등을 제공받는 것이 통상적이었으나 현재는 현금보상도 일반화되고 있다(홍승기, 2007, 30쪽).

우리나라에서 방송협찬은 통합 방송법이 제정되기 이전까지 1994년 12월에 방송사와 합의를 통해 만들어진 자율기준인 <텔레비전 협찬고지 방송기준 및 협찬종류별 TV협찬고지 방송기준>이 협찬고지 방송에 대한 유일한 기준으로 사용되었다(변상규·이수범, 2013). 그러다가 1999년 방송개혁위원회가 기업 자본에 의한 프로그램 오염 방지 및 불합리한 제작관행을 개선하기 위해 협찬고지 방송의 양성화 필요성을 제시하였다. 이후 2000년 통합 방송법에 협찬고지 규정이 신설되었는데 협찬은 '방송사업자로 하여금 프로그램 제작에 필요한 경비나 물품, 장소 등을 제공받아 프로그램 제작에 활용하고 대신 협찬주의 이름을 프로그램 종류시 고지할 수 있도록 하는 제도'로 정의되었다. 또, 2008년 방송법 개정을 통해 방송사업자는 대통령령이 정하는 범위 내에서 협찬고지를 할 수 있는 조항이 포함되었다.

한편, 2011년 8월 19일 개정된 방송법 시행령에서는 방송사업자가 협찬을 할 수 있는 허용 범위를 다음과 같이 네 가지로 규정하였다(<방송법 시행령> 제 60조). 허용된 범위는 a) 방송사업자가 행하는 공익성 캠페인을 협찬하는 경우, b) 방송사업자가 주최·주관 또는 후원하는 문화예술·스포츠 등 공익행사를 협찬하는 경우, c) 방송 프로그램의 제작을 협찬하는 경우, d) 방송 프로그램 제작과정에서 시상품이나 경품, 장소·의상·소품·정보 등을 협찬하는 경우에 한해 협찬고지를 할 수 있다고 규정하고 있다. 그러나 정당 등 정치단체, 광고금지 품목 사업자, 지상파의 시사·보도, 논평·시사토론 프로그램에서의 협찬은 금하고 있다. 또한, 제작협찬의 경우에는 당초에 방송사와 특수

관계에 있지 않은 외주제작사에 대해서만 허용되었다. 그러나 2012년 2월 23일 시행된 방송통신위원회의 <협찬고지에 관한 규칙>을 통해 외주 제작사뿐만 아니라 지상파 방송 3사에도 제작협찬을 허용하였다.

[그림 9-1] 협찬고지 사례

〈표 9-1〉 협찬 허용 범위

허용 사례	적용 대상 사업자	관련 근거
− 방송사업자가 행하는 공익성 캠페인 협찬	− 모든 방송사업자	− <방송법 시행령> 제60조 − <협찬고지에 관한 규칙> 제8조
− 방송사업자가 주최·주관 또는 후원하는 문화예술·스포츠 등 공익행사 협찬	− 모든 방송사업자	− <협찬고지에 관한 규칙> 제8조
− 방송 프로그램의 제작 협찬	− 외주 제작사 − 모든 방송사업자(단, 지상파 예외 범위 적용)	− <방송법 시행령> 제60조 − <협찬고지에 관한 규칙> 제8조
− 제작과정에서 시상품이나 경품, 장소·의상·소품·정보 등을 협찬	− 모든 방송사업자	− <협찬고지에 관한 규칙> 제8조

단, 지상파 방송사가 협찬고지를 허용할 수 있는 범위를 엄격하게 제한하였다. 가령, 회당 제작비가 2억 원 이상 이거나 편성 횟수가 110회 이상인 드라마 또는 4부작 이하의 단막극, 회당 제작비가 7천만 원 이상인 예능, 그리고 회당 제작비가 5천만 원 이상인 교양 프로그램에 한해 제작 협찬을 허용하였다.

2. 협찬의 비중

현재 우리나라 전체 방송 매출에서 협찬이 차지하는 비중은 대략 4.5~5% 정도이다. 지난 2019년, 전체 방송 매출액에서 광고수익이 차지하는 비중이 17%임을 감안하면 작지 않는 비중임을 알 수 있다. 다만, 협찬이 차지하는 비중은 최근 들어 점차 감소하고 있는 추세이다. 2015년 협찬의 비중은 5.1%였는데 2017년부터 하락하여 2019년 현재 4.5%까지 하락하였다.

〈표 9-2〉 협찬 수익의 변화 추이 (단위: 억 원)

구분	15년		16년		17년		18년		19년	
	매출	점유율	매출	점유율	매출	점유율	매출	점유율	매출	점유율
방송사업 매출	153,168	100.0%	158,998	100.0%	165,102	100.0%	173,039	100.0%	176,702	100.0%
① 홈쇼핑방송	32,504	21.2%	34,410	21.6%	35,669	21.6%	34,938	20.2%	37,111	21.0%
② 광고	34,736	22.7%	32,225	20.3%	31,663	19.2%	32,275	18.7%	30,009	17.0%
③ 방송수신료	34,317	22.4%	35,479	22.3%	37,912	23.0%	40,244	23.3%	41,915	23.7%
④ 프로그램판매	10,263	6.7%	12,130	7.6%	10,487	6.4%	14,340	8.3%	13,321	7.5%
⑤ 홈쇼핑송출수수료	11,347	7.4%	12,561	7.9%	14,093	8.5%	16,439	9.5%	18,278	10.3%
⑥ 프로그램 제공	8,039	5.2%	7,925	5.0%	9,025	5.5%	8,837	5.1%	9,270	5.2%
⑦ 협찬	7,748	5.1%	8,217	5.2%	7,916	4.8%	7,477	4.3%	7,948	4.5%
⑧ 단말장치대여	4,835	3.2%	5,808	3.7%	5,878	3.6%	6,544	3.8%	6,553	3.7%
⑨ 재송신	1,520	1.0%	2,298	1.4%	2,539	1.5%	3,184	1.8%	3,613	2.0%
⑩ 기타	7,860	5.1%	7,946	5.0%	9,921	6.0%	8,761	5.1%	8,684	4.9%

전체 재원에서 차지하는 협찬 수익의 비중을 매체별로 세분화하여 살펴본 결과, 지상파 방송은 전체 방송 매출액의 약 10% 정도를 유지하고 있다. 이러한 결과는 지상

파 방송사의 매출액과 광고수익이 감소하는 경향을 보이고 있는 가운데 협찬수익이 그나마 지상파 방송사의 안정적 수입원임을 보여 준다. 일반 PP의 경우도 지상파보다 높은 12%~13% 정도의 비중을 차지하고 있다.

〈표 9-3〉 협찬 재원의 비중 (단위: 억 원)

구 분		2016	2017	2018	2019
지상파	방송 매출액	39,987	36,834,0627	37,965	35,168
	협찬 매출액	4,181	4,062	3,692	3,768
	방송 매출액 대비 협찬 비중(%)	10.5	11.0	9.7	10.7
일반 PP	방송 매출액	29,399	30,946	33,326	33,672
	협찬 매출액	3,986	3,792	3,792	4,124
	방송 매출액 대비 협찬 비중(%)	13.6	12.2	11.2	12.2

3. 해외 사례

유럽에서는 <국경 없는 텔레비전 방송에 관한 유럽 협약>의 제1장 제12조에서 협찬을 방송활동이나 시청각 작품 제작에 종사하지 않는 자연인이나 법인명, 상표 또는 이미지를 증진시키려는 의도로 프로그램에 대한 직접·간접적인 재정지원에 참여하는 것으로 규정하고 있다(정연우, 2016). 그러나 협찬주가 붙은 프로그램의 내용과 편성은 협찬주의 영향에서 자유로워야 하며, 협찬받은 프로그램 내에서 협찬주 또는 제3자의 상품과 서비스를 장려할 수 없도록 하였다.

1) 유럽 연합

이러한 원칙하에 유럽 연합은 2007년에 제정한 <시청각 미디어 서비스의 지침(VAMS)>의 제1조 제1항(a)(k)에서 "협찬은 프로그램 제작 및 유통에 관여하지 않고 회사의 이름, 트레이드마크, 이미지, 활동, 상품을 보이는 것을 대가로 해당 프로그램에 재정적 지원을 하는 것"으로 정의하고 있다.

여기서 주목되는 것은 협찬은 방송사의 재정지원을 위해 허용되지만 협찬주가 프로그램에 과도한 영향력을 미치는 것을 우려하여 협찬의 부작용을 최소화하려는 규정을 있다는 점이다. 예컨대, 시청각 지침의 제10조에서 '방송사는 프로그램 협찬 사실을 시청자가 명확하게 인식할 수 있도록 이를 고지하여야 한다'라고 규정하여 시청자를 보호하는 규정을 두고 있다. 또한 시청각 지침에서는 협찬 품목 및 허용 프로그램의 유형도 제한하고 있다. 협찬사 물품 및 서비스의 직접적인 구매 권유를 금하고 있으며, 담배 관련 회사의 협찬도 금하고 있다. 제약 회사는 처방에 의해서만 이용 가능한 특정 의약 상품과 서비스를 판촉할 수 없도록 하였다. 프로그램 유형의 경우, 뉴스와 시사 프로그램은 협찬을 받을 수 없고, 어린이 프로그램, 다큐멘터리, 종교 프로그램에서는 국가별로 협찬을 금할 수 있도록 하였다(변상규·이수범, 2013).

2) 영국

영국은 EU의 서비스 지침의 내용을 반영하여 2011년 <방송 코드(Broadcasting Code)>를 개정하여 협찬을 명확히 규정하였다. 이 코드에서 협찬은 '방송사나 프로그램 제작자를 제외한 공공기업, 영리기업 또는 개인 등이 자신의 상품, 서비스, 상표 또는 활동을 홍보하려는 목적을 갖고 방송 프로그램 제작비를 지원하는 것'으로 정의하고 있다. 그리고 방송 프로그램이 협찬을 받는 경우, 방송사는 해당 프로그램 시청자가 협찬주를 알 수 있도록 고지해야 한다. 협찬고지는 협찬주의 명칭, 로고, 또는 협찬주를 상징하는 여타의 심벌로 이루어진 그림 또는 사진을 첨부할 수 있다. 한편, 2005년 이전에는 프로그램 시작시 방송되는 협찬고지는 최대 20초, 프로그램 종료시 방송되는 협찬고지는 최대 10초로 제한됐다. 협찬고지를 제외하고 프로그램 도중에 협찬주의 이름·상표·상품 등이 노출될 경우, 이는 간접광고로 간주되고 여기에 대해서는 간접광고 관련 규제가 적용된다. 그리고 협찬이 금지되는 장르는 뉴스와 시사 프로그램이며, 일반적으로 방송광고가 금지된 품목의 광고주의 협찬은 허용되지 않는다(변상규·이수범, 2013).

3) 프랑스

프랑스에서 협찬 관련 규제는 1992년 시행령(Décret n° 92－280)을 통해 이루어졌다. 시행령 제17조에 따르면 협찬은 'TV 방송 사업이나 영상작품을 제작하는 사업을 영위하지 않는 기업/공적법인/사적법인이 자사명, 자사상품 브랜드, 이미지, 사업 등을 홍보할 목적으로 TV 프로그램의 재정에 어떤 식으로든 기여하는 것'으로 정의되어 있다. 제18조에서는 방송프로그램이 협찬을 받은 경우 이와 같은 사실을 해당 방송 프로그램의 시작 또는 종료시 시청자에게 명확하게 고지하도록 하는 의무를 부과하였다. 이때 협찬주명, 기업명, 사업 분야명, 상표 및 이와 연관된 회사 로고, 상징, 사운드 효과를 포함할 수 있다. 또한, 협찬으로 인해 방송사의 책무와 편집 독립성이 침해되어서는 안 되도록 규정하였다(제18조). 협찬주의 상품 및 서비스에 대한 판매를 장려하는 행위를 해서도 안 되며, 협찬고지에 광고 슬로건을 포함할 수 없고, 상품 자체 또는 포장된 상태의 상품을 노출해서도 안 된다.

협찬이 제한된 프로그램 유형으로는 뉴스 및 시사 프로그램에 대해서는 금지되어 있다(제20조).

4) 독일

독일은 <주간방송협약> 제8조를 통해 협찬이 허용되고 있는데 다만 프로그램 시작 또는 종료시에 과도하게 길지 않고 적절한 방식으로 협찬지원 사실을 고지해야 한다. 협찬고지는 동영상(moving image) 형태로도 가능하다. 2010년 개정된 제13차 협약은 협찬주 회사명, 로고, 협찬주를 나타내는 여타 심볼 이외에, 추가적으로 협찬주의 상품 및 서비스, 이를 나타내는 유사한 표시가 노출될 수 있도록 규제를 완화하였다. 또한, 협찬 프로그램에서 협찬주의 상품 또는 서비스의 판매 등을 장려하는 것이 금지되어 있다.

협찬이 허용되는 품목과 프로그램 유형도 제한되고 있는데, 담배 제조 및 판매와 관련된 기업의 협찬은 금지되며 특정한 의약품 및 처방에 의해서만 받을 수 있는 의료 서비스의 노출도 금지된다. 프로그램의 경우, 뉴스와 정치정보 제공 프로그램의 경우 협찬이 금지되며, 어린이 프로그램과 종교 프로그램에서는 협찬주의 로고가 표시되는 것이 금지된다.

5) 시사점

이상에서 살펴본 바와 같이 해외 주요국은 광고규제 완화 추세에 따라 협찬을 허용하고 있음을 알 수 있다. 허용 장르도 시사·보도 등을 제외한 모든 장르에 대해 허용되고 있으며 품목도 담배 및 의약품을 제외하고 특별한 규제가 가해지지 않고 있다.

다만, 협찬 제도로 인해 협찬주의 영향력이 프로그램에 반영되거나 방송사의 편성권과 독립에 침해되는 것을 경계하고 있다. 그리하여 공통적으로 협찬고지 의무 규정을 두고 있고, 협찬시 상품의 노출을 엄격하게 제한하고 있다. 더불어, 직접적인 구매권유를 금지하고 있다. 예컨대, 대부분의 나라에서는 공통적으로 프로그램 종료시에 종료자막으로 협찬 사실을 고지토록 의무화하고 있다. 고지형식의 경우, 우리나라가 협찬주와 상표 고지에 한정되고 있는데 반해 협찬주명, 회사로고, 상표, 상품 등의 고지가 가능하며 심지어 동영상 고지까지 허용(독일)함으로써 더 큰 광고효과가 발생할 수 있도록 하고 있다.

또한, 우리나라는 협찬주 상품의 프로그램상 노출을 용인하고 있는데 반해 영국은 프로그램상 협찬주 상품 노출시 이를 간접광고로 간주하여 간접광고 규제를 적용하고

〈표 9-4〉 각 국의 협찬 제도 비교

	EU	영국	프랑스	독일	한국
정의	프로그램 제작 및 유통에 관여하지 않고 회사의 이름, 트레이드 마크, 이미지, 활동, 상품을 보이는 것을 대가로 해당 프로그램에 재정적 지원을 하는 것	방송사나 프로그램 제작자를 제외한 공공기업, 영리기업 또는 개인 등이 자신의 상품, 서비스, 상표 또는 활동을 홍보하려는 목적을 갖고 방송 프로그램 제작비를 지원하는 것	TV 방송 사업이나 영상작품을 제작하는 사업을 영위하지 않는 기업/공적법인/사적법인이 자사명, 자사상품 브랜드, 이미지, 사업 등을 홍보할 목적으로 TV 프로그램의 재정에 어떤 식으로든 기여하는 것	이름, 상표, 이미지, 활약이나 성과를 고양시키기 위해 직, 간접적으로 방송의 재원을 지원하는 모든 협력	타인으로부터 방송 프로그램의 제작에 직접적·간접적으로 필요한 경비·물품·용역·인력 또는 장소 등을 제공받고 그 타인의 명칭 또는 상호 등을 고지하는 것
고지 의무	○	○	○	○	○
고지 형식	–	협찬주의 명칭, 로고, 심볼	협찬주명, 기업명, 사업분야명, 상표 및 이와 연관된 회사 로고, 상징, 사운드 효과 가능	협찬주 회사명, 로고, 협찬주를 나타내는 여타 심볼, 동영상	협찬주, 로그
제한 품목	담배/ 의약품	일반 광고 제한 품목	–	담배, 의약품	방송광고가 금지된 상품
제한 장르	뉴스/시사, 어린이, 종교	뉴스/ 시사	뉴스/ 시사	뉴스/정치, 어린이, 종교	시사·보도, 논평
특이 사항	– 협찬사 물품 및 서비스의 직접적인 구매 권유를 금하	– 프로그램 중 협찬주의 이름·상표·상품 노출 금지(노출될 경우 간접광고로 간주)	– 상품 자체 또는 포장된 상태의 상품 노출 금지 – 협찬주의 상품 및 서비스에 대한 판매를 장려하는 행위 금지	– 협찬주의 상품 또는 서비스의 판매 등을 장려하는 것 금지	프로그램상 상표가 노출되지 않을 경우, 상품노출 가능 (간접광고와 유사한 효과가능)

있고, 프랑스에서도 협찬주 상품의 프로그램상 노출을 금지하여 간접광고와 협찬을 엄격히 구분하고 있음을 알 수 있다.

이러한 점은 프로그램상 노출 여부를 간접광고와 구분하는 기준으로 삼을 수 있음을 시사한다.

4. 협찬 제도의 문제점

주지하다시피, 방송협찬을 허용하고 있는 이유는 방송의 제작비가 지속적으로 상승하고 있음에도 제작비가 턱없이 부족하기 때문에 광고 이외의 새로운 재원을 제공할 수단이 필요했기 때문이다. 규제를 완화하고 폭넓게 허용하여 기업의 효율적인 마케팅 도구로 활용하고, 제작비가 늘어나면 프로그램의 질이 높아지기 때문에 결국 시청자 복지에 기여한다는 논리를 바탕으로 하고 있다.

하지만, 협찬의 범람은 시청자의 시청권을 훼손하고 프로그램의 완성도를 심각하게 훼손한다는 비판도 제기되고 있다. 협찬 제도의 부작용을 염려하여 이를 엄격하게 규제해야 한다는 공공성의 관점을 정리하면 다음과 같다(정연우, 2016).

첫째, 공공성과 공익성에 대한 침해 가능성이다. 협찬은 프로그램의 일부로 구성됨으로써 프로그램 내용에 직·간접적으로 영향을 미치기 때문에 방송의 공공성에 부정적 영향을 미친다는 것이다.

둘째, 시청자의 커뮤니케이션권을 침해한다는 것이다. 즉, 협찬과 간접광고는 시청자가 광고를 피해 나가지 못하게 하여 원하지 않는 시청을 강요케 함으로써 시청자의 권리를 침해한다는 것이다.

셋째, 시청자에 대한 기만 가능성이다. 광고효과를 노린 의도적인 상업적 메시지인데도 시청자들로 하여금 이를 지각하지 못하도록 하여 무방비로 받아들이게 한다는 것이다.

넷째, 프로그램의 다양성을 저해할 수 있다. 협찬은 시청자의 시청권을 매개로 한 제품 노출이어서 기본적으로 협찬을 많이 받을 수 있는 장르와 포맷, 소재만이 선택되고 협찬에 부적합한 프로그램은 제작기회를 박탈당할 가능성이 높다. 결과적으로 협찬이 원활한 드라마와 예능과 같은 장르의 범람으로 프로그램의 다양성에 부정적인 영향을 미칠 것이다. 프로그램의 질적 완성도나 다양성보다는 협찬의 수주 가능성이 제작 여부에 중요한 결정 요소가 된다.

마지막으로 제작되는 프로그램에서도 제품이나 브랜드 등의 노출에 적합하도록 프로그램 구성이 이루어짐으로써 내용이나 흐름이 왜곡되고 불필요하거나 상황에 맞지 않는 장면이 설정되는 등 프로그램의 완성도가 심각하게 훼손될 수 있다.

현행 협찬고지에서는 이러한 부작용을 우려하여 협찬사로 하여금 순수하게 협찬행위를 통해 방송 프로그램의 제작을 지원하려는 조직으로 상정하여 고지 외에는 어떠한 광고효과를 내지 못하도록 규정하고 있다. 하지만 실제 제작과정에서는 협찬주가 제작과정에 관여하고 프로그램의 흐름과 포맷까지 영향을 미치는 것이 현실이다. 엄연히 광고효과를 기대하고 협찬하기 때문에 협찬주는 프로그램 제작과정에 개입하여 영향을 미치게 된다.

결국, 프로그램 제작에 필요한 재원 조달과 방송의 공공성이라는 상충하는 가치가 서로 충돌하는 지점에 협찬 제도의 딜레마가 발생한다. 두 가지 가치 중에서 어느 한쪽을 선택할 수 없기 때문에 양쪽의 정도를 비교, 평가하여 사회적 부작용을 최소화하는 방향으로 규제 수위와 범위를 결정하는 문제가 중요한 이유이다.

5. 개선 방안

현재 우리나라 협찬 제도는 크게 두 가지 문제점을 지니고 있다. 첫째는 앞에서 살펴본 바와 같이 협찬이 프로그램의 내용에 영향을 미쳐 시청자를 기만할 수 있다는 점이고 둘째는 협찬과 간접광고 간 구분이 모호하여 간접광고를 협찬비용으로 처리하여 음성적 거래가 이루어지고 있다는 점이다.

1) 협찬의 법적 제도화

이러한 문제점을 개선하기 위해서는 협찬에 대한 법적 근거 마련과 관련 규정도 세심하게 정비될 필요가 있다.

현재 협찬 제도의 법적 근거는 <방송법>에서 협찬 제도가 아닌 '협찬고지'에 대한 규정을 바탕으로 하고 있다. 다시 말해, 협찬 제도 자체에 대한 개념 정의도 없고 세부 규제내용도 제시되어 있지 않았다. 이러한 점을 반영하여 방송통신위원회는 2020년 10월, 방송법 개정안을 통해 협찬에 대한 정의를 다음과 같이 신설하였다(방송통신위원회, 2020). 즉, 협찬이란 "방송프로그램의 제작 또는 공익적 성격의 행사·캠페인에 직접적·간접적으로 필요한 경비·물품·용역·인력 또는 장소 등을 제공하는 것을 말한다"

(제2조 제22호)라는 협찬에 대한 정의를 추가하였다. 이와 함께, 기존 협찬고지에 대한 정의도 "협찬고지란 협찬을 하는 자(이하 "협찬주"라 한다)로부터 협찬을 받고 협찬주의 명칭, 상호, 상품명 또는 장소명을 포함하여 그 협찬받은 사실을 고지하는 것을 말한다"라고 수정하였다.

이처럼 협찬 제도 자체에 대한 법적 근거를 마련하고 세부 규제내용도 구체적으로 제시하였다. 먼저, 협찬 금지대상 및 협찬 관련 부당행위에 관한 사항을 <방송법> 제74조를 신설하여 제시하였는데, 협찬 금지대상으로는 방송의 공정성에 영향을 줄 수 있는 정당이나 그 밖의 정치적 이해관계를 대변하는 단체의 협찬과 시사·보도·논평·시사토론 방송프로그램의 제작에 대한 협찬을 금지하였다. 또한, 협찬주가 판매하는 상품 및 용역의 구매를 권유하는 내용으로 방송프로그램을 제작하거나, 협찬 프로그램을 재방송하는 조건으로 대가를 받는 행위 등 협찬 관련 부당행위를 금지하는 내용도 신설하였다. 협찬의 허용범위 및 준수사항 등에 관한 기준을 명확히 수립하여 방송사업자 등이 그동안 횡행했던 부적절한 협찬을 받지 않도록 하고 방송의 공정성을 확보하기 위함으로 볼 수 있다.

한편, 방송 프로그램에서 협찬주가 판매하는 상품 또는 용역과 관련된 효능이나 효과 등을 다루는 방송 프로그램에 대해서는 반드시 협찬고지를 하도록 하는 '필수적 협찬고지' 규정도 신설되었다(<방송법> 제75조 신설). 이는 협찬주가 프로그램 내용에 영향을 미쳐 시청자를 기만하는 부작용을 방지하기 위한 취지로 볼 수 있다.

2) 협찬 거래의 투명성 제고

또한, 그동안 음성적으로 거래되는 협찬 제도에 대한 문제점도 개선되어야 한다. 그동안 협찬 제도는 미디어렙을 통해 투명하게 관리되는 간접광고와 달리 운영 및 회계 처리가 투명하지 않게 처리되어 편법과 위법 협찬이 만연하였다. 예컨대, 계약서는 있지만 명확하지 않은 계약으로 정산도 제대로 안하고 지급액이 줄거나 지급을 거절하는 경우도 많았다. 또한, 지상파 방송은 방송통신위원회에 제작비 검증자료를 제출하도록 되어 있지만 수입 내역도 정확히 기재하지 않았고 자료제출도 의무사항이 아니어서 제출하지 않아도 그만이었다. 심지어 PP 사업자들은 그러한 규정조차 제대로 없는 실정이다(정연우, 2016). 이러한 점을 개선하기 위해 적어도 감독기관인 방송통신위원회가 협찬주와 방송사업자 간의 협찬 거래에 관한 자료를 의무적으로 제출케 하고, 이를 근거로 조사할 수 있어야 한다는 주장도 제기되었다(최정규, 2015).

그리하여 방송법 개정안에서는 협찬 관련 자료 보관 및 제출 규정도 신설되었다. 즉, 방송사업자로 하여금 협찬 매출액 및 협찬 종류별 수입 내역과 같은 협찬 관련 자료를 5년 이상 기간 보관토록 하고 방송통신위원회가 협찬 관련 규정의 위반 여부를 조사하기 위해 자료의 제출을 요청할 경우, 방송사는 이 요청에 따르도록 하는 규정도 신설되었다(제 75조의 2).

이러한 개정안이 시행되면 협찬 관련 부당행위가 현재보다 줄어들 것으로 보이고, 협찬 관련 음성적 거래 역시 보다 투명하게 운영될 것으로 예상된다. 그럼에도 개정된 협찬 제도가 실효성을 거두기 위해서 방송통신위원회와 같은 감독기구의 지속적인 관리·감독이 뒷받침되어야 할 것이다.

3) 간접광고와의 관계 재정립

더불어, 현재 구분이 모호한 간접광고와 명확히 구분할 수 있도록 두 규제 간의 개념과 규제가 재정립될 필요가 있다.

현행 법규상 협찬과 간접광고는 분명 다르게 규정되어 있다. 제작협찬은 장소, 용역, 제품, 인력 등을 제공받아 협찬주를 고지해 주는 것이고, 간접광고는 제품을 노출시키는 대가로 광고비를 받는 것을 말한다. 형식적으로 협찬은 간접광고와 달리 제품을 노출시킬 수 없고 단지 협찬 사실만을 고지할 뿐이다. 광고효과를 거두기 위해 프로그램 안에 직접 제품을 노출시키지 않기 때문에 형식적으로 협찬은 시청자의 시청권을 훼손할 우려가 없다.

이처럼 개념상으로 두 제도가 엄연히 분리되어 있지만 실제 운용과정에서는 명확히 구분하기 어려운 것이 사실이다(이승선, 2014). 광고주의 입장에서도 협찬과 간접광고는 명확히 구분하지 않고 있다. 기본적으로 프로그램 속에서 상품을 노출시키거나 브랜드를 부각시켜 광고효과를 기대한다는 점에서 두 제도가 다를 바가 없다는 것이다. 광고효과를 의도적으로 주지 못하도록 되어 있지만 이를 구분하기가 어렵고, 협찬제공의 경우에도 제작지원 계약을 통해 광고효과를 얻기 위한 실질적인 상품과 로고 노출, 에피소드 적용 등이 가능하기 때문이다. 즉, 기대효과는 비슷한데 오히려 협찬은 간접광고에 비해 규제가 느슨하게 적용되고 있다.

먼저, 허용 범위와 관련하여 간접광고는 소품으로 상품을 노출시키는 형태의 광고로 정의하여 협소하게 규정되어 있지만 협찬고지는 경비·물품·영역·인력 또는 장소를 제공받고 명칭 또는 상호를 고지할 수 있도록 되어 있다. 그만큼 다양한 유·무형의 서비스를 제공받을 수 있도록 허용되어 있어, 제작진이나 협찬주의 입장에서는 선택의 범위가 넓기 때문에 협찬 방식을 선호하기 마련이다(정연우, 2016).

또한, 간접광고가 미디어렙을 통해 투명하게 거래내역이 공개되는데 반해 협찬은 협찬주와 제작사 간 음성적으로 제작비 거래가 가능하다. 특히 미디어렙을 통하지 않고 직접 간접광고를 판매할 수 있는 외주 제작사나 PP 사업자들은 간접광고와 협찬을 구분하지조차 않고 있다.

제작사들은 이러한 제도적 허점을 이용하여 협찬 거래가 투명하게 관리되지 않고 있다. 그리하여, 방송사들은 규제 규정이 허술한 틈을 타서 편법적인 협찬을 통해 협찬사와 음성적 거래를 하는 경우가 비일비재하고, 협찬비용과 거래내역마저 투명하게 공개되지 않아 제작환경을 혼탁하게 하고 있다. 간접광고보다는 협찬을 광고주나 제작사들은 더욱 선호하는 것은 이러한 이유 때문이다.

〈표 9-5〉 협찬 제도와 간접광고의 비교

협찬	비교	간접광고
경비·물품·용역·인력, 장소 등을 제공받고 협찬 제품을 고지해 주는 것	정의	제품을 노출시키는 대가로 광고비를 받는 것
노출 가능	상품 노출 여부	노출 가능
프로그램 종료 후 고지의무	고지 의무	프로그램 전 고지의무
협찬주/ 로고	고지 방식	프로그램 전 포함 여부 고지
직접 판매	판매방식	미디어렙을 통한 판매
규제 약함	규제 수위	규제 강함
음성적 거래 가능	거래	투명 거래

따라서 협찬과 간접광고 간 구분이 명확히 설정하는 것이 필요하다. 예컨대, 영국에서 협찬은 프로그램 중 상품 노출을 철저하게 금지하고 만약 상품이 노출될 경우 간접광고로 간주하여 관리하고 있다. 이러한 사례를 참고하여 상품의 직접적인 노출 여부를 기준으로 협찬과 간접광고를 구분하여 규제 수준 등을 차별화할 필요가 있을 것이다. 대신 협찬을 활성화하기 위해 협찬고지를 현재와 같이 협찬주 명이나 로고만을 사용할 수 있도록 제한하지 말고 기업명이나 상표, 그리고 이와 연관된 로고 및 음향 효과 등 다양한 방식의 고지를 허용하는 방식으로 협찬의 효과를 높여줄 필요가 있다.

또한, 협찬의 허용범위에서 경비에 관한 협찬을 간접광고로 이관하여 관리하는 방안도 고려해 볼 수 있다. 회계와 관련한 불투명성은 제작경비 협찬과 관련되어 있기 때문이다. 지난 2013년 최민희 의원의 안에서도 이와 비슷한 제안을 하고 있다(최민희 의원실, 2014). 즉, 협찬고지의 범위를 물품·인력·장소 등을 제공받는 것으로 한정하고, 경비를 제공받는 협찬을 간접광고로 분류하도록 하자는 것이다. 직거래를 하는 독립 제작사를 제외하고 미디어렙을 통해 방송광고를 판매하고 있는 지상파나 종편 채널의 경비협찬은 간접광고로 분류하여 미디어렙을 통해 판매하면 협찬주가 직접적으로 프로그램의 내용에 영향을 미치는 것을 차단할 수도 있고 회계도 투명하게 처리될 것이기 때문이다.

방송광고 규제

Chapter 10 방송광고 규제

다양한 광고유형 가운데 방송광고는 다른 매체의 광고에 비해 상대적으로 강한 규제가 적용된다. 이는 광고 수단으로서 방송은 기본적으로 공공재적 성격을 지니고 있으며 사회적 침투성, 강력한 전파력 그리고 사회 문화적 영향이 큰 매체로 간주되기 때문이다. 방송광고 규제가 정당화되는 이유에 대해 헌법재판소는 "방송광고는 시장적 접근을 배제하고 정부 개입 내지 규제를 정당화하는 특성도 지니고 있다. 그것은 바로 방송광고를 거래하는 매개 수단인 방송의 공공재적 성격 때문"이라고 밝히고 있다. 또한, "음성과 영상을 이용하는 방송 매체는 방송 영상의 구성, 기법, 시간 배정 또는 내용 배정에 따라 대중 조작도 가능하기 때문에 방송이 공익성·공공성이 더 강조되어 왔고, 이는 방송광고를 통제하고 규제하는 이유가 되었다"고 강조하였다(헌법재판소, 2008. 11. 27; 윤성옥, 2016 재인용, p. 64).

방송광고의 규제가 필요한 이유를 보다 구체적으로 살펴보면 다음과 같다.

첫째, 광고로 인한 방송 소비자들의 피해를 보호하기 위함이다. 시청자는 소비자를 기만하는 광고, 소비자에게 허위의 정보를 제공하는 광고, 과장하는 광고, 부당하게 다른 사업자를 비방하는 방송광고를 통해 피해를 받을 수 있다. 이러한 점을 방지하기 위해 부당한 광고정보의 제공을 금지하고 방송광고로 인한 피해가 발생할 때 법률을 통해 그러한 손해에 대해 배상할 것을 규정하고 있다.

둘째, 공익성 및 공공성의 가치를 추구하기 위함이다. 예컨대, 중소 방송사에 대한 방송광고 결합판매를 의무화한 데는 중소 방송사를 지원하여 사회적 다양성이라는 공적 가치를 지키기 위한 목적으로 볼 수 있다. 또한, <방송법> 제73조 제4항[1]에서 비상업적 공익광고를 의무적으로 제공하도록 한 것도 공공의 이익을 증진시키기 위함이다. 지상파 방송으로 하여금 직접 판매 대신 미디어 렙이라는 광고 대행사를 통해 방송광고의 판매대행을 의무화한 것 역시 판매과정에서 발생할 수 있는 광고주의 영향력을

---

1 ④ 방송사업자 및 전광판방송사업자는 공공의 이익을 증진시킬 목적으로 제작된 비상업적 공익광고를 대통령령으로 정하는 비율 이상 편성하여야 한다(<방송법> 제73조 4항).

차단하기 위한 공익적 목적을 바탕으로 한다.

셋째, 방송광고와 관련된 사업자 간에 우월적 지위를 이용하여 부당한 거래를 강요하는 행위를 억제하고 공정한 경쟁을 유도하기 위해 방송광고를 규제한다. 즉, 방송 및 방송광고 산업의 활성화를 위해서는 사업자 간 공정거래가 전제되어야 하는데 이러한 목적을 위해 부당하고 불투명한 방송광고 거래행위를 불공정행위로 규정하여 규제하고 있다.

이상과 같은 이유를 바탕으로 방송광고는 여타 매체에 비해 상대적으로 높은 수준의 규제를 받고 있다. 그럼에도 불구하고 그러한 규제가 합리적인지에 대해서는 논란이 계속되고 있다. 특히, 최근과 같이 광고 수단으로서 방송매체의 경쟁력이 약화되어 가는 상황에서 규제의 타당성에 대한 논의가 분분한 상황이다. 이 장에서는 현 방송광고 규제의 현황을 살펴보고 각 규제의 타당성 여부를 심층적으로 검토해 보기로 한다.

1. 방송광고 규제 현황

방송광고 규제는 형태적 규제, 내용규제, 품목규제 그리고 거래규제와 같이 크게 네 가지 유형으로 구분된다. 각 규제유형의 내용을 자세히 살펴보면 다음과 같다.

1) 형태적 규제

형태적 규제는 일반적인 프로그램 광고 및 기타의 다양한 광고를 형태에 따라 분류한 다음, 각각의 형식적 특성에 맞추어 차별화하는 규제이다. 우리나라에서는 <방송법> 제73조 제2항에서 방송광고의 종류를 형태에 따라 프로그램 광고, 중간광고, 토막광고, 자막광고, 시보광고, 가상광고, 간접광고 등 7개 유형으로 구분하고[2] 각각의 광고에 대한 구체적인 허용 범위, 시간, 횟수 또는 방법은 시행령에 위임하여 규제하고 있다.

2) 내용규제

내용규제는 방송광고의 내용 및 광고 표현에 관해 심의하는 것으로 방송광고 심의

---

2 2015년 <방송법 시행령> 제59조 개정으로 '프로그램 광고·중간광고·토막광고·자막광고·시보광고'를 모두 합쳐서 시간량으로 규제하는 방송광고 총량제가 도입되었다. 다만 방송법 제73조 제2항에서 방송광고를 유형별로 구분하는 근거조항은 그대로 유지되고 있다.

는 사전 자율규제와 사후 타율규제로 나눌 수 있다. 방송광고에 대해 행정기관이 사전에 타율적으로 심의하는 것은 검열에 해당하기 때문에 허용되지 않으나, <방송법> 제86조에서는 방송사업자로 하여금 자율적으로 방송광고가 방송되기 전에 이를 심의하도록 규정되어 있다.[3] 이렇게 자율적인 사전심의를 요구하는 이유는 허위나 과장된 의료광고로 인한 신체와 생명, 재산상의 피해는 회복하기 어려울 정도로 치명적일 것이기 때문이다. 사전심의 규정에 의해 현재 한국방송협회, 한국케이블TV방송협회 등 사업자단체가 방송광고 사전심의를 자율적으로 시행하고 있다. 단, 특수성이 있는 의료광고, 의료기기, 의약품, 건강기능식품, 화장품, 금융 등 특수한 광고 품목의 경우 분야별 협회가 별도의 사전심의를 수행하고 있다.[4]

한편, 방송광고가 나간 뒤 사후에 이루어지는 심의는 방송통신심의위원회가 담당하고 있다. 방송통신심의위원회는 <방송광고 심의에 관한 규정>에 따라 방송광고를 심의하여 위반할 경우 법정 제재를 가하고 있다.

3) 품목규제

품목규제는 광고 품목별로 방송에서 전면 금지되는 경우, 시간대를 제한해서 금지하는 경우, 매체별로 금지하는 경우 등이 있다(윤성옥, 2016). 우리나라의 경우, 심의 규정에서 방송광고 금지 품목을 규정하고 있는데 대표적인 금지 품목은 단란주점·유흥주점 영업, 담배, 조제분유·조제우유, 의료기관, 전문 의약품, 사설 비밀 조사업 그리고 알코올 성분 17도 이상 주류 등이다.

금지 품목 지정은 <방송법>(방송광고 심의 규정) 외에 개별법으로 방송광고를 금지하기도 한다. 가령, <국민건강증진법> 제7조에서는 '국민 건강 의식을 잘못 이끄는 광고를 한 자에 대하여 그 내용의 변경 또는 금지를 명할 수 있다'라고 규정한 후, 제2항에서 금지를 명령할 수 있는 광고 품목으로 주류 광고를 포함하고 있다. 한편, 조제유류(조제분유, 조제우유)의 경우는 <축산물위생관리법> 제32조(허위 표시 등의 금지)의 규정을 근거로, 전문 의약품은 <약사법> 제68조(과장광고 금지) 조항을 근거로 방송광고가 금지된다.

---

3 ③ 방송사업자는 방송광고가 방송되기 전에 자체적으로 심의하거나 방송통신위원회에 신고한 방송 관련 기관 또는 단체에 위탁하여 심의할 수 있다(<방송법> 제86조(자체심의)).

4 광고 품목별 심의 기관은 다음과 같다. 일반 병원 및 의료광고(대한의사협회), 치과 광고(대한치과의사협회), 한의원 광고(대한한의사협회), 의료기기(한국의료기기산업협회), 의약품(한국제약협회), 의약외품(식약청), 건강기능식품(한국건강기능식품협회), 화장품(대한화장품협회), 금융 광고(금융투자협회), 보험 상품(생명보험협회) 등이다(조재영, 2012).

〈표 10-1〉 방송광고 금지 품목 및 법적 근거

품목	법적 근거	
	방송심의 규정	개별 법
담배	<방송광고 심의 규정> 제43조(방송광고의 금지) 제2항 8호의7	<담배사업법> 제25조(담배에 관한 경고 문구의 표시 및 광고의 제한) 제2항
의료법인·의료기관	<방송광고 심의 규정> 제43조(방송광고의 금지) 제2항 8호	<의료법> 제56조(의료광고의 금지 등)
의약품, 전문의약품	<방송광고 심의 규정> 제43조(방송광고의 금지) 제2항 8호	<약사법> 제68조(과장광고 등의 금지)
주류(17도 이상)	<방송광고 심의 규정> 제43조(방송광고의 금지) 제2항 8호의13	<국민건강증진법> 제7조(광고의 금지 등)
조제분유, 조제우유	<방송광고 심의 규정> 제43조(방송광고의 금지) 제2항 8호의8	<축산물위생관리법> 제32조(허위표시 등의 금지)
젖병, 젖꼭지 제품	<방송광고 심의 규정> 제43조(방송광고의 금지) 제2항 8호의8	없음
사설비밀 조사업 및 사설탐정	<방송광고 심의 규정> 제43조(방송광고의 금지) 제2항 8호의2	<신용정보의 이용 및 보호에 관한 법률> 제40조(신용정보회사 등의 금지사항)
단란주점 및 유흥주점	<방송광고 심의 규정> 제43조(방송광고의 금지) 제2항 8호의1	<식품위생법 시행령>

출처: 윤성옥(2016), p. 49를 토대로 재구성.

4) 거래규제

거래규제는 방송광고의 거래를 제한하는 규제로 지상파 방송사로 하여금 광고를 직접 판매할 수 없도록 하고 반드시 위탁 판매하도록 거래방식을 규제한다든지[5] 지역 방송사나 중소 방송사업자와 결합판매를 의무적으로 강제하는 규제[6] 등이 여기에 해당한다.

---

5 ① 지상파방송사업자, 지상파방송채널사용사업자 또는 종합편성방송채널사용사업자(이하 "방송사업자"라 한다)는 광고판매대행자가 위탁하는 방송광고 외에는 방송광고를 할 수 없다(<방송광고 판매대행 등에 관한 법률> 제5조(방송광고의 판매대행).
6 ① 지상파방송광고를 대행하는 광고판매대행자는 네트워크 지역지상파방송사업자 및 중소지상파방송사업자의 방송광고를 다른 지상파방송사업자의 방송광고와 결합하여 판매하여야 한다(<방송광고 판매대행 등에 관한 법률> 제20조(방송광고 결합판매 지원).

가장 대표적인 방송광고 유통거래 규제는 지난 2012년에 제정된 <방송광고 판매대행 등에 관한 법률>(일명 미디어렙 법)을 통해 시행된 미디어렙 제도이다. 이 법의 제5조(방송광고의 판매대행) 1항에서는 지상파와 종편 채널 등 방송사업자는 미디어렙이 위탁하는 방송광고 외에는 방송광고를 하지 못하도록 제한하였다. 이 법은 지난 2008년 11월 헌법재판소가 한국방송광고공사(코바코)의 방송광고 독점 판매에 대해 헌법불합치 결정을 내리자 KBS, MBC, EBS 등을 공영으로 묶는 공영 미디어렙 체제를 유지하고 여타 방송사의 광고 판매는 민영 미디어렙을 통해 판매할 수 있는 법적 근거를 마련하기 위한 것이다. 이 법에 의해 지상파와 종편 채널은 직접 판매가 금지되고 미디어렙을 통해서만 광고를 판매하도록 하였고, 이 중에서 특히 KBS, MBC, EBS 등 공영 지상파 방송사는 공영 미디어렙을 통해서만 광고 판매가 가능하도록 허용하였다. 공영방송이 공영 미디어렙만을 통해 방송광고를 판매하도록 한 데 대해 헌법재판소는 "방송의 상업화 등 부작용을 방지하고 공영방송사에 대한 광고주나 특정인의 부당한 영향력 행사를 차단하여 방송의 공공성·공정성·다양성을 확보하기 위한 것으로, 공영방송사는 그 존립 근거나 운영 주체의 특성상 상대적으로 더 높은 수준의 공공성을 요구받는 것이 당연하다"고 하였다(헌법재판소, 2013. 9. 26).

거래규제의 또 다른 제도는 결합판매 제도이다. 즉, <방송광고 판매대행 등에 관한 법률>의 제20조(방송광고 결합판매 지원)에서는 지상파 미디어렙은 지역방송과 종교방송 등 중소 방송사의 방송광고를 결합하여 판매하도록 하는 결합판매를 의무화하였다. 구체적으로 직전 회계연도 5년간의 매출액 중 지역 방송사와 중소 방송사에게 결합판매된 평균 비율 이상을 결합판매하도록 강제하였다.

2. 방송광고 규제의 개선방안

이렇게 방송광고 판매에 대해 규제가 가해지는 이유를 정리해 보면 방송의 공공성, 공정성, 다양성 확보를 위함으로 볼 수 있다. 이는 <방송광고 판매대행 등에 관한 법률>의 제정 취지에서도 들어나는데 이 법의 목적(제1조)에서는 '방송광고 판매시장의 경쟁을 촉진하고, 공정한 거래질서를 확립하여 방송광고 시장 활성화와 방송의 공공성, 공익성 및 다양성 구현에 이바지함을 목적으로 한다'라고 명시하였다. 즉, 합리적인 방송광고 제도는 방송의 공익성과 공공성 구현이나 광고시장 활성화와 같은 특정 방향만을 지향하는 것이 아니라 양립적인 두 개의 가치를 조화롭게 모색하는 것이라 할 수 있다.

　　그동안 방송광고 시장이 활성화되고 광고 수주에 큰 어려움이 없었을 때는 규제를 통해 공공성과 공익성을 추구하는 것이 어느 정도 정당화되어 왔다. 하지만 최근에는 디지털 환경의 진척과 매체 간 경쟁으로 방송광고 시장에도 변화가 유발되고 있다. 변화의 가장 큰 특징은 대부분의 방송사에서 광고수익의 감소가 두드러지고 있다는 점이다. 즉, 디지털 기술의 진화와 미디어 이용행태 변화로 국내 미디어 생태계 내 경쟁이 심화됨에 따라 방송광고 시장의 침체가 지속되고 있다. 2019년 말 기준으로 국내 방송 시장 규모는 방송 매출액 기준으로 17조 6,717억 원으로 전년대비 2.1% 증가하였으나, 2010년 이후 증가율은 지속적으로 둔화되고 있고 특히 방송사의 핵심재원이라 할 수 있는 광고 매출은 전년 대비 7% 감소하였다. 특히 지상파 광고는 15.4%(2천 8억 원) 급감하였고 영업 손실 역시 2,140억 원으로 3년 연속 적자를 기록하였다(방송통신위원회, 2020). 이로 말미암아, 그간 방송 콘텐츠 제작의 핵심 주체로서 국내 방송사들의 투자 및 혁신 여력이 저하되고 있다.

　　결과적으로 방송광고 규제도 시장의 상황에 맞게 변화가 불가피한 시점임을 알 수 있다. 지금까지 논의되고 있는 제도 변화의 방향은 대체적으로 규제 완화, 규제의 합리화 그리고 신유형 광고의 제도화 등으로 요약된다.

1) 광고규제 완화

　　국내 방송시장은 최근 OTT, 1인 미디어 그리고 MCN(다중채널네크워크) 등 디지털 미디어의 확산으로 사업자 간 경쟁관계가 그 어느 때보다 치열하게 전개되고 있다. 특히, 유튜브 및 넷플릭스와 같은 글로벌 OTT의 영향력이 급격히 확대됨에 따라 국내 방송 생태계를 위협하고 있다. 넷플릭스는 콘텐츠 경쟁력과 자본력 등을 바탕으로 오리지널 콘텐츠 제작·로컬 기업과의 파트너십 체결 등을 통해 공격적으로 해외 확장을 하고 있는데 20년 9월 현재, 국내 넷플릭스 유료가입자 수는 약 330만 명으로 추산되고 있다. 게다가 디즈니플러스, AT&T의 HBO 맥스 등 글로벌 미디어 기업이 조만간 공격적으로 국내 시장에 진출할 것으로 예상되고 있다. 해외 OTT 사업자의 국내 시장 진출로 국내 제작사의 해외진출 유통 경로가 다양화되고 글로벌 OTT 서비스로의 콘텐츠 공급 확대는 분명 국내 콘텐츠 시장에 긍정적 요인이다. 하지만, 글로벌 OTT에의 자본 의존 심화 현상이 나타나고 제작 규모의 대형화 추세로 인해 중소 제작사의 제작 기회가 상실되는 등 콘텐츠 양극화 및 다양성 저하가 우려되고 있다. 더욱이, 방송 콘텐츠 제작의 핵심 주체로서 그간 방송 한류를 견인해온 국내 레가시 방송사업자들의 경영 상태를 위협하고 있다. 예컨대, 방송사의 핵심재원인 국내 광고시장에서 방송광고가 차지하는 비중은 지난 2012년 33%에서 2019년 22%로 감소하였다. 이러한 점은 경영 위기를 겪고 있는 국내 방송사업자들의 콘텐츠 경쟁을 강화를 뒷받침하기 위해서는 건전한 재원구조 마련이 필요하며 광고수단으로서의 경쟁력을 위해 그동안 강한 규제가 적용되어온 방송 분야의 광고규제 수준 전반에 대한 재검토가 필요함을 시사하고 있다. 방송이 아닌 온라인 광고는 최근 급속히 성장하여 방송광고 매출을 추월하였는데 방송광고는 여전히 세분화된 낡은 규제체계를 유지하고 있어 온라인 광고와의 경쟁에서 뒤처질 수밖에 없기 때문이다.

그리하여 복잡하고 세분화된 기존 형태적 규제는 과감하게 개선하고 광고시장 활성화를 위해 규제는 최소한으로 완화할 필요가 있다. 이를 위해서는 열거된 광고유형 외에는 금지하는 현행 포지티브 규제 대신, 금지하는 광고 외에는 모두 허용하는 네거티브 제도를 우선적으로 도입할 필요가 있다. 즉, 현재 법령상 7가지로 세분화되어 있는 방송광고의 유형을 '프로그램 내 광고'와 '프로그램 외 광고'로 단순화하여 1일 광고시간 제한은 유지하는 일일 총량제(예: 총 방송시간의 20/100)로 개편하는 것이 바람직하다.

[그림 10-1] 방송광고 규제 단순화(7개 → 2개)

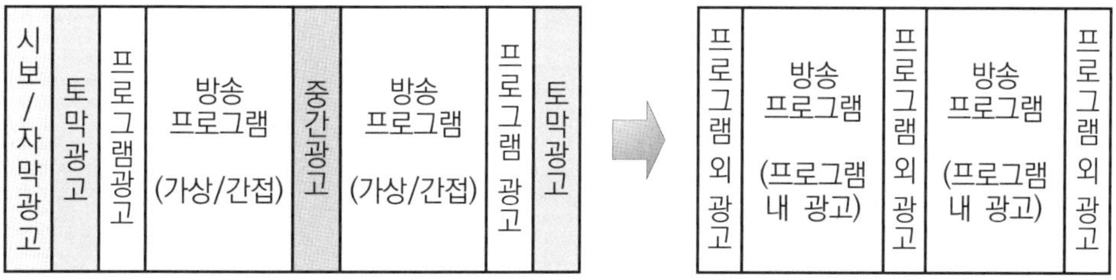

출처: 방송통신위원회(2021) 보도자료.

최근 방송통신위원회도 이러한 사회적 요구를 감안하여 현행 방송 프로그램당 광고시간 총량규제(지상파, 유료방송) 및 '방송 프로그램 광고' 시간제한(지상파)을 폐지하고 일일 총량제로 개편하겠다는 안을 발표한 바 있다(방송통신위원회, 2021. 보도자료). 이와 함께 방통위는 일정 시간대에는 광고의 종류·시간·크기 등 형태적 규제를 일시에 면제하는 이른바 "광고 프리존/샌드박스" 제도의 도입을 모색하겠다고 밝혔다. 이처럼 전체 광고 총량만을 규제하고 광고 형식과 시간은 방송사업자가 자율적으로 활용하게 함으로써 방송광고의 경쟁력을 높여주는 것이 바람직할 것이다.

2) 규제 합리화

규제완화뿐 아니라 시장의 상황변화에 맞게 불합리한 광고규제도 개선되어야 한다.

먼저, 가상·간접광고에 대한 규제도 합리적으로 개편되어야 한다. 예컨대, 현재 가상광고와 간접광고는 허용 장르가 다르게 운영되고 있는데, 가상광고는 운동경기 중계, 오락 프로그램 그리고 스포츠 보도 프로그램에 한해 허용되고 있으며, 간접광고는 어린이 및 시사보도 프로그램을 제외한 교양, 오락 프로그램에 허용되고 있다. 간접광고가 가상광고에 비해 허용 범위가 넓은 것이다. 따라서 가상광고 역시 허용 장르를 간접광고에 준하는 수준으로 확대하여 허용해 주는 것이 합리적으로 판단된다.

둘째, 미디어렙 제도도 개선되어야 한다. 현재, 디지털화가 심화되면서 방송·인터넷·모바일 등을 결합한 크로스 미디어(cross−media)의 광고가 증가하고 있다. 하지만, 현행 방송광고 판매대행 사업자(미디어렙)는 디지털 광고판매가 금지되고 있어 방송광고 판매제도의 변화에 능동적으로 대처하기 어렵게 되어 있다. 따라서 디지털 미디어 환경변화에 효과적으로 대응하기 위해서는 방송광고뿐 아니라 인터넷·모바일 영역까지 확대하여 크로스 미디어 광고가 가능한 판매기반을 마련해 줄 필요가 있다. 영국, 프랑스, 독일과 같은 해외 각국도 미디어렙이 다양한 매체의 크로스 미디어 광고판매가 허용되고 있으며 미국, 일본은 제한 없이 이종매체 간 결합판매가 가능하도록 되어 있다. 이러한 추세를 감안하여 현 광고판매 구조를 개편하여 미디어렙의 판매대상을 확대하는 방향으로 개선되는 것이 바람직하다.

마지막으로 결합판매 제도도 합리적으로 개선되어야 한다. 가장 큰 문제점은 현재 결합판매 제도가 지상파에만 부과되어 지역·중소방송 지원책으로서 실효성이 약화되고 있다는 것이다. 즉, 지상파 방송의 광고 매출 감소로 결합 대상 중소 방송사의 지원 금액이 동반 감소하여 제도의 실효성이 크지 않은 상황이다. 따라서, 지상파 방송뿐 아니라 종편 채널 및 거대 PP에게도 결합판매 의무를 부과하여 비대칭 규제를 해소하고 제도의 실효성을 거둘 필요가 있다. 더불어, 결합판매 제도는 최근 재산권과 평등권을 침해한다는 위헌확인소송이 제기되는 등 지상파 방송 및 광고주의 결합판매 기피현상이 심화되고 있다. 따라서 장기적으로 이 제도가 폐지되거나 축소될 경우에 대비하여 영세 방송사를 지원하기 위한 대체 방안, 이를테면 방송통신발전기금 등 공적재원의 확대를 통한 지원책이 강구되어야 할 것이다.

3) 신유형 광고제도 도입

전통적인 방송 프로그램 광고의 수익이 감소하는 대신 디지털 환경의 조성으로 새로운 유형의 광고수익은 점차 증가하고 있다. 비실시간 시청행태가 확대되면서 VOD 광고, 채널변경 광고(재핑 광고), 그리고 상품구매 등으로 연결되는 트리거 광고 등과 같은 새로운 유형의 광고판매가 증가하고 있는 것이다. 그럼에도 현재 이러한 신유형 광고에 대한 법적 근거가 없는 상황이다. 따라서 방송 플랫폼 사업자가 운영하는 비실시간 방송에 부가되는 신유형 광고를 활성화하고 이를 체계적으로 관리할 수 있도록 신유형 광고 규제를 위한 법적 정의도 조만간 마련되어야 할 것이다.

또한, 방송광고를 잠식하고 있는 유튜브와 같은 OTT 광고에 대한 규제방향도 조속히 수립되어야 한다. 방송매체와 OTT 간 콘텐츠 경험의 구분이 사라지고 사실상 동일 서비스로 인식되는 상황에서 방송광고와 온라인 광고의 규제 형평성을 고려한 통합 방송광고 규제체계가 마련될 필요가 있다. EU는 2018년 시청각 미디어 서비스 지침(AVMSD)을 개정하여 OTT와 같은 동영상 공유 플랫폼도 시청각 미디어 서비스의 일종으로 포섭하여 관리하고 있는데 이러한 사례를 참고하여 OTT 서비스와 방송광고가 공정경쟁을 할 수 있는 토대가 조속히 마련되어야 한다. OTT 역시 방송과 동일한 시청자와 광고재원을 놓고 경쟁하고 있기 때문이다.

제 3 부

유료방송
재원정책

재송신료

11 재송신료

전통적으로 광고수익이 주재원이었던 지상파 방송사의 재원구조가 최근 다각화되고 있다. 광고수익의 비중이 줄고 대신 직접 판매수익 및 재송신료 수익의 비중이 늘어나고 있다. 특히 유료방송 플랫폼이 지상파 콘텐츠를 재송신하는 대가로 지불하는 재송신료는 지상파의 중요한 수입원으로 부상하고 있다.

일반적으로 재송신(retransmission)[1]이란 특정 방송사(플랫폼)가 자신의 시설을 이용하여 다른 방송사의 콘텐츠를 수신하여 그대로 송출하는 것을 말한다. 예를 들어, KBS1의 프로그램을 해당 방송사가 송출하는 것이 아니라 케이블, 위성방송 그리고 IPTV와 같은 유료방송 플랫폼들이 신호를 수신하여 프로그램에 변경을 가하지 아니하고 동시에 송출하는 것[2]을 말한다. 이렇게 특정 프로그램을 재송신하는 이유는 그 프로그램이나 채널이 경제적·사회적·문화적 가치가 높거나 중요하기 때문에 보편적 접근을 보장해 주는 측면에서 다른 방송 매체를 통해 제공하는 제도라고 할 수 있다. 과거 전파(지상파)라는 송출수단 밖에 없었을 때는 제작한 프로그램을 직접 송출하였지만, 케이블이나 위성방송 그리고 IPTV와 같은 새로운 다채널 송출수단이 생겨나면서 이들 가입자에게도 공공성이 높은 지상파 프로그램을 접근할 수 있도록 제도적으로 보장한 장치인 것이다. 현재 우리나라에서는 <방송법>에서 KBS1과 EBS는 의무 재송신 대상 채널로 지정하였고[3] 이외의 지상파 채널, 즉 KBS 2TV, MBC, SBS는 당사자들 간의 자율적인 계약에 의해 재송신할 수 있도록 하였다.

---

1 재송신은 또한 재전송이라는 용어로도 사용되나 여기서는 <방송법>에서 재송신이라는 용어로 사용하고 있기 때문에 재송신이라는 용어로 통일하여 사용한다.
2 이를 동시 재송신이라 한다.
3 우리나라 <방송법>에서 규정한 의무 재송신과 관련한 조항은 다음과 같다.
제78조(재송신) ① 종합유선방송사업자·위성방송사업자(이동멀티미디어방송을 행하는 위성방송사업자를 제외한다) 및 중계유선방송사업자는 한국방송공사 및 「한국교육방송공사법」에 의한 한국교육방송공사가 행하는 지상파방송(라디오放送을 제외한다)을 수신하여 그 방송프로그램에 변경을 가하지 아니하고 그대로 동시에 재송신(이하 "同時再送信"이라 한다)하여야 한다.

재송신료란 이 과정에서 유료 플랫폼이 지상파 채널을 송출하면서 지불하는 대가이다. KBS1과 EBS 채널은 방송법상 의무 재송신 대상이라 별도의 재송신료를 지불하지 않아도 되지만 KBS2와 MBC, SBS 등은 재송신 대가를 요구할 경우 협의를 통해 지불하게 된다.

재송신료는 지상파 방송의 재원에서 재원구조의 다각화 및 신규재원의 창출이라는 측면에서 중요하다. 현재 지상파 방송은 광고시장 점유율의 하락으로 인해 새로운 재원이 필요한 상황이다. 이러한 상황에서 지상파 방송사에게 재송신료는 기존 핵심 재원인 수신료 및 광고를 대체할 새로운 재원으로서의 가능성을 지니고 있다.

이 장에서는 지상파 방송의 신규 재원으로서 재송신료가 지니는 의미와 필요성을 살펴보고 지상파 재원구조에서 적정한 재송신료의 비중 및 재송신료가 안정적인 재원으로 작동하기 위한 제도적 쟁점 및 해결 방안을 모색해 보기로 한다.

1. 신규 재원으로서 재송신료

1) 재송신 제도의 기원

재송신 제도는 처음 미국에서 등장하였다. 1980년대까지 사문화 되었던 의무 재송신 제도는 1992년 <케이블TV 소비자보호 및 경쟁법(Cable Television Consumer Protection and Competition Act of 1992)>에 의해 본격적으로 재도입되었다. 미국에서는 1980년대 규제 완화에 힘입어 케이블이 비약적인 성장을 거둔 반면 지상파 방송의 경쟁력은 상대적으로 많이 약화되었다. 예를 들어, 1970년대 지상파의 점유율은 근 90% 이상이었으나 1990년대 초반, 이러한 점유율은 60% 미만으로 하락하였다. 2003년 11월, 한때 케이블의 시청점유율은 사상 처음으로 지상파 방송을 앞선 것으로 나타나기도 하였다. 재송신 제도는 이러한 상황에서 여전히 지상파 방송의 가치를 인정하고 이를 보호하기 위해 취해진 조치였다. 개정된 의무 재송신 제도의 가장 큰 특징은 모든 지상파 채널을 의무적으로 재송신하도록 한 것이 아니라 지상파 방송사에게 의무 재송신, 재송신 동의, 재송신 불가라는 세 가지 옵션을 부여하고 이 중에서 하나를 선택하도록 하였다. 이러한 옵션을 선택하도록 한 주체는 유료방송 플랫폼이 아니라 지상파 방송사에게 부여되었다.

첫 번째 옵션은 재송신을 불가하는 것이다. 지상파 방송사들이 재송신을 허락하지 않는 것으로 이 경우 당연히 재송신 대가를 받을 수 없다.

두 번째 옵션은 의무 재송신(must-carry)이다. 이는 기존과 같이 지상파 방송사가 자신들의 채널을 의무 재송신하도록 케이블 방송사에 요구하면 케이블 방송사들은 그 채널을 의무적으로 재송신하여야 하는 것이다. 단, 이 경우 지상파 방송사들은 재송신 하는데 따른 반대급부를 요구할 수 없다.

마지막 옵션은 재송신 동의(retransmission consent)이다. 지상파 방송사가 이 옵션은 선택하면 케이블 방송사가 이 채널을 재송신 할 경우 반드시 지상파 방송사의 허락을 얻어야 한다. 허락을 얻는 과정에서 지상파 방송사는 케이블 회사에 금전적인 대가를 요구할 수 있고 이 과정에서 협상이 결렬될 경우 해당 채널은 재송신을 하지 않아도 된다. 따라서 재송신 동의는 '의무재송신(must-carry)'이 아닌 '선택 재송신(may-carry)'으로 불린다. 실제로 지상파 방송과 케이블 회사 간 협상이 결렬되어 재송신이 잠시 중단된 일도 발생했다. 지난 2000년 5월, 뉴욕과 같은 일부 대도시에서 ABC 가맹사들과 해당 지역 케이블 회사였던 Time Warner 간에 재송신 동의 조건을 놓고 협상이 결렬됨에 따라 36시간 동안 방송이 중단되는 일이 발생하기도 하였다. 두 당사자 간 협상은 대개 3년 단위로 갱신된다.

<Cable Act of 1992>를 통한 재송신 동의제도의 도입으로 인기 있는 지상파 채널들은 재송신 동의를 통해 케이블 플랫폼들로부터 대가를 제공받는 선택을 할 수 있다. 반면, 독립 지역방송사와 같은 비인기 채널들은 대가를 받는 대신 의무 재송신을 선택하여 광고 수입을 높이는 전략을 택할 수도 있다(변상규, 2009).

지상파 콘텐츠의 재송신 협상에서 이용대가의 형식은 현금과 현물보상 방식으로 구분할 수 있다(노기영, 2009). 현물보상 방식은 재송신 동의에 따른 계약에서 지불되던 초창기 방식으로 다양한 방식이 채택되고 있다. 예를 들면 케이블 방송사가 지역 뉴스 전문 채널을 만들기 위해서 지상파 방송국과 조인트 벤처 계약을 할 수 있다. 또한, 지상파 방송사가 자사 계열의 케이블 채널을 부가적으로 송출해주는 조건으로 협상을 하는 경우도 있으며, 케이블TV 고지서에 지상파 방송국의 프로모션을 동봉하거나 직접 지상파 방송을 위한 광고를 하는 방식으로 보상하기도 한다. 재송신 동의의 두 가지 보상(retransmission consent compensation)방식에서 초창기(1992~2004)에는 현물보상(In-Kind Compensation) 방식이 주를 이루었으나 이후(2005~현재)에는 현금보상(cash compensation) 방식이 주를 이루고 있다(정인숙, 2015).

현금보상 방식이 정착되면서 재송신 수익은 미국 지상파의 중요한 수익원으로 자리 잡았다. 2012년 지상파 방송사 중 재송신 수입은 매출액의 20%에서 2013년에는

24%까지로 상승하는 등(정인숙, 2015 재인용) 재송신료는 지속적으로 상승하고 있다. 가령, 가입자당 평균 재송신료는 2012년 1.95달러에서 2013년 2.49달러로 인상되었고 2018년에는 4.86달러를 돌파할 것으로 전망되었다(동향과 전망, 2013). 또한, 조사회사인 에스엔엘 카간(SNL Kagan)은 기존의 재송신료 전망을 수정하여 방송사업자들이 2020년까지 재송신료를 93억 달러까지 올릴것이고, 그것은 2014년 49억 달러의 거의 2배에 달하는 금액이라고 전망하기도 하였다(Farrell, 2014, 10, 27).

재송신료 금액이 높아지게 되자 지상파와 유료방송사 간 재송신료 분쟁도 심화되고 있다. 지난 2010년 폭스(Fox)와 타임워너 케이블(Time Warner Cable) 간 재송신료 분쟁이 있었으나 결국 타임워너 케이블이 폭스측에 가입자당 50센트의 재송신료를 지불키로 합의하였다. 또한, 2013년에는 CBS와 타임워너 케이블 간 분쟁이 발생하여 127개 방송사가 송출 중단되었고, 이후 CBS가 타임워너 케이블 가입자의 CBS 온라인 접근을 제한하기도 하였다.

한편, 우리나라 <방송법>에서도 미국과 유사한 형태로 의무 재송신 및 재송신 동의와 관련한 규정이 있다. <방송법> 제78조에는 KBS1과 EBS의 지상파 방송 프로그램에 변경을 가하지 않고 재송신하는 의무 재송신 규정이 있으며, 제76조 제1항에는 방송사업자가 다른 방송사업자에게 방송 프로그램을 공급할 때에는 공정하고 합리적인 시장가격으로 차별 없이 제공하여야 한다는 조항이 있다. 이는 직접적으로 지상파 방송사와 유료방송 플랫폼 간의 거래를 명시하고 있지 않지만 사업자 간 자율적인 콘텐츠 공급 계약에 관한 조항이라는 점에서 재송신 동의제도와 유사한 것으로 유추할 수 있다.

2) 한국의 재송신료 제도

유료방송 사업초기 우리나라에서는 플랫폼 사업자인 케이블 사업자(System Operator, 이하 SO)나 위성방송 모두 지상파 채널들을 무료로 재송신하였다. 이는 지상파 채널을 전 국민이 시청하여야 하는 무료 보편적 서비스로 인식하는 규제 당국의 정책 의지가 작용했기 때문이다. 그런데 지난 2008년부터 고화질 TV(High Definition TV, 이하 HDTV) 방송을 본격적으로 제공하면서 지상파 방송사업자들이 유료방송 사업자들에게 재송신 대가의 지급을 요구하였다. HD 콘텐츠의 가치 향상에 대한 인식과 디지털화 투자비용 부담, 증가된 제작비용 등이 영향을 미쳤을 것으로 풀이된다. 이와 함께 당시 글로벌 금융위기로 지상파 방송사의 광고수익이 감소하기 시작한 것도 또 다른 원인으로 작용하였다.

처음으로 지상파 채널에게 재송신료를 지급한 것은 위성방송이었다. 유료방송 시장에서 상대적으로 점유율이 낮은 위성방송은 지상파 방송신호 공급중단 등에 직면하자 자율협상을 통해 지상파 방송사들에게 가입자당(cost per subscriber: CPS) 월 280원의 재송신 대가를 지급하기로 합의하였다. 이로써 우리나라에도 최초로 지상파 재송신료가 도입되었다.

새로운 재원확보 수단이 필요해진 지상파 방송사들은 IPTV에게도 지상파 콘텐츠 이용대가를 요구하기 시작했다. 2008년 지상파 방송사들은 IPTV 사업자와의 콘텐츠 사용료 대가로 가입자당 재송신료를 요구하였다. 지상파 방송사와 IPTV 사업자는 과금 협상을 가입자당 280원으로 타결하는 데 성공하였다.

이후 2008년 7월부터 지상파 방송 3사는 케이블 SO에 대해서도 재송신 대가를 요구하였다. 즉 위성방송과 마찬가지로 HD 콘텐츠에 대해서는 케이블 사업자가 대가를 지불하여야 한다고 주장하였다. 그러나 케이블TV와의 협상은 결렬되었다. 당시 국내 유료방송 시장의 가입자 점유율 70% 이상을 확보하고 있는 케이블 SO들은 지상파 방송사들의 요구를 거부하였다.

그러자 지상파 3사는 케이블 SO들이 정당한 대가를 지불하지 않고 케이블 출범 초기부터 지상파 채널 재송신 혜택을 누려왔다며 2009년 소송을 제기하였다. 당시 지상파 3사는 방송법과 저작권법에 따라 창작물에 대한 저작권과 저작인접권자로서 동시 중계 방송권을 가진다고 주장하였다. 반면, 케이블 SO들은 난시청 해소로 시청권 확보에 기여하고 있으므로 대가 지불이 불필요하다고 주장하였다. 또한, 지상파 방송을 재송신하면서 지상파의 광고수익을 올리는 데 기여하였으며 지상파 재송신은 별도 송출이 아닌 수신행위의 연장으로 저작권 침해로 볼 수 없다고 주장하였다.

이 소송에 대해 서울중앙지법 민사합의 11부는 케이블 SO가 저작권법을 위반하였다며 지상파 동시 재송신 행위를 금지한다고 판결하였다. 이어 2010년 방통위가 중재에 나서 다시 협상이 시작되었으나 두 당사자 간 협상은 2011년 11월 28일 최종적으로 결렬되었다. 그러자 케이블 SO들은 의무 전송 채널인 KBS 1TV와 EBS를 제외한 KBS 2TV, MBC, SBS의 HD 방송의 송출을 중단하였다.

이후 2012년 1월 17일, 지상파 방송사는 모든 유료방송사들과 HD 디지털 가입자당 월 280원으로 계약을 체결하기로 극적으로 합의하였고 2013년 4월, 당시 HCN과 티브로드와 모두 CPS 280원에 계약을 체결하였다. 이로써 기존에 재송신료를 지불해오던

스카이라이프부터 IPTV 3사, 케이블 MSO 5개사와 재송신 계약이 마무리 됨으로써 재송신료는 지상파 방송사의 신규 재원으로 자리잡았다.

    ○ 재송신료 도입과정
- 2008 : 위성방송사와 재송신료 지급 합의(CPS 월 280원)

    2008 : IPTV 3사와도 지급합의
- 2008.7.18. : 한국방송협회, 한국케이블TV 협회에 지상파 재송신 중단 요청 공문 발송
- 2008.8~9. : MSO 임원 및 지상파 3사 정책팀장 3차례 간담회
- 2009.12.17. : 지상파 방송 3사 MSO 상대로 민형사상 고소장 접수
- 2010.9.8. : 서울중앙지법 민사합의11부는 2009년 12월18일 이후 가입한 유선방송 가입자에 대해 케이블 업체의 지상파 동시 재송신 행위를 금지한다는 판결
- 2010.10.13 : 방통위 중재
- 2010.10.28 : 지상파 방송 재송신 제도개선 전담반 개최(2011년 1월 활동 종료)
- 2012. 1. 17. : 케이블 MSO와 HD 디지털 가입자당 월 280원으로 계약을 체결하기로 합의
- 2013. 4.: HCN 및 티브로드 포함 모든 유료방송사와 계약체결 완료
- 2015. 12. 2.: 방통위, 지상파 방송이 중단된 경우 방송 유지·재개 명령 권한을 부여하는 방송법 개정
- 2016. 10. : 미래창조과학부와 방송통신위원회, 지상파 방송 재송신 협상 가이드라인 제정 발표

2. 재송신료 비중

전통적으로 우리나라 지상파 방송의 재원은 크게 공영방송 수신료와 광고 등 두 가지 재원에 의존해 왔다. 공영방송 수신료는 시청자가 직접 납부하며, 광고는 기업이 시청자를 대신하여 간접적으로 납부한다. 그런데 공영방송 수신료는 1980년 이후 월 2,500원으로 동결되어 왔으며 지상파 방송사의 광고 매출 역시 매년 감소하고 있다. 2011년에 지상파 광고 매출 2조 4,000억 원을 달성(라디오 광고 매출 포함)하였으나, 2017년에는 1조 4,000여 억 원에 그쳤다(방송통신위원회, 2018. 11.). 2018년도의 경우, 우

리나라 전체 방송광고 시장 규모는 3조 2,274억 원으로 전년 대비 1.9% 증가하였음에도 지상파 방송(지상파DMB 포함)은 오히려 1조 3,028억 원으로 전년 대비 7.9% 감소한 것이다. 전체 방송광고 시장에서 차지하는 지상파 광고 점유율도 최근 3년 연속 하락하여 40.4%로 나타났다(방송통신위원회, 2019). 이처럼 우리나라 방송산업에서 지상파 방송의 재원부족 현상은 만성화되어 가고 있다(변상규, 2019). 특히 지상파 방송의 주재원인 광고수입의 저하는 지상파 방송 사업자들로 하여금 신규 수익원의 창출을 요구하는 압박요인으로 작용하였다. 그러한 신규 수입 중의 하나가 바로 재송신료라 할 수 있다.

지상파 방송의 새로운 재원으로 등장한 재송신 매출액 규모는 꾸준히 증가하고 있다. 2011년 29억 원 수준이었던 재송신 매출액 규모는 2015년 1,520억 원으로 늘어나 연평균 성장률 169%의 빠른 성장을 기록했다. 2018년 현재, 3,184억으로 증가하였다. 더불어, 지상파 재원구조에도 많은 변화가 이루어지고 있다. 방송사업 매출에서 광고 매출이 차지하는 비중은 지난 10년 동안 지속적으로 감소하였고 대신 신규 재원이라 할 수 있는 프로그램 판매 매출이나 재송신료 비중이 증가하고 있다. 재송신 재송신료가 방송 매출에서 차지하는 비중은 5.7%(2016) → 6.9%(2017) → 8.4%(2018) 등으로 꾸준히 확대되고 있는 상황이다.

[그림 11-1] 지상파 재전송신료의 비중 변화 추이

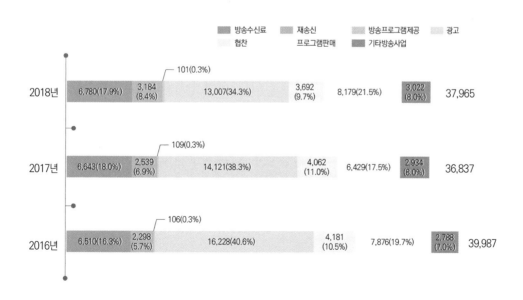

재송신 매출액 규모는 최근 들어 그 증가 속도가 다소 둔화되고 있으나 디지털 유료방송 가입자의 증가와 재송신 대가 인상 등으로 당분간은 지속적인 성장세를 유지할 것으로 보인다. 지상파 사업자와 유료방송 플랫폼 사이의 CPS 계약방식으로 인해서 재송신 대가 부과대상인 디지털 유료방송 서비스의 가입자가 증가할 때마다 플랫폼측이 지상파측에 지불해야 할 대가 규모 역시 증가세이기 때문이다.

실제 재송신 대가 금액도 점차 높아지고 있다. 도입 초기 채널당 월 280원 수준이던 CPS 금액은 계약이 갱신될 때마다 높아지고 있다. IPTV의 경우 지난 2016년 5월 360원에서, 2017년 380원, 2018년 400원까지 CPS가 올라갔다. 유료방송 플랫폼이 지상파 3사 채널을 송출하기 위해서는 가입자당 1,200원(채널당 400원×3개 채널)을 지불해야 하는 셈이다. 예전에는 유료방송 플랫폼별로(IPTV, MSO, 위성방송) CPS가 조금씩 달랐지만 현재는 400원으로 동일하게 지불하고 있다. 즉, 일부 중소 SO(유선방송사업자)들의 경우 280원을 내는 사업자를 제외하고 현재 CJ헬로(현 LG헬로)나 딜라이브, 티브로드(현 SK브로드밴드) 등 모든 케이블 MSO들은 지상파 방송에 대한 CPS가 IPTV, 위성방송과 같은 400원으로 동일하다(백연식, 2018). 지상파 방송사는 2019년 협상에서 당초 월 800원을 요구하다가 현재는 월 500원으로 한 발 물러선 상황인 것으로 알려졌다(선민규, 2019).

실시간 시청시간 감소 등 지상파 방송채널의 영향력 변화에도 불구하고, 지상파 방송채널은 여전히 가장 경쟁력이 높은 핵심적인 콘텐츠이다. 따라서 유료방송 플랫폼의 입장에서 지상파 채널의 재송신권은 가입자 확보 및 유지를 위해서 확보해야 할 핵심적인 요소이다. 더욱이 2008년 IPTV가 유료방송 시장에 진입한 이후 유료방송 플랫폼 간의 경쟁이 치열해지고 있고 최근에는 OTT 사업자와의 경쟁도 불가피하여 그 어느 때보다 양질의 콘텐츠 확보가 중요해졌다. 이와 같은 상황을 고려할 때 유료방송 플랫폼에 대한 지상파측의 협상력은 당분간 유지될 것으로 전망되고, 이에 따라 지상파는 CPS 금액인상을 지속적으로 요구할 가능성이 높다. 광고가 급감하고 있는 지상파 방송 입장에서는 재송신료에의 의존도가 높아질 수밖에 없는 상황이다.

3. 재송신료 관련 쟁점

그렇다면, 현재의 재송신료 협상방식과 금액은 적정한가? 재송신료가 지상파 방송의 주요한 재원으로 부상하고 있음에도 사업자 간 자율적인 협의로 결정되는 구조이기 때문에 재송신료 금액의 적정성 여부를 놓고 갈등이 지속되고 있다. 처음 도입될 당시 IPTV 사업자와 협의를 통해 CPS 금액은 월 280원으로 결정되었으며 이후에도 2016년에는 360원, 2017년에는 380원, 2018년에는 400원으로 CPS가 인상되었다. 하지만 어떠한 근거에 기초하여 결정되었는지가 모호하여 현재까지도 타당성 및 적정성에 대한 갈등이 지속되고 있다. 재송신료 산정은 지상파 콘텐츠 채널 거래시장이 공급자와 수요자가 제한적이므로 자유 경쟁시장에서와 같은 효율적인 가격결정 기제가 작동하기 어려운 구조이다. 따라서 재송신료에 대한 가격이 양 측의 객관적인 손익분석에 근거하여 결정되기 보다는 지상파 사업자들이 제시하는 가격을 유료방송 플랫폼들이 수용하는 방식으로 이루어져 사업자 간 갈등이 지속되어 왔고 심지어 재송신 중단사태가 발생하기도 하였다. 이러한 논란과 갈등을 없애기 위해 CPS의 개념이나 산정방법에 대한 합리적인 방안이 요구되어 왔다.

그동안 학계에서도 합리적인 재송신 배분모형을 도출하고자 많은 연구가 실시되었다. 재송신료 산정방식과 관련하여 노기영(2009)은 원가보상률 및 투자 보수율에 기반하여 프로그램 생산비용을 유료방송 사업자들이 보전해 주는 방식을 제안하였다.

변상규(2009)는 가상의 유료방송 시장을 상정하고 실험연구 방법을 통해 지상파 재송신 채널들에 대한 대가를 산출하였다. 연구결과에 따르면 지상파 방송 재송신에 대한 유료방송 가입자들의 월 한계지불 의사 금액은 KBS 1TV 및 EBS 두 채널이 1,964원으로 나타났으며, KBS 2TV·MBC·SBS 세 개 채널의 경우 10,839원으로 나타나 전체 지상파 채널의 유료방송 가입 가구당 월 효용 증가는 12,803원으로 추정되었다. 하지만 이 연구는 대체적으로 지상파 재송신이 유료방송에 기여하는 측면만을 측정함으로써 재송신으로 인해 발생하는 양 사업자 간 이익을 공평하게 반영되지 못했다는 비판도 받고 있다.

한편, 양명자(2009)의 연구는 지상파 재송신이 유료방송 플랫폼에 기여하는 정도와 지상파 방송사에 기여하는 정도를 상계함으로써 가입자당 대가 산식을 산출할 것을 제안하였다. 이때 재송신이 유료방송 수익에 기여하는 요소로 가입자 확대 효과와 홈쇼핑 인접채널 효과를 거론하였고 재송신이 지상파 수익에 기여하는 요소로는 시청자 확대로 인한 광고수익 증가를 상정하였다. 이 연구는 재송신 대가 산정 문제를 양 사업자 간 이익형량의 관점에서 해결할 것을 제안한다는 점에서 의미를 지니고 있다.

이와 비슷하게 염수현·박민성(2010)도 협조적 게임이론을 적용하여 지상파와 유료방송 플랫폼 간 대가 협상 타결시 증가하는 총 손익을 균등배분하는 방식으로 대가 산식을 구하고자 하였다. 이들은 재송신으로 인한 지상파 방송사업자의 경우 수익은 광고수입으로, 비용은 제작 및 송출 비용 그리고 커버리지 확대 및 전송품질 개선에 쓰이는 투자비용(난시청 해소 등)을 대가 산정요소로 설정하였다. 반면, 유료방송 플랫폼의 수익 항목은 재송신에 따라 증가하는 방송패키지 판매 수입과 홈쇼핑 채널 수수료 수익을 거론하였고, 비용은 네트워크 투자 및 관리 비용 등을 설정하였다. 이 연구 역시 지상파 방송사와 유료방송 플랫폼 사업자의 수익과 비용을 모두 고려하여 손익을 구하고 이를 배분하는 방식으로 대가 산출을 시도하였다.

안종철 외(2011)의 연구는 지상파 방송사와 케이블 SO가 재송신으로 인해 얻는 수익의 규모를 예측 비교하여 양 사업자 간의 이익을 실질적으로 추정하는 시도를 하였다. 먼저 재송신으로 얻게 되는 지상파 방송사의 수익은 광고수익으로 설정하였고, 재송신으로 인한 케이블 SO의 수익은 연간 가입자당 수익(ARPU) 중 지상파 방송의 시청점유율에 해당하는 수치로 환산하여 계산하였다. 이를 반영하여 2005년부터 2015년까지 11년 동안의 손익을 예측한 결과, 지상파 방송사가 케이블 SO보다 재송신으로 얻는 수익이 많을 것으로 예측됐다. 이 연구는 대가 산정을 위한 산식제안에 그치지 않고 실제 양 사업자 간 이익규모를 산출하여 비교하였다는 점에서 차별성을 지닌다.

홍종윤과 정영주(2012)는 재송신 이익형량의 요소로서 지상파 방송의 경우 수익요소로는 광고수익 증가를 설정하였고, 유료방송 플랫폼의 수익요소로는 가입자 수신료 증가 및 홈쇼핑 송출 수수료 증가를 설정하였다. 또한, 유료방송의 비용요인은 재송신 송출 비용을 설정하고 구체적인 데이터를 통해 양 사업자 간의 이익형량을 실증분석하였다. 분석 결과, 지상파 방송이 유료방송 플랫폼을 통해 재송신함으로써 얻는 가구당 광고수익 증가분은 2008년 6,546원, 2009년 5,169원, 2010년 5,319원으로 분석되었다. 반면 케이블 SO는 가입자 추가 확보에 따른 방송 수신료 수익 증가와 홈쇼핑 채널의 지상파 인접 편성을 통한 송출 수수료 증가분으로 2008년 3,420원, 2009년 3,525원, 2010년 4,006원의 이익을 얻는 것으로 계산되었다. 결과적으로 연도별로 두 사업자 간의 손익을 이익 형량하면 지상파 방송사들이 더 많은 이익을 얻는 것으로 분석되었으며 그 규모는 2008년 3,125원, 2009년 1,644원, 2010년 1,385원 수준으로 나타났다.

변상규(2019)는 조건부 가치 평가법(Contingent Valuation Method: CVM) 분석을 통해 지상파 3채널의 기여도가 가구당 월 2,214원의 편익이 있음을 분석하였다. 이 연구는 유료방송 가입자들이 지상파 3채널에 대한 지불의사가 통계적으로 입증되었다는 점 그리고 지상파 방송사가 프로그램 사용 대가를 유료방송 플랫폼이나 이용자들에게 요구하는 것이 타당하다는 점이 입증되었다는 의미를 지닌다.

　이상과 같이 합리적인 재송신 분배모형을 도출하기 위해 진행된 선행 연구를 종합하면 양쪽이 대체적으로 인정하는 수익 및 비용요인을 계상하고 있음을 알 수 있다. 먼저 수익요인으로는 지상파의 경우 시청자 규모 증가에 따른 광고수익이 인정되고 있으며, 유료방송 플랫폼의 경우 가입자 수신료 그리고 가입가구 증가로 인한 홈쇼핑 송출 수수료의 증가요인이다. 지상파 채널을 편성함으로써 유료방송사는 품질 경쟁력을 높이고, 지상파 난시청 지역의 시청자도 가입자로 확보할 수 있다. 이러한 효과는 수신료 수입의 증대로 나타난다. 또한 시청률이 높은 지상파 채널 사이에 홈쇼핑 채널들을 배치함으로써 홈쇼핑 송출 수수료 수입을 증대시킬 수 있다. 반면, 지상파 방송사는 커버리지가 30~90% 수준에 그치는 상황에서 유료방송을 통해 시청자를 늘릴 수 있으므로 광고 수익을 증가시킬 수 있다. 반면 비용요인으로는 지상파 방송의 경우 콘텐츠 제작비가 거론되고 있으며 유료방송 플랫폼은 추가적인 송출 비용이 비용 요인으로 대체적으로 인정되고 있다.

〈표 11-1〉 재송신료 대가 산정시 반영 요인

	지상파 방송사	유료방송 플랫폼
수익요인	시청가구 증가로 인한 광고수익 증가	수신료 증가 홈쇼핑 송출 수수료 증가
비용요인	콘텐츠 제작비	재송신 송출 비용

　문제는 재송신 대가를 산정할 때 이러한 요인을 어느 정도 반영해야 하는지에 대한 양쪽의 시각차가 존재한다는 점이다. 즉, 지상파 방송사와 플랫폼 사업자 간 재송신 계약을 체결하고 있으나 재송신료 산정 근거가 불명확하여 매번 갈등이 발생하는 전철이 반복되고 있다. 그리하여 재송신 금액의 적정선이 얼마인지에 대한 연구가 활발하게 진행되어 왔다.

　예를 들어, 김성환과 이상우(2014)는 지상파 재송신 대가 산정을 위해 경제학 관점에서 지상파와 케이블이 재송신으로 얻은 증분 가치로 대가 산정 방안을 제시하였다. 연구자들은 증분가치를 위한 계산식에서 케이블은 수신료와 홈쇼핑 수수료를 재송신 대가로 얻은 수익으로 설정하였고 지상파 광고수익을 케이블의 재송신 대가의 기준으로 삼았다. 연구결과, 지상파 3사에 대한 월별 재송신 대가는 증분 가치 비교 산정 대가로 1,406원이 산출되었는데, 이를 지상파 삼사의 분배액으로 나누면 대략 469원이 적정한 재송신 대가인 것으로 계산되었다.

한편, 조은기(2016)는 재송신 대가 산정을 기존 연구와는 다르게 지상파 콘텐츠의 저작권(저작 인접권)료를 케이블 SO가 PP에게 지급하는 프로그램 사용료 배분방식을 적용하여 산출하였다. 이 연구에서는 지상파 방송 3사의 2014년도 시청률 및 방송 제작비를 회귀식에 대입하여 지상파 3사별 재송신료 규모를 산정하였는데, 분석결과 KBS2는 163억 원, MBC는 161억 원, SBS는 157억 원으로 산출되었다. 한편, 케이블 SO 가입자당 월별 지상파방송 재송신료(CPS)는 지상파 방송사별 재송신료 규모를 현재 재송신료 징수 대상인 케이블 SO의 디지털 가입자 수로 나눈 후, 이를 다시 12로 나누어 구하였다. 그 결과 지상파 방송 3사의 적정 재송신료는 평균 188원으로 산출되었는데 이는 당시 CPS 금액인 280원보다 낮은 수준이다.

이처럼 지금까지 적정한 CPS 금액을 산출하기 위한 방식은 금액에 영향을 미치는 제반 변수들, 즉 지상파 시청점유율, 지상파 광고수익, 유료방송 가입가구 수, 홈쇼핑 송출 수수료 등에 기초해서 여기에 증분 가치를 감안하여 산출하고 있다. 다만, 이러한 영향 요인들이 적합한지, 또 양쪽의 증분 반영 정도가 어느 정도인지에 분석 결과는 달라지기 때문에 여전히 적정선을 판단하기 어려운 것이 사실이다. 그럼에도 현재 적용되고 있는 CPS 금액의 적정성을 나름대로 객관적이고 투명한 절차를 통해 도출하고자 하는 노력은 적지 않은 의미가 있다 하겠다.

4. 정책적 과제

기본적으로 재송신료의 지급 범위 및 적정 가격은 사업자 간 계약에 의해 결정되어야 할 사안이다. 하지만 사업자 간 협상이 결렬될 경우 블랙아웃 사태가 초래될 수도 있고 재송신료 지급 규모는 결과적으로 이용요금 등 소비자에게 미치는 영향이 큰 사안이다. 따라서 사업자의 자율적인 영역으로 남겨둘 수 없는 중요한 정책적 과제이다. 또한, 현재까지는 지상파 재원에서 차지하는 비중은 그리 크지 않지만 점차 핵심적인 재원으로 부상하고 있고 이로 인해 시장을 둘러싼 사업자 간 갈등의 정도도 커지고 있다. 실제로 가입자에게 미치는 피해가 발생하는 등 시장에 대한 정부 개입의 필요성도 나타나고 있다.

재송신과 관련된 갈등을 해결하기 위해 정부는 그동안 사업자 간 자율적인 영역임을 감안하여 권고 성격의 가이드라인을 제정하여 이를 준수하도록 하는 방식으로 갈등을 조정해 왔다. 예를 들어, 2016년 방송통신위원회와 미래창조과학부는 공동으로 <지상파방송 재송신 협상 가이드라인>을 제정하였다. 가이드라인에는 재송신 협상의 원칙과 절차, 성실 협상 의무 준수, 대가 산정시 고려 요소, 정당한 사유 없는 대가를 요구하는지의 여부 등과 같은 내용이 포함되어 있다. 특히, 지상파 방송사가 요구하는 재송신료가 정당한 사유없이 유료방송 사업자에게 현저하게 불리한 대가인지 여부를 판단하기 위해 구체적인 판단 근거를 제시하였다. 즉, 가이드라인 제8조 2항에서는 광고 수익, 가시청 범위, 시청률 및 시청 점유율, 투자보수율, 방송 제작비, 영업비용, 유료방송 사업자의 수신료, 전송설비 등 송출 비용, 홈쇼핑 채널의 송출 수수료 등을 대가 산정의 고려사항으로 명시하였다(제8조 제2항 제1호). 아울러 사업자의 수익구조, 물가 상승률, 유료방송 사업자의 PP 프로그램 사용료 등도 고려한다고 되어 있다(제2호). 마지막으로, 다른 재송신 계약의 대가 산정 요소와 산정 방식도 고려하도록 하고 있다(제3호). 이처럼 재송신 대가 기준을 상세하게 제시한 것은 그동안 지상파 재송신 분쟁의 근본적인 원인이 지상파 재송신에 대한 합리적인 대가 산정의 기준이 없기 때문이다.

더불어, 가이드라인에는 협상절차, 성실한 협상의무 위반에 대한 내용을 제시하고 있다. 예컨대, 재송신 협상에서 정당한 사유 없는 거부행위는 협상권자, 협상시간, 협상장소, 협상사항 및 협상태도 등을 종합하여 판단한다고 규정하고 있다(가이드라인 제7조 제2항). 성실한 협상위반의 판단 기준으로는 ① 상당 기간 간격을 두고 3회 이상 협상을 요청했음에도 응하지않거나 거부하는 경우, ② 협상권한을 지닌 대표자를 지명하지 않는 경우, ③ 합리적인 일시 및 장소를 제시하지 않거나 합리적 사유 없이 협상과정을 지연시키는 경우, ④ 단일안만을 강요하는 경우, ⑤ 상대방 제시안에 타 사업자들 간 협상이 진행 중이라는 등 불합리한 사유를 제시하거나 합리적 거부사유를 제시하지 않은 채 거부만 하는 경우, ⑥ 다른 사업자와의 재송신 계약을 거부할 것을 조건으로 하는 경우, ⑦ 합의사항을 문서의 형식으로 수록한 계약체결을 거부하는 경우, ⑧ 공동으로 부당하게 경쟁을 제한하는 계약조건을 제시하는 경우 등을 제시하였다.

또한, 가이드라인에는 지상파 방송사업자 또는 유료방송 사업자의 요청이 있는 경우 방송통신위원회와 미래창조과학부장관(현 과학기술정보통신부)은 지상파 방송 재송신 대가의 적정성 여부를 판단하기 위해 전문가로 구성된 지상파 방송 재송신 대가검증 협의체의 자문을 구할 수 있다고 규정하고 있다.

물론 가이드라인이 계약당사자 간 반드시 지켜야 하는 법적 강제성이 없어 실효성 있는 조치는 아니라는 비판도 있다. 그럼에도 대가 산정기준에서 반영해야 하는 요소들을 비교적 구체적으로 명시하였고 이러한 협상준수 의무 정도를 향후 재허가 등 규제과정에서 반영할 수 있기 때문에 사업자 간 갈등을 해소하는데 긍정적인 기여를 할 것으로 판단된다.

프로그램 사용료

Chapter 12 프로그램 사용료

지난 1990년대 말 이후 국내 방송시장의 가장 두드러진 특징은 유료방송 시장의 비약적인 성장이라고 할 수 있다. 특히 1995년 출범한 케이블TV는 초창기 유료방송시장을 선도하는 매체로서 확고하게 자리 잡았다. 케이블TV는 1995년 3월 전국 48개 종합유선방송사(이하 SO)에서 9만 7천여 가입가구를 대상으로 24개의 채널을 제공하며 서비스를 시작하였다. 초기 가입자 확보 부진에 IMF 경제 위기까지 겹치며 한때 좌초 위기에 처하기도 하였으나 1999년 채널 티어링 제도 도입, 2000년 중계유선 방송과의 통합 추진, 소유규제 완화 등의 노력에 힘입어 본격적인 성장궤도에 진입했다. 이후 2002년 위성방송 플랫폼인 스카이라이프가 서비스를 개시하였고, 2008년부터는 IPTV 사업자가 유료방송 시장에 진입하면서 경쟁은 가속화되었다. 2017년 말 현재, 전체 유료방송 가입자 수는 약 3천 100만 명으로 특히 IPTV 가입자 수가 비약적으로 늘어난 것으로 집계되었다(방통위, 2017).

이와 같은 외형적인 성장에도 불구하고 국내 유료방송 시장에서 나타나는 고질적인 문제점 중의 하나는 성장의 과실이 플랫폼 사업자에게만 돌아갈 뿐 막상 방송 콘텐츠를 생산하여 제공하는 채널사용사업자(Program Provider : PP)들은 여전히 영세성을 면치 못하는 비대칭 성장현상이 나타났다는 점이다(홍종윤·윤석민, 2011). 일반 PP의 평균 자본금은 약 40억 원에 불과하며, 전체 PP 중 종사자 50인 이하가 70.6%, 매출액 100억 원 미만 사업자가 63%를 차지하는 등 영세성을 면치 못하고 있다(미래창조과학부·방송통신위원회, 2014; 홍종윤 외, 2015 재인용). 이렇게 PP 부문이 영세성을 면치 못하고 있는 일차적 원인은 유료방송 시장에 저가요금 체제가 고착화되어 왔다는 점을 들 수 있고 부차적으로 소수의 플랫폼 사업자와 송출을 희망하는 다수 PP 사업자 간 불균등한 협상력 차이로 인해 PP들이 정당한 프로그램 사용료를 지급받지 못하고 있기 때문이다(강명현, 2012; 윤석민, 2010; 홍종윤·정영주·윤석민, 2015).

PP 사업자들이 콘텐츠 경쟁력을 확보하기 위해서는 일차적으로 콘텐츠에 대한 지속적인 투자가 이루어져야 한다. 광고를 주재원으로 하는 지상파 사업자와 달리 유료 채널에게는 플랫폼 사업자 수익의 공정배분을 통한 프로그램 사용료 재원이 재투자를 위한 근본적인 수단이 되어야 한다. 그럼에도 현재 국내 PP 사업자는 투자 비용을 확보할 수단(재원)이 부족한 상황이다. 콘텐츠 산업의 성장 및 경쟁력 강화를 위해서라도 안정적인 수익원 확보 및 재투자가 원활하게 이루어질 수 있는 환경을 조성할 필요가 있으며, 이는 일차적으로 공정한 수익배분 환경 조성을 통해 가능하다. 그런 의미에서 프로그램 사용료 지급 문제는 중요한 정책적 과제가 아닐 수 없다. 방송통신위원회가 지난 2008년 이후 케이블 SO 사업자 재허가 심사 요건으로 방송 수신료 수익의 25% 이상을 PP들에게 프로그램 사용료로 지급하도록 하는 조건을 부과하고 있는 것도 이 문제의 중요성을 인식하고 있기 때문이다.

이러한 정책적 노력에도 불구하고 PP 사업자의 매출구조에서 프로그램 사용료가 차지하는 매출액 비중은 여전히 낮은 수준이다. 2017년 기준으로 일반 PP의 방송사업 매출액 구조를 보면 광고 매출액 비중은 48.9%인데 비해 프로그램 사용료 매출액 비중은 23.4%에 불과한 것으로 나타났다(방통위, 2018). 미국 케이블 채널의 경우, 프로그램 사용료가 차지하는 비중이 39.7%라는 점을 고려하면 우리나라 PP 사업자의 재원구조에서 프로그램 사용료의 비중이 여전히 낮은 수준임을 알 수 있다(손창용·여현철, 2003).

이 장에서는 PP 사업자의 핵심적인 재원으로 파악되는 프로그램 사용료에 초점을 맞춰 이 재원이 전체 유료방송 산업에서 차지하는 의미와 PP 시장의 바람직한 재원구조 방향 그리고 이를 위한 정책적 과제 등을 살펴보기로 한다.

1. 유료채널의 프로그램 사용료

유료방송 시장의 구조는 도매시장과 소매시장 또는 상향시장과 하향시장으로 구분할 수 있다(김성환 외, 2009). 플랫폼 사업자와 콘텐츠 제공자(PP) 간에 프로그램(채널) 거래가 이루어지는 시장을 도매시장이라고 하는데, PP에 대한 프로그램 사용료는 이 과정에서 플랫폼 사업자가 지불하는 상품구매 대가로 정의할 수 있다.

[그림 12-1] 플랫폼과 유료채널 간 거래구조

가입자 〈 가입자접근권 〈 유료방송 플랫폼 〈 프로그램 〈 PP채널
〉 수신료 〉 (SO, 위성, IPTV) 〉 프로그램사용료 〉

즉, 프로그램 사용료는 PP가 프로그램을 제작, 플랫폼 사업자에 제공하고 받는 대가이면서 동시에 PP의 콘텐츠 제작 및 구매 등 다양한 투자 활동을 위한 기초적인 재원이기도 하다. 즉, 프로그램 사용료 수익은 전체 유료방송 산업차원에서도 안정적인 생태계를 구축하기 위한 정책 수단이기도 하다(김원식 외, 2013). 프로그램 사용료 배분 문제는 그동안 학계는 물론 정책적으로도 중요한 과제로 인식되어 비교적 활발하게 연구되어 왔다.

먼저, 염수현 외(2009)의 연구는 방송통신위원회의 <방송산업 실태조사보고서>를 토대로 SO의 전체수입 중 수신료 수입 비중의 변천, MSO 및 위성방송(SkyLife)의 PP 사용료 지급비율 등을 기술(記述)적으로 분석하였다. 정인숙(2008) 등은 PP 등록제의 효과분석과 개선방안에 관한 연구를 통해 등록제 전환으로 인한 PP 수가 증가함에 따라 PP 사용료가 감소하고 있다는 현황을 기술적으로 제시하고 이를 토대로 국내 PP의 수익구조는 정상적인 콘텐츠에 의한 핵심수익으로 발전하지 못하고 있음을 지적하였다. 이종원(2003)의 연구에서도 PP의 총수입 중 PP 사용료의 비중을 분석한 결과, PP 사용료는 지속적으로 하락하고 있으며 PP등록제 이후 더욱 감소하고 있음을 지적하였다.

또한, 프로그램 사용료와 관련된 많은 연구들은 정상적인 사용료 배분을 위한 구체적인 정책방향을 제시하였다(윤석민, 2010; 정윤식 외, 2006). 가령, 정윤식(2006) 등은 PP 채널 사용료 배분악화가 전체 방송 프로그램 생산 및 유료방송 산업의 위축으로 이어질 수 있기 때문에 사회적 후생의 증대를 위해서도 프로그램 사용료에 대한 규제가 필요함을 주장하였다. 즉, 이 연구에서는 프로그램 사용료를 정상적으로 배분하지 못할 경우, 전체 유료방송 시장의 위축으로 이어질 수 있다고 진단하고 이러한 문제의 근본 원인을 채널의 공급초과 현상 때문이라고 지적하고 있다. 케이블 SO가 보다 많은 가입자를 확보하기 위해 비정상적으로 낮은 요금을 가입자에게 부과하고, 이에 대한 손실을 PP에게 전가하게 된 것도 공급초과 현상의 결과로 진단하였다. 문제는 이러한 현상이 지속될 경우 PP의 경쟁력이 하락하고, 이에 따라 유료방송 시장의 낮은 요금이 고착될 가능성이 높다는 점이며 이를 해결하기 위해서는 프로그램 사용료를 올려서 제작 활성화와 사회후생을 증대해야 한다고 권고하고 있다. 그 예로 SO-PP 간 프로그램 사용료를 먼저 정한 후 가입자 수신료를 결정하는 방법을 제시하였다.

한편, 김관규(2007) 역시 프로그램 사용료 배분 문제를 케이블 SO와 PP의 비대칭 성장의 원인 중 하나로 지적하였다. 프로그램 사용료가 정상적으로 지급되지 못하면 프로그램에 대한 투자 저하로 이어지고, 이는 다시 낮은 품질의 프로그램 제공으로 인해 고가의 가입자 확보가 어려운 악순환 구조로 연결된다고 설명하였다. 김관규는 이에 대한 대안으로 케이블 SO와 PP들의 프로그램 공급계약시 적정수준의 프로그램 사용료를 지급하도록 유도하고, 이에 대한 준수 여부를 케이블 SO 이용요금 승인 및 재허가과정에 반영할 것을 주문하였다(김관규, 2007).

윤석민(2010)도 정상적인 사용료 문제의 중요성을 강조하면서 미국 PP들의 경우 매출액 구성에서 PP 수신료 수입이 전체의 50% 이상을 차지하고 있는데 비해 국내 PP의 매출구조는 이와 반대로 수신료 수입보다는 광고에의 비중이 더 높게 형성되어 있는 기형적인 구조임을 지적하고 있다. 예를 들어, 2008년의 경우, 미국 PP들은 수입구조에서 수신료 수익이 차지하는 비중은 54.1%인데 비해 국내 PP들(홈쇼핑 PP제외)은 수신료 비중이 23%에 불과하다는 것이다. 그는 또한 기형적인 매출구조가 초래하는 문제점으로 경기 변동성이 심한 광고매출에 의존하게 되면 콘텐츠에 안정적이고 지속적인 투자가 불가능하다는 점, PP가 양질의 콘텐츠를 바탕으로 채널의 브랜드 파워를 제고하기 보다는 채널 전송 여부에 더욱 신경을 쓰게 되어 콘텐츠 질 향상에 소홀하게 된다는 점을 지적하였다. 이와 함께 채널 전송 여부, 특히 하위 티어의 전송 여부가 중요해지기 때문에 SO와 PP의 거래관계에서 SO가 절대적인 주도권을 갖게 되는 문제가 발생할 수 있다는 점을 거론하였다(윤석민, 2010). PP는 광고수입과 함께 수신료 수입을 기반으로 하여 프로그램 제작 자본으로 투입하여 콘텐츠의 질을 향상시켜야 하고 이를 바탕으로 유료방송 가입자들의 지불 의사를 제고시키는 선순환 구조의 확립이 필요하다는 염수현(2009) 등의 주장과 그 맥을 같이 한다.

2. 프로그램 사용료 제도의 변화

1995년 정부 주도형으로 케이블이 도입되었기 때문에 프로그램 사용료 역시 규제 당국이 기본 수신료 1만 5천 원을 SO 52.5%, PP 32.5%, NO 15%로 배분한다는 원칙을 정했고, 이에 따라 단체계약의 형태로 운영되었다. 즉, 당시 1만 5천 원이었던 케이블 수신료 중 32.5%인 4,875원을 PP에게 배분하고 나머지 15%인 2,250원을 전송망 사업 자인 NO(Network Operator)에게 배분하였다. 이러한 기준으로 정해진 총 프로그램 사용 료는 그 다음 각 PP들에게 배분되었는데, 80%는 균등하게 배분하고 나머지 20%는 방 송시간을 기준으로 배분되었다(조은기·김영환, 2007). 단순히 시청시간 배분은 시청률 경쟁이 사실상 무의미하다는 판단하에 1998년부터는 시청률을 일부 반영한 배분 기준 이 마련되었다.

그러나 케이블TV 시장에 본격적인 경쟁 정책이 도입되기 시작한 2001년을 기점으 로 PP 설립이 허가제에서 등록제로 전환되었고 프로그램 사용료 분배방식도 변화하기 시작하였다. 등록제 도입으로 인해 급증하는 PP 사업자들을 단체계약으로 묶는 것이 어려워졌기 때문에 개별 계약제로 전환될 수밖에 없었던 것이다. 또한 등록제의 시행으 로 PP 채널의 수가 증가되었고 이에 따라 채널 편성권을 지닌 케이블 SO들의 협상력 이 높아졌다. 플랫폼 사업자가 협상의 주도권을 잡게 됨에 따라 PP의 프로그램 사용료 분배 비율도 급격히 감소하기 시작하였다. SO-PP 간 프로그램 사용료 단체계약에서 개별계약으로 전환된 첫 해인 2002년에는 프로그램 사용료 배분율이 20.9%로 급감하 였고, 2003년에는 13.2%까지 하락하였다. 2005년에는 12.6%까지 떨어져 역대 최저치 를 기록하였다.

특히 영세한 채널들의 경우 케이블 SO들이 프로그램 사용료를 지급하지 않거나 일정 기간 무료공급을 요구하기 시작하였고 PP들이 이를 받아들이지 않으면 송출을 거 부하는 사례도 발생하였다. 케이블 SO들의 프로그램 미지급 사례가 빈번히 발생하고, 전체적인 프로그램 사용료 지급 비율이 급감함에 따라 규제 당국은 프로그램 사용료의 배분 문제에 개입하기 시작하였다(홍종윤 외, 2016).

최초의 정책적 개입은 2003년 구 방송위원회로부터 시작되었다. 당시 구 방송위는 케이블 SO에 대한 재허가 심사과정에서 PP에 대한 프로그램 사용료 미지급 사례에 대 한 개선과 적정한 수신료 배분 계획 등에 대한 이행각서를 받는 방식으로 프로그램 사 용료 문제에 개입했다(방송위원회, 2003. 8. 18; 2003. 9. 5). 이듬해인 2004년에는 케이블 방송 시장의 공정경쟁 질서 확립과 PP에 대한 케이블 SO의 적정 수신료 배분을 유도

한다는 명분으로 케이블 SO의 가입자 수를 공개하고, 케이블 SO 재허가시 PP에 대한 수신료 배분계획 이행 여부를 심사하며, 저가 위주의 케이블TV 이용요금 체계 개선을 추진한다는 내용의 '방송채널사용사업자 활성화 정책'을 발표하기도 하였다〈방송위원회, 2004. 3. 23〉. 이후 방송위원회는 PP에 대한 프로그램 사용료 지급이 저조한 케이블 SO에 대해 재허가 추천을 보류하거나〈방송위원회, 2004. 5. 19〉, 프로그램 사용료 지급에 대한 개선계획과 이행각서를 요구하였다〈방송위원회, 2006. 3. 14〉. 더불어, 반기별 PP 수신료 지급 현황 제출을 조건으로 하는 조건부 재허가를 내주는 등〈방송위원회, 2007. 5. 15〉 일련의 후속 조치를 취했다. 그럼에도 이행각서와 권고에 기반한 프로그램 사용료 정책 개입은 법적 구속력이 없어 큰 실효를 거두지 못했다. 정책 개입이 이루어진 2006년과 2007년 프로그램 사용료 지급 비율은 방송 수신료 매출액 대비 각각 14.6%와 17.0%에 머물렀다.

　　프로그램 사용료 정책은 2008년 방송통신위원회가 출범하면서 새로운 국면에 접어들었다. 방송통신위원회는 2008년부터 케이블 SO 재허가 심사과정에서 방송 수신료의 25% 이상을 PP에게 프로그램 사용료로 지급하는 것을 재허가 조건으로 부과하였다. 당시 방송통신위원회는 이러한 조건 부여에 대해 케이블 플랫폼과 채널 간 공정거래 조성을 위한 방송통신위원회의 강력한 정책적 의지를 표현한 것이라는 의미를 부여했다〈방송통신위원회, 2008. 11. 5〉. 이외에도 2009년 방송통신위원회는 〈케이블TV 채널 편성을 위한 PP 평가 및 프로그램 사용료 배분에 대한 가이드라인〉을 발표하고〈방송통신위원회, 2009. 12. 17〉, PP 프로그램 사용료 지급 상시점검 시스템을 구축하였다〈방송통신위원회, 2010. 4. 28〉.

　　한편, 2011년 들어서는 케이블 SO와 PP 간 거래에 향후 2년 동안 적용할 프로그램 사용료 지급 기준을 25%에서 28%까지로 확대하기도 하였다. 또한, VOD 확대에 따른 기본 채널 프로그램 사용료 지급액이 감소하는 현상을 개선하기 위해 2012년과 2013년 각각 전년도 기본 채널 지급분에서 최소 5%와 2.5%씩 추가 지급하도록 요구하였다〈방송통신위원회, 2011. 12. 26〉.

　　방송통신위원회는 2012년 1월 방송법 개정으로 금지행위가 도입되자 〈유료방송시장 방송채널사용사업자의 방송프로그램 제공 관련 가이드라인〉, 〈유료방송시장 채널계약 절차 관련 가이드라인〉, 〈유료방송사업자의 채널제공 및 프로그램 사용료 지급 관련 가이드라인〉 등을 잇달아 발표하였다〈방송통신위원회, 2012, 5, 18; 2012, 7, 12; 2012, 12, 17〉. 사후규제도 강화하여 프로그램 사용료 25% 지급 재허가 조건을 위반하거나 프로그램 사용료를 삭감·미지급·지연 지급한 케이블 SO들에 대해서는 시정명령과 과징금을 부과하는 등 강도 높은 행정조치를 실시하였다(방송통신위원회, 2010. 4. 28; 2013. 2. 20; 2014. 7. 9).

프로그램 사용료 배분 정책은 박근혜 정부가 들어선 이후에도 유료방송 생태계를 발전시키기 위한 중요한 정책 중의 하나로 간주되었다. 예컨대, 2013년 12월, 미래창조과학부와 방송통신위원회, 문화체육관광부가 발표한 '방송산업발전 종합계획'에 따르면 방송 콘텐츠 시장활성화를 위한 세부 방안으로 유료방송의 공정한 수익배분 환경을 조성하고 정당한 대가를 지급받도록 하는 내용이 포함되었다. 즉, 케이블 SO-PP 간의 프로그램 사용료 지급 기준 및 배분 비율을 확대하는 방안을 제시하였다(미래창조과학부·방송통신위원회·문화체육관광부, 2013. 12. 10). 또한, 2014년 7월 발표한 'PP 산업 발전전략'에서도 PP 산업의 선순환적 생태계 조성을 위해 플랫폼-PP 간 상생협력 체계 구축, 유료방송 저가요금 구조개선, 수신료의 합리적 배분, 안정적 투자재원 확보 지원 등의 정책 방안이 제시되기도 하였다(미래창조과학부·방송통신위원회, 2014. 7. 2).

이처럼 계별 계약 이후 규제기관들에 의해 추진된 프로그램 사용료 배분 정책의 일관된 목표는 공정한 수익배분을 통한 공정경쟁 질서 확립과 방송영상 시장의 선순환 구조 정착을 통한 콘텐츠 산업의 활성화였음을 알 수 있다.

〈표 12-1〉 국내 프로그램 사용료 정책의 변화 연혁

연도	주요 변화사항
1995	단체계약으로 수신료의 32.5% 배분(단체계약)
1998	시청률 반영한 배분기준 마련
2002	개별 계약으로 전환
2008	방송 수신료의 25% 이상을 PP에게 프로그램 사용료로 지급하는 것을 재허가 조건으로 부과
2009	방송통신위원회, '케이블TV 채널 편성을 위한 PP 평가 및 프로그램 사용료 배분에 대한 가이드라인' 발표
2011	프로그램 사용료 지급기준을 25%에서 28%로 상향 조정
2012	유료방송 사업자의 채널제공 및 프로그램 사용료 지급 관련 가이드라인 발표
2013	'방송산업발전 종합계획'에서 프로그램 사용료 지급기준 및 배분 비율을 확대하는 방안을 제시
2014	'PP산업 발전전략'에서 수신료의 합리적 배분 정책방안 제시

이상과 같은 규제기관의 정책적 개입으로 SO가 PP에 지불하는 프로그램 사용료 비율은 점차 상승하는 효과를 가져왔다. 특히, 2008년 말 도입된 방송 수신료 25% 이상을 PP 프로그램 사용료로 지급해야 제허가를 받을 수 있도록 하는 조치는 수신료 비중을 높여주는 효과로 나타났다. 결과적으로 2009년에 거의 모든 SO들이 이러한 수신료 배분을 준수하였으며, SO 사업자들의 PP 프로그램 사용료 지급률도 상승하였다. 2009년 전체 99개 케이블 SO가 PP에 지불한 채널 사용료는 2,875억 원으로 케이블 SO 전체의 방송 수신료 수익인 1조 1,315억 원의 25.2%를 차지했다. 또한 2010년에는 전체 95개 SO 사업자들의 방송 수신료 대비 프로그램 사용료 지급 비율은 26%까지 상승하였다.

〈표 12-2〉 프로그램 사용료 지급비율 변화

연도	비율(%)	PP수
2001	19.1	38
2002	20.9	165
2003	13.2	123
2004	15.0	159
2005	12.6	144
2006	14.6	187
2007	17.0	188
2008	21.5	187
2009	25.2	184
2010	26.0	179

출처: 조은기·김영환(2007), <방송산업 실태조사 보고서> 각 연도.

3. 프로그램 사용료의 비중

유료방송 채널(PP) 사업자의 주 재원은 플랫폼 사업자로부터 받는 프로그램 사용료와 광고 수익이다. 사업자에 따라 다르지만, 2017년 기준으로 볼 때, 일반 PP의 방송광고 매출액이 차지하는 비중은 48.9%이고 프로그램 사용료 수익 비중은 방송사업 매출액 중 평균 23.4%로 나타나고 있다(방통위, 2018).

[그림 12-2] 일반 PP 재원에서 차지하는 프로그램 사용료 비중(2017년)

(단위: %)

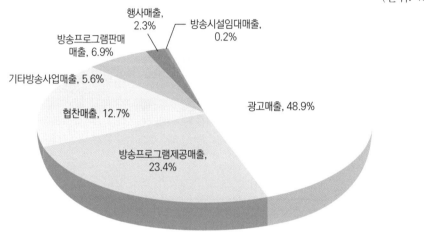

프로그램 사용료는 프로그램을 제작하여 이를 제공하고 대가로 받는 재원이라는 점을 고려하면 콘텐츠 제작사업자인 PP에게 있어 근간이 되어야 하는 재원이다. 그럼에도 전체 재원에서 약 25%를 차지하는 이러한 비중이 적정한지에 대해서는 다소 부정적이다. 적정성 여부를 검토하기 위해 미국 PP 채널 사업자의 재원구조와 비교해 보기로 하자.

먼저 우리나라 PP 채널의 재원구조를 살펴보면 전체 방송사업 매출 중 프로그램 사용료가 차지하는 매출은 대략 25% 전후이다. 단체계약 방식으로 지급되던 초창기 32.5%에서부터 시작하여 개별 계약으로 전환되면서 20%를 밑돌았다. 하지만 방통위 등 규제기관이 이 문제의 중요성을 인식하면서 정책적 대응을 하면서 2009년 이후부터 25%를 상회하는 수준으로 증가하였다. 하지만 이러한 증가세는 최근에 답보 상태를 보여 현재는 전체 방송사업 수익의 약 25%~30% 수준에 머물러 있다.

[그림 12-3] 일반 PP의 프로그램 사용료 매출액 및 비중 변화 추이

반면, 미국 PP 채널의 재원구조를 살펴보면 프로그램 사용료 수입이 차지하는 비중은 대략 50% 정도로 우리보다 높은 수준이다.

〈표 12-3〉미국 케이블 PP의 프로그램 제공수익 (단위: 백만 달러)

구분	2007	2008	2009	2010
순광고수익 (Net Advertising Revenue)	16,332	17,501	17,352	18,976
채널제공수익 (Affliate Revenue)	18,288	20,560	22,777	24,864
기타운영수익 (Other Operating Revenue)	1,564	1,483	1,328	1,395
운영수익합계 (Operating Revenue, Net)	26,284	39,544	41,457	45,235

− 염수연 외(2011), p. 69 재인용.

미국의 프로그램 사용료 배분구조를 살펴보면, 유료 플랫폼 사업자들(MVPD)이 가입자들에게 받는 월 수신료 중 약 40~50%를 PP 사업자들에 배분되고 있다. 미국도 케이블TV 출범 초창기에는 기존의 지상파 방송사와 동일하게 광고수익 중심의 비즈니스 모델이 적용되었다. PP는 프로그램을 구매 또는 제작하여 채널 단위로 SO에 공급하고 전송의 대가로 오히려 채널 사용료를 지불하였으며, PP의 수익은 광고로부터 발생하는 구조였다. 하지만 1982년 ESPN이 케이블 MSO에게 가입자당 월 10센트의 프로그램 사용료 지급(CPS방식)을 요구하면서 현재와 같이 프로그램 사용료 중심의 수익구조 모델로 변화하였다(홍종윤 외, 2016). 이후 다른 PP 역시 ESPN의 계약방식을 따라감으로써 CPS 방식의 프로그램 사용료 정산이 새로운 비즈니스 모델로 정착되었다. PP는 새롭게 발생한 프로그램 사용료 수익을 프로그램 제작에 재투자하였고, 이는 프로그램의 양적ㆍ질적 성장의 원동력으로 작용하였다.

현재, 미국의 프로그램 사용료 배분방식은 서비스 가입자 수에 비례하여 PP에게 채널 사용료를 지불하는 CPS(Cost per Subscribers) 방식을 채택하고 있다. 가입자 1인당 채널 사용료를 산정하여 가입자 수에 비례한 금액을 지급하고 있는데 채널별 채널제공 수익(Affiliate revenue)이 전체 수익에서 차지하는 비율은 50% 정도를 유지하고 있다(홍종윤 외, 2016). 2009년 기준 미국 케이블 SO들이 PP에 지불하는 채널 사용료는 채널당 월 평균 25센트였으며 채널의 가치에 따라 PP에 지불하는 비용은 1센트부터 4.08달러까지 다양하다. 채널의 가치는 해당 채널의 가입자 수, 시청률, 판권비 등을 고려하여 협상을 통해 결정된다. 2011년의 경우, 상위 25개 PP 채널의 월 수신료는 평균 약 0.84 달러로 나타났으며, ESPN이 월 5.06달러로 가장 높은 수신료를 받았다(홍종윤 외, 2016). 다른 PP들은 1달러 미만의 수신료를 받고 있으며 전반적으로 수신료가 조금씩 상승하는 추세이긴 하지만, 주로 4~5개의 인기있는 채널은 상승폭이 크며, 그외의 PP들은 상승폭이 적거나 전년도 수준을 유지하는 상황이다.

4. 프로그램 사용료 관련 쟁점

프로그램 사용료가 PP 채널 사업자의 재원에서 중요한 비중을 차지하다 보니 배분방식을 놓고 플랫폼 사업자와 갈등이 계속되고 있으며 규제당국은 공정경쟁 차원에서 합리적인 배분기준을 마련하는데 역점을 두어왔다. 지금까지 배분방식과 관련하여 불거진 주요 쟁점 사항으로는 프로그램 사용료의 대가가 적정한지, 정률방식을 적용하는 과정에서 회계의 기준을 어떻게 설정할 것인지 그리고 산정된 프로그램 사용료 금액을 각 PP 채널에 배분하는 가이드라인(시청률 반영, 영세 PP 우대 등)이 합리적인지 등이다.

1) 대가의 적정성 문제

대가의 수준이 적정한지에 대해서는 플랫폼 사업자측과 PP 채널측 간의 입장이 극명한 차이를 보이고 있다. 플랫폼측은 사업자 간 경쟁 증가로 인한 수익성이 악화되고 있어서 프로그램 사용료 수준을 더 높일 수 없다는 입장인 반면 PP 사업자측은 프로그램 사용료 지급수준이 자신들이 플랫폼 사업자의 매출 증가에 기여한 것에 비해서 훨씬 적기 때문에 프로그램 사용료 규모가 더 확대되어야 한다고 주장하고 있다.

2) 산정방식의 문제

일반적으로 프로그램 사용료 지급방식은 크게 공정방식, 정률방식, 인센티브방식 등으로 구분할 수 있다. 먼저, 공정방식은 가이드라인을 마련하여 여기에서 제시하는 프로그램 사용료 배분기준에 따라 지급하는 방식이다. 이 방식은 구체적인 세부평가 항목의 기준에 따라 플랫폼과 PP 사업자 간의 거래관계에 필요한 객관적, 합리적 기준과 절차를 공동으로 적용하는 것이다. 이 방식은 채널편성에 대한 분쟁을 최소화하고 우수 프로그램을 공급하는 PP에 정당한 보상을 보장하도록 시장의 공정성과 투명성을 유도할 수 있다는 장점을 지닌다. 하지만 이러한 취지에도 불구하고 이 방식은 해당 배분기준을 구체적이고 세분화하여 산정하는 것이 현실적으로 어렵다는 단점이 있다. 즉, 가이드라인에는 항목별 반영범위를 포괄적으로 제시하고 있을뿐 항목 간 중요도는 제시하고 있지 않아 배분기준으로서의 실효성이 부족하다.

한편, 정률방식은 플랫폼의 수신료 수익(일반 PP 수신료, 유료 PP 수신료, VOD 수신료 등)을 모수로 하고 이 중 일정 부분을 PP에 프로그램 사용료로 지급하는 방식이다. 정률방식은 프로그램 사용료 배분기준의 불명확성 및 범위 산정의 어려움을 회피하고 일괄적으로 프로그램 사용료를 배분할 수 있다는 장점을 지닌다.

마지막으로 인센티브 방식은 정률방식의 단점을 개선한 방식으로 프로그램 사용료 배분기준의 재산정(세부 항목의 단순화)을 통해 실질적으로 플랫폼 수익의 기여도에 따라 차등적으로 지급하는 방식이다. 이 방식의 단점은 명확한 기준 설정 및 적용을 통해 해당 PP의 기여도를 산정하여 차등 지급함으로써 PP로 하여금 양질의 콘텐츠 제작을 유도할 수 있다는 점이다. 이를 통해 결국 PP 간 경쟁을 유도할 수 있어 궁극적으로 콘텐츠 산업의 활성화에 기여할 수 있다. 하지만 이 방식은 채널 선호도 및 시청점유율이 핵심 기준이 될 수밖에 없어 지나친 경쟁심리로 인한 선정적인 콘텐츠가 양산되는 단점이 있다. 또한 시청률 경쟁에서 상대적으로 뒤쳐질 수밖에 없는 영세한 PP의 성장이

사실상 어려워 이들 채널 중 공공성을 띤 채널에 대해서는 별도의 지원책이 요구된다.

우리나라에서는 현재 다양한 방식을 결합하여 프로그램 사용료를 책정하고 있다. 초창기에는 단순 정률방식을 통해 배분하였으나 최근에는 먼저 정률방식으로 사용료 금액을 결정하고 이후 인센티브 방식을 적용하여 기여도에 따라 차등지급하고 있다.

유료방송 플랫폼들이 가입자들로부터 받는 방송 수신료 수익에서 일정 비율을 가져가는 정률제 방식 책정과정에서는 지급기준(분모)과 프로그램 사용료에 포함되어야 할 매출액(분자)에 해당하는 기준을 놓고 플랫폼과 일반 PP 간 다음과 같은 갈등이 발생하고 있다.

첫째는 분모를 전체 매출액로 할지 아니면 방송 수신료로 한정할 것인가의 문제이다. 플랫폼측은 PP 채널의 기여가 가입자로부터 받는 수신료 매출액과 직접적인 관련이 있기 때문에 방송 수신료 매출액을 기준으로 한정해야 한다는 것이다. 반면 PP 측은 가입자 매출액뿐만 아니라 홈쇼핑 송출 수수료 등 플랫폼 사업자의 여타 매출의 성장에도 기여하기 때문에 전체 매출액을 기준으로 해야 한다는 입장이다. 즉, 플랫폼은 분모의 규모를 적게, 일반 PP는 분모의 규모를 크게 하려는 입장차를 보이고 있다.

더 나아가 방송 수신료 수입에서도 별도 가입형 프리미엄 채널 및 주문형 프로그램 상품(VOD) 수신료를 포함시켜야 하는지를 놓고도 입장차를 보이고 있다. 즉, 플랫폼들은 프리미엄 채널 및 VOD 매출액을 방송 수신료 수입에 포함하여야 한다고 주장하는 반면 일반 PP들은 이러한 수입은 배제하여야 한다고 주장하고 있다. 이들 매출액을 포함시킬 경우, 전체 프로그램 사용료에서 일반 PP에게 돌아가야 할 몫이 감소되기 때문이다.[1]

셋째는 방송 수신료 수입액을 기준으로 했을 때 플랫폼 사업자들이 방송 수신료 수입액을 낮게 잡기 위해서 결합상품 판매시 방송 수신료에 대해 과도한 할인율 적용하고 있다는 의혹을 제기되고 있다. 더불어 결합상품 구성에서 방송 수신료를 과다하게 할인함으로써 프로그램 사용료 정산의 모수가 되는 방송 수신료 수익을 축소한다는 의혹도 제기되고 있다. 특히 IPTV 사업자들은 인터넷과 모바일 전화 서비스 등의 통신 서비스를 결합하여 판매하는 결합판매 방식이 주를 이루고 있는데 이 과정에서 통신상품에 비해 방송을 과도하게 할인하여 방송 매출액을 의도적으로 감소시키고 있다는 것이다. 이에 대해 일반 PP들은 결합상품의 할인시 동일 할인 비율을 적용하고 이에 대

---

1 현재, 케이블 SO들의 VOD 서비스는 주요 케이블 SO들이 공동출자하여 설립한 홈초이스라는 단일 PP에 의해 제공하고 있고 홈초이스에 지급하는 대가 역시 프로그램 사용료 정산 항목에 포함시키고 있다.

한 검증 시스템이 도입되어 결합상품의 공정가치 적용 및 감시를 해야 한다고 주장하고 있다.

이처럼 방송 수신료 매출을 바탕으로 일정 비율을 지급하는 정률제 방식은 분모(방송수신료 매출액)와 분자(프로그램 사용료 지급액)에 포함되는 기준을 어떻게 설정하느냐에 따라 프로그램 사용료 규모에 영향을 미치게 되어 양측 간의 갈등이 해소되지 않고 있다(남윤미·유진아, 2011; 홍종윤·윤석민, 2011).

3) 배분기준의 문제

마지막 쟁점은 현재의 프로그램 사용료 정책이 전체 PP 차원의 프로그램 사용료 규모만을 규제할 뿐 실제 어느 PP에게 어떤 기준으로 배분할 것인가에 대한 배분기준이 객관적이고 투명하게 제시되지 못하고 있다는 것이다. 그리하여 영세 PP가 상대적으로 불리하게 적용되지 않을까 하는 우려가 제기되고 있다(홍종윤 외, 2016).

그동안 프로그램 사용료 배분은 플랫폼 사업자들이 개별적으로 본방시간, 프로그램 투자비, 채널 선호도, 시청 점유율, 케이블TV에 특화된 콘텐츠 제공 여부, HD 프로그램 편성 비율 등의 요소를 평가해 배분하였다. 하지만 배분기준이 사업자 간 계약으로 이루어지다보니 반영요소 및 반영 비율이 타당한지를 놓고 갈등이 발생하고 있다. 특히 종편이나 지상파 계열 PP에게는 많은 배분이 이루어지는 대신 상대적으로 영세 PP에 대한 배분이 적게 이루어진다는 지적이 많았다. 이러한 문제가 지속적으로 제기되자 유료방송 플랫폼과 PP는 합리적인 수신료 배분기준 도출을 위해 가이드라인을 제정하고 이를 준수하려는 노력을 기울여 왔다. 예컨대, 2009년 12월 케이블 SO와 PP는 '케이블TV 채널 편성을 위한 PP 평가 및 채널 사용료 배분에 대한 가이드라인'을 합의하여 제정하였는데, 이 가이드라인에서 채널 사용료는 프로그램 투자비, 채널 선호도, 시청점유율, 케이블TV에 특화된 콘텐츠 제공 여부, HD 프로그램 편성 비율 등을 평가 기준으로 배분하기로 합의하였다(염수현 외, 2010).

5. 향후 과제

프로그램 사용료는 콘텐츠 제작을 주 업무로 하는 PP 채널에게 콘텐츠 제작에 대한 대가라는 점에서 수입의 근간이 되어야 하는 재원이다. 그럼에도 불구하고 방송 수신료를 모수로 하고 여기에 연동된 일정 비율을 지급토록 하는 현재의 정률제 방식은 분배과정에서 다수의 문제점이 발생하고 있는 상황이다. 이러한 문제를 해결하기 위한 방안을 모색해 보기로 한다.

1) 결합판매를 통한 수신료 축소 문제

통신상품과 방송상품을 결합판매하는 IPTV 사업자들의 경우, 결합판매 시 방송상품의 할인율을 크게 하는 형태로 모수를 줄여왔는데 이러한 문제를 해결하기 위해서는 방송상품과 통신상품의 구성시 이용약관에 명시된 각각의 개별요금으로 공정가치를 정하고 이 비율을 기준으로 각각의 서비스별 매출수익을 분배토록 함으로써 방송상품 매출액의 과도한 축소를 방지하는 방안이 필요하다(염수연 외, 2010; 홍종윤·윤석민· 2011).

2) 프로그램 사용료 범위의 명확화

프로그램 사용료는 플랫폼과 PP 간의 채널 공급거래 관계를 규정하는 핵심적인 개념이다. 그럼에도 여전히 프로그램 사용료에 포함되는 개념이 불명확한 문제가 해결되지 않고 있다. 예컨대, 방송의 디지털 전환으로 VOD와 같은 신규 서비스가 등장하여 플랫폼 사업자들이 자의적으로 유료채널이나 VOD 등을 프로그램 사용료 정산 항목에 포함시키고 있음에도 불구하고 현행 방송사업자 회계처리 및 보고 지침에는 이에 대한 명확한 기준이 없다. 즉, 방통위 회계지침에는 방송사업자들이 방송 수신료 수익을 기본채널 수신료 수익과 유료채널 수신료 수익으로 구분하고 있음에도 실제로 방통위가 매년 공표하고 있는 <방송산업 실태조사 보고서>나 <방송사업자 재산상황 공표집> 등 공식 발표 자료에는 기본 채널 수신료 수익과 유료채널 수신료 수익을 구분하고 있지 않다. 이러한 방송 수신료 수익의 불명확성 및 회계적 미분리로 인해 플랫폼 사업자들이 VOD 항목을 프로그램 사용료 항목에 포함시키는 허점이 발생하고 있다. 따라서 프로그램 사용료의 개념을 명확히 설정하고 기본 채널과 유료채널의 수익을 회계 분리하도록 유도할 필요가 있다.

3) 배분기준 가이드라인 제정 및 점검

현재 프로그램 사용료 지급기준이 실질적으로는 SO-PP 간 개별 협상에 의해서 정해지고 정부는 이의 이행 여부 만을 점검하고 있는 상황이다. 또한 프로그램 사용료 지급 기준 역시 객관적인 산정 근거가 없이 실질적으로는 사업자 간 협상에 의해서 결정되고 있다. 원칙적으로 플랫폼과 PP 간 수신료 배분 관련 계약 내용은 계약당사자

사이에 의해서 자율적으로 결정되는 것이 바람직하다. 하지만, 프로그램 사용료 지급 기준이 객관적인 산정기준 없이 이해당사자 간 협상에 의해서만 결정될 경우, 협상 시마다 기준설정 근거 등에 대한 동일한 논란이 매번 소모적으로 제기될 것이기 때문이다. 더불어 플랫폼의 협상력이 과도하게 높아 프로그램 사용료가 지나치게 축소될 경우 유료방송 시장 생태계에 부정적인 효과를 초래할 수 있기 때문에 공정경쟁 차원에서 공정한 거래질서를 확립하고 공정 수익배분 환경을 조성할 필요가 있다. 그리하여 규제 기관은 합리적이고 객관적인 가이드라인을 마련하여 사업자들이 그러한 기준을 준수하는 방향으로 유도하고 이행 여부를 점검할 필요가 있다.

홈쇼핑 송출 수수료

Chapter 13 홈쇼핑 송출 수수료

1995년 케이블TV의 출범과 시작된 우리나라의 유료방송 시장은 다양한 사업자에게 기회와 위기를 동시에 제공했다. 사업초기에 자본 투자가 많이 이루어지고 장기간에 걸쳐 투자 자본을 회수하는 장치산업의 성격과 가입자의 규모가 증대할수록 사업이 활성화 되는 네트워크 산업의 특성을 모두 갖고 있는 케이블TV는 초기 가입자들에게 '황금알을 낳는 거위'라는 기대를 갖게 했다. 그러나 사업개시 이후 지금까지 케이블TV 시장은 수많은 사업자들이 진·출입했고 종합유선방송사업자(이하 케이블 SO)와 방송채널사용사업자(이하 PP), 전송망사업자(이하 NO)의 소유주는 끊임없이 변화했다. 또한 사업초기 손실을 감당하지 못한 일부 사업자들은 시장에서 자진 철수하기도 하였다. 예컨대, 케이블 SO는 초기의 방송설비 투자 및 컨버터 보급비용 등으로 인해 누적적자가 심화되었고, 공기업이 담당한 NO도 전송망사업의 특성상 막대한 적자가 불가피했다. 전송망사업을 자회사로 분리(한국전력공사)하거나 사업부분 매각(한국통신)을 통해 사업을 철수하기도 했다(이영철·강명현, 2013).

PP도 예외가 아니었다. PP사업은 출범 초기 허가제로 29개 PP가 출범한 후, 2차 PP(15개사)를 추가로 허가하였다. 사업초기의 허가제는 엄격한 진입장벽을 통해 가입자가 제로인 상태에서 투자를 시작하는 PP사업자의 사업권을 보호하는 장치였다. 하지만 엄격한 진입장벽에도 불구하고 가입자 확보저조 등 시장 미성숙으로 PP사업 역시 사업초기의 손실이 누적되었고 대다수 PP의 경영권이 양도되기에 이르렀다. 이처럼 케이블TV의 사업초기는 SO와 NO는 물론 PP까지 전체 업계의 누적적자가 심화되었다. 더불어 가입자는 쉽게 증가되지 않아 경영상의 어려움은 가중되었다. 하지만, 업계 전체의 경영난에도 불구하고 단기간에 수익이 발생되고 이후에도 지속적인 성장을 이룬 유일한 PP 장르가 바로 TV 홈쇼핑 채널이다.

방송시장에서 TV 홈쇼핑 채널은 복합적 특성을 갖고 있다. 방송법상 TV 홈쇼핑은 TV를 통해 상품 소개 및 판매에 관한 전문편성을 하는 방송사업자로 정의되고 있다.

상품을 소개한다는 차원에서는 광고방송이며, 직접판매가 이루어진다는 차원에서는 유통사업이고, 상품 소개 및 판매가 TV의 편성을 통해 이루어진다는 측면에서는 방송의 성격을 갖고 있다.

또한, 케이블TV 산업에서 홈쇼핑 채널이 차지하는 중요성은 다차원적이다. 먼저 산업적 측면에서 홈쇼핑 채널의 매출액은 전체 PP 시장 매출의 약 50% 정도로 PP 시장의 성장을 주도하고 있다. 예컨대, 2017년 말 기준으로 우리나라 전체 PP의 방송사업 총액은 6조 6,396억 원이며, 이 중 홈쇼핑 채널의 매출 총액은 약 49.6%에 해당하는 3조 2,900억 원으로 나타났다(방송통신위원회, 2018).

홈쇼핑 채널의 중요성은 단순히 PP 시장에서 차지하는 매출액 비중 때문만은 아니다. 홈쇼핑 채널은 케이블 SO를 비롯한 유료방송 플랫폼 사업자들에게도 중요한 역할을 담당하고 있다. 플랫폼 사업자들은 홈쇼핑 채널들로부터 편성의 대가로 송출 수수료 수입을 얻고 있는데, 이는 플랫폼 사업자들의 수익에 있어 절대적인 비중을 차지하기 때문이다.

케이블 SO의 경우, 2017년 말 전체 방송사업 매출액에서 방송수신료 수입이 38.1%로 가장 높은 매출액 비중을 차지하였고, 이어 홈쇼핑 송출 수수료 수입이 35.5%를 차지하였다. 위성방송의 경우도 방송 수신료의 비중이 56.2%였고 그 다음으로 홈쇼핑 송출 수수료 수입의 비중은 28.5%로 나타났다. 한편, IPTV의 경우는 방송수신료 비중이 2017년 68.1%였고 홈쇼핑 송출 수수료 비중은 16.7%였다.

이처럼 우리나라 TV 홈쇼핑은 사업자 수, 매출 규모 및 전체 방송시장에서 차지하는 비중 등에서 다른 어느 나라에서도 그 유례를 찾을 수 없는 독특한 산업이다. 또한 산업적 측면에서 송출 수수료는 유료방송 플랫폼 사업자들의 재원구조에서 중요한 역할을 담당하고 있다. 반면에 홈쇼핑 송출 수수료에의 과도한 의존성은 홈쇼핑 채널의 범람으로 인해 시청자의 시청권을 저해하고 저가형 구조를 양산시켜 우리나라 유료방송시장을 왜곡시키고 있다는 부정적 측면도 존재한다.

유료방송 사업자 재원의 한 축을 담당하고 있는 홈쇼핑 송출 수수료를 어떻게 보아야 하는가? 또한 사회적 부작용은 어떻게 해결해야 하는가? 이 장에서는 유료방송 사업자의 재원으로서 홈쇼핑 송출 수수료가 차지하는 역할은 무엇이고 그동안 송출 수수료와 관련하여 제기되어 왔던 다양한 문제점에 대해 살펴본다. 그리고 이를 해결할 수 있는 정책방안을 모색해 보기로 한다.

1. TV 홈쇼핑 산업의 현황

1) 홈쇼핑 채널의 변화과정

우리나라에서 TV 홈쇼핑 사업이 시작된 것은 케이블이 출범한 1995년이었다. 당시 삼구홈쇼핑(현재의 CJ오쇼핑)과 LG홈쇼핑(현재의 GS홈쇼핑)이 전문 TV 홈쇼핑 채널로 최초로 허가받았다. 이어 2001년에는 현대홈쇼핑, 농수산홈쇼핑 그리고 우리홈쇼핑(현재의 롯데홈쇼핑)이 추가로 승인을 받았고 2011년에는 중소기업 전용 홈앤쇼핑이 그리고 2015년에는 공영 홈쇼핑이 추가로 승인되었다. 이처럼 지난 25년간 총 4차에 걸쳐 7개 홈쇼핑 사업자에 대한 허가 또는 승인이 이루어졌다. 2000년 방송법 개정으로 일반 PP들이 허가제에서 등록제로 전환되었음에도 홈쇼핑 채널이 아직까지 승인제가 유지되고 있는 것은 방송이 과도하게 상업적 목적에 이용되는 것을 방지하고 방송의 공적 책무에 대한 사회적 요구를 반영한 것으로 볼 수 있다. 국내 방송시장에서 홈쇼핑 채널의 도입부터 현재까지의 성장과정을 구체적으로 살펴보면 다음과 같다.

(1) 도입기(1995년~2000년): 2개 홈쇼핑 채널 출범

우리나라에서 홈쇼핑 채널은 1995년 케이블TV 도입과 함께 출범했다. 케이블 채널(PP)의 경우, 1993년 8월 14개 분야 20개 사업자가 1차 PP로 선정되었으며, 1994년 10월 4개 분야의 5개 사업자가 2차 PP로 선정되었다. 홈쇼핑 PP는 2차 PP 선정대상에 포함되었다(한국케이블TV협회, 2000; 2005). TV 홈쇼핑의 성공 여부에 대한 기대와 우려가 교차되는 상황임에도 불구하고 홈쇼핑 PP 분야에는 7개의 사업자가 신청했고, 이 중 홈쇼핑TV(후에 39쇼핑으로 명칭 변경, 현 CJ오쇼핑)과 한국홈쇼핑(현 GS홈쇼핑) 등 2개의 사업자가 최종 선정되었다. 당시 두 개의 사업자만을 선정한 이유로는 시청자 편의 증진 및 유통구조 개선과 같은 TV 홈쇼핑에 대한 긍정적 기대도 있었지만 그보다는 과소비 조장 방지, 소비자 폐해 발생 등의 우려가 더 컸기 때문으로 평가되고 있다(이종원·박민성, 2011). 즉, 시장원리에 입각한 자유경쟁보다는 2개 사업자를 선정하여 공익적 의무를 부과하는 방향으로 사업자 선정이 이루어진 것이다.

케이블TV 도입 초기에 가입자 확보 지연 등 사업이 저조한 상황이었음에도 불구하고 2개 홈쇼핑 채널은 순조로운 출발을 보였다. NO와 SO를 비롯하여 대부분 PP들의 경영난을 겪었으나 홈쇼핑 PP는 조기 수익실현에 성공하였다. 케이블 도입 3년차인 1998년의 경우, 전체 PP 중에서 39쇼핑(현재의 CJ오쇼핑)과 LG홈쇼핑(현재의 GS홈쇼핑), 그리고 MBN만이 당기 순익을 달성하였다(한국케이블TV협회, 2000). TV 홈쇼핑의 성공으로 인해 TV 홈쇼핑 사업권에 대한 관심이 증대하고 황금알을 낳는 사업이라는 인식이 사회적으로 확산되었다. 이러한 분위기에서 2000년에는 39쇼핑이 대기업인 제일제당으로 인수됨에 따라 TV 홈쇼핑의 운영주체가 모두 대기업으로 전환되었다.

TV 홈쇼핑의 성공은 콘텐츠 측면에서 지상파 방송과 차별화되었고, 신용카드 사용 확대, 택배산업의 활성화, 전국 고속도로망의 확충 등 사회적 인프라도 뒷받침되었기에 가능한 것으로 평가되고 있다. 또한 IMF 외환위기로 수출판로를 개척하지 못한 중소기업의 제품이 저렴한 가격으로 TV 홈쇼핑을 통해 공급된 것도 성공 요인으로 분석되었다(한국케이블TV협회, 2005).

(2) 성장기(2001년~2007년): 3개 사업자 추가 승인

2000년대 들어서면서 IMF 외환위기 극복에 따른 경제상황 호전과 함께 방송환경도 많은 변화를 겪었다. 이 시기의 대표적인 변화로는 중계유선방송의 SO전환, 신규 매체인 위성방송의 출범 등을 들 수 있다. 이를 계기로 케이블TV는 물론이고 전체 유료방송 가입자가 증가하며 유료방송 시장이 활성화되기 시작하였다. 또한, 2000년부터 PP는 허가제에서 등록제로 전환되어 진입장벽이 없어졌다. 그럼에도, 홈쇼핑 분야는 여전히 승인제로 유지되었고 TV 홈쇼핑 사업자 수가 두 개로 한정됨에 따라 유사, 불법 홈쇼핑으로 인한 소비자 폐해 사례가 발생하게 되었다. 더불어, TV 홈쇼핑의 독과점 구조에 대한 문제와 함께 소비자 보호의 필요성이 제기되어 TV 홈쇼핑 사업자 추가에 대한 요구가 지속적으로 발생하였다. 그리하여, 2000년 말 당시 방송정책 결정기관이었던 구 방송위원회는 TV 홈쇼핑 독과점구조 해소, 불법 홈쇼핑의 범람으로 인한 소비자 피해 방지, 방송을 통한 제조업 육성과 같은 정책목표를 제시하면서 추가적인 TV 홈쇼핑 채널의 도입을 결정하였다. 그 다음해인 2001년 3월, 방송위원회는 총 12개 신청 사업자를 대상으로 심사를 실시하여 현대홈쇼핑(신청 당시는 연합 홈쇼핑), 우리홈쇼핑, 농수산홈쇼핑 등 3개 사업자를 추가로 선정하였다. 2차 사업자 승인시 30대 대기업의 참여는 배제한다[1]는 원칙만 발표했을 뿐, 사업자를 3개 선정한 이유에 대해서는 명확한 설명을 하지 않았다. 결과적으로 유통기업계열, 중소기업계열, 농수산물 특화 채널로 사업자를 배분하여 기존의 대기업계열과 경쟁하는 구도로 시장이 재편되었다.

한편, 유통업계의 강자인 롯데홈쇼핑은 1994년에 이어 2001년에도 사업자로 선정되지 못했으나 2006년 우리홈쇼핑의 인수를 통해 TV 홈쇼핑 사업에 진출하였다. 이로

---

[1] 당시 현대그룹의 분할로 인해 현대백화점그룹은 30대 대기업집단에 포함되지 않았다

써 5개 TV 홈쇼핑 사업자 중 4개 사업자가 자산 순위 30위 이내의 대기업에 의해 운영되게 되었다.

(3) 확장기(2008년~2013년): 중소기업 전용 홈쇼핑 1개 추가 선정

2개에서 5개로 사업자 수가 증가했음에도 불구하고 대기업 중심으로 TV 홈쇼핑 사업이 운영됨에 따라 대기업의 경제력 집중에 대한 사회적 우려와 함께 중소 납품업체에 대한 불공정거래행위 등의 문제점이 제기되기 시작하였다. 이에 방송위원회도 TV 홈쇼핑 시장 상황과 거래 관행을 검토하여 2007년 6월 중소기업 지원 육성을 위한 정책 권고를 발표하였다. 홈쇼핑 사업자들에게 부과한 주요 권고 정책으로는 유망 중소기업 제품 신규 진입 기회확대 및 판로지원, 판매수수료 등 거래조건 개선, 송출 수수료 경쟁 지양, 중소기업제품 편성 및 매출비중 확대 등이었다(송종길, 2010). 따라서 이 시기부터 TV 홈쇼핑 정책목표의 주안점이 중소기업의 보호·육성 및 중소기업 제품 판매 확대로 전환되었다. 이와 같은 정책당국의 중소기업 보호·육성 정책에 의해 중소기업 제품 편성 비율이 증가하는 등 일부 정책효과가 있음에도 불구하고, 24시간 편성시간의 제약을 받고 있는 방송매체의 특성상 TV 홈쇼핑에서 취급할 수 있는 중소기업 제품의 판로 확대에는 한계가 있었다. 2008년 이명박 정부 출범과 함께 홈쇼핑 관련 업무는 구 방송위원회와 정보통신부의 통합으로 새롭게 출범한 방송통신위원회로 이관되었고, 방통위는 대통령 선거공약으로 제시된 TV 홈쇼핑 신규 승인 방안에 대한 검토를 시작하였다. 또한, 중소기업청, 공정거래위원회 등 관계 부처와 중소기업중앙회 등 관련 단체에서는 중소기업 전용 홈쇼핑의 필요성을 꾸준하게 제기하였다.

결국 방송통신위원회는 2010년 11월, TV 홈쇼핑 추가 승인의 정책목표를 중소기업의 판로 확대, 공정한 거래기반 조성을 통한 중소기업 지원과 홈쇼핑 채널 선택기회 확대와 다양한 정보제공을 통한 시청자/소비자 복지향상으로 설정하고 중소기업 전용 홈쇼핑 PP 도입을 결정하였다. 2011년 3월, (주)쇼핑원(현 홈앤쇼핑)이 단독으로 사업 신청을 하여 결국 중소기업 제품을 80% 이상 편성해야 한다는 승인조건으로 중소기업 전용 홈쇼핑 사업자로 선정되었다. 중소기업전용 홈쇼핑을 표방하는 홈앤쇼핑은 사업 초기부터 공격적인 영업을 통해 사업 원년부터 영업이익을 달성했다. 그러나 중소기업 전용 홈쇼핑임에도 중소기업 제품 편성비율이 확대되었을 뿐 판매수수료 등과 같은 다른 조건에서는 기존 홈쇼핑 사업자와 차별화되지 못해 절반의 성공으로 평가되었다(최재섭, 2013).

(4) 성숙기(2013년~현재): 100% 중기전용 홈쇼핑 1개 추가 선정

2013년 박근혜 정부 출범과 함께 정부조직 개편으로 TV 홈쇼핑 관련 업무는 방송통신위원회에서 다시 미래창조과학부로 이관되었다. 중소기업청은 미래창조과학부에 공영 TV 홈쇼핑 도입을 건의하였으며, 기획재정부도 중소기업 전용 TV 홈쇼핑의 신설 필요성을 제기했다. NS홈쇼핑이 농수산물 60%, 홈앤쇼핑도 중소기업제품 80%의 편성 제한에도 불구하고 방송시간이 24시간으로 제한되어 있는 TV의 특성상 TV 홈쇼핑에 입점을 원하는 중소기업에 비해 중소기업의 신규 입점이 제한적이어서 중소기업의 수요를 충족하기에는 여전히 부족하다는 이유에서였다. 또한 사업자가 6개로 증가하여도 TV 홈쇼핑 시장의 성장은 계속되어 추가 승인의 여지가 있다고 판단한 것이다. 당시 이러한 상황에서 미래창조과학부는 창조경제의 실현과 중소기업 제품 및 농축수산물 판로 확대, TV 홈쇼핑 산업의 혁신을 목표로 제7홈쇼핑 도입을 검토하였다. 신규로 도입되는 TV 홈쇼핑은 중소기업전용 홈쇼핑을 표방한 홈앤쇼핑이 실질적으로 기존 사업자와 차별화가 부족한 상황에서 공익성이 강화되는 방향으로 추진되었다. 이에 따라 미래창조과학부는 창의·혁신 기업의 원활한 시장 진입, 중기제품, 농축산물 판매·홍보 채널 확충, 서비스 혁신 및 소비자 보호 강화, 해외시장개척을 선도할 글로벌 종합 유통망 구축을 정책목표로 하는 공영 TV 홈쇼핑 신설을 결정하였다(미래창조과학부, 공영

〈표 13-1〉 TV 홈쇼핑 발전과정

시 기	주요 내용
1995년	− (3월) 한국홈쇼핑(現 GS홈쇼핑)과 홈쇼핑TV(現 CJ오쇼핑) 등 2개 채널로 TV 홈쇼핑 시작
1996년	− 홈쇼핑TV가 39쇼핑으로 사명 변경
1997년	− 한국홈쇼핑이 LG홈쇼핑으로 명칭 변경
1998년	− LG홈쇼핑과 39쇼핑, 순이익 실현
2000년	− 제일제당(주)이 39쇼핑 인수
2001년	− PP등록제 실시(TV 홈쇼핑은 승인제 유지) − 3개 TV 홈쇼핑사 추가승인(현대, 우리, 농수산)
2002년	− SO와 PP간 개별계약으로 전환
2006년	− 롯데쇼핑(주)가 우리홈쇼핑 지분인수로 최대주주 자격 획득
2011년	− 홈앤쇼핑, 중소기업 전용 TV 홈쇼핑 사업자로 승인
2015년	− 공영 홈쇼핑, 100% 중소기업 편성 홈쇼핑 사업자로 승인

TV 홈쇼핑 승인 정책방안, 2014년 12월). 2015년 5월, (주)공영홈쇼핑 1개 사업자가 단독 신청하였고 중소기업 제품 및 농수축임산물 100% 편성, 판매수수료 23% 이하 유지 등을 승인조건으로 사업자로 선정되었다.

2. 홈쇼핑 송출 수수료

1) 송출 수수료의 성격

송출 수수료는 홈쇼핑 채널이 플랫폼 사업자에게 송출에 대한 대가로 지급하는 것이다. 하지만, 케이블TV 도입 초기에는 TV 홈쇼핑을 프로그램으로 해석하여 오히려 플랫폼 사업자가 홈쇼핑 채널에게도 수신료를 지급했다(손창용·여현철, 2003). 그러나 홈쇼핑 PP를 제외한 다른 PP와 SO, NO의 누적 적자가 심화되는 상황에서 이익이 발생하는 홈쇼핑 PP에게 수신료 배분이 필요한가에 대한 문제가 제기되었고, 이에 홈쇼핑 채널에 대한 수신료 배분은 중단되었다. 반대로 홈쇼핑 채널이 송출 수수료를 지급하는 형태로 전환되었고, 2001년 이후부터 홈쇼핑 송출 수수료 수입이 급증하게 되자 별도 계정으로 분리하였다.

유료방송 플랫폼이 홈쇼핑 채널을 송출해 주는 대가로 송출 수수료를 받는 이유는 홈쇼핑 채널을 일종의 채널 단위 광고로 인식하고 있기 때문이다. 예컨대, 케이블 SO는 초기에 홈쇼핑 송출 수수료를 회계상 광고수입으로 분류하였는데 이처럼 홈쇼핑 채널을 광고방송의 역할을 수행하는 것으로 간주하였다. 즉, 방송 콘텐츠 안에서 방영되는 광고처럼 홈쇼핑 채널을 채널 단위의 광고로 인식한 것인데, 이는 기본적으로 미디어 산업의 양면시장적 특성에 기반한 것이다.

양면시장은 양 측면 시장 중 어느 한 측면의 가입자 또는 이용량의 증가가 다른 한 측면 이용자의 효용에 영향을 미치는 시장을 의미한다(김성환 외, 2008). 즉, 양면시장은 상호연결을 필요로 하는 둘 이상의 구분되는 이용자 그룹들이 존재하고, 한 이용자 그룹이 다른 이용자 그룹의 규모가 클수록 큰 편익을 얻게 된다. 또한, 양 이용자 그룹이 직접 거래하지 못하고, 플랫폼을 이용해야만 거래가 성사되는 조건을 만족해야 한다. 방송 미디어 시장은 시청자(가입자)와 광고주(혹은 홈쇼핑 사업자) 등 두 그룹이 방송사(플랫폼)를 사이에 두고, 상호작용을 통해 간접적 네트워크 외부성이 발생하는 전형적인 양면시장의 특징을 지니게 된다. 그리하여, 유료방송 플랫폼의 가입자 수가 많아질수록 광고효과가 높아져 광고주의 편익이 증대되고, 방송사(플랫폼)는 서비스 요금을 한계비용(marginal cost) 이하로 낮추어 저렴한 요금으로 가입자(시청자)를 늘릴 수 있게 된다. 대신, 이용자에 대한 접근권을 홈쇼핑 채널에게 보다 높은 송출 수수료를 받고 판매하여 이윤을 획득하려는 유인이 존재하는 것이다.

[그림 13-1] 홈쇼핑 시장의 양면시장

복수의 플랫폼이 경쟁하는 양면시장에서 플랫폼 사업자의 가격설정은 경쟁하는 플랫폼의 수에 의해 큰 영향을 받는다. 암스트롱은 플랫폼 이용자들이 한 종류의 플랫폼만을 선택하여 이용하는 싱글호밍(single-homing)과 복수의 플랫폼을 한꺼번에 이용하는 멀티호밍(multi-homing)으로 구분하여 경쟁 양상과 가격에 대한 분석을 시도했다(Armstrong, 2006). 플랫폼을 중심으로 한 측면은 싱글호밍, 다른 측면은 멀티호밍이 발생하는 경쟁적 병목(competitive bottleneck)시장에서는 플랫폼 사업자들이 싱글호밍 이용자들을 더 많이 확보하기 위하여 치열한 경쟁을 벌이면서 이미 확보한 이용자들에 대한 접근권을 담보로 멀티호밍측에 독점력을 갖게 되는 상황이 발생한다. 다른 플랫폼을 이용하지 않는 싱글호밍 이용자들을 확보한 플랫폼은 적어도 이들에 대해서는 독점적 접근권을 보유하고 있기 때문이다. 플랫폼 사업자들은 멀티호밍측에 높은 가격을 책정하여 획득한 높은 이윤을 낮은 가격을 책정한 싱글호밍측에 전이시키는 전략을 수행한다. 플랫폼 간의 차별성이 적을수록, 멀티호밍 측면에서의 수입이 클수록 싱글호밍 측면의 가격은 낮게 책정될 수 있다. 암스트롱은 이 같은 가격경쟁 구조 때문에 멀티호밍 측면의 이용자 개체 수가 사회적으로 바람직한 수준보다 줄어들게 되는 시장의 실패가 발생할 수 있다고 경고한다(Armstrong, 2006).

홈쇼핑 시장이 지니는 이러한 양면적 시장의 특성은 한국 유료방송 시장에 다음과 같은 영향을 미치게 된다.

첫째, 저가형 구조를 고착시킨다. 플랫폼 사업자들은 저가 가격경쟁을 통해 가급적 많은 가입자를 확보하는 데 집중하고, 가입자 시장에서의 과당경쟁으로 인한 출혈을 보전하기 위해 대신 홈쇼핑 송출 수수료 수익을 극대화하고자 한다. 즉, 한국 유료방송 시장의 플랫폼 사업자들은 가입자들에게는 원가 이하 수준에서 상품을 판매해 가입자를 확보하고 이로 인한 수익 손실을 반대편 시장의 홈쇼핑 채널에게 받는 송출 수수료로 보전하는 것이다. 다른 나라에 비해 홈쇼핑 채널의 수가 많고 수익이 극대화된 한국 시장에서는 유독 홈쇼핑 송출 수수료에 대한 의존도가 높은 특징을 지닌다. 실제 케이블TV 출범 초기 다채널 유료방송 SO들은 저가 상품을 앞세워 가입자를 확보했고, 이로 인해 저하된 수신료 수익을 상쇄하는 수단 가운데 하나가 홈쇼핑 송출 수수료였다. 가입자들에게는 낮은 가입비용을 받는 동시에 플랫폼의 반대쪽에 있는 홈쇼핑 채널에게 홈쇼핑 송출 수수료를 높여 받음으로써 수익을 극대화한 것이다.

둘째, 시청자의 편익에 부정적인 영향을 미치게 된다. 유료방송 사업자들의 재원구조에서 홈쇼핑 송출 수수료의 의존도가 높기 때문에 송출 수수료를 높일 수 있는 전략을 사용하게 되고 이 중 하나가 많은 시청자들에게 노출이 가능한 소위 '황금 채널'을 판매하는 것이다. 그리하여 현재 시청률이 높은 지상파 및 종편 채널의 앞뒤로는 모두 홈쇼핑 채널이 배치되는 기현상이 발생하고 있다. 홈쇼핑 송출 수수료에 과도하게 의존하는 왜곡된 시장 속에서 본연의 방송 서비스는 부차적 요소로 전락하고 시청자의 편익은 급격히 줄어들게 된다(황근·최일도, 2014).

2) 유료방송 플랫폼의 재원구조

우리나라 유료방송 플랫폼 사업자(IPTV, 스카이라이프, 케이블 SO)의 수익원은 크게 수신료, 홈쇼핑 채널 송출 수수료, 단말장치 대여료, 가입 및 시설설치비, 광고/협찬 등으로 구성된다. 수신료는 유료방송 사업자가 제공하는 방송채널과 VOD 콘텐츠를 보는 대가로 가입자들이 지불하는 요금으로 유료방송사의 가장 기본적인 수익원이다. 수신료는 기본채널 수신료, 유료채널 수신료, VOD 수신료로 나누어진다. 2016년 말 기준으로 수신료 매출은 2.897조 원으로 전체 유료방송 사업자 매출의 56.1%로 재원 중 가장 큰 비중을 차지하는 수익원이다.

그 다음으로 높은 비중을 차지하는 홈쇼핑 채널 송출 수수료는 유료방송사가 홈쇼핑 방송을 송출해주는 대가로 얻는 일종의 채널 사용료이다. 송출 수수료는 홈쇼핑 채널 송출과정에서 발생하는 추가적인 비용부담이 거의 없어 사실상 수익의 대부분이 이익으로 직결된다. 2016년 기준, 송출 수수료의 비중은 약 24.3% 정도이다.

　한편, 단말장치 대여 매출은 가입자에게 유료방송 수신장치(STB 등)를 제공하여 얻는 매출이고, 가입 및 시설설치 매출은 신규 가입자 유치에 따른 가입비와 유료방송 수신 설비를 설치해 주는 인건비이다. 그리고 지상파나 PP와 달리 직접 프로그램을 편성할 수 없는 유료방송 사업자들은 VOD 광고(TV 다시보기와 영화 시청 전 광고 삽입) 등으로 광고 매출을 올리고 있다. 단말장치 대여 매출과 광고 매출은 각각 11.3%, 4.8% 정도이다.

〈표 13-2〉 유료방송 플랫폼 사업자의 주요 재원 비중

재원	비중(%)
가입자 수신료	56.1
홈쇼핑 송출 수수료	24.3
단말장치 대여료/판매료	11.3
광고	4.3

3) 송출 수수료의 역할

　홈쇼핑 송출 수수료는 유료방송 사업자의 재원에 있어서 절대적인 비중을 차지한다. 유료방송 사업자의 입장에서 홈쇼핑 송출 수수료는 프로그램 사용료와 같은 원가가 발생하지 않기 때문에 100% 수익으로 연결되는 재원이다. 따라서 송출 수수료의 수익을 극대화하기 위해서 유료방송 사업자는 지상파 및 종편 채널의 인접 번호에 홈쇼핑 채널을 집중 배치하고, 가장 낮은 가격대의 방송 상품에 홈쇼핑을 편성하고 있다. 이는 플랫폼의 유형에 상관없이 케이블 SO, 위성방송, IPTV 등 모든 유료방송 사업자에게 공통적으로 나타나는 현상이다.

　우리나라 전체 유료방송 사업자의 2017년 방송사업 매출은 5조 6,312억 원이었는데 이 중 홈쇼핑 송출 수수료 수입은 총 1조 4,093억 원으로 전체 매출 대비 25%를 차지하고 있다(방송통신위원회, 2018). 이같은 송출 수수료 수입은 유료방송 사업자의 영업수익 2조 3,465억 원의 60%에 해당하는 것이며, 특히 케이블 SO의 경우 2016년을 기점으로 홈쇼핑 송출 수수료 수입이 영업수익을 추월하였다.

　전체 방송 매출액에서 홈쇼핑 송출 수수료가 차지하는 비중을 살펴보면, 2000년대에는 20%보다 낮은 비중을 보였으나 2010년대 들어 20%을 상회하여 재원으로서의 비

중이 더욱 높아졌다. 예를 들어, 방송사업 매출액 대비 홈쇼핑 송출 수수료 매출 비중은 2015년 24.1%, 2016년 24.3%, 2017년 25.0%으로 지속적인 증가 추세에 있다. 반면, 가입자로부터 받는 수신료의 비중은 2000년대 60%를 상회하였으나 2010년대에는 오히려 50%대로 낮아져 홈쇼핑 송출 수수료가 이를 대체하고 있음을 알 수 있다(방송통신위원회, 2018).

〈표 13-3〉 유료방송 플랫폼별 홈쇼핑 송출 수수료 비중 현황

(단위: 억 원)

		2008	2009	2010	2011	2012	2013	2014	2015	2016	2017
케이블 SO	전체방송 매출	16,795	18,047	19,285	21,170	23,163	23,792	23,462	22,590	21,692	21,307
	수신료 매출	10,804	11,480	11,737	12,092	12,075	11,663	10,645	9,405	8,424	8,120
	(비중,%)	64.3%	63.6%	60.9%	57.1%	52.1%	49.0%	45.4%	41.6%	38.8%	38.1%
	홈쇼핑 송출료 매출	3,397	3,854	4,375	5,550	7,089	7,489	7,629	7,714	7,671	7,561
	(비중,%)	20.2%	21.4%	22.7%	26.2%	30.6%	31.5%	32.5%	34.1%	35.4%	35.5%
	영업 손익	4,114	4,343	4,361	5,640	6,278	4,961	4,535	4,056	3,006	3,486
위성	전체방송 매출	3,608	3,503	3,515	4,240	4,993	5,457	5,532	5,496	5,656	5,754
	수신료 매출	2,944	2,950	2,977	3,217	3,546	3,801	3,670	3,462	3,336	3,233
	(비중,%)	81.6%	84.2%	84.7%	75.9%	71.0%	69.7%	66.3%	63.0%	59.0%	56.2%
	홈쇼핑 송출료 매출	148	162	191	301	641	824	1,000	1,229	1,522	1,642
	(비중,%)	4.1%	4.6%	5.4%	7.1%	12.8%	15.1%	18.1%	22.4%	26.9%	28.5%
	영업 손익	248	322	373	403	674	993	779	978	781	743
IPTV	전체방송 매출	–	–	–	–	–	–	14,872	19,088	24,277	29,251
	수신료 매출	–	–	–	–	–	–	12,013	15,018	17,209	19,916
	(비중,%)							80.8%	78.7%	70.9%	68.1%
	홈쇼핑 송출료 매출	–	–	–	–	–	–	1,754	2,404	3,368	4,890
	(비중,%)							11.8%	12.6%	13.9%	16.7%
	영업 손익	–	–	–	–	–	–	−683	15,739	18,971	19,237

합계	전체방송 매출	20,403	21,551	22,800	25,410	28,156	29,249	43,867	47,174	51,625	56,312
	수신료 매출	13,748	14,430	14,715	15,309	15,620	15,464	26,328	27,885	28,969	31,269
	(비중,%)	67.4%	67.0%	64.5%	60.2%	55.5%	52.9%	60.0%	59.1%	56.1%	55.5%
	홈쇼핑 송출료 매출	3,545	4,016	4,566	5,851	7,731	8,313	10,383	11,347	12,561	14,093
	(비중,%)	17.4%	18.6%	20.0%	23.0%	27.5%	28.4%	23.7%	24.1%	24.3%	25.0%
	영업 손익	4,362	4,665	4,734	6,043	6,952	5,954	4,631	20,773	22,758	23,465

한편, 홈쇼핑 매출액 비중을 각 플랫폼별로 살펴보면, 먼저 케이블 SO의 경우 2017년 전체 방송사업 매출 2조 1,307억 원 중 홈쇼핑 송출 수수료 수익이 7,561억 원으로 35%의 비중을 차지하고 있다. 이는 방송 수신료 수익 8,120억 원 대비 93% 수준이며, SO 전체 영업수익 3,486억 원의 2.2배에 해당하는 것이다. 홈쇼핑 송출 수수료 수입이 없다면 SO는 영업이익 달성이 어려운 구조임을 알 수 있다. SO의 송출 수수료 수입 비중은 2008년 20.3%에서 2017년 35.2%로 점점 더 높아지고 있는 추세이다.

위성방송도 마찬가지로 전체 방송사업 매출 5,754억 원 중 홈쇼핑 송출 수수료 수입이 1,642억 원으로 전체 수입대비 28.5%이며, 영업수익 743억 원의 22배에 달하고 있어 SO와 유사한 양상을 보이고 있다. 전체 재원에서 홈쇼핑 송출 수수료의 비중이 높아지고 있는 것은 위성방송도 마찬가지여서 2008년 4.1%에 불과했으나, 2017년에는 28%로 대폭 증가하였다.

후발사업자인 IPTV도 홈쇼핑 송출 수수료의 비중이 급격하게 높아지고 있다. 2017년 IPTV 3사의 방송사업 매출은 2조 9,251억 원이며 홈쇼핑 송출 수수료 수입은 4,890억 원으로 16.7%에 달하고 있다. 이 역시 본격사업을 개시한 2001년 11.8%에 비해 대폭 늘어난 수치이다.

홈쇼핑 송출 수수료는 대략 유료방송 가입자 수, 홈쇼핑 채널을 통한 상품매출액, 채널번호 등을 고려해 홈쇼핑 채널과 유료방송사 간에 매년 협상을 통해 결정된다. 그런데 유료방송사의 홈쇼핑 송출 수수료 매출이 매년 증가하는 이유는 홈쇼핑 채널이 증가하면서 PP간의 채널확보 경쟁이 심화되었기 때문이다. 즉, 홈쇼핑 채널의 수는 1995년 2개 채널에서 2019년 현재 7개 채널로 늘어나 홈쇼핑 채널 간 좋은 채널을 확보하기 위한 경쟁이 치열해 치열해지면서 송출 수수료가 증가한 것으로 풀이되고 있다. 또한, 유료방송 가입자 수 역시 2007년 1천 670만에서 2016년 약 3천 만으로 늘었고 이에 따라 홈쇼핑 채널의 매출 역시 2007년 1.445조 원에서 2016년 3.420조 원으로 늘어나게 되었다. 이로 인한 송출 수수료의 매출액이 늘어난 것으로 분석되고 있다.

3. 송출 수수료의 부정적 효과

이처럼 우리나라 유료방송사의 재원구조에서 송출 수수료에의 의존도가 높아지고 있는 추세는 양면시장을 구성하는 두 이용자 그룹에서 특정 이용자 그룹(가입자)의 편익이 증가하는 긍정적 효과도 있지만(예를 들면 저렴한 수신료), 이로 인해 다른 이용자 그룹(홈쇼핑 채널)의 이익이 그만큼 감소한다는 점에서 사회적 차원의 부정적 효과를 동시에 유발하게 된다.

1) 유료방송 산업의 발전에 저해

유료방송 사업자의 홈쇼핑 송출 수수료 수익 비중 증가의 문제점으로는 우선 건전한 유료방송 시장의 발전을 저해하고 있다는 점을 지적할 수 있다. 현재 PP에 대한 프로그램 사용료의 배분은 수신료 금액을 바탕으로 책정되는데 송출 수수료에의 의존도가 높아짐에 따라 수신료 배분금액이 축소되고 있다. 이는 PP의 성장에 부정적 요인으로 작용하게 된다. 유료방송 사업자의 재원에서 일반 수신료 수익이 증가하여야 PP에 대한 수신료 배분 금액의 확대가 가능하고 전체 유료방송 시장의 균형 있는 발전이 가능할 것이다. 이처럼 홈쇼핑 송출 수수료에 대한 지나친 의존은 '저가형 수신료 시장의 고착 → 수신료 배분 금액의 축소 → PP의 프로그램 사용료 축소 → 유료채널 콘텐츠의 질적 하락'이라는 악순환의 고리에서 헤어나기 어렵게 한다.

2) 유료방송의 상업화 초래

고객 접점을 직접 확보할 수 없는 TV 홈쇼핑의 입장에서는 유료방송 사업자의 황금채널 확보는 매우 중요하다. 채널번호는 사업자의 매출과 직결되기 때문에 TV 홈쇼핑 사업자는 지상파 방송과 인접한 채널 번호 배정을 원하며, 높은 대역보다는 낮은 대역의 채널 번호를 선호한다. 통상 지상파 사이 채널은 S급, 10번 대는 A급으로 분류되어 S급은 더 높은 홈쇼핑 송출 수수료를 지급해야 한다. 홈쇼핑과 유료방송 사업자 간 계약기간은 보통 1년으로, 플랫폼 사업자들은 더 많은 금액을 제시하는 홈쇼핑 사업자에게 영업활동에 유리한 채널을 배정한다.

<표 13-4>는 각 유료방송 사업자별로 송출되는 TV 홈쇼핑의 채널 번호를 정리한 것이다. 유료방송 사업자들의 홈쇼핑 채널 번호를 비교하면 전반적으로 선발 사업자들이 지상파 채널에 인접한 채널을 확보하고 있음을 알 수 있다.

〈표 13-4〉 홈쇼핑 채널의 플랫폼별 채널 번호

		GS	CJ	현대	롯데	NS	홈앤	공영
MSO	CJ헬로	6	10	13	12	3	4	20
	티브로드	10	8	6	12	14	15	21
	딜라이브	10	12	6	8	4	14	20
	CMB	10	15	8	13	6	16	21
	HCN	12	6	10	8	14	17	21
개별 SO	제주방송	10	12	14	15	16	21	22
	서경방송	14	12	10	16	18	19	5
	씨씨에스 충북방송	4	6	8	10	14	17	20
	아름방송	13	6	12	8	17	3	21
	광주방송	11	15	7	9	13	15	22
	금강방송	10	8	6	12	14	15	21
	남인천방송	12	10	6	8	13		20
	울산중앙방송	10	14	12	8	16	17	21
	하나방송	12	6	8	10	14	16	21
	푸른방송	6	8	13	10	12	17	21
평균		10.0	9.9	9.3	10.6	12.5	13.7	19.8
IPTV	KT	8	6	10		12	14	22
	SKB	12	6	8	10	14	4	2
	LGU+	6	8	10	12	13	4	20
평균		8.7	6.7	9.3	7.3	13.0	7.3	14.7
위성	KT Skylife	14	8	6	10	17	12	21

먼저, 케이블 SO의 채널 번호를 분석해 보면 대기업 홈쇼핑 사업자, 즉 현대홈쇼핑(평균 9.3번), CJ오쇼핑(9.9번), GS홈쇼핑(10.0번), 롯데홈쇼핑(10.6번)의 채널 번호는 평균 10번 내외에 편성되어 있다. 반면, NS홈쇼핑(12.5번)과 홈앤쇼핑(14.7번)의 채널 경쟁력이 상대적으로 떨어지는 편이며, 공영 쇼핑은 평균 19.8번에 위치하여 지상파 채널과

가장 멀리 배치되어 있다. 이러한 경향은 IPTV 및 위성방송에도 마찬가지로 지상파 인접 채널은 선발 사업자들이 확보하고 있으며, 공영쇼핑은 IPTV 3개사 평균 14.7번으로 타 홈쇼핑 사업자에 비해 가장 높은 채널 번호를 배정받고 있음을 알 수 있다.

홈쇼핑 채널의 낮은 번호대 편성은 홈쇼핑 사업자에게 채널 번호 확보 경쟁의 심화로 인해 홈쇼핑 송출 수수료의 지속적인 상승요인으로 작용하고 있다. 홈쇼핑 송출 수수료의 증가는 상품을 공급하는 납품업자에게 판매 수수료로 전이되고, 이는 결과적으로 상품판매 가격 인상으로 이어져 이용자의 후생에 부정적인 영향을 미치게 된다. 또한, 시청자의 접근성이 높은 낮은 번호대와 저가형 티어에 홈쇼핑 채널이 집중 배치됨으로써 우리나라 유료방송이 지나치게 상업화되고 있다는 비판이 계속되고 있다.

<표 13-5>는 유료 방송사업자 중 가장 많은 가입자를 확보한 KT IPTV의 채널 편성표이다. 채널 14번 이하의 이른바 로우대역에서 홈쇼핑 채널은 모두 7개로 홈쇼핑

⟨표 13-5⟩ KT IPTV 채널편성의 사례

채널 번호	1	2	3	4	5	6	7	8	9
채널 편성	지상파PP	데이터 홈쇼핑	지상파PP	데이터 홈쇼핑	지상파 방송	TV 홈쇼핑	지상파 방송	TV 홈쇼핑	지상파 방송
채널 번호	10	11	12	13	14	15	16	17	18
채널 편성	TV 홈쇼핑	지상파 방송	TV 홈쇼핑	지상파 방송	TV 홈쇼핑	종편PP	종편PP	종편PP	종편PP
채널 번호	19	20	21	22	23	24	25	26	27
채널 편성	종편PP	데이터 홈쇼핑	영화PP	TV 홈쇼핑	보도PP	보도PP	지상파PP	지상파 방송	영화PP
채널 번호	28	29	30	31	32	33	34	35	36
채널 편성	데이터 홈쇼핑	영화PP	TV 홈쇼핑	드라마PP	영화PP	데이터 홈쇼핑	오락PP	지상파PP	데이터 홈쇼핑
채널 번호	37	38	39	40	41	42	43	44	45
채널 편성	지상파PP	데이터 홈쇼핑	오락PP	데이터 홈쇼핑	지상파PP	데이터 홈쇼핑	지상파PP	데이터 홈쇼핑	오락PP

PP의 편성비율이 50%를 차지하고 있다. 한 채널 건너 홈쇼핑 PP가 편성되어 있으며, 나머지 10개 홈쇼핑 채널도 시청률이 높은 45번 이하에 편성되어 있다.

3) 소비자 후생에 부정적 영향 초래

앞에서 살펴본 바와 같이, TV 홈쇼핑의 매출 신장과 사업자 수 증가에 따라 유료 방송 사업자에게 지급하는 송출 수수료도 매년 증가하고 있다. 특히 홈앤쇼핑이 등장하여 6개 사업자의 경쟁체제에 돌입한 2012년을 기점으로 홈쇼핑 송출 수수료는 급증했다. TV 홈쇼핑 전체 매출 대비 홈쇼핑 송출 수수료의 비중은 20% 수준에 이르렀고, 방송사업 매출 대비 비중으로는 30% 수준을 상회하게 되었다. 즉, 홈쇼핑 송출 수수료는 TV 홈쇼핑 사업자의 판매관리비 중에서 가장 큰 비중을 차지하여 TV 홈쇼핑의 영업 손익과 직결되고 있다. 2017년 기준 전체 사업매출 대비 송출 수수료의 비중을 살펴보면 선발 사업자들은 20%대 수준이며(CJ 22.3%, GS 24.0%, 현대 24.9%, 롯데 27.9%, NS 23.5%), 홈앤쇼핑(30.2%)과 공영쇼핑(30.9%)은 30%를 상회하고 있다.

홈쇼핑 송출 수수료 수입의 증가는 홈쇼핑 사업자의 수익에도 영향을 미치게 된다. 상승하는 홈쇼핑 송출 수수료로 인해 홈쇼핑 사업자는 이를 상품 납품업자의 판매 수수료에 전가할 수밖에 없고, 최종적으로 상품판매 가격의 상승으로 이어진다. 결과적으로 유통마진을 최소화하여 생산자와 소비자 모두에게 이익이 돌아가야 한다는 TV 홈쇼핑 도입의 취지를 무색하게 하고 있다.

〈표 13-6〉 매출/영업 손익 대비 송출 수수료 비율 (단위: %)

		2008	2009	2010	2011	2012	2013	2014	2015	2016	2017
CJ	전체매출대비	16.0	14.2	15.4	16.6	17.0	16.0	17.0	20.4	21.9	22.3
	방송사업대비	22.2	19.6	20.5	23.4	22.9	22.8	26.2	32.1	34.7	39.2
	영업손익대비	99.4	92.3	89.4	113.6	131.6	128.5	152.4	200.4	165.9	160.9
GS	전체매출대비	14.8	13.9	13.5	15.9	17.1	17.0	18.0	18.8	21.6	24.0
	방송사업대비	21.9	19.9	19.4	22.4	24.6	24.3	27.6	30.6	35.5	40.0
	영업손익대비	107.8	97.2	89.8	131.7	128.8	113.2	135.1	182.4	179.0	174.7
현대	전체매출대비	19.4	18.7	19.9	21.0	24.0	26.1	25.5	26.9	26.5	24.9
	방송사업대비	24.5	23.7	25.5	27.5	32.4	35.0	33.7	37.1	37.9	35.9
	영업손익대비	93.7	80.3	85.9	96.8	119.6	144.2	152.8	216.1	192.7	169.7

롯데	전체매출대비	20.3	17.8	19.5	21.9	26.3	25.6	24.4	26.3	27.3	27.9
	방송사업대비	24.3	23.3	26.2	27.7	33.5	32.5	32.2	37.2	39.6	40.8
	영업손익대비	137.6	111.4	118.8	138.3	238.7	253.0	209.1	298.6	299.2	221.1
NS	전체매출대비	16.6	16.4	17.9	16.8	21.9	21.3	22.1	23.4	23.0	23.5
	방송사업대비	22.7	22.5	25.7	24.9	29.4	27.6	27.8	29.2	28.3	29.1
	영업손익대비	73.1	75.5	90.6	93.2	126.5	106.4	93.2	104.0	110.1	119.0
홈앤	전체매출대비				28.7	40.0	31.0	30.9	35.1	32.3	30.2
	방송사업대비				28.7	41.2	32.6	39.4	59.6	53.9	70.6
	영업손익대비				−6.7	392.6	133.5	127.2	289.8	250.2	261.1
공영	전체매출대비								42.6	33.8	30.9
	방송사업대비								44.8	38.0	37.0
	영업손익대비								−72.3	−370.1	−945.8
계	전체매출대비	17.0	15.8	16.8	18.3	21.4	21.1	21.6	23.8	24.8	25.1
	방송사업대비	23.0	21.5	22.8	25.0	28.6	28.3	30.3	35.4	37.0	39.4
	영업손익대비	100.8	90.9	93.6	118.7	150.6	140.9	146.2	214.8	198.9	183.9

4. 제도적 개선방향

앞에서 살펴본 바와 같이 홈쇼핑 송출 수수료의 액수 및 유료방송 플랫폼 사업자의 재원구조에서 차지하는 비중은 해마다 증가하고 있다. GS홈쇼핑, CJ오쇼핑, 현대홈쇼핑, 롯데홈쇼핑, NS홈쇼핑, 홈앤쇼핑, 공영쇼핑 등 국내 주요 7개 홈쇼핑사가 지불한 홈쇼핑 송출 수수료는 지난 2014년(1조 454억 원) 처음으로 1조 원을 넘어선 이래, 2015년 1조 1,399억 원, 2016년 1조 2,240억 원, 2017년 1조 3,114억 원, 2018년 1조 4,335억 원으로 매년 증가했다. 이에 따라 유료방송 플랫폼의 방송 매출액에서 차지하는 송출 수수료의 비중 역시 2014년 31.8%에서 2015년 35.5%, 2016년 38.4%, 2017년 42%, 2018년에는 48.7%까지로 높아졌다.

유료방송 플랫폼의 재원구조에서 홈쇼핑 송출 수수료가 차지하는 비중이 지나치게 높아지는 것은 양면시장의 구조적 특성에 따라 가입자의 가입료 비중을 낮은 수준으로 유지하고 그 대신 송출 수수료를 통해 이를 보충하기 위한 전략으로 풀이된다. 송출 수수료에 대한 높은 의존구조는 국내 유료방송 시장의 고질적인 병폐인 저가형 시장을 고착화시키고, 홈쇼핑 판매협력 업체의 판매 수수료 증가와 이로 인한 소비자들의 부담 증가라는 결과로 이어질 수 있다.

따라서 적정한 수준의 송출 수수료를 유지하기 위한 정책적 노력이 요구된다. 물론, 홈쇼핑 송출 수수료는 홈쇼핑 채널과 유료방송 플랫폼 간 자율적인 계약관계에 의해 금액이 결정되는 것이 바람직하지만 채널 편성권을 쥐고있는 유료방송 플랫폼의 협상력이 우위에 있는 것이 현실이다. 그리하여, 합리적인 수준에서 송출 수수료가 결정될 수 있도록 정부가 TV 홈쇼핑 사업자와 유료방송 사업자 사이에서 적극적인 중재역할을 할 필요가 있다. 예컨대, 송출 수수료 가이드라인을 통해 수수료 인상률의 상한선을 정하거나, 매년 송출 수수료의 금액을 의무적으로 공개하는 등의 정책을 통해 합리적 수준을 유지하는 노력이 필요하다.

이러한 정책적 요구에 의해 과학기술정보통신부는 유료방송사와 홈쇼핑사 간 홈쇼핑 송출계약 과정의 공정한 경쟁환경 조성 등을 위하여 <홈쇼핑 방송채널 사용계약 가이드라인>을 마련해 2018년 1월 1일부터 시행하고 있다. <홈쇼핑 방송채널 사용계약 가이드라인>에는 협상의 원칙과 절차, 정당한 사유 없는 부당행위의 내용, 대가(송출 수수료) 산정시 고려요소 등을 주요 내용으로 담고 있다. 먼저, 협상의 원칙으로는 성실협의 의무와 우월적 지위 이용금지를 명시하였고, 정당한 사유없는 행위로는 상당한 간격을 두고 3회 이상 협의를 요청하였으나 이에 응하지 않는 행위, 다른 홈쇼핑방송사업자 또는 유료방송 사업자와 공동으로 부당한 조건을 강요하거나 협의를 제한하는 행위 등 8가지 행위로 규정했다. 한편, 송출 수수료 산정 시 고려해야 할 요소로는 수익구조, 상품 판매 매출의 증감, 방송사업 매출의 증감, 유료방송 사업자의 가입자 수, 물가 상승률 및 그 밖의 비용과 편익 등을 고려하도록 하여 송출 수수료 산정과정이 객관적이고 투명하게 진행하도록 유도하였다. 또한, 가이드라인의 실효성을 높이기 위해 가이드라인의 준수 여부를 홈쇼핑 재승인 및 유료방송 재허가 심사에 반영할 수 있도록 명시하였다. 이와 함께, 과기정통부는 2019년 <홈쇼핑채널 송출 관련 표준계약서>를 제정하여 사업자간 분쟁 예방 및 공정거래 관행을 정착하도록 유도하고 있다.

홈쇼핑 송출 수수료가 국내 유료방송 플랫폼의 중요 재원으로 그 중요성이 점차 높아지고 있는 상황이지만 지나친 의존도는 가입자의 가격, 홈쇼핑 사업자의 매출구조, 유료방송 시장의 상업화 등 국내 방송산업 생태계와 연동되어 있는 만큼 합리적이고 적정한 수준을 유지하는 정책적 지속적인 관리가 필요해 보인다.

제 4 부

중소방송 재원정책

교육방송 재원정책

Chapter 14 교육방송 재원정책

현행법상 교육방송(Educational Broadcasting System: EBS)은 공영방송에 속한다. EBS는 기존 한국교육방송원 체제에서 지난 2000년 <한국교육방송공사법>에 근거하여 공영방송사로 새롭게 출범하였다. 이 법 제2조에서는 "한국교육방송공사(이하 "공사"라 한다)는 법인으로 한다"라고 명시되어 법상 영조물에 해당하는 공영방송임을 분명히 명시하고 있다. EBS가 공영방송이 되어야 하는 공적 임무에 대해 법 제1조에서는 "교육방송을 효율적으로 실시함으로써 학교교육을 보완하고 국민의 평생교육과 민주적 교육발전에 이바지함을 목적으로 한다"라고 규정하고 있다. 즉, 이 조항에서는 교육방송의 공공적 성격에 대해 a) 학교 교육의 보완, b) 국민의 평생교육, c) 민주적 교육발전 이바지 등을 거론하였다. 공적 기능을 수행하기 위해 그동안 EBS는 수능방송을 통해 교육격차 해소에 이바지해 왔고, 다큐멘터리를 비롯한 수준 높은 교양 프로그램들을 통해 국민의 평생교육 등에서 중추적 역할을 담당하여 왔다. 수능방송 무료 서비스를 통해 교육여건이 낙후된 농어촌 학생들에게 교육기회를 제공하고 연간 1조 원 이상의 사교육 절감효과를 거둔 것으로 평가되고 있다(박상호, 2015). 이처럼 EBS는 상업적 시장원리에서 도태될 수 있는 공적 성격의 콘텐츠를 제작하고 공급함으로써 공영방송에 부여된 공적 책무를 충실히 수행했다고 평가할 수 있다.

그럼에도 불구하고 현재의 EBS 재원구조는 지속가능한 공적 역할 수행에 적합하지 않다. 재원의 규모는 점차 축소되고 있을 뿐더러 공적재원의 비중 역시 점차 감소하고 있다. EBS 재원구조는 어떤 문제점이 있는가? 그리고 앞으로 어떻게 개선되어야 하는가? 본 장에서는 교육전문 공영방송인 EBS 재원구조의 문제점과 바람직한 재원구조의 방향을 모색해 보기로 한다.

1. 교육방송의 연혁

EBS는 1990년 12월, 한국교육개발원 부설 교육방송(EBS)으로 개국하였고, 1997년 1월에는 정부 출연기관인 한국교육방송원이 창립되었다. 국영방송 형태로 재원은 정부 출연금 및 국가 보조금을 위주로 하였다. 1997년 1월 제정된 <한국교육방송원법> 제 13조(운영재원)에 따르면 방송원은 정부의 출연금·보조금 및 지방자치 단체 교육비 특별회계의 보조금, 교육방송의 운영에 의한 수익금, 협찬금 등으로 운영된다고 규정되어 있다.

한편, EBS는 2000년 <한국교육방송 공사법>에 의거하여 공영방송 체제로 전환되었다. 공영 방송사로서 전환이 필요한 이유에 대해서는 <한국교육방송 공사법>에서 정치적 중립성과 자율성을 보장받아야 하며 동시에 안정적인 운영 재원의 확보 필요성이 언급되었다.

공영방송 체제로의 전환 이후, 2002년에는 수능 전문채널 <EBS 플러스 1>과 초중 전문채널인 <EBS 플러스 2>가 설립되었고, 2007년에는 영어교육 전문채널 <EBS English>가 출범하였다. 또한 2014년 다채널(MMS) 실험방송을 실시하였고, 2015년부터 국내 최초로 다채널 방송인 <EBS2>를 실시하고 있다. 현재 EBS가 운용중인 채널 현황은 다음과 같다.

〈표 14-1〉 EBS 채널 운용 현황

구분		편성내용	시간
지상파	아날로그TV	어린이, 지식, 문화, 다큐, 교양	주당 8,200분
	디지털TV	아날로그TV 동시방송	주당 8,200분
	라디오FM	영어중심 외국어 교육 및 교양	05:00~익일 02:00
위성 케이블 IPTV	EBS플러스1	수능·내신·논술 교육	24시간
	EBS플러스2	초등·중학 교육	07:00~익일 01:00
	EBS English	영어 전문 교육	06:00~익일 02:00
위성DMB	EBS U	수능·내신·논술·영어 교육	24시간
해외	EBS America	미주 지역 재외국민 교육	24시간

출처: 한국교육방송공사 업무현황.

2. 교육방송의 재원구조

공영방송으로서 EBS가 사용할 수 있는 재원 항목에 대해서는 <한국교육방송공사법>에 구체적으로 명시되어 있다. 동법 제19조(재원)에 따르면, 공사가 충당할 수 있는 재원의 유형으로는 a) 방송통신발전기금의 출연금, b) 텔레비전 방송수신료의 일부, c) 국가·지방자치단체의 보조금, d) 교육정보 제공체제의 운영에 따른 이용료·수수료 및 수익금, e) 그 밖의 수입금 등이다. 그 밖의 수입금에 대해서는 <한국교육방송공사법 시행령>의 제10조에서 a) 방송광고 수입, b) 사업수입, c) 법인이나 단체 또는 개인의 기부금 등으로 제시되어 있다. 여기서 사업을 통해 벌어드릴 수 있는 수익 유형의 예로는 제작협찬, 프로그램 공급, 출판 사업, 문화 콘텐츠 부대 사업, 콘텐츠 사업, 온라인 사업, 수탁 사업, 협찬용역 사업, 기타 부대수입 등이 있다. 이러한 재원을 공적재원과 상업적 재원으로 구분해 보면, 방송통신발전기금, 수신료, 국가 및 지자체의 보조금은 공적 성격의 재원으로 볼 수 있고 운영에 따른 수익금, 광고수입, 사업수익 등은 상업적 재원으로 분류할 수 있다.

〈표 14-2〉 교육방송 재원

재원 항목(〈한국교육방송공사법〉의 제19조)	
− 방송통신발전기금 − 텔레비전 방송수신료 − 국가, 기타자치단체의 보조금 − 교육정보 제공체제의 운영에 따른 이용료·수수료 및 수익금	
− 그밖의 수익금(<한국교육방송공사법 시행령>의 제10조)	− 방송광고 수입 − 사업수익(출판, 프로그램 공급, 협찬, 온라인 사업 수익 등) − 법인이나 단체 또는 개인의 기부금

이처럼 EBS 재원의 내역을 법을 통해 구체적으로 명시하고 있는 것은 공영방송이기 때문에 재원의 범위를 투명하게 공개하기 위함으로 볼 수 있다. 법에서 명시한 재원 항목의 구조를 살펴보면 방송통신발전기금이나 수신료, 그리고 국가보조금과 같은 공적재원을 먼저 열거하고 이후 수익금이나 광고, 그리고 사업수익 등의 상업적 재원을 후순위로 열거한 취지에 비추어 볼 때 공적재원을 근간으로 하는 것이 바람직하다는

점을 시사하고 있다. 그럼에도 불구하고 현재의 EBS 재원구조는 이러한 법적 취지에 부합하지 않다. 2018년 기준, EBS 수익금을 공적재원과 상업적 재원항목으로 구분해 보면 공적재원이 약 30%이고 상업적 재원이 70%로 대부분의 재원이 상업적 재원에 의존하고 있는 형태이다. 공적재원이라 할 수 있는 방송통신발전기금 수익은 314억 원(12.6%), 수신료 수익은 약 185억 원(7.4%), 그리고 국가 보조금은 264억 원(10.6%)으로 이들 공적 자금의 총 수익금은 763억 원으로 약 30%에 해당한다. 반면, 기타 수익금이라 할 수 있는 교재 출판 수익금(직접 판매)은 949억 원(약 38%), 콘텐츠 판매 수익금은 384억 원(15.4%), 그리고 광고 수익은 313억 원(12.5%)으로 상업적 수익금은 전체의 약 70%를 차지하고 있다. 소유구조 상 공영방송이면서 재원은 상업적인 재원이 주를 이루는 기형적 구조임을 있음을 알 수 있다.

〈표 14-3〉 EBS 재원구조(2018년 기준)

구분	세부 항목	금액(단위: 억 원)	비율(%)
공적재원	방송통신발전기금	314	12.6
	수신료	185	7.4
	국가보조금	264	10.6
	소계	763	30.5
상업재원	교재출판(사업수익)	949	38.0
	방송광고	313	12.5
	협찬(사업수익)	45	1.8
	콘텐츠 판매(사업수익)	384	15.4
	프로그램 제공 외(사업수익)	45	1.8
	소계	1,736	69.5
총계		2,498	100.0

상업적 재원의 비중은 출범초기인 2000년 62.7%였으나 수능교재 출판 수입이 증가한 2000년대 중반 75% 정도로 높아졌으나 출판수입의 감소에 따라 현재 약 70% 정도를 유지하고 있다(강상현, 2014).

<표 14-4> EBS 재원 구조의 변화 추이 (단위: 억 원)

	2000년	2001년	2002년	2003년	2004년	2005년	2006년	2007년	2008년	2009년
수신료	101(12.1%)	133(14.8%)	137(13.7%)	142(13.2%)	145(8.3%)	148(8.9%)	149(9.3%)	151(8.9%)	153(8.7%)	156(8.2%)
국고·기금	211(25.2%)	192(21.4%)	175(17.5%)	210(19.5%)	370(21.3%)	298(17.9%)	278(17.3%)	380(22.3%)	380(21.6%)	399(20.9%)
자체 재원	525(62.7%)	572(63.8%)	689(68.8%)	726(67.3%)	1,225(70.4%)	1,218(73.2%)	1,183(73.5%)	1,175(68.9%)	1,223(69.6%)	1,356(71.0%)
총 재원	837	897	1,001	1,078	1,740	1,664	1,610	1,706	1,756	1,911

	2010년	2011년	2012년	2013년	2014년	2015년	2016년	2017년	2018년	
수신료	159(6.5%)	162(6.3%)	164(6.2%)	167(6.1%)	170(6.1%)	175(6.4%)	177(6.7%)	181(7.2%)	185(7.4%)	
국고·기금	523(21.5%)	588(22.7%)	551(20.9%)	537(19.5%)	488(17.4%)	491(17.9%)	502(19.0%)	540(21.5%)	578(23.2%)	
자체 재원	1,746(71.9%)	1,837(71.0%)	1,926(72.9%)	2,048(74.4%)	2,148(76.5%)	2,073(75.7%)	1,964(74.3%)	1,792(71.3%)	1,734(69.5%)	
총 재원	2,428	2,587	2,641	2,752	2,806	2,739	2,643	2,513	2,497	

출처: 강상현(2014)와 EBS 내부자료를 종합하여 구성.

1) 공적재원

(1) 수신료

EBS의 전체 재원 가운데 수신료 수익이 차지하는 금액은 적게는 156억 원(2009년)이었으나 최근 185억 원(2018년)까지 증가하였다. 이는 최근 시청가구수가 증가하면서 전체 수신료 금액이 증가한데 따른 것이다. 즉 KBS가 징수한 전체 수신료 매출규모는 2009년 5,575억 원에서 2018년 현재 6,595억 원으로 증가하였다.

<표 14-5> EBS의 수신료 매출액 변화 추이 (단위: 억 원)

구분	09년	10년	11년	12년	13년	14년	15년	16년	17년	18년
KBS 징수 수신료 매출(A)	5,575	5,689	5,779	5,851	5,961	6,080	6,258	6,333	6,462	6,595
한전 위탁징수비* (B)	336	343	350	355	360	367	374	425	439	447
KBS 수신료 순매출(A−B)	5,239	5,346	5,429	5,496	5,601	5,713	5,884	5,907	6,023	6,148
EBS 수신료 매출 (C)	156	159	162	164	167	170	175	177	181	185
비중(C/(A−B))	3.0%	3.0%	3.0%	3.0%	3.0%	3.0%	3.0%	3.0%	3.0%	3.0%

*KBS는 전체 수신료 매출의 6.15%를 위탁징수비 명목으로 한전에 지급.

주지하다시피, EBS가 수신료를 배분받게 된 것은 <방송법>에 근거한 것이다. 현행 <방송법> 제68조에 따르면 "징수된 수신료를 대통령령으로 정하는 바에 따라 <한국교육방송공사법>에 의한 한국교육방송공사의 재원으로 지원할 수 있다"라고 규정되어 있다. 또한 구체적인 지원 비율에 대해서는 대통령령인 <방송법 시행령>의 제49조에서 KBS는 "… 매년 수신료 수입의 100분의 3에 해당하는 금액을 한국교육방송공사에 지원하여야 한다"고 규정되어 있다. 하지만 EBS와 KBS의 약정서에 의거하여 한국전력 위탁수수료(6.15%)를 제외한 금액의 3%를 EBS가 수령하고 있다. 따라서 전체 수신료 대비 EBS가 실질적으로 배분받고 있는 비율은 2.8%이다. 즉, 한 가구당 현재 2,500원인 수신료 중에서 EBS에 실제로 배분되는 금액은 2.8%인 70원이 되는 셈이다.

그동안 EBS가 배분받은 수신료 수익금 150~185억 원의 규모는 EBS 전체 수익의 약 6~7%에 해당한다. 전체 수신료 징수금액에 의한 비율배분의 구조이기 때문에 EBS가 받게 되는 수신료 금액은 KBS의 수신료 총액과 연동될 수밖에 없다. 따라서 전체 수신료 모수가 증가하지 않는 한 EBS의 수신료 매출액 증가는 제한적일 수밖에 없는 한계를 지니고 있다.

(2) 방송발전기금과 국가보조금

EBS의 또 다른 공적재원으로는 방송통신발전기금과 교육부에서 지원하는 국가보조금(특별교부금)이 있다. 이 두 재원은 전체 매출액 대비 약 20% 정도를 유지하고 있다. 방송통신 발전기금은 특정 프로그램 제작을 위한 목적성 기금으로 운용의 유연성이 부족하고 국가보조금 역시 국가정책에 의해 규모가 축소될 수 있다는 점에서 수신료에 비해 안정성이 떨어지는 재원이다.

〈표 14-6〉 EBS의 방송발전기금 및 국가보조금 수익현황(2018년 기준)

방송통신발전기금	국가보조금	계
314억	264억	
− 프로그램 제작지원: 280억 − 방송 인프라 개선: 34억	− 수능사업: 162억 − 영어채널: 66억 − 소프트웨어 지원: 4억	578억(23.2%)

2) 상업적 재원

(1) 광고수익

2018년 기준, EBS의 광고 매출액은 전년 대비 42억 원(11.9%) 감소한 313억 원이었다. EBS 역시 여타 지상파 방송과 마찬가지로 2016년 이후 광고 매출액이 급격하게 감소하고 있다. 광고 규제의 수위가 높은 지상파 방송에 비해 EBS는 지상파 총량의 80%라는 더 높은 시간 총량 규제 및 품목 규제를 받고 있다. 더불어 공공성을 지향하는 콘텐츠의 성격상 향후에도 광고수익의 확대를 기대하기 어려운 상황이다.

〈표 14-7〉 EBS의 광고 매출액 추이   (단위:억 원)

구분	09년	10년	11년	12년	13년	14년	15년	16년	17년	18년	17년 대비 18년	
											증감액	증감률
지상파	19,182	22,162	23,754	21,801	20,675	18,976	19,112	16,228	14,121	13,007	−1,115	−7.9%
EBS	263	301	320	353	400	399	409	370	355	313	−42	−11.9%

(2) 출판수익

그동안 EBS 재원 중 출판 사업 수입은 전체 재원의 약 30~40% 정도를 감당하는 가장 중요한 재원으로 재원항목 상 "그 밖의 수익금" 중 사업 수익에 해당하는 재원이다. 수능 연계 방송을 통해 얻는 수익이라는 점에서 전형적인 상업재원이다. 비 방송사업 매출에 해당하기 때문에 출판수익의 비중이 가장 높다는 것은 사실 공영방송 재원구조 상 분명 바람직한 재원구조는 아닐 것이다. 그럼에도 출판 수익의 매출 역시 2015년 이후 급격히 감소하고 있다. 가령 2010년대 초반까지 1,000억 원 이상의 매출을 보였으나 2016년 이후 800억 원대로 출판 수익이 급격하게 감소하였다. 그리하여 전체 재원에서 차지하는 출판 수익의 비중 역시 지난 2009년 48.9%에서 2018년 33.7%로 낮아졌다.

이처럼 출판 수익이 감소하고 있는 것은 학령인구의 감소 그리고 정시 축소 및 수능 연계율 축소와 같은 교육정책의 변화로 수능 교재의 판매량이 감소했기 때문이다. EBS 재원에서 가장 높은 의존도를 보였던 출판 수익의 감소는 현재 EBS 재원의 가장 큰 압박 요인으로 작용하고 있다.

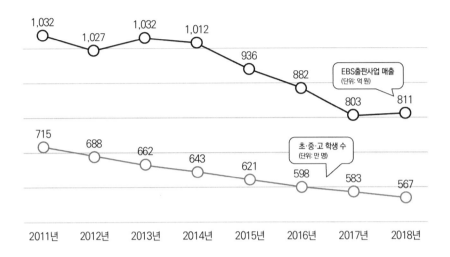

[그림 14-1] 출판 수익의 변화 추이

EBS출판사업 매출
(단위: 억 원)

초·중·고 학생 수
(단위: 만 명)

1,032 1,027 1,032 1,012 936 882 803 811

715 688 662 643 621 598 583 567

2011년 2012년 2013년 2014년 2015년 2016년 2017년 2018년

출처: EBS 콘텐츠사업본부(2019.03.18.) 업무보고 내부자료.

3. EBS 재원구조의 문제점

지금까지 EBS 재원구조와 관련해서 지속적으로 제기되고 있는 가장 큰 문제점은 공영방송이라는 소유구조에도 불구하고 공적 재원보다는 상업적 수익에 의존하는 이른바 소유구조와 재원 간의 비 정합성의 문제이다(강명현, 2020; 강상현, 2014; 김재영, 2014; 박상호, 2015; 봉미선, 2015). 특히 수신료 재원의 비중이 지나치게 낮아 공영방송으로서 공적 책임을 수행하는데 한계가 있다는 지적이 제기되어 왔다. 그렇다면 그 이유는 무엇인가? EBS의 수신료 재원과 관련해서는 다음과 같은 문제점이 해결되지 않기 때문이다.

1) 배분비율의 문제

앞에서 언급한 바와 같이 현재 EBS는 KBS 수신료 수입의 3%를 배분받고 있다. 그동안 EBS는 이러한 배분비율이 낮기 때문에 최소 15%에서 20%까지 배분비율을 높여 줄 것을 요구하고 있다. 현재 KBS 수신료 수입의 총액이 대략 6,500억 원이므로 이 금액의 20%는 1,300억 원이 된다. 이는 현 EBS 전체 매출액 2,500억 원의 약 50%를 차지하는 비중이다. 여기에 방송발전기금 및 국가기부금 500억 원을 합하게 되면 공적재원의 비중은 대략 80%가 된다. 공적재원 중심의 이상적인 재원구조가 가능한 것이다.

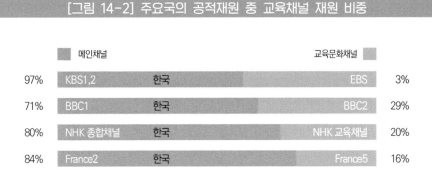

[그림 14-2] 주요국의 공적재원 중 교육채널 재원 비중

출처: 오상도(2012).

여타 국가의 경우를 살펴보더라도 방송산업의 공적재원에서 교육 채널에 대한 지원 규모는 대략 20% 내외이다. 영국의 경우도 교육을 담당하는 전체 수신료에서 BBC2에 배분되는 비중이 대략 30% 정도이고 일본 역시 NHK 교육채널에 배분되는 수신료 비중은 20% 정도이다. 이러한 해외 사례를 살펴보더라도 현재 EBS에서 배분되는 전체 수신료의 3% 규모는 현저하게 낮은 수준임을 알 수 있다.

2) 배분 체계의 타당성

수신료와 관련한 또 다른 문제로는 수신료 산정과 관련한 논의과정에서 EBS의 의사가 반영되는 제도적 장치가 부재하다는 점이다. 현재 수신료 산정은 <방송법> 제65조에 의해 KBS 이사회가 심의·의결한 후 방송통신위원회를 거쳐 국회의 승인을 얻어 확정된다. 다시 말해, 현행 제도에 의하면 수신료 산정의 주체는 KBS가 되고 EBS는 산정 주체에서 제외되어 있다. EBS도 수신료를 배분받아 이를 사용하는 또 다른 주체라는 점에서 수신료 산정의 심의 단계에서 EBS의 의사와 재무 상태가 반영되어야 한다. 따라서 KBS만이 독단적으로 수신료 산정 및 징수주체로 되어 있는 현행 수신료 산정 논의의 구조를 제도적으로 개선할 필요가 있다.

4. 재원구조 개선방안

이상에서 살펴본 바와 같이 현재 EBS 재원구조의 가장 큰 문제점은 공영방송임에도 공적재원의 비중이 지나치게 낮다는 점이다. 특히 공적재원의 근간이 되어야 할 수신료는 배분 비율 및 배분 체계가 비합리적 구조로 이루어져 규모의 확대를 기대하기 어렵다. 따라서 향후 바람직한 재원구조를 위해서는 다음과 같은 개선방안이 요구되고 있다.

첫째, EBS 수신료에 대한 성격을 재정립할 필요가 있다. 우리나라에서 수신료는 현재 공영방송이라는 특수한 공익적 목적을 위해 지불해야 하는 특별 부담금으로 이해되고 있다(제3장 참조). 하지만 교육방송은 보편적인 공교육을 보완하고 교육의 질적 향상을 도모하는 특별한 성격의 공익적 역할을 담당하고 있기 때문에 특별 부담금 외에 조세적 성격[1]도 내포하고 있다(이종관, 2020). 따라서 기존 수신료 이외의 별도의 계정으로 이를 분리하여 EBS 재원으로 활용할 것을 검토해 볼 필요가 있다. 다만, 기존 KBS 수신료와의 이중 징수에 따른 비효율을 방지하기 위해 현재와 같이 통합 징수 후 배분하는 징수체계는 유지되는 것이 바람직해 보인다.

둘째, 현행 수신료 제도를 개선할 필요가 있다. 현재 KBS가 수신료 산정의 주체로 되어 있는 구조에서 EBS의 경영상태 및 운영계획을 탄력적으로 반영할 수 있도록 논의 구조에서 EBS의 참여를 보장하는 것이 바람직할 것이다. 더불어 장기적으로는 '수신료＝KBS 재원'이라는 프레임에서 탈피하여 전향적으로 수신료 제도를 개선하여야 한다. 즉, 수신료는 현행 <방송법>의 제4장 '한국방송공사'와 관련된 조항에서 KBS 재원 부분에 명시되어 있기 때문에 KBS 재원에 국한되는 것으로 인식되고 있다. 이는 현재와 같이 KBS 정파성에 의해 수신료 인상의 어려움을 초래하는 빌미가 되기도 한다. '수신료 ＝ KBS 재원'라는 사회적 인식을 불식하고 여타 공영 방송사도 공적재원에 대한 지원 요구가 있기 때문에[2] KBS에 초점을 맞춘 현행 수신료 제도를 획기적으로 개선하여 공적재원의 개념을 확대할 필요가 있다. 이를 위해서는 공적재원에 대한 새로운 정의, 규모, 대상, 그리고 이에 따른 공적 책임의 부여 등을 재정립하고 동시에 수신료에 대한 관리 주체 역시 현재의 KBS에서 별도의 독립된 '공공방송 재원 관리 위원회' 등을

---

1 현 <교육세법> 제1조에서는 교육세의 목적으로 "교육의 질적 향상을 도모하기 위해 필요한 교육재정의 확충에 드는 재원을 확충할 목적"으로 설정하고 있다.
2 최근 MBC 박성재 사장도 공영방송으로서 MBC 역시 수신료 분배 대상임을 주장하고 있다(이정현, 2020).

신설하여 이관하는 것이 바람직할 것이다.

　　EBS는 교육격차 해소와 민주시민 양성이라는 공적 책무를 이행해야 하는 공영방송으로 안정적인 공적재원이 뒷받침되어야 한다. 즉, 공영 방송사의 정체성에 부합하는 재원구조를 형성하는 것이 바람직함에도 불구하고 그동안 학습지 판매와 같은 상업적 재원에 의존해 왔던 기형적인 모습을 보여왔다.

　　EBS 재원의 정상화를 위해서는 단기적으로 현행 KBS 중심의 수신료 배분체계를 개선하여 EBS 재원에서 수신료 비중을 확대하는 것이 필요하다. 더불어 EBS 스스로도 공적 역할에 대한 사회적 가치를 인식시키는 지속적인 노력이 요구된다. 한 여론조사에 의하면 현 TV 수신료에서 EBS가 분배받는 것을 아는 시청자가 전체 응답자의 6.6%에 불과한 것으로 나타났다(박상호, 2015). 더불어 현 EBS의 분배금액에 대한 적정성에 대한 질문에 대해서는 응답자의 70.6%가 적다고 응답했으며 특히 42.2%는 매우 적은 수준이라는 견해를 보였다. 또한 수신료 결정 및 배분과정에 EBS의 의견반영을 위한 제도적 개선의 필요성에 대해서도 응답자의 80%가 그 필요성에 동의한 것으로 나타났다(박상호, 2015). 이처럼 EBS의 공익적 역할에 대한 긍정적 평가가 KBS에 비해 상대적으로 높다는 점을 감안하면[3] 국민들에게 수신료를 정당하게 분배받아야 하는 주체임을 인식시키는 자체적인 홍보 노력도 결부되어야 할 것이다.

---

3 이를 테면 2019년 11월, '공영방송 EBS의 수신료를 늘려주세요'와 같은 국민청원이 있었다.

지역방송 재원정책

15 지역방송 재원정책

방송통신 융합으로 초래되는 매체 간 경쟁 심화 현상은 시장경쟁에 취약한 중소 방송사의 생존을 더욱 어렵게 하고 있다. 종교방송이나 지역방송 등 소수 취향의 중소 방송사들은 기본적으로 상업적 경쟁에 취약하지만 사회적으로 중요한 가치를 부여받는 지역성과 다양성 실현의 기반이 되는 공공재적 성격을 지닌다. 하지만 시장은 본질적으로 소수 취향을 주변화하거나 무시하려는 경향이 크기 때문에 시장의 자율기능에 맡기면 소수 취향의 방송 콘텐츠는 과소공급의 위험성이 발생한다. 공익적 프로그램의 과소공급 문제를 해결하고 사회문화적 다양성을 보호하기 위해 국가나 공적 주체가 시장에 개입하여 이러한 중소 방송사에 대한 보호 장치가 필요한 이유가 여기에 있다(Winston, 2006).

이 장에서는 시장의 실패를 보전하고 사회 문화적 다양성을 보호하기 위해 경제적 자립기반이 약한 대표적 취약매체인 지역 방송사의 재원문제에 초점을 맞추어 지역방송의 재원구조 현황과 경영환경을 안정화시킬 수 있는 재원정책을 모색해 보기로 한다.

1. 지역 방송사의 재원

지역방송은 지역성 구현이라는 공적 가치를 수행한다. 지역방송은 지역뉴스, 지역 현안과 관련된 토론 프로그램을 제작해 지역성을 구현하고 지역에 거주하는 주민들이 자신이 거주하는 지역의 관점에서 정보를 생산하고 유통함으로써 사회적으로 소외될 수 있는 의견의 다양성을 보장해주는 역할도 수행한다. 또한, 지역 내 자치단체 및 각종 기관의 활동 감시, 지역 문화의 계승과 창달을 통한 문화적 다양성을 구현하기도 한다. 경제적 차원에서도 지역방송은 지역의 유일한 영상산업 기지로서 영상 콘텐츠의 생산, 유통, 소비 등을 통하여 고부가가치를 창출함으로써 지역경제 발전에 기여하고 있다(강명현·홍석민, 2005).

이러한 공익적 역할에도 불구하고 지역방송의 제작환경은 점차 열악해지고 있다. 종편 등 새로운 채널이 방송시장에 가세하고 특히 최근에는 인터넷 및 모바일 기반의 OTT 플랫폼이 등장하면서 방송광고를 주재원으로 하고 있는 지역방송의 재정상황은 더욱 악화되고 있다. <표 15-1>에서 보는 바와 같이 지역 지상파 방송사의 매출액은 2011년 이후 매년 감소하고 있다. 국내 방송산업의 전체 매출액은 소폭 성장하고 있음에도 지역방송의 매출은 오히려 지난 2011년 이후 매년 감소하고 있는 상황이다. 그리하여 전체 방송산업에서 차지하는 매출 점유율 역시 지속적으로 하락하여 2015년 말 현재, 약 3.8% 수준까지 하락하였다.

〈표 15-1〉 지역방송의 방송사업 매출과 점유율(2011-2015년)　　　　　(단위: 억 원)

구분	2011년	2012년	2013년	2014년	2015년	연평균 성장률
방송산업 전체	112,351	123,512	129,063	147,700	153,163	8.1%
지역방송	6,443	6,104	5,708	5,706	5,880	− 2.3%
지역방송 점유율	5.7%	4.9%	4.4%	3.9%	3.8%	

출처: 방송통신위원회, <방송산업 실태조사 보고서> 각 연도.

지역 방송사의 매출액이 감소하고 있는 이유는 매출액의 50% 이상을 차지하고 있는 광고수익의 감소에 따른 영향으로 볼 수 있다. 종편 등 유료방송사가 방송시장에 진입하고 OTT와 같은 광고를 중심으로 한 매체 간 경쟁이 심화되면서 전체적으로 지상파 방송사의 광고수입이 감소하고 있다. 그나마 콘텐츠 경쟁력을 바탕으로 광고 이외의 수익창출이 가능한 중앙 3사와 달리 지역 방송사의 광고수익 감소는 상대적으로 더 심각한 수준으로 나타나고 있다. 따라서 지역성 구현이라는 공적 기능을 수행하고 있는 지역 방송사가 시장의 경쟁에서 도태되지 않고 그러한 기능을 지속적으로 수행하기 위해서는 무엇보다 재원의 안정화가 절실한 상황이다.

<표 15-2> 매체별 광고수입 변화(2011-2015년)　　　　　　　　　(단위: 억 원)

구분	2011년	2012년	2013년	2014년	2015년	연평균 성장률
방송산업 전체	37,342	35,796	34,763	33,057	34,736	−1.8%
IPTV/PP	12,216	12,675	12,636	12,405	13,736	3.4%
지상파 3사	17,244	16,150	15,321	14,091	14,042	−5.0%
지역방송	5,639	4,556	4,207	3,800	3,966	−7.3%

출처: 방송통신위원회, <방송산업 실태조사 보고서> 각 연도.

2. 지역 방송사의 재원구조

1) 지역 방송사의 재원구조

지역 방송사의 재원구조는 크게 네 부분으로 구성된다.

첫째, 가장 비중이 높은 재원은 광고 재원이다. 현재 지역 방송사 재원의 약 60%를 차지하고 있다. 지역 방송사의 광고는 다시 중앙 방송사(키스테이션)의 수중계 대가로 받는 전파료와 결합판매 매출로 구성된다.

두 번째 재원은 협찬재원으로 이는 광고매출과 달리 방송광고 판매대행사(미디어렙)를 거치지 않고 지역 방송사가 직접 영업을 통해 얻는 수익이다. 현재 전체 매출액의 약 15%를 차지하고 있다. 협찬수익은 지역 방송사마다 편차는 있으나 광고수익의 감소를 대체하여 그 비중이 점차 증가하고 있다. 2009년부터 2016년까지 지역민방의 매출구조를 살펴보면 OBS, KNN, 대구방송, 광주방송, 전주방송이 광고 매출 감소를 협찬 매출로 충당하는 경향을 보이고 있다.

세 번째 주요 재원은 신규 재원으로써 유료방송 사업자로부터 얻는 재송신료 및 프로그램 판매수익이다. 프로그램 판매수익은 지역 콘텐츠라는 특성상 아직은 미미한 수준이고(약 1.5%) 재송신료 수익은 전체 매출액의 약 5% 비중을 차지하고 있다. 재송신료 수익은 비교적 최근에 발생한 재원으로 2010년과 2011년부터 지역MBC와 지역민방의 수익에 포함되고 있다. 재송신 매출은 방송사 권역 내 유료방송 사업자들의 가입 가구 수 기준 산정방식(CPS)을 따르기 때문에 가입자의 증가에 따라 꾸준히 증가하는 추세를 보이고 있다.

마지막 재원은 기타 방송사업 매출로 이는 부대사업을 통해 얻는 수익으로 이벤트, 문화행사 등을 통해 얻는 수익이다. 약 5~10%의 비중으로 나타나고 있다.

〈표 15-3〉 지역방송의 매출액 구성(2015년 기준)　　　　　　　　　　　　(단위: 억 원)

구분	방송수신료/ 재송신/ 프로그램 제공	광고	협찬	방송 프로그램 판매	기타 방송 사업	방송 사업 매출액	기타 사업 매출액	매출액
지상파 전체	8,168 (17.1%)	19,112 (40.8%)	4,089 (8.7%)	6,840 (14.6%)	2,908 (6.2%)	41,007 (87.5%)	5,853 (12.5%)	46,860 (100.0%)
중앙 지상파 3사	7,460 (23.5%)	14,042 (44.3%)	2,595 (8.2%)	6,248 (19.7%)	930 (2.9%)	31,275 (98.7%)	426 (1.3%)	31,701 (100.0%)
지역 방송	319 (4.7%)	3,966 (58.6%)	975 (14.4%)	113 (1.7%)	506 (7.5%)	5,880 (86.8%)	892 (13.2%)	6,773 (100.0%)

출처: 방송통신위원회, 〈방송산업 실태조사 보고서〉 각 연도.

이처럼 지역 방송사의 재원에서 가장 높은 비중을 차지하는 수익은 중앙사가 재분배하는 광고수익과 직접 판매하는 협찬수익으로 전체 수익의 약 70%를 차지하고 있다. 중앙 방송사가 프로그램 판매나 재송신과 같은 신규 재원으로 재원 다각화가 진행되고 있음에도 지역 방송사는 콘텐츠 경쟁력의 한계로 여전히 전통적인 재원인 광고에의 의존도가 높은 구조임을 알 수 있다.

그럼에도 전체 수익 중 광고수익이 차지하는 비중은 점차 감소하고 있다. 지역 민영방송사의 경우, 지난 2009년 대체적으로 70~80%를 차지하던 광고 비중이 최근 들어서는 50% 수준으로 감소하고 있다. 그렇다면 그 이유는 무엇인가? 구체적으로 지역방송 광고수익의 내역을 통해 그 원인을 파악해 보기로 한다.

〈표 15-4〉지역 민영방송사의 광고수익 비중 변화 (단위: 억 원)

구 분	2009년			2012년			2016년		
	총매출	광고	비중	총매출	광고	비중	총매출	광고	비중
KNN	457	300	65.6%	572	329	57.5%	604	239	39.6%
TBC	317	234	73.8%	363	250	68.9%	389	175	44.9%
KBC	254	193	76.0%	314	208	66.2%	374	148	39.6%
TJB	224	163	72.8%	270	173	64.1%	232	124	53.4%
UBC	186	107	57.5%	252	115	45.6%	199	80	40.2%
JTV	149	108	72.5%	187	116	62.0%	176	80	45.5%
CJB	140	109	77.9%	149	116	77.9%	150	82	54.7%
G1	172	144	83.7%	209	152	72.7%	175	107	61.1%
JIBS	122	105	86.1%	135	111	82.2%	123	77	62.6%
합 계	2,021	1,463	72.4%	2,451	1,570	64.1%	2,422	1,112	45.9%

출처: 방송통신위원회, <방송산업 실태조사 보고서> 각 연도.

2) 광고수익 구조

지역 방송사의 광고수입은 크게 세 가지로 분류된다.

먼저 중앙사가 판매한 광고 매출 중 일부를 지역 방송사에게 배분하는 전파료 수익이다. 이는 지역 방송사들이 중앙의 프로그램들을 재송신함으로써 시청자가 늘어나고, 광고효과도 증가하는 대가로 분배하는 재원이다. 전파료 수익은 전체 광고판매의 약 50~60%로 가장 높은 비중을 차지하기 때문에 지역 방송사 재원에서 핵심적인 역할을 담당한다.

그 다음으로 높은 비중을 차지하는 광고수익은 중앙사의 광고에 연계하여 판매하는 형태로 흔히 결합판매 수익이라 한다. 중앙사와 지역사 간 광고 연계판매(결합판매)는 공영 미디어렙인 한국방송광고진흥공사(KOBACO)가 담당하였으나, 2012년 민영 미디어렙(미디어 크리에이트)이 승인되어 SBS 및 지역민방의 광고판매와 이들 간의 연계판매를 담당하고 있다. 결합판매 수익은 지역 방송사 광고의 약 30~40%를 차지한다.

마지막으로 지역 방송사의 방송권역 내에서 자체적으로 판매하는 광고수익이 있다. 이 수익은 지역 방송사에 직접 귀속되고 전체 광고수익 중 약 10%를 차지한다.

〈표 15-5〉 지역 방송사의 광고수익 구조

	전파료 수익	결합판매 수익	자체 판매 수익
개념	중앙사 광고판매 수익의 일부를 분배하는 수익	중앙사의 광고와 연계하여 지역 광고를 판매하는 수익	지역 방송사가 자체적으로 판매하는 수익
판매처	서울 코바코(지역 MBC)/ 민영 미디어렙(지역민방)	서울 코바코(지역 MBC)/ 민영 미디어렙(민방)	코바코 지사(지역 MBC)/ 미디어렙(지역민방)
비중	50 − 60%	30 − 40%	10%

이처럼 지역 방송사의 광고수익 구조를 살펴보면, 자체적으로 판매하는 광고수익은 미미하고 광고 매출액의 대부분은 광고매출 배분(전파료)이나 결합판매(연계판매) 광고수익의 비중이 높다. 즉, 지역 방송사의 광고 매출은 대부분 중앙 방송사(서울 MBC 및 SBS)의 영향력에 의존해야 하는 구조임을 알 수 있다. 실제로 지역 방송사들의 경우, 전체 매출의 약 80%를 광고 매출이 차지하고 있고, 광고 매출의 절반 이상을 전파료가 차지하고 있는 실정이다. 전파료가 지역 방송사들의 가장 중요한 수입원이 되고 있음을 알 수 있다.

3. 전파료

앞에서도 언급했듯이 전파료란 지역방송이 중앙사(키 스테이션)의 프로그램을 편성하면서 그 대가로 받는 수익을 말한다. 중앙사가 지역 방송사에 대가를 지불해야 하는 근거로는 전파 이용에 대한 대가와 송출 비용에 대한 보상성격을 지닌다. 다시 말해, 전파료는 중앙의 방송사들이 자사의 프로그램을 지역에 전송할 때 그 지역의 전파를 이용하는 데 따른 대가로 볼 수 있다. 또한, 지역 지상파 방송사들이 중앙국의 프로그램을 공급받아 송출할 때 들어가는 제반 비용, 예컨대 송출 시설비, 전력 사용비, 인건비, 기타 관리비 등 제반 송출 비용을 보상해주는 성격도 지니고 있다.

전파료는 원래 일본에서 운영되어오던 중앙국과 지역 방송사 간의 광고배분 시스템을 기반으로 만들어진 제도이다. 국내에서 전파료의 역사는 1981년에 MBC가 자체적으로 지방사에 경영재원 보전 차원에서 전파료를 배분하면서 시작되었다. 당시 채택된 전파료 요금체계의 근간은 1970년대 후반 일본에서 운영되던 타임료(Time Rate) 체계를 기반으로 한 것이다(이종원 외, 2009). 이후 1995년 5월에 1차 지역민방이 개국하자

MBC의 배분체계를 준용하여 배분체계를 구축하였고 KOBACO가 배분을 맡았다. 동년 12월부터는 MBC 지방사에 대해서도 KOBACO가 전파료 배분의 주체가 되었고 기존 전파료와 제작비를 배분하던 방식을 통합한 통합 전파료를 배분하기 시작하였다. 이후 전파료 제도는 방송시장 환경의 변화에 따라 그때그때 중앙 방송사와 지역사 간 협의를 통해 배분방식 및 비율을 조정을 거치면서 지금까지 유지되고 있다.

1) 전파료 배분구조

현재의 전파료는 방송광고 요금체계에서 제작비와 전파료 개념을 반영하고 있다.

〈표 15-6〉 지역민방 수중계 프로그램의 광고수익 분배 (단위: 천 원)

	프로그램 방송광고요금			지역별 전파료 배분		최종 광고수익 배분비율	
	광고요금*	제작비	전파료계	서울	지역	SBS계	지역전파료계
정규방송	13,200 (100%)	10,757 (81.5%)	2,442 (18.5%)	567 (4.3%)	1,875 (14.2%)	11,324 (85.8%)	1,875 (14.2%)
특집방송	92,070 (100%)	89,627 (97.3%)	2,442 (2.7%)	567 (0.6%)	1,875 (2.0%)	90,194 (98.0%)	1,875 (2.0%)

* 제작비＋전파료 합계
출처: 지역민방 내부자료.

지역민방의 경우, 키 방송사가 판매한 광고금액을 100으로 했을 때 이를 제작비와 전파료로 분배하는데 현재는 대략 '제작비 80% : 전파료 20%'의 구조인 것으로 알려지고 있다. <표 15-6>에서 보듯이 정규 프로그램의 경우, 전체 광고판매액 중에서 먼저 프로그램 제작비를 81.5%를 제하고 나머지 18.5%를 지역별 전파료로 할당한다. 이 18.5%에서 서울 권역의 전파료 4.3%를 먼저 할당하고 나머지 14.2%를 지역 방송사 전파료로 배분하는 것이다. 이러한 분배체계에 의해 전체 중앙사가 판매한 광고수익의 85.8%를 키 방송사가 차지하고 나머지 14.2%를 지역 방송사에 최종적으로 배분하게 된다. 결과적으로 지역민방은 현재 중앙 : 지역 간 광고수익이 약 85% : 15%로 배분되는 셈이다.

한편, MBC의 경우는 광고수익 총액을 '제작비 70 : 전파료 30'으로 나누어 제작비의 70%를 먼저 중앙사가 차지하고, 전파료에 해당하는 30%의 광고비를 전파료로 배분한다. 여기에서 다시 수도권 전파료 명목으로 본사에서 20%를 배분하고 나머지 80%를 지역 방송사에 배분하고 있다. 결과적으로 전체 광고비 총액의 76% : 24%를 중앙사와 지역 방송사가 나누어 갖는 구조로 되어 있다.

2) 전파료 배분 관련 쟁점

현재 전파료 배분과 관련된 쟁점은 크게 세 가지로 요약된다. 첫째는 광고수익을 제작비와 전파료로 구분하는 방식이 타당한 것인가, 전파료의 배분비율이 적정한 것인가, 그리고 현재의 배분기준이 타당한 것인가 하는 것 등이다.

(1) 제작비와 전파료로 구분하는 방식의 타당성

앞에서 살펴본 바와 같이 광고비의 배분구조가 제작비와 전파료 체계로 구분되어 있기 때문에 키 방송사는 광고비 총액의 70%(MBC)에서 많게는 80%(SBS) 정도를 제작비로 할당하고 있다. 이러한 구조에서 나머지 금액을 전파료로 할당하고 이 중에서 다시 일정 금액을 수도권 전송료로 중앙사가 차지하여 결과적으로 서울의 키 사들은 해당 방송 광고비의 76%(MBC) 혹은 85%(SBS)를 제작비와 전파료 명목으로 가져가고 있다. 그리하여 실제 지역 방송사가 분배받는 금액은 전체 광고 판매액의 15%(전체 지역 민방)~24%(전체 지역 MBC) 정도이다. 결국 하나의 지역 방송사가 차지하는 광고수익은 전체 광고수입의 약 1.2~1.3%에 불과한 셈이다. 그리하여, 방송광고비를 제작비와 전파료로 구분해 산정하는 방식이 과연 합리적인가 하는 논란이 지속적으로 제기되고 있다.

(2) 분배 비율의 적정성

현행 전파료 배분제도와 관련한 두 번째 쟁점은 75 : 25 혹은 85 : 15와 같은 배분 비율이 적정한 것인가 하는 것이다. 즉, 현재의 방송광고비 배분은 합리적인 근거 없이 서울의 키 사가 대부분의 광고비를 차지해 왔다는 비판이 꾸준히 제기돼 왔다. 예컨대, 인구를 비롯한 사회경제적 자원의 절반 정도가 수도권에 집중돼 있다는 점 그리고 키 방송사의 프로그램 제작비용 등을 감안해도 중앙사와 지역 방송사 간 현행의 배분비율은 적정하지 않다는 지적이 그것이다. 그렇다면, 키 방송사와 지역 방송사 간 적정 배분 비율은 어떠해야 할까?

그동안 학계에서는 지역 방송사의 재원구조상 중앙국과 지역 방송사 간 광고배분이 문제의 핵심이라는 인식하에 적정한 배분 비율을 모색해 왔다. 가령, 이승선·문숙경(2010)은 통계청 자료에 근거한 인구, 경제력, 구매력이 서울·경기·인천지역을 포함한 수도권과 그 외 지역이 대략 50%대 50%로 거의 비슷한 비율임에도 서울 MBC와 전체 지역 MBC 간의 광고비 배분은 76%대 24%의 비율로 구성되어 있어 심각한 불균형 상태를 보이고 있다고 지적하였다.

보다 구체적으로 변상규(2009a, 2009b)는 수도권과 지역의 적정한 분배 비율을 도출하였다. 먼저, 서울·인천·경기를 포함한 수도권의 광고가치는 패널 데이터 모형에 의한 분석결과 52%를 차지하는 것으로 나타났고, 반면 지역의 광고가치는 48%를 차지하고 있는 것으로 분석되었다. 또한, 2007년 데이터를 이용한 횡단면 분석모형에 의한 분석결과도 수도권의 광고가치는 53%로 나타났고, 지역의 광고가치는 47%인 것으로 나타났다. 이러한 결과는 2007년 실제 광고수익 배분결과인 77대 23과 큰 차이를 보이는 것이다(변상규, 2009a, 2009b). 즉, 실제 수도권과 지역의 광고가치와 중앙국과 지역 방송사 간의 광고배분 비율이 일치하지 않고 지역의 광고가치가 상대적으로 평가절하되어 있음을 알 수 있다. 이러한 연구결과를 토대로 연구자는 중앙국과 지역 방송사 간의 광고배분 비율이 수도권과 지역 간의 광고가치를 반영하는 합리적인 비율로 변경될 필요가 있음을 주장하였다.

이와 비슷하게 한국방송학회(2009)의 연구결과 역시 수도권과 지역의 광고수익 배분을 60대 40 수준으로 유지하는 것이 적정하다고 제시한 바 있다. 이 연구에서는 중앙국과 지역 방송사 간의 광고수입 배분구조를 인구·경제력·구매력을 바탕으로 한 합리적인 광고수익 배분구조로 전환해야 한다고 주장하면서, 수도권 방송사의 직접 제작비, 지역 방송사의 송출을 위한 기본 유지비를 감안했을 때 배분 적정 비율을 60대 40으로 제시하였다(한국방송학회, 2009). 특히 비합리적으로 과도하게 일률적으로 책정되어 있는 중앙국의 제작비 비중을 프로그램의 종류와 내용에 따라 차별화하여 적용할 필요가 있음을 지적하였다. 이와 함께, 지난 2012년 미디어렙법이 시행된 이후, 한국방송광고진흥공사도 방송통신위원회에 지난 5년간 MBC 광고 매출에 대한 지역MBC 각 사의 광고 매출비율을 유지하도록 하는 것을 골자로 하는 <네트워크 지원방안>을 제출했는데, 이 방안에서도 MBC 전체 광고 매출의 36.8%가 지역 MBC에 배분되는 것이 적정하다고 제안하고 있다.

이상과 같이 적정 배분 비율에 관한 연구결과를 종합해 보면 중앙국과 지역 방송사 간 광고수익의 적정 배분 비율은 60대 40 정도임을 알 수 있다. 이는 실제 75 : 25 혹은 85 : 15로 배분되고 있는 실제 비율과 상당한 차이가 있는 것이다. 물론 키 방송사들의 제작여건 역시 점차 악화되고 있으며 프로그램 제작비 역시 급격하게 상승하고 있다는 점을 고려해야 한다. 그럼에도 서울의 키 방송사들이 광고수익 판매액의 75~85% 정도를 독차지하는 현행 전파료 배분 비율의 불균형이 개선될 필요가 있음을 시사하고 있다.

(3) 배분 근거의 합리성

마지막 문제점은 지역에 할당된 배분비율을 지역 방송사에 배분하는 과정에서도 각 지역 방송사의 방송권역이나, 인구, 소득, 소비지출 규모, 시청률 등 방송광고 매출에 영향을 줄 수 있는 요인들이 전파료에 탄력적으로 반영되지 못한다는데 있다. 현행 통합전파료 체계에서는 지역 방송사가 위치한 권역의 가시청자 가구수, 구매력 지수, 행정도시로서의 지위 등을 고려하여 고정 시급제로 전파료가 정해져 있기 때문이다. 참고로 지역민방의 경우, 전파료 시급은 일정한 기간의 계약을 통해 산정되는데 2011년 기준으로 공개되었던 전파료 시급은 아래와 같다.

〈표 15-7〉 지역민방의 전파료 시급 초당 1회 단가(2011년 기준)　　　　　　(단위: 원)

	시급			
	SA	A	B	C
전국	162,859	131,684	89,155	41,060
SBS	37,850	30,578	20,727	9,554
KNN	21,812	17,624	11,907	5,456
대구방송	19,430	15,720	10,681	4,882
대전방송	13,256	10,703	7,229	3,367
광주방송	18,314	14,810	10,034	4,631
전주방송	9,607	7,764	5,227	2,423
울산방송	9,150	7,395	4,978	2,307
청주방송	11,288	9,146	6,192	2,851
제주방송	7,176	5,833	3,927	1,780
강원민방	14,976	12,111	8,253	3,809

출처: 김동원(2018), p. 73 재인용.

이처럼 각 지역 방송사마다 전파료 배분단가가 정액제 기반으로 정해져 있기 때문에 시청률과 같은 광고수익에 영향을 미치는 요인들이 탄력적으로 반영되지 못하고 있다.

또 다른 문제로는 지역민방의 경우 당초 지역 MBC에 적용되던 비효율적이고 근거 없는 요금구조가 지역민방에 그대로 적용되면서 지역민방에 적합한 지역 구매력 및 가시청인구 등이 고려되지 않아 불합리하게 배분되고 있다는 점이다. 지역 민영방송의 경우, 지역 MBC와 다른 방송구역을 지니고 있음에도 현재 지역 MBC의 규모와 숫자가 반영된 전파료가 그대로 적용됨으로써 지역민방 고유의 인구, 경제력, 구매력 등 광고요금 결정요인이 전혀 반영되지 않고 있다. 따라서 각 지역 민영방송에 해당 방송권역별로 인구·경제력·구매력이 합리적으로 반영된 광고수입 배분구조가 새로 만들어야 하는 필요성이 제기되고 있다.

지역 방송사의 전파료는 지역 방송사의 수익 중 가장 비중이 높은 핵심적인 재원이다. 그럼에도 전파료는 키 방송사의 광고 매출액에 의존되는 재원이어서 키 방송사의 광고수익이 증가하면 이에 연동되어서 증가하게 되고, 배분과정 역시 키 방송사의 영향력에 따라갈 수밖에 없는 구조이다.

물론, 현재 키 방송사 역시 다양한 뉴 미디어의 등장으로 광고 매출이 감소하고 있다. 하지만 방송제작 장비와 인력 등 방송 프로그램 생산 능력에서 절대적으로 열악한 지역 방송사의 경영환경은 중앙국에 비해 훨씬 심각한 상황이다. 더욱이 중앙국은 그동안 지역 방송사에 배분하던 광고와 수익 배분 비율을 지속적으로 줄이고 있어 지역 방송사들의 경영을 더욱 어렵게 하고 있다. 전파료는 사실 지역 방송사가 자체적인 콘텐츠 제작노력을 기울이지 않고도 지역 주민들을 중앙 미디어의 수용자로 편입시키는 대가적 측면이 강하다(김동원, 2018). 이는 결과적으로 중앙 방송사의 중계소로 전락시켜 지역 내 광고판매를 감소시키는 원인으로 작용하였다.

지역 방송사 콘텐츠의 경쟁력을 감안할 때 앞으로도 지역 방송사에게 전파료 배분 수익의 중요성은 더욱 커질 것으로 예상된다. 방송사들 간의 광고비 배분은 원칙적으로 방송사업자들의 자율적인 계약에 의해 결정되는 것이 바람직하다. 그럼에도 지역성이라는 공익적 가치를 고려하여 정책적 측면에서 전파료 배분이 합리적으로 유지될 수 있는 대책과 지역 방송사가 생존할 수 있는 정책적 배려가 요구되고 있다.

4. 결합판매 제도

결합판매는 여론 다양성 보호와 공공재로서의 방송의 기능을 수행할 수 있도록 종교방송과 지역방송 같은 취약매체에 대한 일종의 지원제도이다(변상규·오세성·도준호, 2011). 지역 방송사의 광고를 중앙 방송사의 광고와 결합하여 판매하는 이유는 취약 매체로 간주하여 지역 방송사의 수익을 지원해주기 위한 것이다.

현재 지역 방송사의 광고를 KOBACO와 미디어 크리에이트가 결합판매로 판매하는 광고영업은 다음과 같은 방식으로 이루어진다(김동원, 2018).

〈표 15-8〉 결합판매 광고영업 방식

구분	영업방식
연계판매	키스테이션 프로그램의 광고와 함께 판매하는 지역방송의 프로그램 광고
로컬판매	전국 광고주가 위탁한 광고재원을 미디어랩 지사를 통해 지역민방에 판매하는 광고
순수로컬판매	미디어랩 지사를 통해 지역민방 해당 권역의 지역 광고주에 판매하는 광고

지역민방의 결합판매는 그동안 공영 미디어렙인 코바코가 전담하여 지역방송 광고를 판매하였으나 민영 미디어렙이 허가된 2012년부터는 지역민방의 경우 SBS의 미디어렙 회사인 미디어 크리에이트가 담당하고 있다.

그동안, 결합판매 제도는 광고시장 규모가 협소하고 콘텐츠의 경쟁력이 약한 지역 방송사에게는 비교적 쉽게 수익을 창출할 수 있는 수단이라는 점에서 긍정적으로 평가되었다. 그럼에도 현재 지역 방송광고의 결합판매 제도는 다음과 같은 한계를 지니고 있다.

첫째는 결합판매의 규모가 점차 축소되고 있다는 점이다. 현행 <방송광고판매대행 등에 관한 법률 및 시행령>의 제20조는 방송광고 결합판매 지원방식에 관한 내용을 규정하고 있는데 이에 따르면 결합판매의 규모는 "광고판매대행자의 방송광고 결합판매는 직전 회계연도 5년간의 지상파방송광고 매출액 중 네트워크지역지상파방송사업자 및 중소지상파방송사업자에게 결합 판매된 평균 비율 이상"으로 해야 한다고 명시되어 있다. 이 조항을 적용하여 출범 직후 미디어크리에이트는 지역민방과 네트워크 협약을 맺을 때 직전 5년 간 지역민방의 전체 민방 광고판매액 평균 점유율의 97%를 최저 수준으로 보장하기로 협약하였다. 이 협약에 의해 지역민방의 결합판매 지원규모는 평균치(100%)를 밑돌게 되어 꾸준히 하락하고 있는 추세이다. 실제로 미디어크리에이트의 대행 이전 시기의 광고 매출의 평균 점유율(2007~2011년)은 SBS 74.47%, 지역민방은 25.53%이었으나 대행 이후 지역민방의 광고 매출 점유율은 직전 점유율의 96.9% 수준으로 하락하였다.

결합판매 제도가 앉고 있는 두 번째 문제점은 지역 방송사의 편성권을 제약함으로써 지역 방송사의 자체 경쟁력을 약화시킬 수 있다는 점이다. 예컨대, 키 방송사들은 결합판매를 보장하면서 지역 방송사에게 특정 시간대의 편성을 의무화하도록 요구하고 있다. 2012년 네트워크 협약에서 SBS와 미디어크리에이트는 지역민방에게 ① 프라임타임(21~24시) 시간의 85%는 SBS 프로그램으로 편성할 것, ② SBS의 국민관심행사(예, 월드컵 중계 등) 방송시 수중계를 의무적으로 할 것, ③ 네트워크 뉴스(SBS 8시 뉴스)의 지역민방 편성시간(8시~8시 25분까지)을 통일할 것 등을 요구하였다(미디어스, 2012.06.18.).

결합판매 제도는 콘텐츠 경쟁력이 떨어지는 지역 방송사에게 키 방송사의 프로그램을 통해 광고수입을 대신 보장해주는 수단이다. 수입 측면에서 지역 방송사는 점차적으로 자체 편성을 줄이고 결합판매에 의존할 가능성이 높다. 특히 한국의 광고시장이 갖는 대기업 중심의 광고주 비율이 증가하고 있기 때문에 지역방송의 광고 경쟁력은 점차 열악해지고 있다. 다시 말해, 결합판매 제도는 지역방송으로 하여금 양질의 콘텐츠와 지역성에 충실한 콘텐츠를 만들어야 할 유인(incentive)을 더욱 약화시키는 부정적 측면도 존재한다(김동원, 2018). 최근에 중앙사들은 광고주의 재산권 행사를 저해한다는 이유로 결합판매 제도에 대한 위헌소송을 제기하는 등 결합판매 제도의 폐지를 주장하고 있는 상황이다.

그럼에도 불구하고 결합판매 제도는 키 스테이션 방송사가 지역성이라는 공적 책무를 지원해주는 교차 보조적 성격을 지니고 있다. 전파료를 기반하고 있는 지역방송의 광고수익이 급감하고 있는 상황에서 제도 자체를 폐지하기 보다는 단계적 일몰 방식을 적용하여 비중을 점차 축소하는 등의 제도적 개선방안을 모색하는 것이 바람직할 것이다.

5. 신규 재원 창출 전략

재원구조에서 전파료나 결합판매와 같이 키 스테이션의 매출 의존도가 높은 지역

방송사는 키 스테이션의 광고 매출이 감소하면 이에 연동하여 재원 확보의 어려움을 겪게 된다. 키 스테이션과 연동되던 재원, 특히 키 스테이션의 광고수익의 규모가 축소되면서 지역 방송사 역시 광고수익이 감소하면서 대체 재원의 확보가 시급한 과제로 대두되었다. 지상파 방송의 대체 재원으로는 VOD와 같은 콘텐츠의 직접 판매, 케이블이나 OTT 시장에의 진출, 유료 플랫폼으로 받는 프로그램의 송신 대가, 즉 재송신료 등이 대표적이다.

신규 재원의 하나로 지역 방송사도 지난 2011년부터 유료방송 사업자로부터 재송신료 수입을 받고 있다. 아직까지 방송 매출액 대비 재송신 매출액의 규모는 높은 수준은 아니다. 방송사별로 차이는 있지만 대략 매년 약 10억 원 내외의 재송신료 수입을 얻고 있다. 2016년 기준, 지역민방 9개사의 방송 매출액 대비 재송신 매출 비중은 대략 5~10% 정도이다. 이는 전체 지상파 방송사의 평균치(2016년 5.7%, 2018년 6.9%, 2018년 8.6%)와 거의 비슷한 수준이다. 2016년 기준, 지역민방 9개사의 재송신 매출 비중을 살펴보면, 방송 매출액 대비 가장 높은 비율을 보이는 곳은 대전방송(10.4%)이며 가장 낮은 비율은 울산방송(3.6%)으로 나타났다.

현재 지역 방송사의 재송신료는 CPS 산정방식을 적용하여 키 스테이션이 협상한 후 이를 지역 방송사가 위치한 권역의 유료방송 가입자 수에 따라 분배하는 구조이다. 따라서 재송신료 협상은 전적으로 키 스테이션인 서울 MBC와 SBS의 협상력에 의존하고 있다. 2017년 1월의 협상시에도 지역 방송사의 재송신료의 인상은 키 스테이션 방송사의 협상결과에 따라 결정된 바 있다. 이와 같이 현재 키 스테이션에 의존하는 재송신료 협상구조는 지역 방송사에게 다음과 같은 문제점을 야기한다(김동원, 2018).

첫째, 키 스테이션의 협상전략이 지역 방송사의 재송신료 증가와 배치될 수 있다. 가령, 지상파 3사의 콘텐츠 수익 전략이 향후 실시간 방송에 따른 대가(재송신료)가 아닌 VOD 판매 수익에 치중할 경우 지역 방송사는 재송신료 수익증가를 기대할 수 없다. 즉, 키 방송사들이 VOD 판매액의 수익 배분율에 초점을 맞출 경우 CPS 인상을 강력하게 요구하지 않게 되고 그렇게 되면 지역 방송사의 재송신료 수익규모는 증가하지 않을 수 있다.

둘째, 재송신료 협상을 키 스테이션이 대행하는 현행 구조는 지역 방송사의 실시간 본방송 및 자체 제작한 콘텐츠에 대한 대가를 거래할 기회가 상실되는 문제점을 낳고 있다. 더욱이 키 스테이션은 향후 지역 방송사에 콘텐츠에 대한 저작권을 주장하며 재송신료 지급을 거부할 가능성도 있는 것으로 알려졌다. 서울 MBC는 유료방송 사업자들에게 제공하는 MBC 콘텐츠의 약 70%가 본사에서 제작한 프로그램인 만큼 지역 MBC가 받고 있는 재송신료의 일부를 저작권료로 다시 MBC 본사에 지불해야 한다고 주장하고 있다. 이에 대해 지역 방송사는 MBC에 지불하는 재송신료에 대한 법적인 계약주체는 지역 MBC이고, 법원의 판례에도 지역 방송사가 자신의 권역에서 송출하는 프로그램은 해당 지역 방송사의 배타적 권리로 인정하고 있기 때문에 저작권료 지불을 요구하는 것은 부당하다고 주장하고 있다(김동원, 2018).

지상파 방송사의 광고수익이 감소하고 있는 상황에서 재송신료와 같은 신규 재원의 확보는 중요하다. 따라서 지역 방송사도 이러한 신규 재원의 중요성을 인식하고 보다 적극적으로 신규 재원을 확보하는 노력을 기울여야 한다. 가령, 재송신료 협상과정에서 현재와 같은 개별 협상보다는 지역민방과 지역 MBC 계열사들이 공동 협상 방안을 모색하여 협상력을 키우는 전략이 필요하다. 또한, 재송신 저작권에 대한 법적 근거를 마련하는 등 체계적인 대응책을 모색할 필요가 있다.

이상에서 살펴본 바와 같이 우리나라 지역 방송사의 재원구조는 전반적으로 키 스테이션의 수익에 의존하는 의존형 구조임을 수 있다. 키 스테이션과 분배하는 재원인 전파료는 말할 것도 없고 결합판매의 양, 그리고 재송신료 배분 비율 역시 키 스테이션과의 협상을 통해 배분을 받고 있는 구조이다. 재원구조가 이렇다 보니 최근 지상파 키 스테이션의 수익감소는 지역 방송사의 재원에 직접 영향을 미치고 있다.

콘텐츠의 경쟁력이 약한 지역 방송사의 한계로 좋든 싫든 지역 방송사는 지역성이라는 공공성 구현에 기여하는 매체이니 만큼 정책적 배려는 여전히 필요하다. 즉, 정책적으로 전파료, 재송신료, 결합판매 유지 및 방송통신 발전기금과 같은 공적자금 지원과 같은 배려가 유지되어야 한다. 이는 지역을 권역으로 하는 특수성 때문에 보편적이고 오락 지향적인 콘텐츠를 제작할 수 없는 지역 방송사의 한계 때문이다.

장기적으로 지역 방송사도 그동안 지역 프로그램을 제작하는 역할과 함께 이제는 콘텐츠 제작자로서의 경쟁력을 강화하는 투트랙 전략이 필요해 보인다. 재송신료 배분 및 광고 결합판매에 따른 의존형 배분구조를 지녀왔던 지역 방송사는 콘텐츠 사업자로서 제작 역량을 강화할 유인이 없었다. 하지만 키 스테이션의 재원 상황의 악화로 이제는 독자적인 생존을 모색할 필요가 있다. 키 스테이션의 의존 비율을 줄이고 대신 자체 수익 비중을 높이는 방향으로 재원구조의 재구조화가 모색되어야 할 것이다.

방송재원 정책의 과제

16 방송재원 정책의 과제

최근 한국 방송산업에서 재원문제는 가장 큰 화두로 등장하였다. 그만큼 방송사 경영이 어렵다는 얘기에 다름아니다. 공영방송임에도 상업적 광고재원에 의존해 왔던 MBC가 공적재원의 지원 가능성을 제기하였고, EBS 역시 출판사업의 수익이 감소하자 수신료 배분 비율의 확대를 요구하고 나섰다. KBS도 10여 년 전부터 수신료 인상을 주장해 왔다. 방송재원의 고갈문제는 비단 지상파 방송사에 국한된 것은 아니다. 유료방송 채널들도 재원의 어려움을 겪고 있는 것은 마찬가지이고 유료방송 플랫폼도 OTT 사업자의 등장으로 가입자 정체 내지 탈퇴 현상을 경험하고 있다. 바야흐로 국내 방송시장은 한정된 재원을 놓고 사업자 간 경쟁이 치열한 레드오션이 되고 있다. 향후, 방송산업의 재원정책은 어떻게 가져가야 할 것인가? 방송시장의 재원규모를 더 키울 수는 없는 것인가? 또 현재의 재원이 사업자들에게 어떻게 배분되는 것이 바람직한 것인가? 이러한 문제에 답하기 위해 먼저 우리나라 방송시장 재원구조의 특징을 대략적으로 정리해 보기로 한다.

1. 한국 방송재원의 특징

1) 특징 1: 공적재원의 비중이 낮다.

우리나라 방송시장 재원구조의 첫 번째 특징은 전체 재원 중 공적재원의 비중이 상대적으로 낮다는 점이다. 우리나라의 경우, 2018년 기준으로 총 방송시장 매출액은 17조 3,057억 원인데 이 중 지상파 공영방송 수신료는 6,780억 원으로 약 3.9%에 해당한다. 이를 영국과 비교해 보면, 영국의 총 방송시장 매출액은 164억 달러(한화 약 19조 7,000억 원)이고, 이 중 공영방송 수신료는 48억 달러(한화 5조 8,000억 원)로 약 29.4%에 달한다(봉미선, 2020, 토론문, p. 91). 한국의 공영방송 재원이 전체 시장에서 차지하는 비중은 영국에 비해 거의 1/10 수준에 불과한 셈이다. 공적재원의 낮은 분담률은 광고와 같은 상업적 재원시장의 경쟁을 심화시키는 요인으로 작용하고 있다.

〈표 16-1〉 영국 방송시장의 각 재원별 비중

		2015	2016	2017	2018	'15~'18 CAGR
TV 수신료		11,038(67.5%)	11,226(67.8%)	11,175(68.4%)	11,229(68.3%)	0.6%
	유료방송	6,367(38.9%)	6,519(39.4%)	6,454(39.5%)	6,396(38.9%)	0.2%
	공영방송	4,672(28.6%)	4,707(28.4%)	4,721(28.9%)	4,834(29.4%)	1.1%
TV 광고		5,317(32.5%)	5,332(32.2%)	5,174(31.6%)	5,222(31.7%)	− 0.6%
	지상파	2,771(16.9%)	2,759(16.7%)	2,620(16.0%)	2,592(15.8%)	− 2.2%
	PP	2,323(14.2%)	2,323(14.0%)	2,278(13.9%)	2,328(14.2%)	0.1%
	온라인	222(1.4%)	250(1.5%)	275(1.7%)	302(1.8%)	10.8%
방송시장 합계		16,355(100%)	16,558(100%)	16,349(100%)	16,451(100%)	0.2%

2) 특징 2: 광고재원에 대한 의존도가 높다.

공적재원의 낮은 비중은 방송광고 시장의 치열한 경쟁을 유발하는 원인으로 작용하고 있다(윤석년, 2015). 다시 말해, 우리나라 방송시장은 광고재원에 대한 의존도가 유난히 높은 특징이 있다.

전체 방송재원에서 광고가 차지하는 비중을 주요 국가와 비교하면 한국의 광고시장 의존도는 54%로 최고 수준이다. 영국(33%), 프랑스(29%), 독일(30%) 등 유럽 주요국의 광고시장 의존도는 30%대에서 유지되고 있고, 공적 수신료가 없는 미국도 38% 수준인 것과 대조적이다.

이처럼 광고재원의 의존도가 높은 것은 직접지불 수단의 비중이 낮게 형성되었기 때문이다. 즉, 우리나라 공영방송 수신료 비중은 전체의 10% 수준이고, 유료방송 플랫폼에 지불하는 유료방송 수신료 비중도 35% 정도이다. 유료방송 수신료 비중 역시 독일(34%), 이탈리아(33%), 캐나다(35%), 일본(36%) 등과는 유사한 수준이지만, 미국(62%), 프랑스(52%), 영국(43%)에 비하면 낮은 편이다. 결론적으로 한국 방송시장은 이용자가 직접납부하는 공적(수신료)·상업적(구독료) 비중이 낮기 때문에 광고 의존도가 높아지고 있다. 이로 인하여 가입비와 이용료를 기반으로 운영되어야 할 사업자들이 광고시장 경쟁에 적극적으로 참여함으로써, 방송광고 시장에서의 경쟁이 가속화되고 있는 것이다.

[그림 16-1] 해외 주요국의 재원별 비중 비교

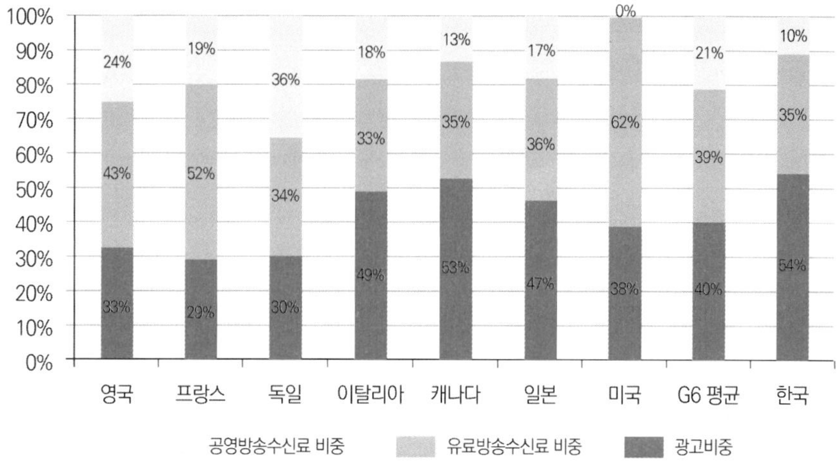

출처: Ofcom(2011), International Communications Market Report 2011, 방송통신위원회(2011. 11.), 2011년 방송산업 실태조사 보고서.
 * G6 평균은 G7 중 공적재원이 없는 미국을 제외한 수치

간접납부 방식인 광고시장에 대한 높은 의존도는 국내 방송산업 발전에 큰 우려를 낳고 있다. 주지하다시피, 광고시장은 GDP 성장에 의존하는 특징이 있다. 경제환경에 영향을 받기 때문에 예측이 불확실하고 성장하는데 한계가 있다. 게다가 우리나라는 이미 타 국가들 대비 광고시장의 규모가 높은 수준이므로, 광고시장의 급격한 성장을 기대하기 어려운 상황이다.

방송시장은 전형적인 양면 시장의 특성을 지니고 있다. 양면 시장은 말 그대로 시장의 양면성, 즉 간접적인 네트워크의 외부성과 플랫폼을 통한 거래 등으로 규정되는 시장이다. 이를 위해서는 상호 연결을 필요로 하는 둘 이상의 구분되는 이용자 그룹들이 존재하고, 한 이용자 그룹이 다른 이용자 그룹의 규모가 클수록 큰 편익을 얻을 수 있다. 따라서 시청자(가입자) 수가 많아질수록 광고효과가 높아져 광고주의 편익이 증대되므로, 방송사는 서비스 요금을 한계비용(marginal cost) 이하로 낮추어 가입자(시청자)를 늘리고, 이용자에 대한 접근권(광고료)을 광고주에게 보다 높은 가격으로 판매하여 이윤을 획득하려는 유인이 존재한다. 방송사업자들이 구독료를 높이게 되면 가입자 수

가 감소하게 되고 이는 광고료 수익의 감소로 연결된다. 따라서 가입자 수 경쟁이 지속되는 한 광고에의 의존도는 쉽게 탈피하기 어려울 것으로 예상된다.

최근에는 인터넷 및 유튜브와 같은 OTT 서비스의 보급으로 방송광고 시장은 빠르게 잠식당하고 있다. 맞춤형, 상호작용형 광고가 가능한 이들 온라인 광고에 비해 방송광고는 집중도가 낮아 전통적인 방송광고의 경쟁력이 감소되는 것도 방송광고 시장의 앞날을 어둡게 하는 요인이다.

3) 특징 3: 직접 지불(구독)시장의 규모가 적다.

한국 방송시장의 또 다른 특징은 이용자가 직접 납부하는 재원, 이른바 구독경제에 의한 재원비중이 낮다는 점이다. 일반적으로 방송 프로그램의 속성은 소비의 비배제성, 비경합성을 갖는 공공재적 속성으로 인해 비용을 지불하지 않고 무임승차하는 시장의 실패가 발생한다. 하지만 지불하지 않는 이용자를 배제하는 기술이 개발되면서 비배제성을 극복하고 유료방송 플랫폼이나 OTT 서비스의 경우 구독경제(subscription economy)가 일반화되고 있다. 그럼에도 불구하고 한국의 경우 공영방송 수신료뿐 아니라 유료방송 플랫폼 가입료 역시 낮은 지불의사(willingness-to-pay)를 보이고 있다. 이용자들의 직접 지불의사액이 낮은 상태로 유지되면서 일종의 풍선효과처럼 광고 의존도가 높아지고 있다. 즉, 가입비와 이용료를 기반으로 운영되어야 할 유료방송 매체들이 광고시장 경쟁에 적극적으로 참여함으로써 광고시장에서의 경쟁이 심화되고 있는 것이다. 간접납부 방식인 광고시장에 대한 높은 의존도와 직접지불 방식인 가입료(수신료)의 낮은 분담율은 다매체 환경에서 우리나라 방송시장에서 재원의 만성적인 어려움을 야기하는

〈표 16-2〉 구독경제 비중 비교(2018년 기준)

재원유형		한국		영국	
		매출액(억 원)	비중(%)	매출액(백만달러)	비중(%)
구독경제	공영방송 수신료	6,780	3.9	4,834	29.4
	유료채널 구독료	3조 3,464	19.3	6,396	38.9
비구독 경제	광고	2조 9,174	16.9	5,222	31.7
	홈쇼핑 송출 수수료	1조 6,493	9.5	–	–
	PP 제공료	8,016	4.6	–	–

원인으로 작용한다. 예컨대, 2018년 기준으로 우리나라 방송시장에서 직접지불에 의한 재원 비중은 약 25%로 나타나고 있다. 나머지 75% 재원은 광고와 같이 간접적 지불형태에 의존한다. 반면 영국의 경우는 이용자가 직접지불하는 비중은 약 70%이고 간접적 지불방식에 의한 재원의 비중은 약 30%이다. 우리나라와 정 반대의 구조인 셈이다. 이는 구독경제 방식의 재원 유도 정책이 필요한 이유이기도 하다.

2. 방송재원 정책의 방향

앞에서 살펴본 바와 같이 우리나라 방송시장 재원구조는 공영방송 수신료 및 구독료과 같은 직접지불 비중이 적고, 매체 간 특화된 재원이 없이 모든 방송사업자가 광고시장 경쟁에 내몰리는 특징이 있음을 알 수 있다. 이런 상황에서 사업자 간 지나친 광고 경쟁을 완화하고 건전한 방송시장 생태계 조성을 위해서는 다음과 같은 방향으로 재원정책이 모색되어야 할 것이다.

1) 공적재원의 확대

(1) 공영방송 수신료

우리나라의 공영방송 재원의 규모가 여타 국가에 비해 적다는데 이의를 제기하는 사람을 없을 것이다. 그렇다면, 적정한 수신료 규모는 어떠해야 하는가? 적정 수신료 규모를 파악하기 위해 먼저 최근 KBS의 재원구조를 살펴보자.

2019년 말 기준, KBS의 수신료 수익 총액은 약 6,700억 원이다. 2010년 수신료 수익이 5,689억 원이었으니 지난 10년 동안 약 100억 원 정도 증가되었다. 이는 현행 수

〈표 16-3〉 KBS의 수신료 비중 변화

구분		10년	11년	12년	13년	14년	15년	16년	17년	18년	19년	'10~'19 CAGR
매출액		13,803	14,437	15,190	14,989	14,963	15,462	14,866	14,326	14,351	13,622	△0.1%
방송 사업		13,618	14,157	15,040	14,855	14,833	15,324	14,714	14,631	14,199	13,456	△0.1%
		98.7%	98.1%	99.0%	99.1%	99.1%	99.1%	99.0%	98.9%	98.9%	98.8%	
수신료		5,689	5,779	5,851	5,961	6,080	6,258	6,333	6,462	6,595	6,705	1.8%
		41.2%	40.0%	38.5%	39.8%	40.6%	40.5%	42.6%	45.1%	46.0%	49.2%	

신료 징수 체계가 가구당 징수하는 방식이어서 일인 가구 수가 증가한데 따른 것이다.

수신료 수입의 증가에 따라 전체 재원에서 수신료 수익이 차지하는 비중 역시 점차 높아지고 있다. 즉 2010년 전체 수익에서 수신료 수익의 비중은 41.2%였으나 2019년에는 49.2%로 확대되었다. 대신 광고수익의 비중이 감소하였다. 공영방송이면서 광고수익의 비중이 수신료보다 높았던 왜곡된 재원구조는 2013년을 기점으로 수신료 비중이 광고 비중보다 높은 구조로 개선되었다.

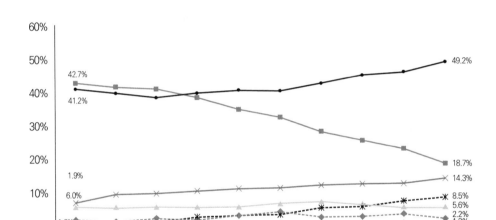

[그림 16-2] KBS의 재원별 점유율 추이('10년~'19년)

그럼에도 문제는 공영방송 재원에서 수신료가 차지하는 비중이 여타 국가의 공영방송과 비교해 볼 때 여전히 낮다는 데 있다. 외국의 주요 공영방송에서 전체 재원에서 수신료가 차지하는 비중을 살펴보면, 영국 BBC가 76%, 독일의 ARD는 84%, ZDF가 85%, 프랑스 FT가 82% 등이다. 즉, 대체적으로 해외 공영방송의 재원구조는 전체 재원의 약 80% 정도를 수신료로 충당하고 있음을 알 수 있다.

이러한 점을 감안하여, KBS의 이상적인 수신료 재원의 비중을 약 80% 정도로 가정했을 때, 2019년 기준 전체 방송 매출액인 1조 3,446억 원의 80%인 약 1조 원 규모가 적정하다는 계산이 도출된다. 그렇다면, 현재 수익규모가 6,700억 원이므로 추가적으로 3,300억 원 정도의 수신료 필요하며 이를 위해서는 현재 가구당 2,500원에서 약

4,000원 정도로 인상이 필요하다는 결론에 이르게 된다.

공영방송 재원구조에서 수신료 비중을 확대하는 것은 상업적 재원으로부터의 독립이라는 공영방송의 본원적 역할을 기대할 수 있는 필요조건이며, 레드 오션으로 변한 한국 방송광고 시장에서 지나친 광고 경쟁을 완화하는 완충역할을 할 것으로 기대된다.

이러한 공적재원 확대의 필요성에도 불구하고 문제는 어떻게 수신료 인상에 대한 사회적 동의를 이끌어 낼 수 있는가이다. 그동안 수신료 인상에 대한 전제조건으로 공정 보도에 대한 신뢰도 회복, 조직혁신과 경영 합리화, 공영방송 거버넌스 개편 등이 주로 거론되어 왔다. 당연히 수신료 인상과 연계하여 해결되어야 할 사안들이다. 하지만 여야 간 KBS에 대한 공정성 시비는 여전하고 공영방송 거버넌스 역시 다양한 안(案)만 난무할 뿐 수신료 문제와 연결된 전제 조건 해결은 아직도 요원해 보인다.

수신료 문제를 해결하기 위한 하나의 방안으로 최근 신고리 원전 문제와 같이 중요한 사회적 이슈를 "공론화 위원회"를 통해 성공적으로 합의를 도출해 낸 사례를 참고했으면 한다. 즉, 가칭 "공영방송 수신료 문제 해결을 위한 공론화 위원회"와 같은 사회적 논의기구를 구성하여 수신료 문제에 대한 사회적 합의를 도출해 볼 것을 제언하고자 한다. 우리 사회에서 공영방송의 중요성과 당위적 필요성에 대해 부정하는 사람은 누구도 없을 것이다. 그럼에도 공영방송 KBS가 제 역할을 수행하지 못한데서 오는 사회적 불신과 정파적 이해관계 때문에 그동안 수신료 문제 해결 방안은 실마리를 찾지 못했다. 이번 기회에 공론화 위원회의 모델을 참고하여 사회적 합의기구를 구성하고 숙의적 절차를 거쳐 공영방송 재원, 더 나아가 전체 공적재원의 방향과 내용이 제시될 필요가 있다.

(2) 방송통신발전기금

방송통신발전기금(이하 방발기금)은 국민이 직접 부담하는 수신료와 달리 방송사업자가 부담하는 또 다른 공적재원이다. 현재 방송통신발전기금의 법적 성격은 부담금으로 이는 법률에 근거하여 특정 공익사업과 관련해 부과하는 조세 외의 금전 지급 의무를 말한다(홍종윤·정영주, 2019).

방발기금이 공익적 성격을 지니는 이유는 기금의 용도에서 파악된다. 방송사업자로부터 조성된 기금은 공익·공공을 목적으로 운영되는 방송통신 지원, 지역 및 중소지상파 방송사업자의 공익적 프로그램 제작 지원, 시청자 제작 방송프로그램 및 미디어 교육 지원, 시청자와 이용자의 피해구제 및 권익증진 사업, 해외 한국어 방송 지원, 지역방송 발전 지원계획의 수행을 위한 지원 등 주로 공익적 목적에 사용하도록 법에 명시되어 있다(<방송통신발전기본법> 제26조). 이처럼 방발기금의 사용처를 보면 공익 목적 방송사, 지역 및 중소 방송사 제작지원, 미디어 교육, 해외 한국어 방송 등 공적인 성격의 분야에 지원됨으로 교육방송, 지역방송 그리고 아리랑 TV와 같은 영세 방송사의 주된 재원이 된다.

〈표 16-4〉 방발기금의 공익방송 지원현황   (단위: 억 원)

	2016	2017	2018
EBS 제작 지원	251.9	281.9	281.9
아리랑 국제방송 지원	331.8	369.5	369.6
국악방송 지원	44.5	49.1	44.2
KBS 대외방송 제작지원	84.4	84.4	76.0
지역 중소방송 콘텐츠 지원	40.0	44.6	41.0

출처: 유홍식(2019)을 토대로 재구성.

　　현재 방발기금을 내는 사업자로는 지상파방송사업자, 종합편성채널사용사업자, 보도전문채널사용사업자, 종합유선방송사업자, 위성방송사업자, IPTV사업자, 홈쇼핑사업자이며, 부담률은 지상파, 종편, 보도전문 채널은 전년도 광고 매출액의 6% 이내, 케이블 SO, 위성방송사업자, IPTV 사업자는 전년도 방송서비스 매출액의 6% 이내, 홈쇼핑 채널은 전년도 영업이익의 15% 이내 등이다. 방발기금의 규모는 2010년 <방송통신발전기본법> 제정으로 기존의 방송발전기금이 확대되면서, 2011년부터 크게 확대되었다 즉, 2010년까지 2,922억 원 수준이었으나 2011년 8,222억 원으로 늘어났으며 이후 증감을 반복하면서 2018년 말 현재, 8,000억 원 이상의 규모로 늘어났다. 각 사업자별로 부담금 내용을 살펴보면, 지상파 방송사업자와 홈쇼핑사업자가 비슷한 비중으로 전체 기금의 60% 정도를 차지하고, 2015년부터 기금을 납부하기 시작한 IPTV사업자의 부담금이 큰 폭으로 증가하고 있다.

　　그동안 방발기금과 관련하여 쟁점이 되었던 이슈는 크게 두 가지로 첫째는 기금부과에 대한 정당성이고, 둘째 이슈는 부과 대상의 확대 문제이다.

　　먼저 기금부과에 대한 정당성 문제는 그동안 기금부과의 정당성으로 작용해왔던 근거가 상실되었다는 것이다. 즉 징수의 정당성은 주파수 자원의 공공성과 희소성, 방송에 요구되는 시설 및 자본 규모 등으로 인해 일정한 자격을 갖춘 사업자에 한해 허가와 승인의 방법으로 사업권을 부여함으로써 진입장벽을 형성케 하고 결과적으로 독점적·배타적 사업권을 부여했다는 것이다. 그리하여 이를 통해 창출한 초과 이윤의 사회적 환수 차원에서 기금 부과의 정당성이 인정되어 왔다. 그러나 최근에는 이러한 정당성을 부정하는 주장이 제기되고 있는데 그것은 현재와 같은 디지털 방송환경에서 주파수 자원의 희소성이 존재하지 않으며 전파 자원의 독점으로 인한 혜택이 없기 때문에 징수 근거가 약화되고 있다는 것이다(김광재·변상규, 2018). 그럼에도 불구하고 기금 납부가 제한된 채널의 배타적 사용에 대한 대가이고(홍대식·박훈, 2009), 방송통신의 진흥이라는 공익적 목적으로 관련 사업자에게 부과·징수한다는 점, 그리고 수익자 부담 원칙에 의한 공공 서비스 창출과 방송통신의 공익성·공공성에 기반한 기금이라는 점에서 기금 존재 자체의 정당성을 의문시하는 시각은 많지 않다(홍종윤·정영주, 2019).

방발기금과 관련한 두 번째 논쟁은 기금 부과 대상의 확대 문제이다. 이는 현재 방송통신발전기금 징수 대상에서 배제되어 있는 CJ 같은 대형 미디어 사업자 및 네이버 같은 포털사업자, 또한 최근 영향력이 커지고 있는 OTT사업자들에 대해서도 방송통신발전기금을 부과해야 한다는 것이다.

거대 미디어 사업자의 경우, 구체적인 법 개정 시도로 이어지고 있는데 가령, 최명길 의원 안은 매출액 3천억 원 이상의 PP사업자를 기금 부과대상에 포함하고 있다. 이렇게 추진하는 배경에 대해 개정안은 방송환경의 급격한 변화로 지상파 방송과 비슷한 규모의 시청률과 매출을 올리는 등 사회적 영향력이 큰 방송채널 사용사업자가 등장함에 따라 이들에게도 방송통신발전기금 납부 의무를 부과함으로써 공적 책임을 높일 필요가 있다고 주장하였다. 인터넷 포털 사업자 역시 포털이 뉴스 매개 및 디지털 콘텐츠 제공을 통해 미디어 유통사업자로서 사회적·산업적 영향력을 확대하고, 막대한 광고수입을 벌어들이고 있기 때문에 이에 걸맞은 공적 책임을 부과할 필요성이 있다는 점을 기금 징수의 논거로 들고 있다.

또한 최근에는 유사한 방송 서비스를 제공하고 있음에도 기금을 부담하고 있지 않은 OTT 사업자에 대해서도 유료방송과 동일하게 방송통신발전기금을 분담하도록 해야 한다는 주장이 제기되고 있다. 예컨대, 국회 언론공정성실현모임(대표 김성수 의원)은 현행 <방송법>, <인터넷 멀티미디어 방송사업법>과 <지역방송발전지원 특별법>을 통합하여 방송 및 방송사업자를 새롭게 정의하는 이른바 통합 방송법 안을 제출한 바 있다. 이 개정안에 따르면 현재 케이블 SO, 위성방송, IPTV 사업자를 '다채널유료방송사업자'로 통합하여 동일 규제 적용하고, OTT 사업자 중 일부를 신설하는 '부가유료방송사업자'로 포함하여 방송법 안으로 포괄하는 것으로 되어 있다.

〈표 16-5〉 통합 방송법(안)에서의 OTT의 법적 지위

방송사업(서비스)						방송전송망 제공사업
지상파 방송 사업(자)	유료방송사업(자)		방송콘텐츠제공사업(자)			방송전송망 제공사업자
	다채널 유료빙송사업자 (SO, 위성, IPTV 등)	부가 유료방송사업자 (OTT, 중계유선 등)	채널사용사업자		인터넷 방송 콘텐츠 제공사업자	
			종편 및 보도전문 PP	홈쇼핑 PP	전문 편성 PP	

출처: 김성수 의원실 보도자료(2019. 1. 11.).

통합 방송법안의 OTT 관련 입법의 핵심은 현재 부가통신사업으로 분류되는 OTT 의 일부를 방송사업으로 편입한 것이다. 즉, OTT 서비스 중 방송 서비스와 동일하거나 유사한 서비스를 구별하여 방송으로 규정함으로써 방송 규제 영역으로 포함하여 동일 서비스, 동일 규제 원칙을 적용하겠다는 것이다.

그동안 지상파 방송사 지원의 일환으로 CJ ENM 등 콘텐츠사업자에도 방발기금을 부과해야 한다는 주장이 있었으나, OTT와 같은 부가통신사업자에도 기간통신사업자 대상의 기금을 부과하는 것은 과도하다는 지적이 많았다. 하지만 동일 서비스, 동일 규 제 원칙을 적용하여 유튜브를 비롯한 OTT 업체도 방발기금 부과 대상에 포함하는 방 안을 적극적으로 검토 중인 것으로 알려졌다.[1]

해외 주요국의 경우에도 최근에는 OTT 사업자의 수익이 자국 미디어 생태계 발전 에 기여할 수 있도록 제도를 마련 중이다. 예컨대, 넷플릭스 등 해외 OTT가 프랑스에 서 벌어들인 수익의 최소 25%를 프랑스 콘텐츠 제작에 의무적으로 투자할 것을 법제화 하였다. 이를 위해 프랑스는 지난해 유럽연합(EU)에서 합의한 <시청각 미디어에 관한 지침>에 따라 새로운 방송법에 OTT를 확장된 방송 개념으로서 포함한 바 있다.

이러한 사례를 바탕으로 국내에서도 국내 방송시장의 이익을 잠식하고 있는 OTT 사업자에게 방발기금과 같은 기금을 부과토록 하여 공적재원의 규모를 확대 조성하고, 이를 공공 성격의 방송사업자에게 재배분하는 조속히 마련될 필요가 있다.

---

1 최근 한상혁 방송통신위원장은 "원칙적으로 같은 서비스를 제공하는데 방발기금 징수 불평등은 해소해 야 한다"며 "전체적인 방송 미디어 규제 방향이 동일 서비스 동일 규제로 가야 하기 때문에 방발기금 징수 역시 유사 서비스를 영위하고 있는 OTT도 그 대상이 돼야 한다"고 밝힌바 있다(노경조, 2020).

2) 방송광고 규제의 완화

온라인 및 모바일 매체의 등장으로 그동안 방송 매체의 주재원 역할을 담당해 왔던 방송광고 매체의 경쟁력이 급격하게 약화되고 있다.

방송, 온라인(PC 및 모바일), 인쇄, 옥외 등을 포함한 전체 광고시장 규모는 2018년 10조 8,701억 원으로 전년 대비 5.2% 증가하였다. 2000년대 이후 우리나라 전체 광고시장 규모는 2008년 금융위기 등 일부 시기를 제외하고는 전반적으로 확장하는 추세를 보이고 있다. 그럼에도 매체별로는 모바일 및 온라인 광고가 가파른 성장세를 보인 것과 달리 방송광고의 매출액은 점진적으로 하락하고 있는 상황이다(방송통신위원회, 2019). 특히 모바일 광고규모는 2018년 기준 약 3조 5,000억 원 규모로 성장하여 방송광고와 거의 비슷한 수준으로 증가하였다.

〈표 16-6〉 방송광고 매출액 추이 (단위: 억 원)

구분		15년	16년	17년	18년	'15~'18 CAGR
방송(재산상황)		34,736	32,225	31,663	32,275	−2.4%
인쇄	신문	18,556	18,670	18,585	18,046	−0.9%
	잡지	4,741	4,524	4,517	4,625	−0.8%
	소계	23,297	23,193	23,103	22,672	−0.9%
인터넷		20,534	21,731	19,092	19,155	−2.3%
모바일		13,744	19,816	28,659	35,978	37.8%
기타		15,691	15,535	17,180	17,454	3.6^

출처: 방송통신위원회(2019). <2018년도 방송사업자 재산상황 공표집>, p. 11.

전체 광고 매출액은 증가하였음에도 방송광고 매출액이 감소함에 따라 2000년 이후, 전체 광고시장 대비 방송광고(라디오 제외)의 비중은 전반적으로 낮아지는 추세이다.

전체 광고시장에서 방송광고(라디오 제외)가 차지하는 비중은 2001년 40%를 정점으로 지속적으로 감소하고 있는데, 특히 2015년 이후 더욱 빠르게 진행되고 있다. 2017년부터는 30% 밑으로 하락하였으며 2018년에는 27.2%까지 낮아졌다.

[그림 16-3] 전체 광고시장 대비 방송광고 비중 추이

(단위: %)

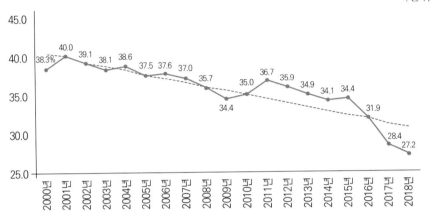

출처: 방송통신위원회(2019), <2019 경쟁상황 평가>, p. 172.

방송광고의 매출규모가 축소되고 있는 것은 크게 두 가지 요인으로 파악된다. 첫 번째는 OTT 서비스 등 온라인 및 모바일을 통한 프로그램 시청증가로 광고의 수요가 이동하였다는 점이다. 즉, 시청자의 시청행위 패턴의 변화로 모바일을 통한 시청행위가 늘어남에 따라 기존 방송광고가 유튜브와 같은 OTT 서비스로 이동하고 있기 때문으로 풀이된다.

두 번째 요인으로는 광고 수단으로서 방송매체의 경쟁력이 약화되고 있다는 점이다. 즉, 새로운 광고 유형으로 등장하고 있는 VOD 광고나 OTT 광고는 기존 TV광고에 비해 상대적인 비교우위를 지니는 특징을 바탕으로 광고 수요를 대체하고 있다. TV 방송광고와 OTT 광고의 상품 특성을 비교하는 광고주 설문조사 결과, TV 방송광고는 광고 주목도, 커버리지, 집행결과 모니터링 용이성에서 우월한 반면, OTT 광고는 가격, 광고 효율성, 특정 시청자 타겟팅, 광고주 요구에 맞는 광고집행 등에서 우월한 것으로 나타났다.

아직까지 공식적인 통계자료는 존재하지 않으나, 상호작용성이나 특정 타겟팅이 가능하다는 특징을 바탕으로 앞으로 유튜브를 중심으로 하는 OTT 광고는 지속적으로 성장할 것으로 추정되고 있다. 광고주를 대상으로 한 설문조사 결과, 2018년 OTT 광고 지출액 규모는 TV 방송광고 지출액의 8.8%, 2019년은 10.2% 수준으로 나타나고 있지만 OTT 광고에 대한 수요는 지속적으로 증가하는 것으로 예측되고 있다.

〈표 16-7〉 TV광고와 OTT 광고의 효율성 비교   (단위: %)

구분	TV방송 매우 우월	TV방송 우월한 편	동등 (둘 다 비슷)	OTT (우월한 편)	OTT (매우 우월)
가격	1.2	14.8	18.5	55.6	9.9
광고 효율성	1.2	34.6	16.0	42.0	6.2
광고 주목도	3.7	46.9	23.5	23.5	2.5
광고 커버리지	6.2	34.6	33.3	23.5	2.5
특정 시청자 타겟팅	–	12.3	32.1	37.0	18.5
광고주 요구에 맞는 광고집행	1.2	28.4	29.6	32.1	8.6
집행결과에 대한 정보제공	–	32.1	34.6	23.5	9.9
집행결과 모니터링 용이성	3.7	30.9	39.5	21.0	4.9

출처: 방송통신위원회(2019a), p. 222.

그렇다면 새로운 특·장점을 바탕으로 광고시장에 진입하고 있는 경쟁 매체와 어떻게 대처해야 할 것인가?

답은 자명하다. 광고 매체로서 방송광고의 효율성을 높여주는 것이며 이는 규제완화를 통해 가능하다. 그런 맥락에서 최근 방송광고 시장을 확대하는 방향으로 광고규제가 많이 완화되는 추세이다. 2010년부터 간접광고가 허용되었고 최근에도 협찬광고, 가상광고, 광고 금지 품목 등의 규제완화가 단행되었다. 2015년에는 방송광고 총량제도 도입되었다. 이를 통해 그동안 프로그램 광고, 토막광고, 자막광고, 시보광고 등 복잡한 광고유형에 따라 광고시간을 규제하던 방식에서 한정된 비율만큼 방송광고의 시간과 횟수 그리고 방법에 대해 방송사들이 자율적으로 운영할 수 있도록 하였다. 가상광고 역시 기존에 허용되던 운동경기 프로그램 외에 오락과 스포츠보도 프로그램으로 적용 범위가 확대되었고, 간접광고도 프로그램의 특성이나 내용전개 또는 구성상 불가피한 경우에 대해서는 시연, 이용하는 장면, 제품의 구체적 소개 등이 가능하도록 완화되었다(홍문기, 2017). 그리고 2021년에는 지상파 중간광고도 허용되었다.

하지만 이러한 규제완화 조치로 인한 방송광고 수요창출 효과는 여전히 미미하다는 게 대체적인 평가이다. 예를 들어, 총량제 도입 이후 2015년 10월 이후 12개월간 총량제 적용으로 지상파 방송 3사에 발생한 매출액 증가 규모는 109억 원이었는데 이는 전체 TV 광고매출(1조 2,850억 원)의 0.84% 수준에 불과한 것이다. 가상광고도 적용 장르확대 이후 56억 9천만 원의 추가 매출이 발생하였으나 이 또한 전체 TV 광고매출

(1조 2,850억 원)의 0.44% 수준에 불과한 수준이다(강준석 외, 2016). 이러한 측면에서 방송 광고에 대한 규제는 지속적으로 완화될 필요가 있다. 예컨대 현재와 같이 유형 및 시간 배치에 따라 세분화 되어 있는 광고 규제를 간접광고 및 가상광고 등 방송 프로그램 내부에 배치된 방송광고는 프로그램 내 광고로, 프로그램 광고, 토막광고, 자막광고, 시보광고 등 방송 프로그램 외부에 배치된 광고는 프로그램 외 광고로 단순하게 분류하여 규제를 단순화 할 필요가 있다.

더불어, 방송사업자들이 온라인 및 모바일 광고와 경쟁할 수 있도록 방송광고의 경쟁력을 높여주기 위해서는 미디어 환경 변화에 따라 새롭게 등장하는 신유형 광고의 법적 근거를 방송법에 규정하고 기본원칙을 시행령에 규정하는 등 구체적인 제도적 방안이 마련되어야 할 것이다(강준석 외, 2016).

3) 재원 분산화 정책

공적재원의 확대 및 규제완화를 통한 방송광고 효율성 제고와 같은 재원정책 이외에도 매체의 특성에 관계없이 광고시장에 치우쳐 있는 현재의 재원구조를 분산시키는 정책적 노력도 필요하다. 즉, 유료방송 플랫폼들이 구독(가입)을 통해 벌어들인 수익을 콘텐츠 사업자들에게 분배한다면 광고시장에서의 사업자 간 경쟁을 완화될 것이다. 이를 위해서는 구독형 경제의 활성화 방안이 모색되어야 할 것이다. 유료방송 플랫폼의 구독경제가 활성화되기 위해서는 유료방송에 대한 가격규제를 완화하여 구독형 수익 비중을 높일 수 있는 환경이 마련되어야 한다. 현행 방송법에서는 유료방송 사업자들이 지나치게 높은 가격을 책정하지 못하도록 요금을 승인받도록 하고 있고, 이용요금을 변경할 경우에도 승인을 얻도록 하고 있다. 특히 IPTV는 정액 승인을 받고 있는데 반해 케이블과 위성방송은 가격 상한제의 적용을 받고 있어 사업자가 자율적으로 가격을 책정하는데 제약으로 작용하고 있다. 해외 주요국에서는 유료방송에 대한 요금규제를 완화하거나 폐지하는 추세임을 고려할 때 중장기적으로 유료방송 요금규제를 현행 승인제에서 신고제로 전환할 것을 검토할 필요가 있다.

구독형 플랫폼이 활성화되어 구독을 통한 수익이 확대된 이후에는 이를 콘텐츠 사업자들에게 공정하게 배분하는 정책도 개선되어야 한다. 유료방송 플랫폼 사업자의 수익이 콘텐츠 사업자에게 배분되는 수익으로는 방송채널 사용사업자(PP)들에게 지급하는 프로그램 사용료와 지상파 채널에 배분되는 재송신료가 대표적이다. 그동안 PP의 프로그램 사용 문제는 유료방송 발전을 위한 핵심적인 과제로 인식되어 가이드라인의 제정과 같은 정책적 노력이 없었던 것은 아니다. 하지만 새로운 재원으로서 이러한 신규 재원이 광고시장의 경쟁을 완화시켜 줄 수 있기 때문에 플랫폼의 구독수익 → 콘텐츠 사업자 수익으로 공정하게 배분될 수 있는 제도적 장치 및 사업자 간 상생의 문화가 정착될 때보다 건강한 국내 방송시장의 생태계 구축이 가능할 것이다.

참고문헌

1장. 방송산업과 재원정책

강명현(2017). 방송재원의 구조적 특성과 제도개선 방안. 한국언론학회 주최 <새정부, 방송의 보편적 서비스 확대를 위한 방송재원제도 개선방안> 세미나 발제문. 2017년. 8월 22일.

강명현(2014). 공영방송의 재원. <공영방송의 이해>, 서울: 한울아카데미.

과학기술정보통신부·방송통신위원회(2018). <2018년 방송산업 실태조사 보고서>.

과학기술정보통신부·방송통신위원회(2019. 11). <2019년 방송산업 실태조사 보고서>.

김동규(2010). 공영방송 재원과 책무의 재구성. 미디어 3대 학회-KBS 공동 세미나 <미디어 빅뱅시대, 한국 방송을 말한다>, 세미나 발표문.

김헌식(2011). 공영방송의 이상과 현실, <방송문화>, 2011년 9월호, 32-35.

박종진(2017). 지상파 방송사 스마트 미디어 전략의 성과와 전망. <미디어 이슈 & 트렌드>, 3권, 28-48.

방송통신위원회(2018). <2018년도 방송시장 경쟁상황평가>. 서울: 방송통신위원회.

방송통신위원회(2020. 6). <2019년도 방송사업자 재산상황 공표집>. 과천: 방송통신위원회.

유홍식(2019). 방송통신발전기금의 현재와 중장기적 개선방안. 한국방송학회 주최 <방송통신발전기금의 합리적인 조성과 사용방안> 세미나 발제문, 2019, 4, 26.

정윤식(2007). 공영방송의 재원: 수신료 법제와 정책을 중심으로. <방송연구>, 64호, 34-73.

황근(2015). <방송 재원>. 서울: 커뮤니케이션북스.

Blumler, J. G. & T. J. Nossietr, Eds.(1991). *Broadcasting finance in transition: A Comparative Study*. New York: Oxford University Press.

Smythe, D.(1981). *Dependency Road: Communications, Capitalism, Consciousness and Canada*. Norwood NJ: Ablex.

2장. 공영방송의 재원

강형철(2004). <공영방송론>. 서울: 나남.

김해식(1999). KBS 재원정책의 방향과 과제. <방송문화연구>. 11권. 101-132.

방송통신위원회(2010). <2009년도 방송사업자 재산상황 공표집>. 서울: 방송통신위원회.

방송통신위원회(2015). <방송광고 시장의 규모확대를 위한 제도개선 연구> 보고서.

정준희(2005). BBC, 수신료 인상폭 '소비자물가지수+2.3%'로 제안. <해외방송정보>. 11-26.

정윤식(2007). 공영방송의 재원: 수신료 법제와 정책을 중심으로, <방송연구>, 64권,

34−73.

정준희(2018). 디지털 미디어 환경에서의 공영방송의 안정적 재원확보 방안. 한국언론학회 주최 <언론의 사회적 책무와 안정적 재원의 확보방안> 세미나 발제집, 2018년 2월 27일.

조항제(2012). 한국공영방송의 수신료 문제에 대한 역사적 고찰. <방송문화연구>, 24권 2호, 37−70.

KBS(2010). 텔레비전 방송 수신료 현실화에 관한 공청회 자료집.

Bonini, T. & Pais, I.(2017) Hacking Public Service Media Funding: A Scenario for Rethinking the License Fee as a Form of Civic Crowdfunding, *International Journal on Media Management*, Vol(19)2: 123−143.

Blumler, J.(1993). The British approach to public service broadcasting: From con−fidence to uncertainty., K. Avery(ed.). *Public Service Broadcasting in a Multichannel Environment*. New York & London.

European Broadcasting Union(2017), *Legal Focus: Public funding principles for public service media*.

Koboldt, C., Hogg, S., & Robinson, S.(1999). "The Implications of Funding for Broadcasting Putput," Andrew et al., *Public Purpose in Broadcasting: Funding the BBC*, Luton, UK: University of Luton Press, pp. 47−72.

McKinsey(1999). "Public service broadcasters around the world: A McKinsey report for the BBC."

Rowland., W.(1998). *Saving the CBC: Balancing Profit and Public Service*, Linda Leith Publishing.

Weeds, H.(2016). Is the television licence fee fit for the purpose in the digital era? *Economic Affairs*, 36(1).

3장. 해외 주요국의 수신료 정책

방송통신위원회(2017). <미디어환경 변화에 따른 공영방송 재원 구조 변화 방안 마련을 위한 연구> 보고서. 서울: 방송통신위원회.

성숙희(2004). <공영방송 수신료 결정제도 개선방안>. 서울: 한국방송영상산업진흥원.

정윤식(2007). 공영방송의 재원: 수신료 법제와 정책을 중심으로. <방송연구>, 64권, 34−73.

정은진(2017). 영국 BBC 공영방송의 칙허장 갱신: 공영방송 지배구조와 규제체계 변화를 중심으로. <방송문화연구>, 29권 4호, 1−26.

정지희(2017). NHK 수신료 납부 정지·거부 운동을 통해 본 현대 일본의 공영방송 인식과 시민사회의 변동. <언론정보연구>, 54권 2호, 185−223.

주대우(2017.2). 영 정부, BBC 이사회 의장으로 데이비드 클레멘티 경 선임. <KBS 해외
　　방송정보>, 2017년 2월호.

주재원(2010.4). BBC의 수신료 제도와 운용현황. <해외방송정보>, 2010년 4월호,
　　28－31.

홍남희(2018). BBC의 사례를 통해 들여다 본 우리나라 공영방송의 거버넌스 개혁방안.
　　<방송의 공적책임 제고 및 기술발전에 따른 방송통신 거버넌스의 변화>, 한국방
　　송학회 세미나 발제집. 2018년 6월 29일.

KBS(2012). <공영방송과 수신료제도>. KBS 수신료 정책국 연구조사자료－3, 서울:
　　KBS.

BBC(2018.3). *BBC Annual Plan 2018/19.*

Harty, J.(2017.7.10.). What is Royal Charter?. Chartered Insurance Institute.

http://www.cii.co.uk/knowledge/blogs/articles/what－is－a－royal－charter/46274

Ofcom(2017). Ofcom sets out preparations for regulating the BBC.

https://www.ofcom.org.uk/about－ofcom/latest/media/media－releases/2016/ofcom－set
　　s－out－preparations－forregulating－the－bbc

Press Association.(2018.2.22.). Television licence fee rises for second year running. The
　　Guardian.

https://www.theguardian.com/media/2018/feb/22/television－licence－fee－rises－sec－
　　ond－year－running－bbc

4장. 한국의 수신료 정책

노기영 외(2008). <합리적 수신료 산정방안 연구>. 서울: 방송통신위원회.

미디어미래연구소(2008). <합리적 수신료 산정방안 연구>. 서울: 방송통신위원회.

미디어미래연구소(2017). <미디어환경 변화에 따른 공영방송재원구조 변화방안 마련을
　　위한 연구>.

박선영(2002). TV 수신료의 법적 성격과 공영방송 재원조달에 관한 연구. <법학>, 43권
　　1호, 394－435.

방송위원회(2007). 한국방송공사 텔레비전방송수신료 인상 승인안, 방송위 내부자료.

방송통신위원회(2011, 2). 텔레비전방송 수신료 인상 승인안, 방송통신위원회 내부자료.

방송통신위원회(2014). 수신료 인상안에 대한 방송통신위원회 의견서. 방송통신위원회 내
　　부자료.

방송통신위원회(2015). <방송광고 시장의 규모 확대를 위한 제도개선 연구>. 서울: 방송
　　통신위원회.

방송통신위원회(2017). <방송사업자 재산상황공표집>. 서울: 방송통신위원회.

서울 행정법원, 2007, 9. 5., 2005 구합 27390.

이인용(2014.5.). <텔레비전방송수신료 인상 승인안 검토보고서>. 과천 : 미래창조과학
　　　부·방송통신위원회.
정연우(2010). 공영방송의 정체성과 수신료 인상의 정당성에 관한 논의. <방송통신연
　　　구>, 70호, 60−84.
정윤식(2007). 공영방송의 재원: 수신료 법제와 정책을 중심으로. <방송연구>, 64권,
　　　34−73.
헌법재판소 1999.5.27. 선고 98 헌바 70 결정.
헌재 1999. 5. 27. 98헌바70, 판례집 11−1, 646.
KBS(2009). 텔레비전 방송 수신료 현실화에 관한 공청회 자료집.
KBS(2007). <수신료의 가치를 생각합니다>. 서울: KBS.
KBS(2010). 텔레비전 방송 수신료 현실화에 관한 공청회 자료집.
European Broadcasting Union(2017), *Legal Focus: Public funding principles for public
　　　service media.*

5장. 수신료 위원회

강형철(2004). <공영방송론>. 파주: 나남.
곽상진(2012). 디지털 시대의 공영방송 독립성과 수신료 규제. <한국공법학회>, 41권 2
　　　호, 187−220.
노기영 외(2008). <합리적 수신료 산정방안 연구>. 서울: 방송통신위원회.
더불어민주당(2017). 더불어민주당 제19대 대선공약집.
박주연·심영섭(2011). 독일 공영방송의 재원구조와 방송재정수요조사심의위원회>. <한
　　　국사회과학논총>, 21권 4호, 109−134.
봉미선·신삼수(2019). 공영방송 TV 수신료 결정절차 개선을 위한 입법과제 고찰: 수신료
　　　위원회 설치를 중심으로. <입법과 정책>, 11권 3호, 333−362.
성숙희(2004). <공영방송 수신료 결정제도 개선 방안>. 서울: 한국방송영상산업진흥원.
신삼수·봉미선(2019). 공영방송 TV 수신료 연구에 대한 메타 분석. <정치 커뮤니케이션
　　　연구>, 54호, 132−136.
이종관 외(2013). <공영방송 재원구조 관련 법제도 개선방안 연구>. 서울: 방송통신위
　　　원회.
이춘구(2013). 공영방송 수신료의 입법정책 고찰. <법학연구>, 40호, 143−198.
정윤식(2011). 한국 방송정책의 법제 분석 및 고찰. <방송통신연구>, 75호, 58−86.
정인숙(2014). 수신료결정과정의 입법교착에 관한 연구. <미디어와 공연예술연구>, 9권
　　　2호, 89−118.
정정주(2019). 공영방송 재원구조의 단계적 제도개선 방안에 관한 연구. <언론과학연
　　　구>, 19권 1호, 146−179.

황근 외(2012). <공영방송 공적 재원호가보를 위한 제도 개선방안>. 서울: 방송통신위원회.

6장. 방송산업과 광고

강준석 외(2016). <광고총량제 도입과 가상광고 규제완화가 지상파 TV 방송광고 부문에 미친 영향분석>. KISDI 보고서.

권형둔(2015). 방송광고규제의 헌법적 원리와 정당성. <언론과 법>, 14권 3호, 241−269.

박종구·안재형·조성동·강신규(2015). <신유형 방송광고 등장에 따른 규제방안 수립연구>. 서울: 방송통신위원회.

박희영(2015). 「방송법 시행령」개정안에 따른 방송광고시장과 방송광고 규제 변화 동향, <동향>, 27권 9호 통권 600호. 23−36.

방송통신위원회(2018). <2018년도 방송시장 경쟁상황평가 보고서>.

이상규(2010). 양면시장의 정의 및 조건. <정보통신정책연구>, 17권 4호, 73−105.

이승선(2011). 방송환경의 변화에 따른 방송광고 규제 합리화 방안. <언론과 법>, 10권 2호, 147−179.

이영주·송진·박정우(2010). 지상파방송사업자 채널사용사업에 대한 비대칭적 규제의 타당성 검토: 방송법 시행령 제4조 3항을 중심으로. <언론과학연구>, 10권 4호, 425−462.

조소영(2017). 광고규제에 대한 헌법적 검토: 상업광고에 대한 논의를 중심으로. <공법학연구>, 18권 3호, 225−251.

황준호 외(2016). <매체별 광고규제 체계 개선방안 연구>. 진천: 정보통신정책연구원.

7장. 간접광고

김준교·정재하·문철수·김효규·박상호(2012). <간접광고 실태 및 대응 방안 연구>. 방송통신심의위원회 연구보고서.

김지현(2010). 프랑스 방송프로그램 간접광고(PPL) 제한적 허용. <방송문화>, 2월호, 50−53.

노동렬·박종구·강신규·이수엽(2013). <간접광고 도입 등에 따른 협찬제도의 효과적 규제방안 연구>. 한국방송광고진흥공사 연구보고서.

문철수(2005). 방송광고 정책, 과제와 대안: PPL을 중심으로. <방송연구>, 61권, 59−84.

박주연(2011). 융합시대 독일의 방송 광고 정책 변화에 관한 연구: 방송 프로그램의 협찬 및 간접광고 법제분석을 중심으로. <커뮤니케이션학 연구>, 19권 1호, 73−96.

변상규·이수범(2013). <간접 및 가상광고 규제개선 및 활성화 방안 연구>. 서울: 한국방송광고공사.

변상규·김재철(2010). 방송을 통한 간접광고 도입의 경제적 타당성 분석. <미디어 경제
　　와 문화>, 8권 2호, 62−98.

유승엽·정진택(2011). 간접광고의 국가별 규제 현황과 사례분석 및 활성화 방안. <한국
　　엔터테인먼트산업학회논문지>, 5권 2호, 39−46.

이기현(2011). 드라마 간접광고(PPL)와 스토리텔링. <KOCCA 포커스>, 32권, 1−23.

이승선(2014). 간접광고와 협찬고지 제도의 법적 갈등. <광고 연구>, 100권, 292−317.

이태준·정원준(2014). 방송 간접광고(Product Placement in Broadcasting) 규제 및 제도
　　적 환경에 관한 국가 각 비교문화 연구: 한국과 미국을 중심으로. <광고학 연구>,
　　25권 3호, 199−221.

이희복·이수범·임정수(2010). <방송콘텐츠 활성화를 위한 간접광고 시행방안 연구>.
　　한국언론진흥재단 연구보고서.

이희복·차영란(2013). 방송광고산업 활성화를 위한 간접광고. <한국콘텐츠학회논문지>,
　　10권 10호. 128−139.

한국방송광고진흥공사(2012). 지상파 간접광고(PPL), 시청자 3명 중 1명이 기억. 한국방송
　　광고진흥공사 홍보팀, 2012년 2월 14일 보도자료.

한규훈·문장호(2015). 국내 간접광고 규제의 개선방향에 관한 고찰: 해외의 간접광고 규
　　제 사례 분석을 토대로. <광고 연구>, 104권, 109−146.

황준호 외(2016). <매체별 광고규제 체계 개선방안 연구>. 진천: 정보통신정책연구원.

Babin, L. A. & Carder, S. T.(1996). Viewers' recognition of brands placed within film.
　　International Journal of Advertising, 15(2), 140−151.

D'Aatous, A., & Seguin, N.(1999). Consumer reaction to product placement strategies
　　in television sponsorship. *European Journal of Marketing*, 33, 896−910.

Gupta, P. B. & Lord, K. R.(1998). Product placement in movies: The effect of prom−
　　inence and mode on audience recall. *Journal of Current Issues and Research in
　　Advertising*, 20(1), 47−59.

Nenova, M.(2007). The reform of the EC audiovisual media regulation: Television
　　without cultural diversity. Working Paper. Swiss National Center for Competence
　　in Research.

Russell, C. A.(1998). Toward a framework of product placement: Theoretical proposition.
　　Advance in Consumer Research, 25, 357−362.

Vollmers, S. & Mizerski, R.(1994). A review and investigation into the effectiveness of
　　product placement in films. In the proceedings of The 1994 Conference of the
　　American Academy of Advertising, 97−102.

8장. 중간광고

강명현(2019). 방송시장의 비대칭 규제현황과 제도적 개선방안. <방송산업의 비대칭 규제 개선방안>, 한국방송학회 정기 학술대회 발제문. 2019. 4. 26일.

금준경(2018. 11. 9). 방통위, 지상파 중간광고 도입한다. 미디어 오늘 기사.

김병운(2008). 유·무선시장에서의 경쟁상황과 비칭 규제. 이덕희 외(2008). <디지털화와 산업의 양극화>. 삼성경제연구소.

김봉철·김주영·최명일(2010). 한국과 미국 대학생들의 TV 중간광고에 대한 인식 비교: 광고에 대한 일반적 인식과의 관계를 중심으로. <방송통신연구>, 통권 70호, 117-143.

김봉철(2004). <우리나라 방송광고 제도개선 방안에 관한 연구>. 서울: 한국방송광고공사.

김영주·정재민(2010). 방송산업 내 비대칭 규제에 관한 연구. <한국방송학보>, 24권 5호, 47-89.

김재영·한광석(2010). 방송광고의 회피성 및 침입성에 따른 중간광고 태도가 방송사, 광고주 및 제품 태도 간의 구조적 관계에 미치는 영향 연구. <미디어 경제와 문화>, 8권 1호, 44-90.

김재휘(1999). 광고기억 및 광고태도와 관련된 중간광고의 효과. <광고학 연구>, 10권 4호, 59-84.

문철수(2016). 방송 광고 산업 선진화 실현 방안 : 지상파 중간 광고 도입과 방송광고 품목 규제 완화 정책을 중심으로. <방송문화>, 3월호, 49-71.

박규장·최세경(2008). 한국방송정책으로서 매체균형발전론에 관한 연구. <한국방송학보>, 22권 4호, 49-91.

박현수(2005). CATV 광고 노출효과에 관한 연구. <한국광고홍보학보>, 7권 2호, 155-182.

방송통신위원회(2018). <2018년 방송시장 경쟁상황 평가 보고서>. 과천: 방송통신위원회.

오현경·이혜은(2019). 스마트미디어 시대 지상파방송사에 대한 비대칭 규제의 타당성 재검토. <방송과 커뮤니케이션>, 20권 2호, 43-83.

이재록(2005). 텔레비전 프로그램 중간광고효과에 관한 탐색적 연구. <광고학 연구>, 16권 5호, 265-277.

이정수(2019). 수익 적은 시사·광고 없는 드라마… 폐지·개편하는 '지상파의 생존기', 서울신문 기사.

이희욱·백병호(1998). 중간광고의 효과에 관한 연구. <Marketing Communication Review>, 4권 2호, 69-80.

인세현(2019. 8. 29). 시들한 '리틀 포레스트'… 지상파, 편성 변경보다 중요한 건, 쿠키뉴스.

임정일·박현수(2017). 지상파 PCM 광고 노출효과 및 가치 분석. <방송통신연구>, 9-34.

정걸진·김상훈(2001). 방송광고 환경변화에 따른 TV 중간광고에 관한 탐색 연구: 광고 관련 전문가 의견을 중심으로, <한국광고홍보학보>, 3권 1호, 137－165.

정준희(2016). 해외 주요국의 방송 중간광고 규제방향과 시사점. <방송문화>, 31－51.

조창환·김주연·오신영·박경인·장수현(2014). 중간광고 도입 찬반에 영향을 미치는 수용자 인식 분석. <미디어 경제와 문화>, 12권 4호, 7－44.

최선규(2004). 유무선 융합과 통신시장 비칭 규제: 공정경쟁인가 관리경쟁인가? <정보통신정책연구>, 11권 1호, 1－23.

홍문기(2019). 지상파 방송과 유료방송 간 광고규제 비대칭성 개선방안, <방송산업의 비대칭 규제 개선방안>, 한국방송학회 정기 학술대회 발제문.

홍원식(2017). 수평적 미디어 환경과 미디어 대칭 규제 －지상파방송을 중심으로. <방송문화>, 가을호, 72－89.

홍재욱(1996). TV 광고의 길이와 혼잡도가 광고효과에 미치는 영향. <광고학 연구>, 7권 1호, 155－183.

홍종필·이영아(2010). TV 프로그램 전후/중간광고 포맷과 프로그램 관여도에 따른 광고효과에 관한 연구. <한국심리학회지: 소비자·광고>, 11권 3호, 553－577.

Marcus, J. S.(2002). The potential relevance to the United States of the European Union's newly adopted regulatory framework for telecommunications, FCC OPP Working Paper No. 36.

Werbach, D. L.(2001). Third－Generation Communication Regulation, A New Approach to Communication Regulation, Global Communication Platform.

9장. 방송협찬

김민호(2011). 지상파방송 광고규제의 문제점과 개선방안: 협찬고지를 중심으로. <토지공법연구>, 55권, 363－382.

방송통신위원회(2020). 협찬의 투명성 제고를 위한 방송법 개정안 국무회의 의결. 2020년 10월 20일 보도자료.

변상규·이수범(2013). <간접 및 가상광고 규제개선 및 활성화 방안 연구>. 서울: 한국방송광고공사.

이승선(2014). 간접광고와 협찬고지 제도의 법적 갈등. <광고 연구>, 100호, 292－317.

이은영(2010). 규제법령에 위반된 방송제작지원계약의 효력 －대상판결: 서울고등법원 2007. 5. 15. 선고 2005나60231 판결. <홍익 법학>, 11권 2호, 581－605.

정연우(2016). 방송 협찬제도 개선방안 연구. <정치 커뮤니케이션 연구>, 40권, 91－142.

최민희 의원실(2014.10.14.). <방송협찬 실태조사 보고서>.

_____(2014.08.31.). <방송협찬 문제점 및 개선 방향 보고서>.

최정규(2015). 방송프로그램 협찬 관련 현행 법령의 문제점 및 효율적 규제를 위한 몇 가지 제언. 한국언론학회 세미나 <방송협찬제도 개선을 위한 정책방안>, 2015.11.20.
홍승기(2007). 영화와 방송프로그램에서의 PPL 규제. <영산 법률논총>, 4권 2호, 25 − 44.

10장. 방송광고 규제

방송통신위원회(2018). <2018년 방송시장 경쟁상황 평가 보고서>. 과천: 방송통신위원회.
방송통신위원회(2020). <2020년 방송사업자 재산상황 공표집>. 과천: 방송통신위원회.
방송통신위원회(2021. 1. 13). 보도자료. 방송시장 낡은 규제 혁신하고 미디어 생태계 활력 높인다.
윤성옥(2016). 방송광고 표현의 보호와 규제의 법리. <미디어 경제와 문화>, 14권 2호, 44 − 85.
오현경·이혜은(2019). 스마트 미디어 시대 지상파 방송사에 대한 비대칭 규제의 타당성 재검토. <방송과 커뮤니케이션>, 20권 2호, 43 − 83.
이승선·김정호(2017). 헌법재판소 결정 취지에 비추어 본 방송광고정책. <사회과학연구>, 56권 1호, 237 − 273.
조재영(2012). 국내 광고 심의체계에 대한 고찰: 광고 매체별, 광고 업종별 심의체계의 문제점과 개선방향. <한국광고홍보학보>, 14권 2호, 61 − 99.
헌법재판소(2008). 결정 2006헌마352(2008. 11. 27).
홍문기(2019). 지상파 방송과 유료방송 간 광고규제 비대칭성 개선방안. <방송산업의 비대칭 규제 개선방안>, 한국방송학회 정기 학술대회 발제문.
Werbach, D. L.(2001). Third − Generation Communication Regulation, A New Approach to Communication Regulation, Global Communication Platform.

11장. 재송신료

김성환·이상우(2014). 증분가치 비교에 따른 지상파 채널 재송신 대가의 합리적 산정 방안. <산업조직연구>, 22권 4호, 171 − 196.
노기영(2009). 지상파 콘텐츠 재전송시장과 대가 산정. <방송통신연구>. 68호, 135 − 162.
박민수·양준석(2015). 지상파방송 재전송 대가 추정: 지상파 방송사와 종합유선방송사업자 간 협상을 중심으로. <산업조직연구>, 23권 3호, 99 − 138.
방송통신위원회(2018). <2018년 방송시장 경쟁상황 평가 보고서>. 과천: 방송통신위원회.
방송통신위원회(2019), <2019년 방송산업실태조사 보고서>. 과천: 방송통신위원회.
방송통신위원회). <2017년도 방송 시장 경쟁상황 평가>. 과천: 방송통신위원회.
방송통신위원회·미래창조과학부(2016. 10. 20). 방통위·미래부 공동 지상파방송 재송신 협상 가이드라인 발표 보도 자료.

백연식(2018). 지상파 재송신료(CPS) 800원? 400원 …유료방송사 '비명'. 디지털 투데이,
    2018. 11. 30일. http://www.digitaltoday.co.kr/news/articleView.html?idxno＝205044)

변상규(2009). 유료방송 매체를 통한 지상파채널 재전송의 후생효과 연구. <한국언론정
    보학보>, 48호, 63－89.

변상규(2019). 조건부 가치 평가법을 이용한 유료 방송의 가치에 대한 지상파 채널의 기
    여도 실증 연구. <방송통신연구>, 37－62

선민규(2019). "지상파 CPS 인상 요구, 유료방송 가격 높인다". ZDNet. 2019.11.12. http://
    www.zdnet.co.kr/view/?no＝20191112173407).

안종철·이기태·최성진(2011). 지상파방송 재송신을 감안한 지상파방송사와 케이블방송
    사의 수익 전망 예측. <방송통신연구>, 75호, 89－115.

양명자(2009). 지상파재송신의 합리적 거래방안 연구 원가 및 기여도를 반영한
대가산정모델. 2009년 한국언론학회 가을철 정기학술대회 발표자료.

염수현·박민성(2010). <방송채널의 거래와 가격에 관한 연구>. 서울:정보통신정책연구원.

정인숙(2015). 지상파 재송신 거래 시장에서 나타난 전략적 행위와 정책 대응 <미국식
    모델>과 <영국식 모델>의 함의. <한국방송학보>, 29권 6호, 301－329.

조은기(2016). 지상파방송 재송신 대가 산정: 쟁점과 대안적 접근 방향. <경쟁저널>,
    184호, 72－93.

홍종윤·정영주(2012). 지상파방송 재송신 대가 산정을 위한 손익 요인 도출 및 이익형량
    에 관한 연구. <언론정보연구>, 49권 1호, 259－294.

Farrell, M.(2014. 10. 27). Kagan: Retrans fees rise to $9.3B by 2020. URL:http://www.
    multichannel.com/news/news－articles/kagan－retrans－fees－rise－93b－2020/38
    5063#sthash.8dpmWhVe.dpuf

12장. 프로그램 사용료

김관규(2007). 유료방송시장의 구조적 특성과 프로그램 공급업의 경쟁력 강화를 위한 정
    책. <사회과학연구>, 13권 2호, 145－171.

김원식·이종관·이찬구·김유석·이종영·전주혜(2013). <유료방송 공정 수익배분 환경
    조성방안 연구>. 과천: 미래창조과학부.

남윤미·유진아(2011). <SO－PP 간 프로그램 사용료 지급 기준 개선방안 연구>. 과천:
    정보통신정책연구원

미래창조과학부·방송통신위원회·문화체육관광부(2013. 12. 10). <보도자료 "박근혜 정
    부, '방송산업 성장전략' 제시 －창조경제·국민행복 구현을 위한 「방송산업 발전
    종합계획」 발표."

미래창조과학부·방송통신위원회(2014). <2014년 방송산업실태조사보고서>.

미래창조과학부·방송통신위원회(2014. 7. 2). 보도자료 "미래부·방통위, 창조경제의 핵심 PP산업 발전전략 추진."

방송위원회(2003. 8. 18). 보도자료 "방송위, 15개 종합유선방송사업자(SO) 재허가 추천 심사."

방송위원회(2003. 9. 5). 보도자료 "방송위, 15개 종합유선방송사업자(SO) 재허가 추천 의결－㈜한국케이블TV전남방송 등 7개사 조건부 재허가 추천."

방송위원회(2004. 3. 23). 보도자료 "방송위, 방송채널사용사업(PP) 활성화 정책 발표."

방송위원회(2004. 5. 19). 보도자료 "방송위, 24개 종합유선방송사업자(SO) 재허가 추천의결－7개 사업자는 재허가 추천 보류."

방송위원회(2006. 3. 14). 보도자료 "방송채널사용사업자(PP) 수신료 정상화 나서."

방송위원회(2007. 5. 15). 보도자료 "종합유선방송사업자(SO) 재허가추천 의결."

방송위원회(2007. 10. 5). 보도자료 "방송위, SO에 PP 수신료 지급 관련 개선계획 이행 및 지급관행 개선 권고."

방송통신위원회(2008. 11. 5). 보도자료 제36차 전체회의 종합유선방송사업자 재허가에 관한 건.

방송통신위원회(2009. 12. 17). 보도자료 "SO－PP 공동으로 「케이블TV 채널 편성을 위한 PP평가 및 프로그램 사용료 배분에 대한 가이드라인」 마련, 2010년부터 시행키로."

방송통신위원회(2010. 4. 28). 보도자료 "케이블방송 PP들, 프로그램 사용료 제대로 받았다!"

방송통신위원회(2011. 12. 26). 보도자료 "방통위 2012~2013년도 케이블TV 콘텐츠 대가 지급 기준 결정."

방송통신위원회(2012. 5. 18). 보도자료 "방통위, 유료방송시장 방송채널사용사업자의 프로그램 제공 가이드라인 마련."

방송통신위원회(2012. 7. 12). 보도자료 "방통위, 공정한 채널 계약 절차를 위한 가이드라인마련."

방송통신위원회(2012. 12. 17). 보도자료 "방통위, 유료방송사의 채널 제공 및 프로그램 사용료 지급 관련 가이드라인 마련."

방송통신위원회(2013. 2. 20). 보도자료 "방통위, 남인천방송에 시정명령·과징금 부과."

방송통신위원회(2013). <2012년도 방송사업자 재산상황공표집>.

방송통신위원회(2014. 7. 9). 보도자료 "방통위, 프로그램 사용료 미지급·지연 지급한 7개 SO에 대해 시정명령·과징금 부과."

손창용·여현철(2003). <한국 케이블TV 산업론>. 서울: 커뮤니케이션북스.

염수현·박민성·안자영(2010). <유료방송 요금제도 개선방안 연구>. 과천: 정보통신정책연구원.

윤석민(2010.8). 우리나라 유료방송시장 정상화 방안. <2010 PP최고경영자 세미나 발제문>, 한국케이블TV협회.

이종원(2003). <케이블TV 결합이 시장집중과 효율성에 미친 영향>. 서강대학교 대학원 박사학위논문.

정윤식 외(2006). <방송산업 재정분석 및 요금정책>(방송통신위원회 지정 2007-10). 방송위원회·한국전파진흥원.

정인숙·지성우·김민호(2008). <PP등록제 효과분석 및 개선방안 연구>. 방송위원회·한국전파진흥원.

조은기(2007). <케이블TV 채널 사용료 배분비율 연구>. 서울: 방송통신위원회.

홍종윤·윤석민(2011). 유료방송 채널사용사업자 육성을 위한 법제도 개선방안-케이블TV 프로그램사용료 정상화를 중심으로. <언론과 법>, 10권 2호, 341-367.

홍종윤·정영주·윤석민(2016). 유료방송시장의 프로그램 사용료 배분정책에 대한 성과평가 연구. <방송통신연구>, 2016년 겨울호. 168-200.

13장. 홈쇼핑 송출 수수료

김성환 외(2008). <양면시장(two-sided market) 이론에 따른 방송통신 서비스 정책 이슈 연구>. 과천: 정보통신정책연구원.

박정우·이영주(2012). 홈쇼핑 송출수수료가 케이블 SO의 시장성과 개선에 미치는 영향에 관한 연구. <한국방송학보>, 26권 3호, 218-254.

방송통신위원회(2018), <2018년 방송산업실태조사 보고서>. 과천: 방송통신위원회.

손창용·여현철(2003). <한국 케이블TV 산업론>. 서울: 커뮤니케이션북스.

송종길(2010). 수용자 복지와 중소기업 활성화를 위한 TV홈쇼핑 정책방안. 한국방송학회 세미나 자료집. 4-23.

이영철·강명현(2013). 홈쇼핑 송출 수수료에 영향을 미치는 요인 및 시장 성과에 관한 연구. <방송과 커뮤니케이션>, 14권 3호. 91-117.

이영철(2019). <TV홈쇼핑 현황 분석 및 공익성 강화를 위한 정책 제언 연구보고서>.

이종원·박민성(2011). <홈쇼핑시장의 환경변화에 따른 정책개선 방안연구>. 과천: 정보통신정책연구원.

최재섭(2013). <중소기업전용 TV홈쇼핑의 시장진입의 영향과 향후 전망>. 한국유통학회 학술대회 발표논문집, 148-161.

한국케이블TV방송협회(2005). <케이블TV 10년사>. 서울: 한국케이블TV방송협회.

한국케이블TV방송협회(2000). <한국 케이블TV 5년>. 서울: 한국케이블TV방송협회.

황근·최일도(2014). 유료방송시장의 재원배분 구조와 홈쇼핑채널. 한국방송학회 <유료방송 생태계와 홈쇼핑 채널 세미나> 발표 논문.

Armstrong, M.(2006). Competition in two-sided markets. *RAND Journal of Economics*, *37*(3). 668-691.

14장. 교육방송 재원정책

강명현(2020). 교육 공영방송 재원구조 정상화를 위한 제도적 개선방안. 한국방송학회 주최 <변화하는 미디어 지형에서의 공영방송 가치 확립> 세미나 발제문, 2020년 7월 8일.

강상현(2014). [EBS의 미래] 변화하는 미디어 환경과 공영방송 EBS의 미래 비전. <미디어와 교육>, 4권 1호, 105 – 132.

김재영(2014). 스마트 미디어 시대의 교육전문 공영방송 EBS의 바람직한 재원구조. 한국방송학회 2014년 봄철 학술대회 발제문.

김경환(2015). EBS 정체성 강화를 위한 바람직한 재원 운영 및 재원구조. 한국방송학회 주최 <공영방송의 EBS의 역할과 정체성 강화> 세미나 발제문. 15 – 25.

박상호(2015). 스마트 미디어 시대의 교육공영방송 EBS의 역할과 수신료 정책 개선방향. 한국방송학회 주최 <공영방송의 EBS의 역할과 정체성 강화> 세미나 발제문, 27 – 53.

봉미선(2020). 교육 공영방송 재원구조 정상화를 위한 제도적 개선방안. 한국방송학회 주최 <변화하는 미디어 지형에서의 공영방송 가치 확립> 세미나 토론문. 2020년 7월 8일.

봉미선(2015). 공영방송 TV방송 수신료 인상, EBS 배분율 정상화 시급. <EBS 스토리>.

오상도(2012). EBS 안정적 재원 확보 돌파구 못찾아. 서울신문, 2012년 12월 30일자. 이정현(2020). MBC發 수신료 인상 카드 현실화 가능성 있나. 연합뉴스, 2020. 5월 17일자.

이종관(2020). 교육 공영방송 재원구조 정상화를 위한 제도적 개선방안 토론문.

15장. 지역방송 재원정책

강명현·홍석민(2005). 로컬리즘과 지역방송: 사회적 로컬리즘의 개념화를 위한 시론적 연구. <한국방송학보>, 19권 1호, 109 – 141.

공공미디어연구소(2013). <지역방송 발전을 위한 합리적 광고요금 배분과 정책적 모색에 관한 연구>. 서울: 공공미디어연구소.

김동원(2018). 지역방송 재원의 중앙 종속과 자기결정권을 위한 제언. <지방분권형 헌법 개정과 지역방송의 커뮤니케이션권 확보방안>. 한국 방송학회 세미나 발제문, 2018년 5월 18일.

변상규(2009a). 지상파방송의 가치와 지역별 분석. 한국방송학회 세미나 미디어렙제도와 지역방송 자료집.

변상규(2009b). 전파료 배분체계의 특성과 개선방안. 충청언론학회 2009 전반기세미나 지역방송 전파료배분체계의 특성과 개선방안 자료집.

변상규·이수범(2010). 지역방송의 광고효과에 근거한 합리적인 전파료 배분모형 및 타당성 검증 연구. <방송통신연구>, 72권, 9－40.

변상규·오세성·도준호(2011). 지상파방송 광고시장 경쟁체제 도입에 따른 취약매체 지원 방안 연구. <광고연구>, 89호, 285－312.

양동복(2018). 중소라디오 방송의 공적 지원 체계 개선 방안 연구 방송광고 결합판매 제도를 중심으로. <방송통신연구>, 35－62.

이승선·문숙경(2010). 지역 간 광고 전파료 배분의 특성과 대안 모형의 구축. <광고홍보학보>, 12권 3호, 399－434.

이종원·김지영·김남두(2009). <방송사업자 방송광고요금(전파료)의 합리적 배분방안 연구>. 서울: 방송통신위원회.

한국방송학회(2009). <미디어렙제도와 지역방송 세미나 자료집>.

Winston, C.(2006). *Government failure versus market failure: Microeconomics policy research and government performance*. Washington, DC: AEI－Brookings Joint Center for Regulatory Studies.

16장. 방송재원 정책의 과제

김광재·변상규(2018). 방송통신발전기금 운영 합리화 방안 연구: 쟁점에 대한 사업자인식을 중심으로. <방송통신연구>, 103호, 67~99.

노경조(2020). 웨이브·넷플릭스 등 OTT도 내야한다?, 아주경제, 2020년 8월 20일자.

방송통신위원회(2019a), <2019년도 방송시장 경쟁상황 평가>. 진천: 방송통신위원회.

방송통신위원회(2019b). <2018년도 방송사업자 재산상황 공표집>. 진천: 방송통신위원회.

유홍식(2019. 4). 방송통신 발전기금의 현재와 중장기적 개선 방안. 한국방송학회 봄철정기학술대회 JTBC 후원 <방송통신발전기금의 합리적인 조성과 사용 방안> 세미나 발제집.

홍대식·박훈(2009). <방송발전기금 부과기준의 개선방안 연구>. 서울: 방송통신위원회.

홍종윤, 정영주(2019). 방송통신발전기금 제도 개선을 둘러싼 담론 지형과 정책적 함의. <방송통신연구>, 9－39.

홍문기(2017). 방송광고 경쟁력 강화를 위한 광고효율성 제고 방안. 한국언론학회 주최 <새정부, 방송의 보편적 서비스 확대를 위한 방송재원제도 개선방안> 세미나 발제문.

저자소개

▪▪ 강명현

[학력]
- 고려대학교 신문방송학과 졸업
- 고려대학교 대학원 신문방송학과 졸업(문학석사)
- 미국 Michigan State University, Ph. D. (Mass Media 박사)

[경력]
- 방송위원회 연구원
- 한국방송학회 이사
- 한국방송학회 〈방송산업과 정책〉 연구회 회장
- 한국소통학회 회장
- 방송통신위원회 자체평가위원
- (현) 한림대학교 미디어스쿨 교수

[논문, 저서]
- 한국 방송정책의 이념
- 공영방송의 이해(공저)
- 디지털시대의 방송편성론(공저)
- 미디어 환경변화와 공정경쟁 정책의 방향 외 다수

방송산업과 재원정책

초판발행   2022년 7월 25일

지은이   강명현
펴낸이   안종만·안상준

편 집   우석진
기획/마케팅   손준호
표지디자인   BEN STORY
제 작   고철민·조영환

펴낸곳   (주) **박영사**
             서울특별시 금천구 가산디지털2로 53, 210호(가산동, 한라시그마밸리)
             등록 1959. 3. 11. 제300-1959-1호(倫)

전 화   02)733-6771
f a x   02)736-4818
e-mail   pys@pybook.co.kr
homepage   www.pybook.co.kr
ISBN   979-11-303-1433-4 93370

정 가   28,000원